www.ingramcontent.com/pod-product-compliance
Ingram Content Group UK Ltd.
Pitfield, Milton Keynes, MK11 3LW, UK
UKHW062310290726
14090UKWH00018B/981

پلیٹو سے پوسٹ ماڈرن ازم تک

مغربی ادب

(افلاطون سے مابعد جدیدیت تک)

ڈاکٹر بلند اقبال

اِسی قلم سے

افسانے:

- فرشتے کے آنسو • میری اکیاون کہانیاں

ناول:

- ٹوٹی ہوئی دیوار • کھوئے ہوئے صفحات

مضامین:

- سارے ہی محبت نامے مرے

مکالمات:

- دانائی کا سفر (ڈاکٹر بلند اقبال اور ڈاکٹر خالد سہیل)
- تاریخ کی چھاؤں میں (ڈاکٹر بلند اقبال اور ڈاکٹر مبارک علی)
- انداز بیاں (ڈاکٹر بلند اقبال اور ڈاکٹر مبارک علی)

زیر اشاعت:

- مغربی فلسفہ دورِ قدیم سے دورِ جدید تک

پلیٹو سے پوسٹ ماڈرن ازم تک

مغربی ادب

(افلاطون سے مابعد جدیدیت تک)

ڈاکٹر بلند اقبال

میٹر لنک پبلشرز
لکھنؤ

اشاعت: اوّل
۲۰۲۴ عیسوی
ایک ہزار

ناشر:
قاضی محمد زکریا

Plato Se Postmodernism Tak
Maghribi Adab
By: **Dr. Baland Iqbal**

Edition
2024

₹800.00

کمپوزنگ: سیّد امجد الدین قادری
ڈیزائن سرورق: جوزیر بلند
لے آؤٹ: وزیر حسن چندا

1870, Ist Floor Likhraj Dollar, Indira Nagar, Lucknow
E-mail: aglawaraq@gmail.com, intisharaat@gmail.com
Website: www.matterlinkbooks.com

پروسیسنگ
Premier Process
7-C/6, Havelock Road Colony,
Lucknow - 226001 (INDIA)

ISBN 978-81-19230-35-8

طباعت:
لکشمی آفسیٹ
سنجے گاندھی پورم
فیض آباد روڈ، لکھنؤ

ادبیات کے اُن طالب علموں

کے نام

جو علم و ادب میں مشرق و مغرب کی
تفریق کے قائل نہیں

حرف و رنگ و صوت سب اظہار کے آداب ہیں
ماورائے ذہن ہر تمثیل، ہر کردار میں
آدمی کی آرزو ہے، آدمی کے خواب ہیں

(حمایت علی شاعر)

فہرست

ساتواں دور

آٹھواں دور

نواں دور

دسواں دور

ضمیمہ

حمایت علی شاعرؔ کے خانوادے سے

پیش لفظ

مغربی ادب دورِ قدیم سے دورِ جدید تک لکھنے کی دو وجوہات تھیں ۔ پہلی تو یہی کہ مغرب میں رہنے کے دوران یہاں کی تہذیب وتمدن کو سمجھنے کے لیے یہاں کے علم و ادب کا مطالعہ ضروری ہے کیونکہ کسی بھی سوسائٹی کی فکری بنیادوں کو جانے بغیر اُس کے حوالے سے ایک سطحی رائے تو دی جا سکتی ہے مگر اُس کی گہرائی اور گیرائی تک پہنچنا مشکل رہتا ہے ۔ چونکہ کسی بھی تہذیب کا فکری تعلق اُس دور کے سیاسی اور سماجی عہد سے ہوتا ہے اس لیے یہ بھی ضروری ہے کہ فکر کے ارتقائی سفر کو سمجھنے کے لیے دورِ قدیم سے جدید دور تک ہونے والے اُن عوامل کو بھی سمجھنے کی کوشش کی جائے جو اُس عہد کے دانشوروں پر اثر انداز ہوئے اور ایک مخصوص رخ میں معاشرتی شعور کی نشوونما کا سبب بنے ۔ اس لحاظ سے ایک ایسی کتاب لکھنا بلاشبہ میری ایک نفسیاتی ضرورت تھی ۔ اس کتاب کو لکھنے کی دوسری وجہ میری نفسیاتی ضرورت سے زیادہ اہم تھی اور وہ یہ کہ ادب کے ایک طالب علم اور اپنے تئیں ایک تخلیق کار ہونے کے ناتے مجھ پر یہ ایک اخلاقی ذمہ داری بھی تھی کہ جس طرح ایک محدود سطح تک ہی سہی ، میں مشرقی تہذہب و ادب سے واقف ہوں ۔ٹھیک اُسی طرح میں مغرب کے ادبی ورثہ سے بھی کسی حد تک ضرور متعارف ہو جاؤں تاکہ دونوں ادبیات کا شہری ہونے کے ناتے اس مشترکہ سماجی و سیاسی مسائل سے ہم کنار ہونے والے ادبی ورثے کی تہذیب میں شریک ہوسکوں اور اپنے ادبی سفر کے ایک حقیقی تعین اور تخلیقی سفر کی نشوونما کرسکوں ۔

آج سے چند برس قبل جب میں 'دانائی کی تلاش' نامی ٹی وی پروگرام پر ڈاکٹر خالد سہیل کے ساتھ کچھ سیاسی، سماجی، ادبی، نفسیاتی اور فلسفیانہ موضوعات پر گفتگو کر رہا تھا تو مجھے یہ خیال آیا تھا کہ خصوصاً پاکستانی معاشرے میں اسکرین اور میڈیا کی اس 'میٹا فکشنز دنیا' میں کتاب اور لفظ کا کردار نظر انداز ہوتا جا رہا ہے جس کی وجہ سے ایک ایسا سطحی قاری پیدا ہو رہا ہے جو معاشرتی ضرورتوں کے لحاظ سے اور اشیا کی طرح ادب کا بھی محض 'صارف' یا 'کنزیومر میٹیریل' بن کر رہ گیا ہے۔ مجھے شک ہے کہ اس قسم کا قاری کسی اسکرین کی طرح لمحاتی طور پر تو علم کے ذخائر کو وقتی مشاغل کا حصہ تو ضرور بنالے گا مگر اپنی فکری جہت میں کتاب کے صفحات کی طرح تہہ در تہہ اسے اُتار کر کسی جدید فکر یا تخلیق کا حصہ مشکل سے بنا پائے گا۔ میری اس بات کا ہرگز یہ مطلب نہیں ہے کہ ٹیکنالوجی کے اس عظیم عہد میں اسکرین یا میڈیا علمی لحاظ سے کسی بھی طور کم ہیں بلکہ میرے خیال میں اس کا تعلق مجموعی انسانی حیات اور فزیالوجیکل ڈائنمکس سے ہے کیونکہ کتاب اور اسکرین مختلف انداز اور سطح سے انسانی فکر کا حصہ بنتی ہیں اور چونکہ ہمارا شعوری ارتقائی عمل، اور کتاب کا ساتھ صدیوں تک رہا ہے اس لیے جینیٹکس کے لحاظ سے بھی کتاب کا حصہ اور رشتہ انسانی دانش اور فکر سے زیادہ گہرا اور مضبوط ہے۔ یہ درست ہے کہ اسکرین یا میڈیا کسی بھی کتاب کے لیے ایک اچھا تعارفی موضوع ضرور بنتے ہیں مگر بدقسمتی سے ہمارے آنکھوں کے خلیات کا وقتی عرصہ کتابی اسکرین کو مختصر عرصے تک ہی برداشت کر پاتے ہیں کیونکہ اُن خلیوں کی ساخت میں تحمل سے زیادہ لطف اندوز ہونے کا عنصر زیادہ ہوتا ہے اور ایک علمی اور فکری کتاب تحمل اور صبر کی طالب ہوتی ہے۔ میڈیا پر علمی گفتگو اور کتابوں اور دانشوروں کے تعارفی پروگرام کے دوران مجھے یہ خیال آیا تھا کہ مجھے مغربی ادب اور فلاسفی پر کم از کم دو ایسی غیر نصابی کتابیں ضرور لکھنی چاہئیں جو مجھ جیسے طالب علموں کی علمی رہنمائی کر سکیں۔ ظاہر ہے یہ کوئی آسان کام نہیں تھا کیونکہ میری خواہش تھی کہ میں ان دونوں موضوعات کو پچھلے دو ہزار برسوں کی تاریخ میں سے کچھ اس طرح مختصراً مگر جامع انداز میں سمیٹ لوں کہ وہ سادہ

اور پرلطف پیرائے میں ادب کے طالب علموں اور تخلیق کاروں کے لیے کسی حد تک تعلیم و تربیت کا سبب بن جائیں۔ میری دوسری کتاب کا پس منظر بھی' مغربی فلسفہ دورِ قدیم سے دورِ جدید تک' ہی پھیلا ہوا ہے جس کی کتابت میں آج کل مصروف ہوں۔ مجھے امید ہے کہ چند مہینوں کے بعد وہ کتاب بھی علم و ادب کے طالب علموں کے ہاتھ میں ہوگی۔

آئیں، اب ہم اس کتاب کی ساخت، ترتیب و تدوین اور مجموعی تخلیق پر کچھ بات کر لیتے ہیں۔ جیسا کہ کتاب کے عنوان' پلیٹو سے پوسٹ ماڈرن ازم تک۔ مغربی ادب' سے ظاہر ہے کہ ادب کا یہ سفر یونانی دور سے اکیسویں صدی تک کی سماجی تبدیلیوں، سیاسی مسائل، تاریخی حادثوں، فلسفیانہ تخیلات اور ادبی تخلیقات کے ارتقائی مراحل پر مشتمل ہے۔ اس کتاب کے دس اسباق ہیں جنہیں میں نے ادوار سے تشبیہ دی ہے کیونکہ تاریخ کا یہ سارا سفر یونانی دور کی بنیادوں پر کھڑا ہو کر رومن، قرونِ وسطیٰ، نشاۃِ ثانیہ، نیو کلاسیک، رومانس ازم، رئیل ازم، ماڈرن ازم سے ہوتے ہوئے پوسٹ ماڈرن ازم تک پہنچ کر اپنی ساخت کا تعین کر رہا ہے۔ اس لیے ہر دور یا کتاب کے ہر سبق میں اُس عہد کے سیاسی و سماجی عوامل کا مختصراً جائزہ اور اُس کے ردِعمل میں نشوونما پانے والی فکر و دانش اور اُس عہد کے نمایاں دانشوروں کا قطعی غیر جانبداری سے تجزیہ شامل ہے۔ یہ کتاب عمومی پوسٹ ماڈرن ازم کی تخلیق و تدوین کا ایک حصہ ہے کیونکہ اس میں اُسی تاریخ کا تذکرہ ہے جو اس سے قبل ہزارہا کتابوں کی زینت بن چکا ہے کیونکہ میں نے اس کتاب کی تیاری کی خاطر کسی طالب علم کی طرح پچھلے چند برسوں سے کئی کتابوں کا مطالعہ کیا، کچھ ادبی، سماجی و سیاسی مضامین پڑھے اور کچھ اسائنمنٹس و لیکچرز کو اپنے تئیں غور سے سنا اور پھر اس سارے مٹیریل کے نوٹس بنا کر انہیں اپنے لفظوں میں کمپوز کر دیا ہے۔ یوں بھی پوسٹ ماڈرنسٹ ادیب ایک تخلیق کار سے زیادہ ایک' کرافٹس مین' یا' ہنرمند' ہو چکا ہے جو تخلیقی ارتقا سے گزر کر بقول رچرڈ کیرنی' پری ماڈرن دور میں کسی آئینے کی طرح، ماڈرن دور میں کسی لیمپ کے مانند اور پوسٹ ماڈرن دور میں کسی

لبرنتھ (labyrinth) میں جڑے گلاسسز سے سیلفر یفلیکشن کا سبب بننے والی شے بن چکا ہے۔ رچرڈ کیرنی کی یہ رف' سی تعریف اس قدر غلط بھی نہیں ہے کیونکہ پوسٹ ماڈرن ازم کے دور تک آتے آتے دانش اور دانشور دونوں ہی کو بڑی تعداد میں دانشور ماڈلز اور کہیں زیادہ علمی اسپیس میسر ہو چکی ہے اس لیے اُن کے ریفلکیشنز میں اس طرح کی تبدیلی کا آنا عین فطری عمل ہے۔ مزید ار بات یہ ہے کہ اس کتاب کو لکھنے کے دوران مجھے اپنے افسانے اور ناولز کے تھیمز کا بھی ایک تقابلی جائزہ لینے کا فکری موقع ملا اور مجھے کہنے میں کوئی عار نہیں ہے کہ گو کہ اپنی تخلیقات کے وقت میں مغربی ادب کے اس قدر تفصیلی مطالعے سے محظوظ نہیں ہوا تھا مگر غیر ارادی طور پر میں خود بھی اسی لبرنتھ کا حصہ بن چکا تھا شاید اس لیے کہ وہ میرے تحت الشعور کا حصہ تھے یعنی رچرڈ کیرنی کی بات میں واقعی کسی حد تک صداقت موجود ہے۔

مجھے امید ہے کہ یہ کتاب میری طرح ادب و فلسفے کے عمومی اور تخلیقی ادب کے خصوصی طالب علموں کے لیے بنیادی علم و آگاہی کا ذریعہ بن سکے گی۔ کیونکہ اس کتاب کے موضوعات میں بیک وقت مغرب کی سیاسی و سماجی تاریخ اور علم و ادب کا ارتقائی سفر شامل ہے۔ اس لیے آخر میں ایک جملہ جو اس کتاب کی تکمیل کے دوران ادب اور تاریخ دونوں حوالوں سے مجھے پُر معنی لگا:

History, like literature, is a textualized narrative, and it is no more reliable than literature.

'پلیٹو سے پوسٹ ماڈرن ازم تک: مغربی ادب' یا 'افلاطون سے مابعد جدیدت تک مغربی ادب' آپ احباب کے روشن دماغوں کے سپرد جو اسکرین اور میڈیا کی چکا چوند کر دینے والی 'میٹا فکشن دنیا' میں آج بھی کتاب اور لفظوں کی لطیف و کثیف 'فکشن دنیا' سے دلچسپی اور سچی محبت رکھتے ہیں۔

بلند اقبال

*There is no Frigat*e like a Book
To take us Lands away
Nor any Coursers like a Page
Of prancing Poetry —
This Traverse may the poorest take
Without oppress of Toll —
How frugal is the Chariot
That bears the Human Soul —

(Emily Dickinson)

پلیٹو سے پوسٹ ماڈرن ازم تک

مغربی ادب

ادب کا یہ سفر یونانی دور سے اکیسویں صدی تک کی سماجی تبدیلیوں، سیاسی مسائل، تاریخی حادثات، فلسفیانہ تخیلات، ادبی شخصیات اور اُن کی اہم تخلیقات کے ارتقائی مراحل کے تذکروں پر مشتمل ہے جسے میں نے عہد بہ عہد دس ادوار سے تشبیہہ دی ہے کیونکہ تاریخ کا یہ عمومی سفر یونانی دَور سے ایک باضابطہ دستاویز کی شکل میں ملتا ہے اور پھر اُس کے بعد رومن، قرونِ وسطیٰ، نشاطِ ثانیہ، نیو کلاسیکل، رومانس ازم، رئیل ازم، ماڈرن ازم سے ہوتے ہوئے پوسٹ ماڈرن ازم تک پہنچ کر اپنی ایک تاریخی ادبی ساخت کا تعین کر رہا ہے اس لیے ہر دور یا کتاب کے ہر سبق میں اُس عہد کے سیاسی و سماجی عوامل کا مختصراً جائزہ اور اُس کے ردِ عمل میں نشونما پانے والی فکر و دانش اور اُس عہد کے نمایاں دانشوروں کا قطعی غیر جانبداری سے تجزیہ شامل ہے۔

بلند اقبال

پہلا دَور

مغربی ادب

دورِ قدیم سے دورِ جدید تک

○

مغرب کی موجودہ جداگانہ تہذیبی شکل سے تعارف کے لیے ضروری ہے کہ ہم مغربی ادب کے تاریخی سفر سے کسی حد تک ضرور واقف ہو جائیں ورنہ دوسری صورت میں ہمارے قیاس وخیال محض یک طرفہ شکل میں ہمارے ذہن کا حصہ بن کر رہیں گے اور ایک علمی توازن کے ہمیشہ محتاج رہیں گے۔ مغربی تہذیب نے درحقیقت دو قطعی مختلف اور مخالف قدیم ترین مذہبی اور غیر مذہبی روایتوں کے درمیان مستقل ٹکراؤ سے پرورش پائی ہے جس کے اثرات دورِ حاضر تک کے مغربی سماج میں ہمیں نظر آتے ہیں۔ یہ دونوں قدیم ادبی روایتیں بالترتیب ہیبرک (Hebriac Tradition) اور ہیلنک (Hellenic Tradition) روایتیں کہلاتی ہیں جس میں ہیبرک روایت کا تعلق بائبل کی ایک آئیڈل تصورِ زندگی سے ہے جبکہ ہیلنک روایت کا تعلق زندگی کے اُن زمینی حقائق سے ہے جو قدیم یونانی اساطیر کے پس منظر سے وجود میں آئیں۔ صدیوں کے ارتقائی سفر میں بالآخر اِن دونوں روایتوں کے اثرات مغربی تہذیب کے آرٹ اور سائنس دونوں ہی علمی دنیاؤں کی بنیادوں میں نہ صرف پنپتے چلے گئے بلکہ آنے والے زمانوں میں پیدا ہونے والی جنریشنز کے دائیں اور بائیں دماغوں کی جنیٹکس کا بھی حصہ بن گئے۔ آئیں ان دونوں تہذیبی روایتوں کے مطالعے کی خاطر تاریخ کی ان بھولی بسری گلیوں میں کچھ دیر کے لیے چہل قدمی کرتے ہیں۔

ہیبرنیک روایتوں کے پس منظر کو جاننے کے لیے جب ہم تاریخ کے صفحات کی

ورق گردانی کرتے ہیں تو ہماری انگلیاں چند لمحوں کے لیے حضرت عیسیٰؑ سے تین سے چار ہزار برس قبل مصری سومیرین (Sumerian)، بیبی لونین (Babylonians) اور ایسائیرین (Assyrians) سلطنتوں پر آ کر ٹھہر جاتی ہیں جنہیں ہم قدیم مشرقی تہذیب کہتے ہیں۔ اس تاریخی سفر کے دوران ہماری نظروں میں صحرائی عرب میں ہیبرو بولنے والے وہ یہودی قبائل آجاتے ہیں جو برسہابرس سے حضرت موسیٰؑ کے انتظار میں کنان کی وادیوں میں پہنچنے کا خواب دیکھتے ہوئے بھٹک رہے تھے۔ اِس دوران اُن میں سے کئی ایک قبائل مصر میں ہی بس گئے تھے مگر خدا کے وعدے کے پورا ہونے کے بھی منتظر تھے۔ بالآخر ایک دن اُن کا خواب پورا ہوگیا اور چالیس برسوں کی ریاضت، وادی سینا میں رنگ لے ہی لائی اور پھر وہ حضرت موسیٰؑ کی پیغمبرانہ رہنمائی میں کنان کی زرخیز وادیوں میں پہنچ کر آباد ہوئے اور یوں اُن کا قدیم مذہب 'موسوی یہودیت' سے بدلتا چلا گیا۔ موسوی شریعت کا یہ تہذیبی سفر تاریخ میں سفر کرتا ہوا ایک دن بالآخر عیسائیت جیسے مذہب کی بھی تخلیق کا سبب بن گیا بلکہ یہ کہنا غلط نہ ہوگا کہ مغربی ادب اور تہذیب وتمدن کی بنیاد بھی بنتا چلا گیا۔

تاریخ کے اس طویل سفر میں اِن تابعدار یہودیوں کی بدلتی ہوئی سیاسی وسماجی شکل بھی خوب ہی دلچسپ رہی۔ کبھی تو یہ یہودی قبائل، حضرت داؤدؑ اور حضرت سلیمانؑ کے ادوار میں (یعنی 900 سال قبل از مسیح) خوب ہی سیاسی طاقت بن کر چمکے تو کبھی ایسائیرین اور بیبی لونین تہذیبوں کے دوران سخت ترین اسیری کا شکار ہوئے، کبھی تو فارس کے سارس دی گریٹ کی وجہ سے انہیں خوب ہی شاندار معاشی خوشحالی نصیب ہوئی تو کبھی رومن اور یونانی ادوار کے ابتدائی عہد میں خوب ہی سختیاں جھیلنی پڑیں۔ ہیبرو زبان بولنے والے ان یہودیوں کا بنیادی تصورِ ادب، سراسر مذہبی عقائد کے اطراف ہی بسا ہوا تھا۔ اُن کے نزدیک خدا، کائنات کا خالق اور انسان، اُس کی پسندیدہ ترین تخلیق تھے۔ وہ اخلاقی نظریات کو توحید کے تصور سے جوڑتے تھے اور ایمان، تقدس، انصاف، رحم اور عاجزی کو انسانیت کے بنیادی جواہر قرار

دیتے تھے۔ اِس قدیم ترین یہودی تہذیب کی نمائندگی اُن کی الہامی کتاب بائبل سے ملی جس کی ادبی تحریروں میں تاریخی مذہبی قصے، پیغمبروں کی سوانح حیات، قدیم ترین مذہبی ادوار کے لوک قصے و کہانیاں، افسانے، طربیہ نظمیں اور ڈرامے شامل ہیں جو سراسر مذہبی اخلاقیات کا احاطہ کرتے ہیں۔ ہیبرک روایتوں کے اس ارتقائی تصورِ حیات نے مغربی ادب کی بنیادوں میں ایک کلیدی کردار ادا کیا ہے۔

تاریخ کی کتاب کے اگلے صفحات، جوں جوں ہمیں حضرت عیسیٰؑ کی پیدائش سے ایک ہزار برس قبل کے مصر اور فلسطین کی طرف سے یونان کی جانب لاتے ہیں تو ہمیں مغربی تہذیب کی بنیادوں میں پہنچنے والی اُن ہیلنک روایتوں سے آشنائی نصیب ہوتی ہے جو ہیبرک روایتوں کے بالکل متوازی مگر مخالف سمت میں گامزن تھیں۔ اس دور کا یونانی ادب موسوی شریعت سے گھرا ہونے کے باوجود قدرے اِنسانی اشکال میں ڈھلا ہوا تھا۔ اِن کے دیوی و دیوتاؤں کے کردار انسانوں کی طرح کہیں بہادر تو کہیں شہوت پرست، کہیں پرجوش تو کہیں جیلس، کہیں وفا پرست تو کہیں مشتعل اور انتقامی تھے۔ دیومالائی کہانیوں کے یہ دیوی دیوتاؤں کے اساطیری کردار، یونانیوں کے ادبی وتہذیبی ہیروز اور ویلنز تھے جو عموماً انسانی خوبیوں اور خامیوں سے بھرے پُرے تھے۔ اِس قدیم یونانی تہذیب کی نمائندگی جن قصوں کہانیوں سے ہوتی تھیں وہ زمینی حقائق اور فطری انسانی مزاج سے جڑی ہوئیں تھیں۔ موسوی شریعت سے متاثر ادبی تحریروں کے بجائے ہمیں اُس دور کا یونانی ادب قدرے سیکولر اور اِنسانی قدروں سے آراستہ نظر آتا ہے۔ گو کہ اِس دور میں شامل روایتیں، داستانیں اور قصے کہانیاں بھی خداؤں اور دیوی دیوتاؤں سے ہی منسوب تھیں مگر اُن کا تصور سراسر تشبیہہ یا استعاراتی (میٹافوریکل) تھا جو رزمیہ نظموں (Epic poems) کی صورت میں بیان کیا جاتا تھا۔ ہیلنک روایتوں کے اس ارتقائی سفر نے ہیبرک روایتوں کے مقابلے میں مغربی ادب کی بنیادوں میں اہم کردار ادا کیا۔ مثلاً بائبل کا اولڈ ٹیسٹامنٹ یا قدیم

عہد نامہ جو لگ بھگ 150 ۔ 950 بی سی کے درمیان مرتب ہوئی ۔ یہودیوں اور عیسائیوں کی مقدس کتاب ، بائبل دراصل ۶۶ کتابوں کا مجموعہ ہے جس میں دو بڑے حصے اولڈ اور نیو ٹیسٹامنٹ یعنی قدیم و جدید عہد نامے ہیں او رایک بڑا حصہ اپوکرائفہ (The Apocrypha) کا شامل ہے جس میں صرف وہ الہامی پارے شامل ہیں جو لاطینی زبانوں میں دستیاب تھے ۔اولڈ ٹیسٹامنٹ یا قدیم عہد نامہ میں ۳۹ جبکہ نیو ٹیسٹامنٹ یا نئے عہد نامہ میں ۲۷ کتابیں شامل ہیں ۔قدیم عہد نامہ کی پہلی پانچ کتابیں حضرت موسیٰؑ سے منسوب ہیں جبکہ بقیہ قدیم مذہبی ادب بہت سے نامعلوم رائٹرز کا تحریر کردہ متن ہے ۔مجموعی طور پر بائبل کا مواد پیغمبرانہ کتابوں ،تاریخی اسباق ،دانائی کے قصوں ،لوک داستانوں ،ڈراموں وطربیہ نظموں ، مذہبی قوانین ،پیشین گوئیوں اور دانشمندانہ عبارتوں پر مشتمل ہے ۔پرانے عہد نامہ میں بائبل کا بنیادی موضوع ،پیغمبروں کے قصے ،کہانیاں اور اُن کی تحریریں خصوصاً خداوند کا یہودیوں سے عہد و پیماں ،یہودیوں کی فتح و ناکامی ،خدا سے پاسداری اور پھر ایک ابدی امید کا تصور حیات وغیرہ شامل ہے ۔اس الہامی مواد میں شامل پہلی پانچ کتابیں جنہیں مجموعی طور پر توریت یا خمسہ موسی یا عہد نامہ عتیق جسے انگریزی میں پینٹاٹیوک (Pentateuch) کہا جاتا ہے ۔اس میں کائنات کی تخلیق کا قصہ ،کنعان میں یہودی قبائل کی آمد اور پھر اُن کی شکست ، بیبلون میں یہودی قوم کی جلاوطنی کا احوال اور بالآخر یروشلم کی تعمیر شامل ہے ۔جینی سس والے حصے میں انسان اور زمین کی الہامی تخلیق ،آدم وحوا کی داستان ،ہابیل کا قتل ،نوحؑ کا طوفان ،من وسلویٰ اور پھر حضرت موسیٰؑ کی مدد سے مصر سے ہجرت کی تکالیف اور سفر شامل ہے ۔ بائبل کی پیغمبرانی کتابیں یا تو بہت طویل ہیں جیسا کہ اسحایہ اور یرمیاہ (Book of Isaiah and the Book of Jeremiah) کی کتب یا پھر مختصر جیسا کہ ہوسیہ کی کتاب (the Book of Hosea) جس میں زیادہ تر پیغمبروں کے خطابات وغیرہ شامل ہیں ۔اسی طرح جاب کی کتاب (The Book of Job) میں حضرت ایوبؑ کے قصے ،ڈرامائی رائٹنگ کی

ایک خوبصورت شکل میں موجود ہیں جس کا بیانیہ بھی الہامی انداز میں فلسفیانہ ہے۔رُتھ کی کتاب(The Book of Ruth) میں نو آمینز کلچر کےلوگوں کے رسوم ورواج اور جوناہ کی کتاب(The Book of Jonah) میں حضرت یونسؑ سے منسوب قصے شامل ہیں۔بائبل میں 150 نظموں کی انتھالوجی بھی شامل ہے جن کے طرز بیان کئی طرح کے ہیں حالانکہ یہ شاعری ہم وزن یا ہم قافیہ نہیں ہے مگر ان کی عبارت میں تکرار کے باوجود ایک مستقل توازن اور ادبی توانائی موجود ہے۔

جہاں تک یونانی تاریخ اِدب کے عظیم شاعر ہومر(800 بی سی) کا تعلق ہے گو کہ ہومر کی زندگی کے حوالے سے زیادہ معلومات میسر نہیں ہیں مگر اُس سے کچھ لاجواب طویل طربیہ نظمیں الائڈ اور اوڈائسی منسوب ہیں خصوصاً اُس کی دو طویل نظمیں الائڈ اور اوڈائسی جو قدیم مغربی ادب میں کلیدی حیثیت رکھتی ہیں۔قدیم عہد کا یہ ادب آؤنین (Ionian) زبان میں ہے۔آؤنین قدیم یونانی شہر اِنٹولیا کا مغربی حصہ تھا جو جدید دور میں ترکی میں شامل ہے۔ اُس کی نظم الائڈ قدیم یونانی جنگ ٹُروجن وار کے آخری ہفتے کا قصہ ہے۔ٹروجن وار دنیا کی ایک قدیم طویل جنگ تھی جو یونانی ریاستوں اِسپارٹا اور ٹراو کے درمیان لگ بھگ دس برسوں تک چلی تھی جس دوران ہزاروں لوگ مارے گئے تھے۔ہومر کی دوسری لاجواب نظم اوڈائسی،ٹروجن وار کے دوران ہی کے ایک ایسے سپاہی کی کہانی ہے جو ٹروجن وار کے بعد بھی ایک طویل ڈرامائی مشکل میں پھنس جاتا ہے اور جب واپس گھر پہنچتا ہے تو وہاں بھی ایک بار پھر سخت ترین جنگی مراحل سے گزرتا ہے کیونکہ اُس کی محبت کرنے والی بیوی اُس کی غیر موجودگی میں بہت سے مسائل کا شکار ہو چکی ہوتی ہے۔ہومر کی نظموں کی خاص بات یہ ہے کہ ہمیں اُس میں اکثر قسمت پرستی ،تقدیر کا لکھا ہوا یعنی فیٹل ازم(fatalism) اور لذت پرستی ، زندگی کی ناپائیدار حقیقت سمجھ کر اُس کو لطف کے ساتھ گزارنا یعنی اپیی کیور ازم (Epicureanism) کے پس منظر میں ایک آزاد شخص یعنی جو خود اختیاری پر یقین رکھتا ہو،

ایک فری ول (Free will) کی مسلسل تکرار محسوس ہوتی ہے۔

ہومر کی طرح ہیسو اِئڈ Hesiod (750 ۔ 650 بی سی) کا نام بھی یونانی ادب میں بہت معتبر ہے مگر بد قسمتی سے ہومر کی طرح ان کی زندگی کی معلومات بھی کچھ خاص میسر نہیں ہیں۔ اُس کی دو لاجواب نظمیں دی تھیوگنی (The Theogony) اور ورک اینڈ ڈیز (Works and Days) اِن سے منسوب دو اہم ترین کام ہیں۔ یونانی اساطیر کے پس منظر میں دیوتاؤں کے حوالے سے لکھی گئی، دی تھیوگنی، ان کی لاجواب سی طویل نظم جو چار حصوں پر مشتمل ہے جس کا مرکزی خیال یہی ہے کہ دنیا بہت کٹھن، ناگوار اور سخت ترین ہے جو کائنات کی بے ترتیبی اور افراتفری کا نتیجہ ہے۔ اس کائنات میں نظم وضبط خداؤں اور دیوتاؤں کے ارتقائی تصور سے ممکن ہوا۔ خدا کا غیض وغضب اس کے آرڈر کا سبب بن تو گئے مگر وہ خود ابھی بھی اُسی غصے اور ناراضگیوں کا شکار رہیں۔ دوسری طویل ترین نظم، ورک اینڈ ڈیز بنیادی طور پر کاشتکاری اور سفر سے متعلق ہے۔ یہ طویل نظم خود کئی نظموں پر مشتمل تخلیق ہے جس میں انسانوں کے چار عہد سونا، چاندی، پیتل اور آئرن کا ذکر ہے۔

دوسرا دَور

یونانی دَور کی
سیاسی و سماجی تہذیب اور ادب میں
انسانی اقدار کا عروج

○

مغربی ادب کے ارتقائی سفر میں قدیم یونانی دور ایک بنیاد کی حیثیت رکھتا ہے۔ حضرت عیسیٰؑ کی پیدائش سے تین سو سے چار سو برس قبل کا یونان علم و ادب کا ایک عظیم مرکز تھا۔ مغربی ادب کی کم و بیش تمام اصناف کے بانی اسی دور میں پیدا ہوئے تھے۔ ایتھنز کا کلچر سراسر ہیمونسٹ تھا جہاں پہلے پہل جمہوریت (ڈیموکریسی) پریکٹس ہوئی اور جہاں ڈرامے اور تھیٹر کے فن کو عروج ملا، جہاں عظیم ترین درسگاہیں اکیڈمی اور لائسیم قائم ہوئی، جہاں سیاست، نفسیات، مذہب اور کم و بیش سماج کے ہر ایک علم پر ایسی فلسفیانہ کتابیں لکھیں گئیں جن سے پرورش پانے والی عظیم تر انسانی قدروں نے نہ صرف مغربی ادبی دنیا کو اعلیٰ ترین ادبی کلاسیکس عطا کیے بلکہ بعد از اں عیسائیت میں شامل ہو کر اخلاقیات کے نئے زاویے بھی مذہبی قدروں میں شامل کر دیے جس کے اثرات آج کی جدید مغربی دنیا میں جا بجا دکھائی دیتے ہیں۔

یونان کے تہذیبی منظر نامے کو سمجھنے کے لیے ضروری ہے کہ ہم اُس دور کے یونانی سیاسی و سماجی منظر نامے کو ایک نظر دیکھ لیں تا کہ ہمیں وہاں کی ایک عمومی معاشرتی ساخت کا اندازہ ہو سکے۔ یونان کی سماجی عظمت کے اس دور کو ہم 'ایٹک دور' بھی کہتے ہیں۔ ایتھنز جو علمی تہذیب کا مرکز تھا وہ یونان کے ایٹک پینی سولا (جزیرہ نما ایٹک) میں واقع تھا۔ 508 بی سی میں کلائستھینز (Cleisthenes) جو ایتھینز کا عظیم ترین سیاستدان تھا اور جسے بلا شبہ بابائے

جمہوریت‘ کا لقب دیا جاسکتا ہے، جس نے دنیا میں پہلی بار ایتھینز میں ڈیموکریسی کا تجربہ کیا تھا۔ 497 سے 479 بی سی کے دوران فارس نے کئی بار ایتھنز پر حملے کیے تھے مگر ہر بار وہ ناکام ہوئے حتیٰ کہ 477 بی سی میں تمام یونانی سلطنتوں نے ایتھینز کی سربراہی میں ’ڈیلائین لیگ‘ (league Delian) بنائی جس کا مقصد یہی تھا کہ تمام یونانی اسٹیٹس مل کر فارس کے حملوں کو روکنے کی کوشش کریں۔ پھر 461 سے 429 بی سی کے دوران ایتھنز میں ’پری سیلز‘ (Pericles) حکمراں بن گئے۔ یہی وہ دور تھا جس دوران ایتھنز کو بے مثال خوشحالی نصیب ہوئی اور یہی دور ایتھنز کے لیے علم و آگہی اور تہذیب کا سنہرا دور یا کلاسیکل پیریڈ بھی کہلایا۔ 454 بی سی میں ڈیلائین لیگ کو ’ڈیلوز آئی لینڈز‘ (Island of Delos) سے ایتھنز منتقل کیا گیا تو یونان میں ایک ناخوشگواری کی فضا پھیل گئی جو بالآخر ایتھنز اور اسپارٹا میں سخت ترین سیاسی مخالفت کا سبب بنتی چلی گئی جس کے نتائج میں دونوں سلطنتوں کے درمیان پیلوپینیشین وار (Peloponnesian war) شروع ہوگئی۔ کئی برسوں کی طویل لڑائی کے بعد اسپارٹا کو فتح نصیب ہوئی جس کے اثرات ایتھنز کی تہذیبی دنیا پر بھی پڑے۔ پیلوپینیشین وار کے بعد کئی ایک سیاسی وسماجی خلفشار یونان کے حصے میں آئے حتیٰ کہ ایک وقت آیا کہ سلطنت اس قدر کمزور ہوگئی کہ 338 بی سی میں ’فلیپ آف میسی ڈون‘ (Philip of Macedon) نے یونان پر قبضہ کرلیا اور پھر اُس کے بعد اُس کے بیٹے سکندر اعظم نے یونان سے نکل کر دنیا کی کئی حصوں پر اپنی حکومت کو پھیلانے کے سلسلے کو بڑھادیا اور یوں جنگ کے بادلوں نے دنیا کی کئی ایک بڑی سلطنتوں کو لپیٹ میں لے لیا حتیٰ کہ یہ سلسلہ 323 بی سی میں اُس کی اپنی موت پر آکر ہی رُکا اور یوں یونان کے اُس یادگار دور کا خاتمہ ہوگیا۔

یونان کے اس کلاسیکل دور میں ہی مغربی ادب کی بنیاد رکھی گئی تھی۔ اس دوران خصوصاً نثری ادب یعنی ڈرامہ، تاریخ اور فلسفے کو عروج حاصل ہوا۔ ارسطو کی ’پوئٹکس‘ (Poetics) نے فلاسفی اور ادب کی بنیادی تھیوریز کا تعین کیا جس کے اثرات مغربی ادب پر بہت

گہرے مرتب ہوئے۔ یونانی ڈرامہ ڈیانسیان گاڈ' (Dionysian God) مذہبی اقدار سے آراستہ تھا۔ مجموعی طور پر اُس دور کے ڈرامے طنز و مزاح یعنی ستائر (satire)، مزاحیہ یا کامیڈی (Comedy) اور رنجیدہ یا ٹریجڈی (Tragedy) اقسام کے ہوتے تھے۔ اُن ڈراموں میں ڈانس اور نغمے بھی ہوا کرتے تھے جن کے ذریعے دیوی دیوتاؤں کی تعریف و توصیف کی جاتی تھی۔

شروع شروع میں ان ڈراموں میں ڈائیلاگ وغیرہ کا رجحان نہیں تھا مگر پھر ان ڈراموں میں کئی ایک تجربات ہوئے اور پھر آہستہ آہستہ ان میں نہ صرف اداکار بلکہ ڈائیلاگ بھی شامل ہوتے چلے گئے۔ اُس دور میں زیادہ تر ڈرامے مختلف فیسٹیولز وغیرہ میں آرٹ کے مقابلوں کی نیت سے پرفارم کیے جاتے تھے جن میں اداکار چہروں پر ماسک لگا کر اوپن ائر تھیٹرز میں پرفارم کرتے تھے۔ ان تھیٹرز کے بیچوں بیچ ایک اسٹیج ہوا کرتا تھا جہاں دیوی دیوتاؤں کے مختلف سمبلز مجسموں کی شکل میں نصب کر دیے جاتے تھے۔ ڈراموں میں عموماً قدیم یونانی دور کی کامیڈی پرفارم کی جاتی تھی جس دوران کبھی کبھار یہ انتہائی فحش ہوتے تھے تو کبھی انتہا سے زیادہ سنجیدہ یا ٹریجڈی کی پرفارمنز دی جاتی تھی۔ ٹریجڈی ڈراموں کے مرکزی کرداروں کی اخلاقی یا نفسیاتی کمزوریاں جنہیں یونانی ادبی زبان میں 'ہیمارٹیا' (Hamartia) کہا جاتا ہے یا ایک غرور کی نفسیاتی شکل جسے یونانی اساطیر میں 'ہیوبرس' (Hybris or hubris) کہا جاتا ہے، کو بھی شامل کیا جاتا تھا تاکہ اِن ڈراموں میں انسانوں کے فطری مسائل اور مصیبتیں وغیرہ کو دکھایا جاسکے۔

قدیم یونانی دَور کے چند نمائندہ ادیب و شاعر اور اُن کی تخلیقات

یونانی ادب کا یہ ارتقائی عمل شاعری کی نت نئی اصناف کی نشوونما کا قیمتی ترین دور تھا مثلاً سافو (Sappho) جو چھٹی صدی بی سی کی ایک اہم شاعرہ تھی۔ گو کہ اُن کا زیادہ تر کلام ضائع

ہو چکا ہے مگر جو کچھ بھی دستیاب ہے وہ اُس دور کے ادب میں سافو کے اعلیٰ ترین مقام کو متعین کرتا ہے۔ سافو کی دو اہم تخلیقات 'Ode to Aphrodite' اور 'Tithonus poem' کے علاوہ دس ہزار سطروں پر مشتمل شاعری یونانی کلاسیکل دور کے عظیم ادیبوں کی تحریروں میں کسی ریفرنس کی طرح جگہ جگہ ملتی ہیں۔ سافو کا شمار اپنے عہد کے عظیم ترین گیت نگار شاعرات (lyric poets) میں بھی ہوتا تھا۔ اُنہیں ٹینتھ میوس (Tenth Muse) اور دی پوئٹیس (The Poetess) جیسے القاب سے بھی نوازا گیا تھا۔ سافو ایک آئرلینڈ 'لیسبوس' (Lesbos) کی رہنے والی تھی، جس کے بارے میں ایک تعلق 'لیسبن' سے بھی نکلتا ہے کیونکہ اُن کی شاعری اپنی ذاتی جذباتیت، دوسری خواتین سے محبت اور تعلق اور تھایوسس (Thiasos) جو خواتین کی ہی ایک کمیونٹی تھی، کی عمومی نمائندگی کرتی تھی مگر چونکہ اُن کی زندگی کے حوالے سے بہت کم معلومات میسر ہیں اس لیے کسی بھی حتمی بات کا کہنا ذرا مشکل ہے۔ دوسری اور تیسری صدی میں مصر کے ہیلنسٹک تہذیب کے چند نمائندہ ایلکزینڈرین دانشوروں (Alexandrian scholars) نے سافو کی شاعری کا ایک مجموعہ ترتیب دیا تھا مگر امریکن فلاوجسٹ جان جیک وینکلر (John Jack Winkler) کے مطابق سافو کی شاعری کے دو اور ایڈیشن بھی اس سے قبل اور دوران ترتیب دیے جا چکے تھے جن میں بائی زینٹیم کے رہنے والے دانشور 'آرسٹوفین' (Aristophanes of Byzantium) نے 257 سے 180 BC میں اور اریسٹارکس کے سیموتھریس (Samothrace ofAristarchus) نے 220 سے 143 BC میں کیا تھا۔

سافو کی طرح قدیم یونانی ادب کا ایک اور اہم ترین نام پنڈر (Pindar) کا ہے جنہیں 'Dircaean Swan' کے نام سے یاد کیا جاتا ہے۔ وہ 522/518 - 438/432 بی سی کے دوران زندہ رہے۔ انہوں نے قدیم یونانی ادب میں ایک نئی صنف 'پنڈرک اوڈ' (Pindaric ode) کا اضافہ کیا تھا۔ پنڈر کا تعلق یونان کے شہر تھیبس (Thebes) سے تھا۔ کہا

جاتا ہے اپنی نو جوانی میں پنڈر ایتھنز بھی گئے تھے تاکہ شاعری کی باضابطہ تعلیم حاصل کریں۔انہوں نے ایپی نیکیا اورکورل اوڈ (Epinicia, Choral Odes) جیسی ادبی اصناف سے یونانی اولمپکس کے لیے کئی ایک شاہکار نغمے (Poetry Lyric) لکھے اور انعامات بھی حاصل کیے۔ پنڈر کی شاعری کی سترہ جلدوں میں کورل نغمگی (Choral Lyric) کی کم وبیش ہر صنف پر انہوں نے طبع آزمائی کی ہے یہی وجہ ہے کہ اُنہیں رومن ادب میں شاعرانہ عہد رفتہ یعنی'اینٹوکٹی' (Antiquity) کا درجہ حاصل ہے۔ پنڈر کے ماسٹر پیس ایپینکیا (Epinicia) ہیں جنہیں یونانی دور کے آرٹ کے مقابلوں میں پڑھے جانے اور انعامات جیتنے کے لحاظ سے نیمین (Nemean) ایزتھیمین (Isthmian) اور پاتھین (Pythian) یا اولمپک (Olympic) کے ناموں سے بھی نواز دیا گیا۔

تیسری صدی کا ایک اور عظیم شاعر تھیوکرٹس (Theocritus) تھا جو سسلی کے شہر سائراکوزا (Syracusa) میں پیدا ہوا تھا۔اس شہر کی ایک بڑی خوبی یہ تھی کہ یہیں آرکیمڈس (Archimedes) جیسا عظیم رومن ریاضی دان بھی پیدا ہوا تھا۔بعد ازاں تھیوکرٹس کی زندگی یونان کے شہر کوس (Kos) اور مصر کے شہر الیکزنڈریا (Alexandria) میں گزری۔انہوں نے یونانی شاعری میں ایک نئی صنف بیوکولک (Bucolic Poetry) دریافت کی تھی۔اُن کی شاعری کو ایپڈیلیا اور آیڈلس ("Idylls") Eidyllia کا نام دیا گیا جس کا مطلب 'چھوٹی نظمیں' تھا۔تھیوکرٹس کی سب سے یادگار آیڈلس (Idylls) کو 'تھایرس' یا 'آیڈلس ون' (Idyll1) کہا جاتا ہے۔بدقسمتی سے اس عظیم شاعر کی زندگی کی زیادہ معلومات میسر نہیں ہیں۔

کلاسیکل ٹریجک ڈرامہ کے تین عظیم نام ہیں ایسکولس (Aeschylus)، سوفوکلیس (Sophocles) اور یورفیڈیس (Euripides) بھی ہیں۔ایسکولس 456 BC میں پیدا ہوئے اور 425 BC میں اُن کی موت ہوئی تھی۔اُس کے باپ کا نام یوفوریون (Euphorion)

تھا اور یہ فیملی ایتھنز کی ایک مغربی شہر ایلیوسس (Eleusis) میں رہتی تھی۔ ایسکولس کی زندگی کا آغاز ایتھنز کی اُس سیاسی افراتفری کے دور میں ہوا جب ایتھنز جمہوری اور استبدادی نظام (Tyranny) کے درمیان سخت ترین کھنچاؤ اور فارس سے حملوں کی زد میں آیا ہوا تھا۔ خود ایسکولس بھی فارس کے خلاف حملوں میں شہر کی جدوجہد میں شامل تھا۔ کہتے ہیں اُس نے ۳۵ سال کی عمر میں ماراتھون کی جنگ (Marathon of Battle) میں بھی حصہ لیا تھا۔ دوسری طرف ایسکولس نے ڈراموں کے سب سے بڑے مقابلے گریٹ ڈائنیسیا (Great Dionysia) میں بھی حصہ لیا اور پہلا مقام حاصل کیا تھا۔ یہ مقابلے اُس دور کے سب سے بڑے ڈرامہ نگاروں کے درمیان ہوتے تھے جو تین ٹریجیڈیز (Three Tragedies) یعنی Trilogy کی شکل میں پیش کیے جاتے تھے جس کے بعد ایک ستائر بھی پلے کیا جاتا تھا۔ اُن کا شمار کلاسیکل ایتھنز کے اُن عظیم ڈرامہ نگاروں میں ہوتا ہے جس نے 'ٹریجڈی آرٹ' کو شاعری اور تھیٹرز کی دنیا میں اعلیٰ ترین مقام تک پہنچا دیا۔ ایسکولس نے کل ملا کر ۹۰ ڈرامے لکھے تھے جن میں سے اب صرف ۷ ہی باقی ہیں۔ ان ڈراموں میں ان کے ماسٹر پیس کا نام اوریسٹیا ٹرلوجی (Oresteia Trilogy) ہے۔ انہوں نے اُس دور کے یونانی ٹریجڈی ڈراموں میں کئی ایک ترمیمات کی مثلاً انہوں نے ایک 'سیکنڈ آرٹسٹ' کو ڈرامے میں شامل کیا۔ اسی طرح ڈرامے کے کورس (Chorus۔ ڈرامہ کا حصہ جس میں عموماً اداکاروں کا گروپ ڈرامے میں گاتے بجاتے زیادہ تھے مگر اداکاری کی پرفارمنس پر زیادہ زور نہیں دیتے تھے) کی اہمیت کم کرنے کی خاطر انہوں نے اُس کے ممبر کی تخفیف کی اور ڈراموں میں ڈائیلاگ کی اہمیت پر زور دیا جو اُن سے قبل ڈراموں میں نہیں ہوتے تھے یا بہت کم ہی ہوتے تھے۔

ایسکولس کی طرح سوفوکلیس (495-406 BC) کے بھی صرف سات ڈرامے ہی مکمل حالت میں دستیاب ہیں حالانکہ انہوں نے اپنی زندگی میں ۱۲۰ ڈرامے تحریر کیے تھے۔ ایتھنز

میں پچاس برس تک وہ اپنی ڈرامہ نگاری کی وجہ سے عزت وتکریم اور شہرت کی بلندیوں پر رہا۔ یہ عموماً مذہبی فیسٹیول لینیا (Lenaea) اور ڈائنسیا (Dionysia) کے دوران پیش کیے جاتے تھے۔ اس دوران سوفوکلیس نے ۳۰ مقابلوں میں حصہ لیا اور اُن میں سے ۲۴ مقابلے جیتے مگر وہ کبھی بھی دوسرے نمبر سے نیچے نہ رہا جبکہ ایسکولس نے ۱۳ اور یورفیڈیس نے چار مقابلے جیتے تھے۔ سوفوکلیس کی سب سے مشہور ٹریجڈیز اِڈی پس (Oedipus) اور اینٹی گون (Antigone) تھیں جنہیں تھبان پلیز (Theban plays) کہا جاتا تھا۔ سوفوکلیس نے ڈرامے میں تیسرے ایکٹر کا اضافہ کیا۔ انہوں نے بھی ایکولس کی طرح ڈراموں کے پلاٹ سے کورس کی اہمیت کو کم کرنے کی خاطر اُس کے ممبرز کی مزید تخفیف کی۔ وہ ایتھنز کی ایک چھوٹی سی کمیونٹی ڈیم (Deme) میں خاصے امیر اور تعلیم یافتہ خاندان میں پیدا ہوا تھا۔ 468 BC میں پہلی بار اُس نے ڈائنوسیہ (Dionysia) میں ٹریجک ڈرامہ پیش کیا تھا، اُس ڈرامے کا نام ٹرپیٹولمس (Triptolemus) تھا۔ سوفوکلیس کے مرنے کے 14 برس بعد 420 BC میں اُنہیں قدیم یونانی دیوتا اسکیلپیس (Asclepius) جس کا تعلق میڈیسن اور مذہب سے تھا، کا ڈرامائی تصور تخلیق کرنے پر ایتھنز اسٹیٹ کی طرف سے ایپی تھیٹ ڈیکسن (Dexion Epithet) سے نوازا گیا تھا۔ سوفوکلیس کے سات ڈرامے اجکس (Ajax)، فلوکٹیٹس اور اِڈیپس (Oedipus Philoctetes and)، الیکٹرا (Electra)، اینٹی گون (Antigone)، وومن آف ٹریکس (Women of Trachis)، اِڈیپس ایٹ کولنس (Oedipus at Colonus) اور اِڈیپس ریکس (Oedipus Rex) آج بھی مغربی ادبی دنیا کی زینت بنے ہوئے ہیں۔

یونانی اساطیری داستانوں میں پرومیتھس کا کردار بہت دلچسپ ہے۔ پرومیتھس دیومالائی کہانیوں کا یہ کردار ایسکولیس کے ٹریجڈی ڈرامے پرومیتھس باونڈ (bound Prometheus) کا مرکزی کردار ہے جسے اُس نے 466 BC میں لکھا تھا۔ اس دیومالائی کہانی میں پرومیتھس، زیوس (Zeus) دیوتا سے چھپا کر انسانوں کو آگ کی آگاہی دے دیتا ہے کہ یہ

ایک علم و آگہی کا استعارہ ہے جس کے نتیجے میں اُسے زیوس (Zeus) کے غیض و غضب کا شکار ہونا پڑتا ہے۔ پرومیتھس کو ایک بڑی چٹان پر باندھ دیا جاتا ہے اور پھر ایک عقاب کو پابند کر دیا جاتا ہے کہ وہ دن بھر اُس کے جگر کو کھاتا رہے مگر رات گزرتے ہی وہ جگر دوبارہ سے اپنی اصلی حالت میں آجاتا ہے اور پھر اگلے دن عقاب اُس کے جگر کو دوبارہ کھانا شروع کر دیتا ہے۔ یہ ٹریجیڈی طاقت اور سزا کے درمیان جرأت مندی اور انکار کی قوت کے تنازع پر لکھی گئی ایک دیومالائی داستان ہے۔

سوفوکلیس نے ٹریجڈی، اینٹی گون BC 441 میں لکھی تھی۔ اینٹی گون کہانی کچھ یوں ہے کہ سول وار کے بعد ایڈیپس (Oedipus) کے دونوں بیٹے اٹوکلیس اور پولی نیسز (Eteocles and Polyneices) ایک دوسرے کا قتل کر دیتے ہیں۔ اب نیا بادشاہ کریون (Creon) سزا کے طور پر پولی نیسز (Polyneices) کی تدفین کی اجازت نہیں دیتا ہے۔ اُدھر اینٹی گون بادشاہ کے حکم کی پرواہ کیے بغیر اپنے بھائی پولی نیسز (Polyneices) کی تدفین کرنا چاہتی ہے۔ اِس دوران اُس کی اپنی بہن ایزمین (Ismene) بھی بادشاہ کریون (Creon) کے خوف کی وجہ سے اُس کا ساتھ نہیں دیتی ہے۔ کریون بعد میں اس جرم پر اینٹی گون کو سخت ترین سزا دیتا ہے اور اُسے ایک غار میں زندہ دفن کرنے کا حکم دے دیتا ہے جس پر کریون کا بیٹا ہیمن (Haemon) جو اینٹی گون سے محبت کرتا تھا ناراض ہو کر گھر سے چلا جاتا ہے۔ ادھر جب اینٹی گون کو سزا کی خاطر گھر سے لیجایا جا رہا ہوتا ہے تو وہ ایک بار پھر کریون کے عمل پر سخت تنقید کرتی ہے اور اخلاقی اعتبار سے اُسے پست ترین قرار دیتی ہے۔ ٹائر سیاس (Tiresias) ایک دیومالائی اندھا پیغمبر ہے جو کریون کو اِس کام سے باز رکھنے کی کوشش کرتا ہے اور اُسے سمجھاتا ہے کہ ایسا عمل کرنے سے وہ خود بھی اپنے بیٹے کی جان سے ہاتھ دھو سکتا ہے۔ کریون اُس کی بات کو اتنی اہمیت نہیں دیتا مگر پھر ایک خوفزدہ (Terrified) کر دینے والا کورس بجتا ہے۔ اس گیت میں کی گئی فریاد سُن کر کریون

بالآخر مان جاتا ہے اور اینٹی گون کو آزاد کر دیتا ہے مگر دیر ہو چکی ہوتی ہے کیونکہ اس دوران اُس کا اپنا بیٹا ہیمن (Haemon) اپنے باپ، کریون کے فیصلے سے دل براشتہ ہو کر خودکشی کر لیتا ہے۔ اس کے بعد اینٹی گون بھی خود کو مار لیتی ہے۔ بیٹے کی موت کا سن کر کریون کی بیوی یورانڈس (Eurydice) کی بھی جان نکل جاتی ہے اور یوں آخر میں کریون تنہا رہ جاتا ہے اور اُسے ان تمام غلطیوں میں اپنی نادانیاں سمجھ میں آتی ہیں اور وہ پچھتاتا ہے کہ اُس نے اپنے ہاتھوں سے سب کچھ تباہ کر دیا۔ آخری سین میں کورس گیت ہوتا ہے جس کے معنی یہی ہوتے ہیں کہ ہر سزا میں بھی دانائی کا ایک پہلو چھپا ہوتا ہے۔

سوفوکلیس کی ایک اور اہم ٹریجڈی 'اوڈیپس، دی کنگ یا اوڈیپس ٹائرنس' (Oedipus The King or Oedipus Tyrannos) ہے۔ یہ سوفوکلیس کی ایک بہت ہی اہم ٹریجڈی ہے اور بلاشبہ تمام یونانی ٹریجیڈیز میں سب سے طاقتور بھی ہے۔ کہا جاتا ہے کہ یہی ٹریجڈی ہی شاید پلیٹو کے ذہنی پس منظر میں بھی تھی جب وہ پوئٹکس (poetics) لکھ رہا تھا۔ یہ کہانی تھیبز (Thebes) شہر کے بادشاہ اوڈاپس (Oedipus) کی ہے جس کی قسمت میں اُس کے باپ کا قتل اور اپنی ماں سے شادی لکھی ہوئی ہوتی ہے۔ تھیبز میں اچانک طاعون پھیل جاتا ہے جس سے چھٹکارے کا صرف ایک ہی طریقہ ہے کہ جس شخص نے پچھلے بادشاہ کا قتل کیا تھا اُس کو جلاوطن کر دیا جائے۔ دیوتا ٹائرسیاس (Teiresias Prophet) کے مطابق اوڈیپس ہی قاتل ہے۔ ماضی میں ایک مذہبی شخص نے بادشاہ کی بیوی کوئین جو کاسٹا (Queen Jocasta) سے پیشین گوئی کی تھی کہ اُس کا اپنا بیٹا، اوڈیپس ہی اُس کے شوہر یا اپنے باپ کا قتل کر دے گا۔ یہ جان کر وہ بہت خوفزدہ ہو جاتی ہے اور اپنے بیٹے کو پیدائش کے بعد کہیں چھوڑ آتی ہے مگر اوڈیپس کسی طرح سے بچ جاتا ہے اور پھر بڑا ہو کر بنا یہ جانے کہ وہ اپنے ہی باپ کو مار رہا ہے، اُس کے قتل کا مرتکب ہو جاتا ہے اور پھر کچھ اس طرح سے واقعات ہوتے چلے جاتے ہیں کہ وہ بنا حقیقت کے جانے جو کاسٹا سے شادی کا بھی مرتکب

ہو جاتا ہے، ان تمام واقعات کے بعد وہ ایک دن بادشاہ بھی بن جاتا ہے۔مگر جب بعد میں اوڈیپس اور جوکاسٹا کو اس حقیقت کا ادراک ہوتا ہے تو جوکاسٹا خودکشی کر لیتی ہے اور اوڈیپس خود کو اندھا کر لیتا ہے اور خود کو جلاوطن کر لیتا ہے۔سوفوکلیس کی یہ ٹریجڈی ایک ماسٹرپیس ہے۔سگمنڈ فرائڈ نے خوابوں کے نفسیاتی تجزیے پر لکھی ہوئی اپنی مشہور و معروف کتاب (Interpretation of Dreams) میں ایڈیپس کامپلکس (Oedipal Complex) کو بچوں کی فطری نشوونما میں ایک بہت ہی بنیادی (Fundamental) عنصر کے طور پر بیان کیا ہے۔ اُس کے نفسیاتی تجزیوں کے مطابق بچے کے دبے ہوئے خوابیدہ خیالات (Repressed thought) میں انہیں اپنے مخالف سیکچوئل والدین کی طرف جنسی کشش اور اپنے جیسے جنسی اعضاء والے والدین کے لیے رقابت کے جذبات ہوتے ہیں جن کے عمر کے ابتدائی حصوں میں فطری انداز میں تحلیل ہو جانے سے بچے بالغ ہو کر کو مخصوص نفسیاتی مسائل سے بچ سکتے ہیں۔

ایسکولس اور سوفوکلیس کی طرح یورفیڈیس (Euripides) بھی قدیم یونان کے ایک اہم ترین ڈرامہ نگار اور شاعر تھے جنہوں نے اعلیٰ ترین ٹریجیڈیز لکھنے کی وجہ سے اعلیٰ ترین مقام حاصل کیا تھا۔اُن کی مشہور ٹریجڈیز میں میڈیا (Medea) اور بچیا (Bacchae) سرفہرست ہیں۔یورفیڈیس ایتھنز کے ایک خوشحال خاندان میں حضرت عیسیٰؑ کی پیدائش سے 480 برس قبل پیدا ہوئے تھے۔اُن کے والد کا نام میناسرکس (Mnesarchus) اور والدہ کا نام کلائٹو (Cleito) تھا۔اُن کی شادی ملائٹو (Melito) نامی لڑکی سے ہوئی تھی جن سے اُن کے تین بچے تھے۔ 408 BC تک وہ ایتھنز میں رہے مگر پھر اُس دور کے میسڈونینیا (Macedonian) بادشاہ کی درخواست پر میسڈونین یونان منتقل ہو گئے اور پھر بقیہ زندگی انہوں نے وہیں گزار دی، اُن کی موت 406BC میں ہوئی تھی۔یورفیڈیس نے اپنے ادبی

کیریر کے دوران ۹۰ ٹریجیڈیز لکھیں تھیں جن میں سے ۱۹ کے مینو اسکرپٹ آج بھی مغربی ادب کا حصہ ہیں۔ ایسکولس اور سوفوکلیس کے بعد اُن کا نام قدیم یونانی ادب میں ٹریجیڈیز کے حوالے سے اہم ترین ہے۔ قدیم یونانی عہد کے دوسرے تمام ڈرامہ نگاروں کی طرح یورفیڈیس نے بھی ڈاونائسز دیوتا (Dionysus God) کے احترام میں ہونے والے فیسٹیول کے مقابلوں میں حصہ لیا۔ میڈیا اور بیچیا کے علاوہ ان کی یادگار تخلیقی ٹریجیڈیز میں ہیپولائیٹس (Hippolytus) اور السیسٹس (Alcestis) بھی شامل ہے۔

یورفیڈیس نے بھی سوفوکلیس اور ایسکولس کی طرح اپنے دور میں لکھی گئی ٹریجیڈیز میں کئی ایک نمایاں فنی تبدیلیاں کی جن میں خصوصاً خداوند یا دیوتاؤں کے کردار میں انسانی جذبات کو شامل کرنا ہے۔ انہوں نے پلاٹ میں ایک نئے عنصر ڈیوکس ایکس میچینا (Deus ex machina) کے نام سے شامل کیا جو عمومی پلاٹ کی شکل کو ایک ممکنہ انجام تک پہنچا دیا کرتا تھا۔ اُن کے ڈراموں میں ایک اور اہم عنصر نسوانی کردار بھی اکثر و بیشتر نظر آتا ہے جو کہیں مظلوم تو کہیں انتقام لیتے ہوئے بھی ملتا ہے جس کی ایک مثال اُن کی ڈرامیٹک ٹریجڈی ،میڈیا میں دکھائی دیتی ہے۔ یورفیڈیس کے کام میں کہیں اُس زمانے کے واقعات کی کامینٹری بھی ملتی ہے جیسا کہ 431 بی سی سے 404 بی سی تک ہونے والی تیس سالہ پیلوپینیشین جنگ (Pelopennesian War) پر لکھی ہوئی اُن کی ٹریجڈی ، دی ٹروجن وومن (The Trojan Women) میں قیمتی انسانی زندگیوں کے ضیاع کا المیہ لکھا گیا تھا۔ وہ اپنی ٹریجیڈیز میں نہ صرف فلسفیانہ انداز اختیار کرتے تھے بلکہ اکثر و بیشتر ستائر (satire) اور کامیڈی کا بھی استعمال کرتے تھے۔ مجموعی طور پر اپنے دور کے لکھنے والوں میں اُن کا شمار حقیقت پسندانہ اور معاشرتی اقدار کے قریب ترین لکھنے والوں میں ہوتا تھا۔

یورفیڈیس کی ٹریجڈی 'میڈیا' ایک بہت ہی دلچسپ کہانی ہے جو یونانی اساطیری داستان گولڈن فلیس (Golden Fleece) کے پس منظر میں 431 bc لکھی گئی تھی۔ اس

ٹریجیڈی کی کہانی کچھ یوں ہے کہ جیسن (Jason) اپنی بیوی میڈیا (Medea) کے ساتھ ایک جگہ کورنتھ (Corinth) پہنچتا ہے جہاں اپنے سیاسی کیریر کی خاطر کورنتھ کے بادشاہ کی بیٹی گلایوس (Glauce) سے شادی کر لیتا ہے۔ٹریجیڈی کا آغاز ہی میڈیا کی آہ وزاری سے ہوتا ہے جس کے پس منظر میں گائے ہوئے کورس میں میڈیا کے دکھ اور غم کا اظہار ہوتا ہے۔کورنتھ کے بادشاہ کو خدشہ ہوتا ہے کہ میڈیا جیسن کی شادی کے انتقام میں اس کے لیے یا اُس کی بیٹی، گلایوس کے لیے نقصان کا سبب بن سکتی ہے اُسے فوراً کورنتھ سے نکل جانے کا حکم دیتا ہے۔جیسن اس دوران میڈیا سے ملتا ہے اور اُسے سمجھانے کی کوشش کرتا ہے کہ وہ گلایوس سے محبت نہیں کرتا مگر شاہی فیملی سے تعلق قائم ہونے والے موقع کو ضائع نہیں کرنا چاہتا اور یہ کہ وہ ایک بار پھر آپس میں مل جائیں گے اور وہ اُس کی دوبارہ مسٹرس بن جائے گی۔اس بات کو سن کر میڈیا بھی جیسن کو اپنی تمام تر قربانیاں یاد دلاتی ہے کہ کس طرح اُس نے اپنے بھائی کو اُس کی خاطر مار دیا تھا اور اپنا خاندان اور وطن چھوڑ کر صرف اُس کی خاطر یہاں تک آئی تھی۔وہ یہ بھی یاد دلاتی ہے کہ گولڈن فلیس کے دوران اُسے اژدھے سے بچا کر زندگی کا تحفہ دیا تھا اور آخر میں یہ بھی کہہ دیتی ہے کہ جیسن اپنے شادی کے اس فیصلے پر بہت پچھتائے گا۔اس کے بعد وہ ایتھنز کے بادشاہ ایگس کی بیوی کی مدد کرتی ہے جس کے بچے نہیں ہو رہے ہوتے ہیں اور اُس سے بدلے میں اپنی حفاظت طلب کرتی ہے۔اس دوران وہ سورج دیوتا ہیلائیس (Helios) کے دیے گئے فیملی گفٹ سونے کے لباس (Golden robe) کو زہر آلود کرتی ہے اور کسی طرح جیسن کی دوسری بیوی گلایوس تک پہنچا دیتی ہے۔یہی نہیں، وہ اپنے بچوں کو اپنے بعد کسی بھی ظلم کے شکار ہونے سے بچانے کی خاطر اور محض جیسن کو دکھ دینے کی خاطر مار دیتی ہے۔اس دوران سونے کے زہر آلود لباس سے King کورنتھ کے بادشاہ کریون Creon اور اُس کی بیٹی گلایوس کی تکلیف دہ موت ہو جاتی ہے جس کا سن کر جیسن فوراً میڈیا کو سزا دینے پہنچتا ہے مگر وہ اُسے بد دعائیں اور بری پیشین

گوئیاں سنا کر اپنے بچوں کے مردہ جسموں کو لے کر واپس ایتھنز چلے جاتی ہے۔

یورفیڈیس کی ٹریجیڈی ہیپولائٹس (Hippolytus)، جوانہوں نے 428 BC میں لکھی تھی، اس کے آغاز میں محبت کی دیوی ایفروڈائٹ (Aphrodite) بتاتی ہے کہ ہیپولائٹس سے ایک عظیم گناہ مرتکب ہوا ہے اور وہ اُسے قبول کرنے سے انکار کر رہا ہے اور یوں وہ پاکیزگی کی دیوی ہنٹ (Hunt) کی بے عزتی کا سبب بن رہا ہے۔ ہیپولائٹس پر الزام ہے کہ وہ اپنی سوتیلی ماں کی موت کا سبب ہے۔ ایتھنز کا بادشاہ (King Theseus) اپنے بیٹے کی اس حرکت پر سخت غصے میں ہے کیونکہ اُس کی بیوی فیڈرا (Phaedra) نے مرتے وقت خط میں ہیپولائٹس کو اپنی موت کا قصوردار لکھا ہے۔ اُس کے خط سے وہ اس غلط فہمی کا شکار ہو جاتا ہے کہ اُس نے اپنی سوتیلی ماں فیڈرا کے ساتھ زنا کیا تھا جس سے دل برداشتہ ہو کر اُس نے خودکشی کر لی تھی۔ دوسری طرف ہیپولائٹس اپنی بے گناہی پر بضد ہوتا ہے مگر پورا سچ بتانے سے قاصر ہوتا ہے کیونکہ فیڈرا کی نرس نے اُس سے عہد لیا ہوتا ہے کہ وہ یہ بات کبھی نہ کہے کہ فیڈرا خود بھی ہیپولائٹس کی محبت میں گرفتار ہو چکی تھی اور اُسے ہر حال میں حاصل کرنا چاہتی تھی اور یہ تو ہیپولائٹس ہی تھا جس نے اُس کی قربت سے انکار کیا تھا۔ یہ سچ جب تک دوسرے ذرائع سے کنگ تھیسیس تک پہنچتا ہے مگر اُس وقت تک دیر ہو چکی ہوتی ہے اور معصوم ہیپولائٹس کو مارا جا چکا ہوتا ہے اور یوں اس ٹریجڈی کا انجام ہو جاتا ہے۔

یونانی ادب میں کامیڈی لکھنے والوں میں اریسٹوفینز (Aristophanes) کا ایک عظیم مقام ہے۔ وہ 448 BC میں پیدا ہوا تھا۔ اُس نے کم وبیش اپنے عہد کے ہر ایک کامیڈی رائٹر کو بے انتہا متاثر کیا تھا۔ جس وقت اریسٹوفیز نے لکھنا شروع کیا تھا اُس وقت تک ایتھنز میں جمہوریت کے تُرش ذائقے کا آغاز ہو چلا تھا۔ ایتھنز کے لوگ اب جمہوریت سے بددل ہو رہے تھے کیونکہ پیلوپینیشین جنگ (Peloponnesian War) کے تنازعے

میں اُن کے ہیرو لیڈر پیری کلیز (Pericles) کے جانے کی وجہ سے بے ایمان سیاستدانوں کو حکومتیں کرنے کے مواقع مل گئے تھے۔ یہ پیری کلیز ہی تھا جس نے ایتھنز کو ایک تاریخی حد تک خوشحال ترین سلطنت بنا دیا تھا۔ اریسٹوفینز کی ذاتی زندگی کے بارے میں زیادہ معلومات میسر نہیں ہیں مگر کہا جاتا ہے کہ اُس کے تین بیٹے تھے اور تینوں بہت ہی عمدہ کامیڈی رائٹرز تھے۔ اریسٹوفینز نے تقریباً ۵۴ ڈرامے لکھے تھے جن میں سے آج صرف گیارہ ہی موجود ہیں۔ اُن کے ڈراموں کو ادوار اور موضوعات کے لحاظ سے تین مختلف طرح کے ادوار میں سیاسی، ادبی، سماجی اور فلسفیانہ اقسام کے ڈراموں میں تقسیم کیا گیا ہے۔ 425 B.C کے آخر تک اُن کے قابل ذکر ڈرامے دی پیس (The Peace)، آرچر نینز (Acharnians)، نائیٹس (Knights)، کلاؤڈز (Clouds) اور واسپس (Wasps) شامل ہیں۔ یہ تمام ڈرامے سیاسی نوعیت کے تاثر انداز میں لکھے گئے تھے۔ BC 406 سے BC 388 کے دوران انہوں نے فراگس (Frogs)، دی برڈز (The Birds)، لسسٹرا اٹا (Lysistrata) اور تھسمو فوریازوسی (Thesmophoriazusae) تخلیق کیے۔ BC 388 کے بعد تخلیق کیے گئے ڈراموں میں پلوٹس (Plutus) اور ایلیسیازوسے (Ecclesiazusae) شامل ہیں۔

کلاوئڈز آف اریسٹوفینز دنیا کی شاید پہلی کامیڈی تھی جو BC 423 میں آرسٹوفینیز نے ایتھنز کے شہر ڈائنوسیا میں پیش کی تھی جس میں کامیڈی کے آئیڈیاز کو ایتھنز کے کلاسیکل دور کے سب سے زیادہ انٹیلکچوئل فیشن پر استعمال کیا گیا تھا اور جو بھرپور کامیابی سے ہمکنار ہوا تھا۔ کامیڈی کے آغاز میں ایک بوڑھے ایتھنز اسٹرپسیڈز (Strepsiades) کو دکھایا جاتا ہے جو قرضوں کے بوجھ تلے پریشان ہے اور عدالتوں سے نوٹس بھگت رہا ہے۔ اِس خیال سے وہ اپنے بیٹے فائڈیپائڈز (Pheidippides) کو سقراط کے اسکول میں داخل کرا دیتا ہے تاکہ وہ وہاں سے دانشمندی حاصل کر کے عدالتوں میں جا کر قرض دینے والوں سے جرح

کر سکے اور اُس کے مسائل حل کرے، مگر تمام تر تعلیم حاصل کرنے کے بعد اُس کا بیٹا روایتی سماجی اندازِ فکر اور حکمرانوں کو چیلنج کرنے کے ہنر سیکھ جاتا ہے جس سے دل برداشتہ ہو کر وہ ایک دن سقراط کے اسکول کو آگ لگا کر آ جاتا ہے۔

'دی برڈ آف اریسٹوفینز'، ایتھنز کے شہر ڈیسٹونیا میں 414 قبل از مسیح میں پیش کیا تھا جہاں اسے دوسرا انعام ملا تھا۔ یہ کہانی ایک درمیانی عمر کے ایتھنز کے شہری پیستھیٹیریس (Pisthetaerus) کی ہے جو دنیا کے تمام پرندوں کو آسمان پر ایک نیا شہر بنانے کے لیے راضی کر لیتا ہے تاکہ دیوی دیوتاوں اور انسانوں کے درمیان تعلق کو کنٹرول کر سکے اور اس کی خاطر وہ خود بھی ایک پرندے سے بدل جاتا ہے یوں کائنات کے دیوتا زوس (Zeus) کی جگہ لے لیتا ہے۔اس ڈرامہ کا ایتھنز میں برسا برس تک تجزیہ چلتا رہا اور اس کی اساطیری شکل کو کئی لحاظ سے استعمال کیا جاتا رہا مثلاً ایتھنز کے شہریوں کو پرندوں، اولمپین خداوں کو اُن کے دشمنوں یا کبھی سیاستدانوں، فوجی جنرلوں، شاعر ادیبوں، دانشوروں اور کبھی باہر سے آئے ہوئے لوگوں کو بھی پرندوں کے مختلف معنوی استعاروں سے تشبیہ دی جاتی رہی۔

اریسٹوفینز نے ڈرامہ لسسٹر اٹا (Lysistrata)411 قبل از مسیح میں لکھا تھا۔اُن کی یہ کامیڈی کئی لحاظ سے اہمیت کی حامل ہے۔ پہلی بات یہ ویسٹرن کامیڈی کا پہلا ڈرامہ تھا جس میں عورت کے مرکزی کردار پر ڈرامہ پیش کیا گیا تھا اور پچھلی دو دہائیوں سے ایتھنز اور اسپارٹا کے درمیان چلنے والی پیلوپینیشیا جنگ (War Peloponnesian) کے پس منظر میں اُس دور کی سیاست، جنگ، پاور اور مردانہ فکر پر کامیڈین انداز سے اہم سوالات اُٹھائے گئے تھے۔ لسسٹر اٹا کا مفہوم آرمی کو ختم کرنا (Disband of armies) ہے۔کہانی کا مرکزی خیال یہ تھا کہ لسسٹر اٹا اپنی قریبی دوستوں کو نہ صرف اس بات پر راضی کرتی ہے کہ وہ اپنے شوہروں یا محبوبوں کو اُس وقت تک جنسی تعلق کی اجازت نہیں دیں گی جب تک وہ جنگ کے بجائے ایتھنز میں امن نہیں قائم کریں گے بلکہ اکروپلوس (Acropolis) اور قریبی

علاقوں سے ایتھنز کو جنگ کے لیے دیے جانے والے فنڈز کی بھی فراہمی روک دیں گے تاکہ اسپارٹا کے ساتھ چلنے والی اس مستقل جنگ پیلوپینیشیا جنگ کا خاتمہ ہو سکے۔

ہروڈوٹس (Herodotus) 490 قبل از مسیح میں پیدا ہوئے تھے۔ انہیں انسانی تاریخ کا پہلا رائٹر کہا جاسکتا ہے جنہوں نے تاریخی واقعات کو باضابطہ ایک بالترتیب واقعاتی عمل کی صورت ترتیب دیا۔ انہوں نے ان واقعات کا وجہ اور اثر (Cause-and-effect) کے پس منظر میں تجزیاتی انداز میں تحریر کیا جس کے نتیجے میں تاریخ انسانی محض واقعات کے ایک مجموعہ کے بجائے سیاسی اور سماجی علوم کی اہم ترین یاد داشت کی دانشمندانہ شکل اختیار کر گئی۔ پچھلے ۲۵۰۰ برسوں سے دانشور ہروڈوٹس کے قدموں پر تاریخ کے علم کی پیروی کر رہے ہیں۔

وہ ایشیاء مائنر کے شہر ہالیکارنیسس (Halicarnassus) کے ایک بزنس مین خاندان میں پیدا ہوا تھے۔ چھ سو قبل از مسیح کے درمیانی عرصے میں شہر ہالیکارنیسس فارس ایمپائر میں شامل ہوگیا تھا اور وہاں لائگڈیمس (Lygdamis) کی حکومت آ گئی تھی کیونکہ ہروڈوٹس کے خاندان نے لائگڈیمس کی حکومت کی مخالفت کی تھی اس لیے اُنہیں سزا کے طور پر آئی لینڈ آف ساموس (Island of Samos) بھیج دیا گیا تھا۔ جب ہراڈوٹس بڑا ہوا تو وہ ایک قلیل مدت کے لیے فارس ایمپائر کے خلاف بغاوت میں حصہ لینے کے لیے ہالیکارنیسس واپس آیا تھا مگر پھر جلد ہی واپس لوٹ گیا۔

ہالیکارنیسس نے کبھی بھی زندگی ایک شہر میں رہ کر نہیں گزاری۔ اُس کی زندگی کا زیادہ تر حصہ دنیا کے مختلف شہروں، جزیروں اور سمندروں کے سفر میں گزرا جس دوران وہ ان جگہوں کے تاریخی و دیومالائی واقعات اور سیاسی و سماجی معلومات وغیرہ جمع کرتا رہتا تھا اور انہیں تحریر میں لاتا رہتا تھا۔ اس قسم کی معلومات کو وہ پوسٹ مارٹم (Autopsies) یا ذاتی تفتیش یا معلومات (Personal Inquiries) کہا کرتا تھا۔ جب اُس کا کام تمام پر پہنچا تو وہ

ایتھنز آ گیا تھا جہاں وہ ایک پبلک اسپیکر بن گیا اور پھر لیکچر دینے کے لیے باضابطہ فیس لینے لگا۔ جلد ہی وہ ایتھنز کی ایک بہت ہی مشہور شخصیت بن گیا اور پھر ایک دن ایتھنز کے لوگوں نے شہر میں اُس کی موجودگی کو عزت دے کر ووٹ کے ذریعے منتخب کر کے اُسے گورنمنٹ کی طرف سے ۱۰ ٹیلنٹ کا انعام بھی دیا جو آج کل کے لگ بھگ ۲ لاکھ ڈالر کے برابر کا انعام تھا۔ ہروڈوٹس کی قابل ذکر اور مشہور ترین تصنیف دی ہسٹریز (The Histories) ہے جو گریکو پرشین (Greco-Persian Wars) کے موضوع پر اُس کا ایک اہم ترین تاریخی تھیس ہے۔

پیلوپینیشیا جنگ کا مصنف تھیوسیڈیڈز (Thucydides) اپنے دور کا ایک بڑا تاریخ داں تھا۔ وہ 460 قبل از مسیح میں اولورس نامی شخص کے گھر میں پیدا ہوا تھا۔ اُس کی زندگی سخت ترین حالات میں گزری۔ جب 431 قبل از مسیح میں پیلوپینیشیا جنگ کا آغاز ہوا تو تھیوسیڈیڈز نے بھی اس میں حصہ لیا تھا۔ 427 اور 430 قبل از مسیح کے دوران وہ طاعون کے مرض میں مبتلا ہو گیا تھا۔ 424 قبل از مسیح میں وہ فوج کے جنرل کے عہدے پر فائز ہو کر پیلوپینیشیا جنگ میں شریک ہوا تھا مگر پھر ناکامی کی وجہ سے اُسے بیس سالوں کے لیے جلاوطن کر دیا گیا۔ جلاوطنی سے واپسی کے چند برسوں ہی وہ 400 قبل از مسیح میں مر گیا۔ اُس کی تحریر میں بھی ہروڈوٹس کا انداز تھا خصوصاً اُسے تاریخ میں وجہ اور اثر (Cause-and-effect) شامل کرنے میں ملکہ حاصل تھا۔

ڈوماس تھمیس (Demosthenes) 385 قبل از مسیح میں پیدا ہوا تھا۔ اُس کا شمار اپنے عہد کے معتبر رائٹرز میں ہوتا ہے جس کی تقاریر نے اُسے ایک عظیم وطن پرست ادیب کی شکل میں ہمیشہ کے لیے زندہ کر دیا ہے۔ بچپن میں اُس کے والدین مر گئے تھے مگر جب وہ اٹھارہ برس کا ہوا تو اُسے پتہ چلا کہ اُس کے سرپرستوں نے اُس کے ماں باپ کی چھوڑی

ہوئی جائیداد کو خاصا نقصان پہنچایا۔ کہتے ہیں عدالت میں اُس کی تقریروں نے مقدمے کا فیصلہ اُس کے حق میں کر دیا تھا۔ ایتھنز کی اسمبلی میں اُس کی تقریروں نے اُسے سارے ایتھنز میں توجہ کا مرکز بنا دیا تھا۔ ڈوماس تھمیس کی تقاریر میں ۶۱ تقاریر آج بھی مغربی ادب کا حصہ ہیں۔ میسڈون کے بادشاہ فلپ ٹو (Philip II of Macedon) جسے ایتھنز پر حملے کی بہت دلچسپی تھی، کے خلاف کی گئی ڈوماس تھمیس کی چار تقاریر فلپکس (Philippics) کے نام سے یونانی تاریخ کا ایک اہم اثاثہ ہے۔

پلیٹو یا افلاطون کے بغیر مغربی ادب کا تعارف نامکمل ہے۔ افلاطون 427 قبل از مسیح میں ایتھنز کی ایک نوبل سیاسی فیملی میں پیدا ہوا تھا اور جس کے بارے میں یہی خیال غالب تھا کہ وہ بھی ایک دن بالآخر ایتھنز کی سیاست کا حصہ بن جائے گا مگر نوجوانی میں سقراط سے مل کر اُس کی زندگی کے رخ بدل گئے۔ سقراط کے ڈائیلاگز اور دلائل اُسے ساری زندگی کے لیے سقراط کے قریب لے آئے حتیٰ کہ سقراط کی موت کے بعد وہ جمہوری طرزِ حکومت سے اس قدر دل برداشتہ ہوا کہ ایتھنز چھوڑ کر چلا گیا اور پھر بارہ سالوں تک بحر روم، افریقہ، ایشیا اور یورپ کے درمیان موجود میڈیٹیرین کے علاقوں (Mediterranean region) میں گھومتا رہا۔ اس دوران وہ اٹلی میں پائی تا گورس (Pythagoreans) سے جیومیٹری اور ریاضی کی تعلیم حاصل کرتا رہا اور مصر میں رہ کر مذہب، جغرافیہ اور فلکیات کا علم حاصل کرتا رہا اور کتابیں بھی لکھتا رہا۔ مجموعی طور پر اُس کی زندگی کے تین بڑے ادوار اُس کی تخلیقات کے اعتبار سے کچھ یوں دکھائی دیتے ہیں:

افلاطون 399–387 قبل از مسیح کے دوران:

یہ سقراط کی موت کے فوراً بعد کا دور ہے جب افلاطون ایتھنز کی سیاست سے بیزار ہو کر وہاں سے نکل گیا تھا۔ اس دور میں اُس نے اپلوجی آف سقراط (Apology of Socrates)

اور پھر اُس کے بعد ہیپیس میجر (Hippias Major) ہیپیس مائنر (Minor Hippias)، یوتھایفرو (Euthyphro) اور پیر وٹا گروز (Protagoras) اور آئی اون Ion لکھیں ۔ان تمام ٹیکسٹ میں پلیٹو نے سقراط کی فلاسفی اور اور اُس کی تعلیمات پر روشنی ڈالی ہے ۔

افلاطون ۔387-370 قبل ازمسیح کے دوران:

اس دور میں افلاطون نے اپنے علمی نظریات پر کام کیا۔انہوں نے عدل و انصاف، ہمت وحوصلہ، دانائی اور اعتدال جیسے موضوعات کا فلسفیانہ تجزیہ کیا۔اسی دور میں انہوں نے فلسفہ اور سیاست پر اپنی نادر کتاب ریپبلک (Republic) لکھی، جس نے اُنہیں مغربی ادب و فلسفے کے ستون کی شکل عطا کر دی ۔

افلاطون 370-348 قبل ازمسیح کے دوران:

افلاطون اپنی زندگی کے اِس تیسرے اور آخری دور میں ہمیں اپنے ہی دیے گئے مابعدالطبیعاتی (Metaphysical ideas) پر کام کرتے ہوئے نظر آتے ہیں ۔خصوصاً اس دور میں وہ اپنی فارمز کی تھیوری (Theory of Forms) کے پس منظر میں مختلف فنون لطیفہ مثلاً موسیقی، ڈانس، ڈرامہ، آرکیٹکٹ اور ضابطۂ اخلاق کی فلسفیانہ توجیحات بھی دیتے ہیں ۔

سقراط کی موت کے بارہ سال بعد جب پلیٹو واپس ایتھنز آئے تو انہوں نے 387 قبل ازمسیح میں پلاٹونک اکیڈمی کی بنیاد رکھی جو 86 BC تک علمی دنیا کا مرکز بنی رہی ۔ اکیڈمی تمام ہیلنسٹک پیریڈ (Hellenistic Period) میں ایک تشکیک پرستی (Skeptical)اسکول کے طور پر ایک قائم رہی حتیٰ رومن ڈکٹیٹر سولا (Sulla) نے اس مکتبہ فکر پر پابندی لگا کر سکول ختم کر دیا ارسطو نے بیس برس ((367-347 BC تک پلیٹو سے وہاں تعلیم حاصل کی اور پھر بعد میں اپنا ادارہ لائسیم (Lyceum) کے نام سے ایتھنز میں قائم کیا۔افلاطون کی

ریپبلک 375 قبل از مسیح میں لکھی گئی تھی جس کے بنیادی موضوعات یہی تھے کہ ایک فرد کسی بھی سوسائٹی میں راستی یا منصفیانہ زندگی کیوں گزارتا ہے؟ کیا محض اس لیے کہ اُسے سوسائٹی کی طرف سے سزا کا خوف ہوتا ہے؟ کیا اس لیے کہ وہ کسی خداوند کی طرف سے مکافاتِ عمل سے بچنا چاہتا ہے؟ کیا اس لیے کہ سوسائٹی کے مضبوط لوگوں سے کمزور لوگوں پر اس طرح سے گرفت رکھی جاتی ہے؟ کیا اس لیے کہ کسی بھی فرد کا اچھا برتاؤ خود اُس کے لیے بہتر ہوتا ہے؟ یا کسی بھی شے سے بالاتر خود راستی یا منصفانہ عمل اپنی ساخت میں ایک اچھا عمل ہے؟ ہم راستی یا منصفانہ (Justice) کو کس طرح بیان کر سکتے ہیں؟ یہی وہ بنیادی سوالات ہیں جن کے جوابات پلیٹو نے ریپبلک میں دیے ہیں۔ اُس نے جسٹس کی درست تعریف بتائی ہے کہ جسٹس اپنے آپ میں ایک برتاؤ ہے جس کی سوسائٹی اور مذہبی شکل سے ماورا ایک ساخت ہے۔ پلیٹو نے جسٹس کو انسانی نفسیات کے پس منظر میں فلسفیانہ تجزیے سے بیان کیا ہے۔ پلیٹو نے جسٹس کو سیاسی، سماجی اور انفرادی موضوعات کی شکلوں میں سمیٹا ہے۔ ریپبلک کی کتاب ۲، ۳ اور ۴ میں پلیٹو نے سیاسی انصاف کو سمجھنے کی خاطر سوسائٹی کو تین بڑی کلاسز پروڈیوسرز (Producers)، آکزیلیریز (Auxiliaries) اور گارجینز (Guardians) میں تقسیم کیا ہے۔ پلیٹو کے لیے پروڈیوسرز سے مراد کام کرنے والی کلاس، آکزیلیریز سے مراد مملکت کا دفاع کرنے والی فوج یا سپاہی اور گارجین سے مراد حکمران کلاس تھیں۔ اُس کے خیال میں ان تینوں کلاسز کا آپس میں راست تعلق ہی ایک منصفانہ سوسائٹی کو پیدا کر سکتا ہے۔ اُس کے خیال میں ضروری ہے کہ ہر ایک کے لیے اپنی کلاس میں رہتے ہوئے ایماندارانہ انداز میں اپنے کام سے انصاف کرنا ضروری ہے۔ چوتھی کتاب کے آخر میں پلیٹو، فرد کی ساخت کو بھی تین فنکشنل حصوں میں تقسیم کر دیتا ہے اور انہیں سوسائٹی کی تقسیم شدہ تین ساختوں سے موازنہ کرتے ہوئے جوڑتا ہے۔ اُس کے مطابق انسانی روح کے تین حصے Rational، Spirited اور Appetitive کہلاتے ہیں جن میں Rational حصہ سچائی جاننے اور فلاسفیانہ

انداز سے حقیقت کو سمجھنے کا متقاضی ہوتا ہے،Spirited حصہ ہماری عزت و احترام اور جذبات کی نمائندگی کرتا ہے جبکہ تیسرا حصہ Appetitive ہماری مادی خواہشوں خصوصاً پیسے کی خواہش وغیرہ کا ذمہ دار ہوتا ہے۔ پلیٹو کے خیال میں ایک راست فرد کا Rational حصہ اُس کی شخصیت پر حکمرانی کرتا ہے، Spirited اُسے سپورٹ کرتا ہے جبکہ دونوں مل کر Appetitive حصے کو کنٹرول کرتے ہیں۔ سوسائٹی اور فرد کے درمیان ان تینوں حصوں کا تقابل خاصا گہرا ہوتا ہے مثلاً سوسائٹی کی Producers کلاس میں Appetitive ، Auxiliaries میں Spirited جبکہ Guardians میں Rational کا حصہ غالب ہوتا ہے۔ ان حصوں کی بے ترتیبی سے فرد یا سوسائٹی منصف یا راست نہیں رہ پاتے ہیں۔ بک ۵ سے ۸ تک میں پلیٹو نے Guardians کلاس کے لیے فلسا فیکل کنگ ہونے کی ضرورت کو ڈسکس کیا ہے۔ یہاں پلیٹو نے اپنی Theory of The Forms کے ذریعے سورج، لائن اور غار کا تصور دیا اور اُس کے پس منظر میں پوری دنیا کو دو realms میں تقسیم کیا Visible اور Intelligible جس میں اول کا تعلق ہمارے سینس جبکہ آخر الذکر کا تعلق دماغ سے ہے۔ اول الذکر وہ کائنات ہے جو ہمیں نظر آتی ہے جبکہ آخر الذکر کا تعلق اُس Abstract سے ہے جو بدل نہیں سکتی یہاں وہ فلسفیانہ انداز میں غار اور دماغ کے استعاری معنویت کو اجاگر کرتا ہے۔ ارسطو کے خیال میں تعلیم کا مقصد ذہن کو علم نہیں سچائی کی روشنی فراہم کرنا ہوتا ہے۔

عربی فلاسفی میں ارسطو کو'پہلا استاد' جبکہ مغربی دنیا میں انہیں'دی فلاسفر' کے نام سے یاد کیا جاتا ہے۔ وہ یونان کے شہر Stagira میں 384 قبل از مسیح میں پیدا ہوئے تھے۔ اُن کے دونوں والدین روایتی میڈیکل پروفیشن میں تھے خصوصاً اُس کے والد Nicomachus میسیڈ ومیا کے King Amyntus III کے فزیشن تھے۔ نوجوانی میں ہی اُس کے والدین کا انتقال ہو گیا تھا پھر جب وہ سترہ برس کے ہوئے تو وہ ایتھنز آ گئے اور پلیٹو کی اکیڈمی جوائن

کر لی۔وہ ۲۰ برس تک اکیڈمی سے پہلے طالب علم اور پھر ایک استاد کی طرح وابستہ رہے اور بے انتہا احترام کے ساتھ اپنے استاد پلیٹو کے نظریات پر تنقیدی رائے کا اظہار بھی کرتے رہے۔خود پلیٹو کی تحریر میں ارسطو سے کی گئی ڈسکشن کے ریفرنسز ملتے ہیں۔رومن فلاسفر Cicero کے خیال میں اگر پلیٹو کی نثر چاندی کی طرح ہے تو ارسطو کی تخلیقات کسی بہتے ہوئے سونے کے دریا کی طرح ہے۔جب پلیٹو کا BC 347 میں انتقال ہو گیا تو اُس کی اکیڈمی پر اُس کے بھتیجے Speusippus نے کنٹرول کر لیا تھا۔ممکن ہے اس وجہ سے یا پھر اپنے خاندان کو درپیش سیاسی مشکلات کی وجہ سے ارسطو نے پلیٹو کی وفات کے بعد فوراً ایتھنز چھوڑ دیا اور Asia Minor کے شہروں Assos اور Lesbos میں پانچ برس گزارے۔یہاں رہ کر اُس نے میرین بیالوجی پر ریسرچ کی اور Pythias نامی لڑکی سے شادی کی۔Pythias سے اُس کی واحد بیٹی پیدا ہوئی تھی جس کا نام بھی اُس نے Pythias ہی رکھا تھا۔BC 342 میں اُسے King Philip II کی طرف سے باضابطہ سمن ملا اور اسے سکندر اعظم کا ٹیوٹر منتخب کیا گیا جسے ایک ماڈرن تجزیہ نگار نے کچھ ان لفظوں سے یاد کیا کہ اس واقعے نے دونوں استاد اور شاگرد پر کچھ زیادہ اثر نہ کیا۔

ارسطو جب پانچ برس بعد واپس ایتھنز پہنچا تو ایک بار پھر ایتھنز میں شہری حقوق نہ ہونے کی وجہ سے پراپرٹی خرید نہیں سکتا تھا۔اس لیے اُس نے Lyceum میں ایک پرانے ریسلنگ اسکول کو کرائے پر لے لیا اور اکیڈمی کی طرز پر ایک علمی ادارہ Lyceum کے نام سے قائم کیا۔

Lyceum بہت جلد ارسطوانہ تعلیمی نظریات کے سبب سارے یونان کے لیے علمی کشش کا سبب بنتا چلا گیا۔یہاں کی لائبریریز دنیا کے عظیم ترین مفکرانہ اسکرپٹ کے لحاظ سے اہم ترین تھیں۔Lyceum میں رہتے ہوئے ہی ارسطو کی ۲۰۰ سے زیادہ تحریریں کمپوز ہوئیں جن میں سے آج صرف ۳۱ کمپوزیشن باقی ہیں جن کے بارے میں خیال ہے کہ یہ تمام ارسطو

کے لیکچرز نوٹس تھے۔اس کام کو مجموعی طور پر چار گروپس میں تقسیم کیا جاسکتا ہے۔ پہلا Organon جس میں ارسطو کی فلاسفی اور اُس کی سائنٹیفک تحقیقات، دوسرا Theoretical جس میں اُس کی بائیلوجیکل ریسرچ،فلکیات،فزکس اور میٹا فزکس، تیسرا Practical جس میں Nicomachean Ethics اور Politics شامل ہے جس میں انسانی نیچر کا ایک فرد،فیملی اور سوسائٹی کے لیول پر تجزیہ شامل ہے اور آخری اہم ترین Rhetoric جس میں اُس نے اخلاقیات، جذبات اور دلائل جیسے موضوعات پر سیر حاصل فلسفیانہ گفتگو کی ہے تو دوسری طرف Poetics میں اُس نے ڈرامے کی تھیوری پر گفتگو کی ہے۔ Poetics میں ارسطو نے اپنے استاد پلیٹو سے شاعری پر اُس کے خیال سے اختلاف بھی کیا ہے جیسا کہ پلیٹو کے خیال میں شاعری اخلاقی اعتبار سے شبہات کے لائق ہے اور اسے پرفیکٹ سوسائٹی میں حصہ نہیں ملنا چاہیے۔ارسطو کے خیال میں شاعری اور ڈرامہ ایک سوسائٹی کی انٹیلکچوئل ساخت کا نہ صرف اہم حصے ہیں بلکہ وہ فائن آرٹ کے ذریعے افراد کے کتھارسس اور جذباتی سکون کا سبب بھی بنتے ہیں۔

قدرت نے ارسطو کو زیادہ طویل عمر عطا نہیں کی اور وہ صرف 62 برس کی عمر میں آنتوں کے کسی مرض سے 322 BC میں ایتھنز میں انتقال کرگیا۔اُسے اُس کی خواہش کے مطابق اُس کی بیوی کے برابر دفن کیا گیا جو اُس کی موت سے چند برس پہلے ہی مری تھی۔ارسطو کے مرنے کے کچھ عرصے بعد ارسطو کا کام نظر انداز ہوتا چلا گیا حتیٰ کہ 30 B.C میں Andronicus نے اُس کے کام کو نئے سرے سے ایڈٹ کیا۔رومن ایمپائر کے زوال کے بعد ایک بار پھر ارسطو Byzantium میں پڑھا جانے لگا مگر بالآخر میڈیول اسلامک دور میں ارسطو کا مسلمان اسکالرز ابن الرشد (Averroes1126-1204) ابن سینا (Avicenna970-1037) اور ایک یہودی اسکالر (Maimonodes1134-1204) نے عربی میں ترجمہ کر کے اُس کے کام کو نئی زندگی دے دی۔ یوں تیرہویں صدی میں Albertus Magnus اور خصوصاً

Thomas Aquinas نے ارسطو کے افکار اور عیسائیت کی تعلیمات کی نئی طرح سے سنتھسس پیش کی جس نے سائنس، فلسفہ اور مذاہب کی نئی دنیا دریافت کرنے میں کی۔ پندرہویں اور سولہویں صدی میں Renaissance اور Protestant Reformation کے دوران جب کیتھولک فکر سنگین الزامات کی زد میں آئی تو ارسطوانہ فکر کو کئی جھٹکے لگے، بعد ازاں گلیلیو اور کوپرنکس نے ارسطو کے فلکیائی جیومیٹریکل اور William Harvey نے اُس کی بیالوجیکل تھیوریز کو رد کر دیا تاہم آج بھی اخلاقیات، لوجیک، سیاست اور جمالیات کی تھیوریز پر ارسطو کے نام کو مستند سمجھا جاتا ہے اور جب بھی ان موضوعات پر دلائل کا آغاز ہوتا ہے تو ارسطو کی فکر نقطہ آغاز سمجھی جاتی ہے۔

تیسرا دَور

رومن دَور میں سماجی وقانونی پاسداری اور یونانی ادب کا زوال

O

یہ درست ہے کہ 338 بی سی میں یونان پر رومن سیاسی طور پر غالب آ گئے تھے مگر تہذیبی فتح یونانیوں کو نصیب ہوئی۔ادبی اعتبار سے سوائے ایک طنزیہ ادب یعنی ستائر (Satire) کے علاوہ کم وبیش ہر ایک یونانی صنف، چاہے وہ ٹریجڈی ہو یا کامیڈی ،طویل مذہبی نظم (ایپک) ہو یا گیت ، بیانیہ ہو یا تاریخی اندازِ ادب کم وبیش ہر ایک ادبی صنف ہمیں رومانی کمپوزیشن میں ہی ڈھلی ہوئی ملتی ہے۔ستائر واحد صنف اِدب ہے جو سراسر یونانی دور کی یادگار رہے۔یہ بھی درست ہے کہ رومن دور میں ہی ہمیں بائبل کے نئے عہد نامہ (نیو ٹیسٹامنٹ) کا ظہور ہوتا ہوا بھی نظر آتا ہے مگر مذہبی اثرات عمومی ادب پر غالب ہوتے ہوئے دکھائی نہیں دیتے ہیں۔ہمیں اس دور میں بھی ادبی شہ پارے ہیومن ازم کی ہی نمائندگی کرتے ہوئے دکھائی دیتے ہیں مگر اس کی مجموعی مقدار محدود ہوتی ہوئی ملتی ہے۔ درحقیقت تمام تر یونانی و رومن لٹریچر سراسر ہومینسٹ لٹریچر تھا وہ مذہبی لٹریچر نہیں تھا مگر قرون وسطی میں پہنچ کر مذہبی اثرات مغربی لٹریچر پر زیادہ نظر آنے شروع ہوتے ہیں۔ یونانی ادب رومن ادب کے مقابلے میں زیادہ آزاد بھی تھا مثلاً رومن دور میں حکمرانوں پر کامیڈی یوں بھی آسان نہ تھی جیسا کہ یونانی ادبی عہد میں نظر آتی تھی ،اسی طرح اظہار کے معاملات میں بھی دیکھیں تو ورجل کی رمزیہ نظمیہ (Virgil's epic) مصنوعی لگتی ہیں جبکہ ہومر کی نظمیں زیادہ فطری دکھائی دیتی ہیں بالکل اسی طرح رومن ادب میں فطری جبلت کے

بجائے شاعری میں بھی اصول وضوابط کی پاسداری زیادہ نظر آتی ہے۔ان تمام باتوں کی سب سے بڑی وجہ رومن حکمرانوں کی رومن ادیبوں پر نفسیاتی حکمرانی تھی۔

323 قبل از مسیح میں سکندر اعظم کی وفات کے بعد 'ٹولامی سوٹار' (Ptolemy Soter) کی مصر میں حکومت آئی اُس نے اسکندریہ (Alexandria) کو اپنا دارالحکومت بنایا تھا اور یوں اسکندریہ کے ایک عظیم تہذیبی ریاست بننے کے امکانات روشن ہوتے چلے گئے۔ اسکندریہ کی علمی قامت کا ایک اندازہ وہاں موجود اُس یادگار لائبریری سے لگایا جاسکتا ہے جہاں ایک زمانے میں قدیم و جدید دور کے اسکالرز اور فلسفیوں کی 70,000 سے زیادہ کتابوں کی جلدیں موجود تھیں۔مگر پھر 264 قبل از مسیح سے 146 قبل از مسیح کے دوران تین جنگیں روم اور کارتھیج (Carthage) کے درمیان لڑی گئیں جنہیں 'دی پیونک وارز' (The Punic Wars) کہا جاتا ہے۔کارتھیج اور یونان کی جنگوں کے نتیجے میں یونانیوں نے 50 بی سی میں مغربی یورپ کے ایک بڑے حصے گال (لاطینی زبان میں گالیا) پر قبضہ کرلیا جو جدید دور میں کم وبیش تمام فرانس، بیلجیم، لکسمبرگ، سوئٹزرلینڈ، اٹلی، جرمنی اور نیدرلینڈ کے کئی ایک بڑے حصوں پر مشتمل ہے اور یوں رومن بحیرہ روم (Mediterranean) کے حکمران بن گئے۔

ابتدائی دور میں بظاہر رومن یونانی انداز سے جمہوری حکومت کرتے ہوئے نظر آتے ہیں مثلاً وہاں بھی ہمیں کونسل اور سینیٹ کا تصور حکمرانوں کے ساتھ جڑا ہوا ملتا ہے مگر پھر آہستہ آہستہ سینیٹ کی طاقت کم سے کم ہوتی چلی گئی حتیٰ کہ 31 قبل از مسیح میں 'سیکنڈ ٹرمویریٹ' (Second Triumvirate) جو کہ تین طاقتور ترین سیاسی طاقتوں (یعنی اکٹووین، مارک انٹونی اور لیپی ڈس) کے درمیان ایک معاہدہ تھا ختم ہوگیا، اور بالآخر اکٹوئز سیزر (Octavius Caesar) روم کا حقیقی حکمران بن گیا اور یوں 27 بی سی میں روم باضابطہ جمہوری سلطنت کے بجائے ایک آفیشل رومن ایمپائر بن گئی۔

سیزر آگسٹس (Caesar Augustus) کا دور اُس کی وفات 14AD تک رہا جسے

'رومن لٹریچر کا سنہرا دور' کے عنوان سے یاد کیا جاتا ہے۔ مجموعی طور پر یہ دور امن و آشتی اور معاشی خوش حالی کا دور تھا۔ آگسٹس کے بعد روم کی طاقت گرتی چلی گئی حتیٰ کہ 180AD میں جب مارکس آریلیس (Marcus Aurelius) کی وفات ہوئی تو روم کی سیاسی، سماجی اور اقتصادی حالت سخت ترین تباہی کا شکار ہو چکی تھی۔ 251AD میں جرمن قبائل گوتھس Goths نے روم پر حملہ کر دیا اور پھر AD 330 میں قسطنطنیہ (Constantinople) رومن سلطنت کا دارالحکومت بن گیا۔ 364AD میں رومن ایمپائر تقسیم ہوگئی اور پھر 410 اور 455 AD میں بالترتیب گوتھس اور وانڈال (Vandals) جرمن قبائل کی محاذ آرائیوں کے نتیجے میں بالآخر 476AD میں مغربی رومن ایمپائر پر Odoacer باہیرین یعنی جنگجو قبائل نے قبضہ کرلیا۔ 476AD تک مغربی رومن ایمپائر کی سیاسی، اقتصادی اور عسکری قوت کم و بیش ختم ہو چکی تھی اور سلطنت کی اسٹیٹس صرف نام کی حد تک ہی رومن ایمپائر رہ گئی تھیں۔ تمام تر مغربی ایمپائر پر جنگجو قبائل قابض ہو چکے تھے جبکہ مشرقی رومن ایمپائر جسے ہم بائزینٹین ایمپائر (Byzantine Empire) کہتے ہیں ایک کم و بیش طاقت کی شکل میں مشرقی بحیرہ روم (Mediterranean) کی اسٹیٹس کو کنٹرول کر رہا تھا۔

رومن بنیادی طور پر اٹلی کے قدیم باشندے تھے۔ رومن دور میں اٹلی کا مغربی شہر لیٹیم (Latium) جو ابتدائی دور میں نہ صرف رومن ایمپائر کا سیاسی و اقتصادی دارالحکومت رہا بلکہ ہمیشہ سے سماجی اور تہذیبی مرکز بھی بنا رہا تھا۔ لیٹیم میں بولے جانے والی لاطینی زبان ہی رومن ایمپائر کی آفیشل زبان بھی بن گئی تھی۔ روم کے اُس دور کے عوامی طبقے پیبین (Plebeians) اور حکمران طبقوں کے درمیان بھی جمہوریت کی بحالی کے لیے ایک طویل جدوجہد کی تاریخ موجود ہے جس دوران عوام الناس کا خوب ہی خون بہایا گیا جس کے نتائج میں ہی جدید یونانی دور میں رومن قوانین ترتیب دیے گئے تھے۔ حضرت عیسیٰؑ کی پیدائش بھی اسی رومن دور میں ہوئی اور 30AD میں انہیں صلیب کیا گیا مگر عیسائیت اُس رومن دور میں

نہیں پھیل سکی۔ جوں جوں رومن ایمپائر کا زوال ہوتا چلا گیا اُس دور کا ادب بھی اپنے معیار سے گرتا چلا گیا۔ جس دور میں ادبی تخلیق پر یونانی حکمرانوں کا براہ راست اور بالواسطہ (نفسیاتی) کنٹرول تھا، ادیب مخمصے کا شکار تھے۔ ہمیں زیادہ تر خطیبانہ لسانی ادب (Rhetoric) ہی نظر آتا ہے دوسرے الفاظ میں یونانی ادب کا سنہرا دور سلور دور (Silver age) سے بدل گیا تھا۔ کہیں ڈرامے، اپیی گرامز اور طربیہ نظمیں ضرور تھیں مگر شاعری زیادہ نمایاں ہو رہی تھی یا دوسرے الفاظ میں نثر نسبتاً کم لکھی جا رہی تھی خصوصاً آگسٹن کے دور تک رائٹنگ ایک عزت دار پروفیشن رہا تاہم بیانیہ اور تاریخی ادب کم ہو گیا کیونکہ سیاسی تنازعات پر لکھنا کم و بیش بند ہو چکا تھا۔ شاعر ضرور ٹیکنیکل پرفیکشن کے ساتھ لکھ رہے تھے۔ مجموعی طور پر ہم کہہ سکتے ہیں کہ تمام تر رومن دور درحقیقت قانون کی پاسداری کا دور تھا، اس دور میں آزادی اظہار کی وہ نعمت نصیب نہیں تھی جو یونانی دور میں حاصل تھی۔ جب ہم اس دور کی ادبی دنیا میں داخل ہوتے ہیں تو ہمیں پہلا چونکا دینا والا نام پلیٹیس (Plautus) کا ملتا ہے۔

رومن دور کے چند نمائندہ ادیب و شاعر اور اُن کی تخلیقات

پلیٹیس کا پورا نام ٹائیٹس میسیس پلیٹیس (Titus Maccius Plautus) تھا، وہ رومن ری پبلک سارسینا (Sarsina) میں 254 بعد از مسیح میں پیدا ہوا تھا۔ اُس کی زندگی کے بارے میں زیادہ تفصیلات میسر نہیں ہیں مگر کہا جاتا ہے کہ وہ اپنی زندگی کے آغاز میں اسٹیج کارپینٹر کا کام کرتا تھا اور اُس ماحول میں رہنے ہی کی وجہ سے اُسے تھیٹر سے عشق ہوتا چلا گیا۔ جوں جوں اُس کا ایکٹنگ ٹیلنٹ نمایاں ہونے لگا۔ اُس نے اپنا ایکٹنگ ٹائٹل Maccius اور Plautus اپنے نام کے آگے بڑھا لیا اور بعد میں اس حد تک کامیاب ہوا کہ خاصے پیسے کما کر جہاز رانی کے بزنس میں آ گیا مگر پھر وہ بزنس بند ہو گیا اور ایک بار پھر وہ بدقسمتی سے غریب ہو کر لیبر بن کر کام کرنے لگا۔ اس دوران اُس نے یونانی ادب کا مطالعہ کیا خصوصاً مینینڈر

(Menander) کی نیو کامیڈی سے وہ بہت متاثر ہوا جس کا کلاسیکل تھیٹر میں ایک بڑا نام تھا۔اس مطالعے کے نتائج میں اُس نے پھر اپنی نئی طرز کے ڈرامے لکھنے شروع کیے جو اس قدر پاپولر ہوئے کہ اُس کا نام تھیٹر کی کامیابی کی ضمانت بن گیا۔اُس کی کامیڈی زیونانی ماڈلز کی تھیں اور رومن ناظرین کے لحاظ سے لکھیں گئی تھیں۔وہ لوگوں کو خوش کرنے کے لیے لکھتا تھا نہ کہ انہیں تلقین کرنے کے لیے، یہی وجہ ہے کہ اُس کے یونانی ادبی ذائقے کو رومن عوام بہت ہی مزے سے انجوائے کرتے تھے۔پلیٹیس نے 130 ڈرامے لکھے تھے مگر اب صرف 20 ہی کا سراغ ملتا ہے۔

پلاٹس کا سب سے معروف ڈرامہ' ایمفی ٹائرون' (Amphitryon) ہے جو یونانی آسمانی دیوتا زوس (Zeus) اور رومن آسمانی دیوتا،جیوپٹر (Jupiter) کی دیومالائی داستان کے بنیادی خیال پر مبنی ہے۔ڈرامے کا پلاٹ ایمفی ٹائرون کے گرد گھومتا ہے جو تھیبانس (Thebans) اور ٹیلوبینس (Teloboans) کی جنگ کے دوران،تھیبان کی طرف سے جنگ میں شامل ہے جس کی غیر موجودگی میں اُس کی خوبصورت بیوی، ایلکمینا (Alcmena) پر جیوپٹر دیوتا مرمٹتا ہے اور دھوکہ دے کر اُس کے ساتھ اُس کے شوہر کی طرح رہنے لگتا ہے۔یہ کہانی کئی دلچسپ موڑ سے گزر کر اس مرحلے پر ختم ہوتی ہے جب ایلکمینا بیک وقت دو بچوں کی ماں بنتی ہے جس میں ایک ہرکیولس (Hercules) جس کا باپ جیوپٹر ہوتا ہے جبکہ دوسرا بیٹا اُس کے اصل شوہر ایمفی ٹائرون سے پیدا ہوتا ہے۔تمام تر تنازعات کے بعد ایمفی ٹائرون کی فیملی جیوپٹر کی حفاظت میں خوش وخرم زندگی گزارنے لگتے ہیں۔

پلیٹیس کا ایک اور الگ طرز کا دلچسپ ڈرامہ' دی برگارٹ واریر' (The Braggart Warrior) ہے جس کا دوسرا عنوان' مائلز گلوریسس' (Miles Gloriosus) بھی ہے۔یہ کہانی ایک شخص پائرگو پولینسز (Pyrgopolynices) سے شروع ہوتی ہے جو یوں تو ایک سپاہی ہے مگر اُس نے کسی پلیسلز (Pleusicles) نامی شخص کی محبوبہ فلوکومیسیم

(Philocomasium) کو ایتھنز سے اغوا کرکے اپنے ساتھ ایفسس (Ephesus) لے آیا ہے جہاں اُس نے فلوکومیسیم کو اپنے گھر میں چھپایا ہوا ہے۔ پلیسلز کا نوکر پیلسٹیو (Palaestrio) اس سارے معاملے کو جان جاتا ہے اور وہ ایک دوسرے جہاز سے اُن کا پیچھا کرتے ہوئے ایتھنز سے ایفسس تک پہنچنے کی کوشش کرتا ہے۔ بدقسمتی سے راستے میں سمندری قزاق کے ہاتھوں جہاز لٹ جاتا ہے مگر خوش قسمتی سے پیلسٹیو بچ بچا کر کسی طرح سے پائرگو پولینسز کے گھر پہنچ جاتا ہے جہاں اُس کے مالک پلیسلز کی محبوبہ فلوکومیسیم موجود ہوتی ہے گو کہ وہ اُسے پہچان نہیں پاتی ہے۔ پیلسٹیو یہاں پہنچ کر اپنے مالک پلیسلز کو خط لکھ کر ایفسس بلا لیتا ہے اور یوں وہ پائرگو پولینسز کے پڑوس کے گھر تک پہنچ جاتا ہے۔ اب پلیسلز دونوں گھروں کی دیوار میں فلوکومیسیم سے ملنے کو کوشش کرتا ہے۔ کہانی کئی ایک دلچسپ واقعات سے گزرتی ہے اور بالآخر پائرگو پولینسز کو اُس کے اپنے نوکر کے ذریعے یہ جھوٹا یقین دلایا جاتا ہے کہ اُس کے پڑوسی کی ایک خوبصورت بیوی ہے جو اُس میں دلچسپی رکھتی ہے جبکہ دوسری طرف پلیسلز اپنی محبوبہ فلوکومیسیم اور اپنے ملازم پیلسٹیو کے ساتھ واپس ایتھنز جانے میں کامیاب ہوجاتا ہے۔ پائرگو پولینسز جب پڑوسی کے گھر میں جانے کی کوشش کرتا ہے تو اُن کے ہاتھوں پٹتا ہے بلکہ بڑی مشکل سے پیسے دے کر اپنی جان بچانے میں کامیاب ہو پاتا ہے۔

پلیٹس کا ایک اور دلچسپ ڈرامہ دی ٹوئین میناچمی' (The Twin Menaechmi) ہے جس میں کہانی دو جڑواں بھائیوں، میاچینیس (Menaechnus) کے ارد گرد گھومتی ہے جو بچپن میں ایک دوسرے سے جدا ہوجاتے ہیں اور جنہیں شہر کے لوگوں کے ساتھ ان کی بیویاں اور قریبی رشتے دار تک بھی پہچان نہیں پاتے ہیں اور پھر یکے بعد دیگر ہونے والی غلط فہمیاں اس ڈرامہ کو دلچسپ بناتی چلی جاتی ہیں۔ شیکسپیئر کا معروف ڈرامہ کامیڈی آف ایررس' (Comedy of Errors) کا مرکزی خیال پلیٹس کے اسی ڈرامے سے ہی لیا گیا تھا۔

'مارکوس ٹیولیس شیشرو'(Marcus Tullius Cicero) رومن فلاسفر، سیاستدان اور رادیب تھا جو 106 قبل از مسیح میں پیدا ہوا تھا اور 43 بعد از مسیح میں اُس کی موت ہوئی تھی۔ اُس نے اپنے دور میں رومن ایمپائر کی سیاست میں بھر پور حصہ لیا تھا۔اُس کی فلسفیانہ سیاسی تقاریر اور جداگانہ نثری اسٹائل نے اُسے ایک عظیم مقام عطا کیا۔لاطینی زبان پر اُسے اس حد تک متاثر کن عبور حاصل تھا کہ اُس کے اثرات انیسویں صدی کی یورپین زبانوں کے ارتقائی عمل میں بھی ملتے ہیں۔شیشرو نے لاطینی زبان میں ہیلنسٹک فلاسفی کے دلائل ہی نہیں شامل کیے بلکہ نئے فلسفیانہ الفاظ بھی لاطینی زبان میں تخلیق کیے تھے۔شیشرو اپنے ادبی قد و قامت اور پبلک اسپیکر کے اعلیٰ ترین مقام کے علاوہ اپنے سیاسی کیریر کی وجہ سے بھی بہت نمایاں مقام رکھتا تھا۔شیشرو کی خوبیاں اُس کے لیے بدقسمتی کا سبب بن گئیں تھیں کیونکہ وہ جیولیس سیزر کی موت کے بعد مارک انٹونی کی مخالفت میں بہت کھل کر تقاریر کرنے لگا تھا۔اُس کی متاثر کن تقاریر اور سیاسی بیان بازیاں اِس حد تک رومن ایمپائر میں مشہور ہوگئیں کہ بالآخر رومن ریپبلک کی الائنس پاور، سیکنڈ ٹریموریٹ (Second Triumvirate) نے اُسے سلطنت کا دشمن قرار دے کر بیدردی سے قتل کرادیا اور اُس کے کٹے ہوئے سر اور بازوؤں کو رومن شہر کے سب سے بڑے اسٹیج روسٹرا (Rostra) پر عوامی نمائش کے طور پر رکھ دیا۔

رومن دور کا ایک اور نمایاں نام ٹیرینس (Terence) کا تھا جو افریقی رومن ڈرامہ رائٹر تھا اور تقریباً 185 قبل از مسیح کے آس پاس کہیں پیدا ہوا تھا۔کہتے ہیں ایک رومن سیاست داں، ٹیرنٹیس لیوکینس (Terentius Lucanus)، ٹیرینس کو اپنے غلام کے طور پر روم لایا تھا مگر اُس کی بے پناہ ذہانت اور قابلیت سے متاثر ہو کر اُس نے ٹیرینس کو تعلیم دلوائی اور

پھر اُسے آزاد بھی کر دیا۔ بدقسمتی سے ٹیرینس صرف پچیس برس کی عمر میں ہی یونان کے کسی سفر کے دوران حادثے کا شکار ہو گیا اور جانبر نہ ہو سکا مگر اُس کے لکھے ہوئے چھ تخلیقی ڈرامے اُس کی ابدی زندگی کا سبب بن گئے۔ ٹیرینس کے ڈرامے بھی پلاٹس کی طرح نیو کامیڈی (New Comedy) سے تعلق رکھتے ہیں مگر اُس کے مقابلے میں یہ زیادہ فکر انگیز اور نفسیاتی گہرائی رکھتے ہیں۔ ٹیرینس سے منسوب ایک بہت ہی مشہور اقتباس ہے کہ:

"Homo sum, humani nihil a me alienum puto"

"میں انسان ہوں اور جو شے انسانی نہیں وہ میرے لیے سراسر اجنبی (Alien) ہے"

ٹیرینس سے منسوب چھ کامیڈیز میں سب سے زیادہ 'دی یونک' (The Eunuch) بہت مشہور ہوئی تھی۔ یہ ایک پیچیدہ سا ڈبل پلاٹ پر مشتمل ڈرامہ تھا جس میں 'فیڈریا' (Phaedria) نامی ایک عزت دار فیملی کا نوجوان ایک طوائف تھیس (Thaïs) کے عشق میں گرفتار ہو جاتا ہے۔ فیڈریا جب تھیس کو حاصل کرنا چاہتا ہے تو وہ یہ کہہ کر کچھ وقت طلب کر لیتی ہے کہ اُسے اپنی ماں کے لیے ایک غلام کو ایک تھریسو نامی شخص (Thraso) سے واپس لینا ہے۔ یہ سُن کر فیڈریا کچھ عرصے کے لیے اُس سے دور چلا جاتا ہے مگر اُس کے ساتھ تھیس کے دو غلام کر دیے جاتے ہیں۔ مگر کہانی رخ بدلتی ہے اور ایک غلام لڑکی کے ساتھ فیڈریا کا بھائی شیریا (Charea) زبردستی کرتا ہے جبکہ غلام لڑکے یونک کو اپنی قید میں رکھ لیتا ہے۔ اُس غلام لڑکی کا بھائی اس تمام معاملے سے واقف ہو جاتا ہے یوں کہانی بہت سارے موڑ سے گزرتی ہے اور بالآخر فیڈریا اور تھیس کے ملاپ پر ختم ہو جاتی ہے۔

'ٹائٹس لیو کرائٹس کاروس' (Titus Lucretius Carus) رومن شاعر اور فلاسفر تھا جس کی زندگی کا سنہ 98 سے 55 B.C کے درمیان کہیں ملتا ہے۔ اُس کا واحد کام اُس کی

ڈائیڈیکٹک (Didactic) نظم 'ڈی ررم ناتورا' (De rerum natura) ہے جو چھ جلدوں پر مشتمل تھی۔ یہ نظم اپی کیورین (Epicurean) فلاسفی کو شاعرانہ استعاری زبان میں تہ درتہ کھولتی ہے۔ یہ نظم اُس کی موت کے بعد رومن فلاسفر، ادیب اور ماہر قانون Cicero مارکس ٹیلیس سیسرو (Marcus Tullius Cicero) نے ایڈٹ کی تھی۔

لیوکرائٹس نے اپنی نظم 'ڈی ررم ناتورا' (De rerum natura) میں ایٹم ازم کے قوانین، ذہن اور روح کی ساخت، خیال اور حواس کی فلسفیانہ تشریح، دنیا کی تخلیق اور فلکیاتی فزکس کے اصولوں پر سائنسی تشبیہات کے ذریعے میٹا فوریکل شاعرانہ زبان میں تفصیل سے روشنی ڈالی ہے۔ لیوکرائٹس مذہب کے روایتی تصور کے برعکس 'فورچونا' یا چانس (fortuna) کے سائنسی تصور کی تائید کرتا ہے جو کم وبیش جدید دور کے سائنسی تصورِ حیات کے قریب ترین ہے۔ قدیم یونانی فلاسفر اپی کیورس کے خیال میں انسانی دکھ اور تکالیف کا ایک بڑا سبب دیوی دیوتاؤں کا تصور ہے جس سے پیدا شدہ خوف اور احساسِ جرم انسانی مزاج کو پُرملال اور رنجیدہ کر دیتا ہے۔ اپی کیوریس (Epicurus) نے اس اِحساس کو ختم کرنے کے لیے سقراط سے قبل کے فلاسفر ڈیموکرائٹس (Democritus) سے فیض اٹھایا تھا۔ جس کی دی گئیں ایٹم ازم اور مٹیریل ازم کی تھیوری پر جدید سائنسی ترقی کی بنیادیں قائم ہیں۔ گو کہ ڈیموکریٹس کی فلاسفی کو ایتھنز کے سنہرے دور میں پلیٹو نے سخت نظر انداز کیا بلکہ کہا جاتا ہے اُس کی کتابیں بھی جلادی گئیں مگر بعد ازاں خود پلیٹو کے شاگرد ارسطو نے اس کے برخلاف ڈیموکریٹس کی فلاسفی کی سخت تائید کی۔ لیوکرائٹس کی نظم 'ڈی ررم ناتورا' نے اُس کے عہد کے فلاسفرز شاعروں ورجل (Virgil) اور ہوریس (Horace) کو بہت متاثر کیا تھا۔ لیوکرائٹس کا کام مڈل ایجز کے دورانیہ میں نظر سے اوجھل ہوگیا مگر پھر پندرویں صدی میں یورپ کی بدلتی ہوئی نشاۃِ ثانیہ کی دنیا میں 'کرسچن ہیومن ازم' میں نئی طرز سے شامل ہوا۔ اس بار اس کی

نظم 'آن دی نیچر آف تھنگس' (On the Nature of Things) یا 'ڈی ررم نا تورا' نے 'براونین موشن' (Brownian motion) کی سائنسی تفصیلات کو اپنے جامع دلائل سے بیان کیا۔ بعد ازاں براونین موشن کی مزید سائنسی ریسرچ پر فرانسیسی سائنس دان جین پیرن (Jean Perrin) کو 1926 میں فزکس کے نوبل پرائز سے نوازا۔ بدقسمتی سے لیوکراٹس کی ذاتی زندگی کی تفصیلات میسر نہیں ہیں۔

ہومر کے بعد ورجل (Virgil) ہی قدیم مغربی ادب پر سب سے زیادہ اثرات مرتب کرنے والا عظیم شاعر ہے جو دورِ سیزر اگسٹس کے روم میں 70-19 BC کے دوران ہمیں ملتا ہے۔ دانتے کے طویل نظمیہ شاہکار ڈیوائن کامیڈی (Divine Comedy) میں اکثر جہنم اور مقام کِفارہ (Hell & Purgatory) پر ورجل ہی دانتے کی رہنمائی بھی کرتے ہوئے ملتا ہے۔ اُس کی رمزیہ نظم 'اینائڈ' (Aeneid) قدیم یونانی ادب میں ایک نیشنل ایپک کا درجہ رکھتی ہے۔ ورجل اٹلی کے شہر مانٹوا (Mantua) کے قریب حضرت عیسیٰؑ کی پیدائش سے 70 برس پہلے پیدا ہوا تھا۔ نوجوانی میں وہ میڈیسن، ریاضی، فلکیات اور اسپیکرز کی تعلیم کی غرض سے اٹلی کے شہر ملن آ گیا مگر پھر بعد میں وہ روم چلا گیا تھا۔ ورجل پبلک اسپیکر کے طور پر تو اُس قدر کامیاب نہیں رہا تھا مگر پھر سائنس اور فلاسفی میں اُس کی دلچسپی بڑھتی چلی گئی اور وہ اپی کیورین فلاسفرز (Epicurean philosopher) کے دائرے میں شامل ہوتا چلا گیا۔ اب یہ ایک علیحدہ بات ہے کہ اُس کا ادبی شاہکار 'اینائڈ' کا بنیادی خیال 'اسٹوئیک (Stoic) فلاسفی' کے اردگرد ہے۔ اینائڈ کے علاوہ اُس سے منسوب دو عظیم نظمیں 'ایکلاگس' (Eclogues) اور 'جورجکس' (Georgics) ہیں۔ کہتے ہیں ورجل نے جورجکس کو سات برسوں میں مکمل کیا تھا جو چار جلدوں پر مشتمل ہے جبکہ اینائڈ، جسے مغربی ادب میں یورپین کلاسک (The classic of all Europe) کا درجہ حاصل ہے، وہ گیارہ برسوں کی طویل لگن اور مسلسل محنت کے بعد کم و بیش تکمیل کے مرحلے تک پہنچ چکی تھی مگر پھر بھی ورجل مطمئن نہیں تھا۔ وہ مزید کچھ برس اُس کی باریکیوں پر کام کرنا چاہتا تھا۔ بدقسمتی سے کسی کام کی غرض سے وہ اٹلی سے یونان روانہ ہوا مگر راستے میں ہی بیمار پڑ گیا اور واپس اٹلی لوٹ آیا جہاں اُس کا 19 بی سی میں انتقال ہو گیا۔ ورجل کی ہمیشہ سے خواہش تھی کہ اُس کی موت کے بعد اُس کا نامکمل کام ضائع کر دیا جائے مگر آگسٹس نے اُس کی اِس خواہش کی تکمیل نہیں کی کیونکہ رومن ایمپائر کے عظیم تصور انہ اظہار کے لیے ورجل کی یہ ایک شاہکار تخلیق تھی۔ ورجل کی 'اینائڈ' بارہ جلدوں پر مشتمل ایک طویل ترین نظم ہے۔

دی اینائڈ ایک طویل رمزیہ نظم ہے جو ایک ٹروجن وار کے ہیرو ایناس (Aeneas) کی کہانی ہے جس کی پہلی چھ جلدوں میں ایناس کے سفر کے ایڈونچرز ہیں جس دوران وہ بحیرہ روم کی مختلف جگہوں سے ہوتا ہوا بالآخر کارتھیج (Carthage) پہنچتا ہے اور ڈیڈو (The queen) کی محبت سے لطف اندوز ہوتا ہے اور پھر سسلی پہنچ جاتا ہے اور انڈر ورلڈ کا سفر کرتا ہے۔ اینائڈ کی آخری چھ جلدیں اٹلی کی ٹروجن وار کے حوالے سے ہے۔ ٹرائے (Troy) کی شکست کے بعد ایک چھوٹا سا پناہ گیروں کا گروپ ٹرائے سے بھاگتا ہے جس کا لیڈر ایناس ہے۔ اس گروپ کے بارے میں ایک پیشین گوئی بھی ہوتی ہے کہ یہ گروپ اٹلی میں آباد ہو جائے گا اور مستقبل میں بننے والے روم کا سبب بنے گا۔ خیر ایناس بہت ساری مشکلات کے بعد بالآخر اٹلی پہنچ جاتا ہے اور لیٹیم (Latium) میں بس جاتا ہے۔ اس سے پہلے کہ انہیں اٹلی میں قبول کیا جاتا وہاں انہیں ایک خوفناک جنگ لڑنی پڑتی ہے۔ ٹرنس جو کہ لیٹیم کا ڈیفنس لیڈر ہوتا ہے، اُس کو قتل کرنے کے بعد ایناس لیٹیم کی پرنسس لیوینیا (Lavinia) سے شادی کر لیتا ہے۔ ہومر کی رمزیہ نظموں کے مقابلے میں

ورجل کی اینائڈ ایک ایسی ادبی نظم ہے جسے بہت زیادہ توجہ سے پڑھنا پڑتا ہے۔اس نظم کے پڑھنے سے رومن ہیرو کا اور خود روم کی عظمت کا احساس بڑھ جاتا ہے۔اس نظم نے یورپین لٹریچر پر بہت گہرے اثرات مرتب کیے ہیں۔

یونانی عہد کے ایک اور نمایاں ادیب اوِیڈ (Ovid) تھے جو یونان سے 90 میل کے فاصلے پر سلمو (Sulmo) کے مقام پر 43 BC میں پیدا ہوئے تھے۔اُن کے والد انہیں قانون پڑھانا چاہتے تھے مگر مختلف عدالتی عہدوں پر تعینات رہنے کے بعد اُنہیں اندازہ ہوگیا کہ وہ شعر و ادب کے لیے پیدا ہوئے ہیں۔اوِیڈ کے والد کے خیال میں اوِیڈ غلطی پر تھے، وہ انہیں اکثر ہومر کی مثال دیتے تھے جس نے ساری زندگی غربت میں گزاری تھی مگر اوِیڈ کا فیصلہ غلط ثابت نہیں ہوا کیونکہ ان کی نظموں نے انہیں بہت کم وقت میں ہی پورے روم میں مقبول کر دیا تھا۔20 BC میں اُن کی کتاب امیروز (Amores) کے نام سے آئی جو محبت کی تھیم پر تین کتابوں پر مشتمل تھی۔اگلی کتاب ہیرواِیڈس (Heroides) نے انہیں ایک بڑے ادبی مقام تک پہنچا دیا۔اِس کتاب میں ایک محبت کرنے والی بیوی کے اپنے خاوند یا محبوب کے نام 14 خطوط تھے۔اس کے بعد اُن کی ایک ٹریجڈی 'میڈیا' (Medea) کے نام سے آئی۔ اس دور کے بعد انہوں نے اپنے عہد کے اور ادیبوں اور شاعروں کے مقابلے میں غیر روایتی موضوعات مثلاً 'آرٹ آف سڈکشن' (Art of seduction) اور 'آرٹ آف فالنگ آوٹ آف لو' (The art of falling out of love) پر لکھا۔اُن کی کتابوں میں 'آرس ایمٹوریا' (Ars Amatoria) یعنی 'آرٹ آف لو' (Art of Love) کے علاوہ Medicamina Faciei Femineae یعنی 'Makeup for a Women's Face' اور 'Remedia Amoris' یعنی 'Remedies of Love' اُن کی یادگار شاہکار کتابیں ہیں۔

جس دوران اوِڈ 'میٹا مارفوسس' (Metamorphoses) پر کام کر رہے تھے اُسی دوران وہ رومن کیلینڈر پر ایک نظم 'فاسٹی' (Fasti) بھی لکھ رہے تھے مگر پھر ان دو نظموں کے بعد اوِڈ کی زندگی مسائل کا شکار ہوتی چلی گئی۔ ہوا یوں کہ 8AD میں آگسٹس نے انہیں جلاوطن کر دیا۔ آگسٹس یوں تو ان کی نظم 'آرٹ آف سڈکشن' سے بہت متاثر تھا مگر پھر اچانک ایک ایسا وقت بھی آیا کہ اُسے خود اپنی بیٹی جولیا کو زنا (Adultery) کے جرم میں جلاوطن کرنا پڑ گیا مگر آوِید کے خیال میں اُن کی نظم 'اے پوئم اینڈ اے میسٹیک' (A Poem and a Mistake) اُن کی تباہی کا اصل سبب بنی تھی۔ بہر حال جلاوطنی کے دوران بھی اُن کے تین اہم کام 'ٹریسٹیا' (Tristia)، 'آئی بس' (Ibis) اور 'اپسٹلا ایکس پونٹو' (Epistulae ex Ponto) تخلیق ہوئے ہیں۔ اُن کے اُس دور کے سارے کام میں روم واپسی کی شدید خواہش اور جلاوطنی کی زندگی کی مشکلات کا ذکر ہے مگر بدقسمتی سے اُنہیں پھر روم دیکھنا نصیب نہیں ہو سکا اور وہ بالآخر بلیک سی کے قریب مچھیروں کی ایک بستی ٹامز میں جلاوطنی کے دوران وفات پا گئے۔

اوِڈ اپنی شاعری سے بہت پُر امید رہے کہ اُن کی زندگی کے بعد بھی اُن کا نام زندہ رہے گا اور ایسا ہوا بھی، کیونکہ اوِڈ کی شاعری کے اثرات اُن کی وفات کے بعد بھی ہمیں مڈل ایج یا قرونِ وسطیٰ کے عہد کے لٹریچر میں جا بجا دکھائی دیتے ہیں خصوصاً اُن کی نظم 'دی میٹا مارفوسس' تو مغربی ادب میں اس حد تک شامل رہی کہ بارہویں صدی کو 'اوڈین ایج' (Ovidian age) کا نام دیا گیا بعد ازاں یورپ کی نشاطِ ثانیہ کے دوران بھی ان کی نظمیں مغربی ادب کے لیے ہمیشہ سرمایہ بنی رہیں۔

اوِڈ کی نظم 'دی میٹا مارفوسس' (The Metamorphoses) کی طوالت کا اندازہ یوں لگایا جا سکتا ہے کہ یہ ایک نظم 15 والیمز پر مشتمل ایک کتاب ہے۔ خیال یہ ہے کہ انہوں نے اُسے 8 بعد از مسیح میں مکمل کیا تھا۔ اوِڈ نے اپنی نظم کو اپنے عہد کے عظیم شاعر ورجل کی نظم

اینائڈ کے مقابلے پر لکھا تھا۔ اپنے سائز، اور فارم کے لحاظ سے اسے ایک ایپک کہا جاسکتا ہے مگر اپنے مواد کے لحاظ سے 250 کہانیوں پر مشتمل ایک نظم ہے جو اپنے تھیم میٹا مارفوسس کے ارد گرد گھومتی ہیں۔ اس میں ٹرانسفارم ہونے والی کہانیاں اساطیری داستانوں کی طرح ایک افراتفری (Chaos) کی صورت سے کاسموز (Cosmos) پھر جیولز سیزر اور بالآخر ایک اسٹار کی بالترتیب تبدیلی کی طرح بیان کی گئی ہے۔ اس کی متھالوجیکل داستان میں کبھی عورت کا پرندوں، پتھر کا انسانوں اور لڑکی کا درختوں سے بدلنا بہت ہی دلچسپ انداز ہے اور اُس کے پیچھے یہی فلسفیانہ خیال ہے کہ کائنات کی کوئی بھی شے اپنی مستقل صورت میں نہیں رہتی ہے۔

ہوریس (Horace) اٹلی کے جنوبی شہر وینوسا (Venusia) میں BC 65 میں پیدا ہوا تھا اُس کا باپ نیلامی کے بزنس سے وابستہ تھا اور بہت اچھے پیسے بناتا تھا، یہی وجہ تھی جب ہیوریس بڑا ہوا تو اُس کا باپ اُسے روم لے گیا تاکہ اُسے اُن تعلیمی اداروں میں تعلیم دلائے جہاں روم کی اعلیٰ ترین سوشل کلاس علم حاصل کرنے آتی تھی۔ اعلیٰ ترین تعلیم کی غرض سے ہی ہوریس فلسفہ پڑھنے کی غرض سے ایتھنز آگیا تھا۔ یونان کا وہ دور آگسٹس کی حکومت کا تھا، ۔بہت جلد ہیورس کا ملنا جلنا یونان کے قدرے اہم اور مشہور لوگوں سے ہوگیا۔ نوجوانی میں اور رومن لوگوں کی طرح ہوریس بھی اُس سول وار میں شامل ہوا جس کا بالآخر انجام جیولیس سیزر کے قتل پر ہوا تھا۔ ہیورس، بعد میں مارکس بروٹس کی فورس میں شامل ہوا اور مائنر ایشیا چلا گیا۔ آرمی میں وہ ایک اعلیٰ ترین عہدے تک پہنچا تھا مگر جب بعد میں بروٹس کو شکست ہوگئی تو ہوریس آرمی چھوڑ کر واپس روم آگیا اور گورنمنٹ کی وزارت خزانہ میں شامل ہوگیا۔ اس دوران وہ شعر و ادب سے بھی وابستہ رہا۔ ہوریس کی شاعری نے بہت جلد ورجل جیسے شاعر کو بھی اپنی طرف متوجہ کرلیا اور پھر وہ دونوں ساری عمر ہی دوست رہے۔ ہوریس نے

تمام عمر شادی نہیں کی۔ہوریس کی پہلی مرتب کتاب جسے ہم سیتائرز (Satires) کہتے ہیں دس نظموں پر مشتمل تھی۔ہوریس انہیں 'خطبات یا سرمنس' (Sermon) یا 'گفتگو' کہا کرتا تھا کیونکہ وہ نظم سے زیادہ بات چیت تھی۔یہ نظمیں شاعرانہ گفتگو کا بہترین کرافٹ ہیں۔ان نظموں میں ایک مشہورترین نظم کا نام 'دی بور' (The Bore) ہے۔چند برسوں کے بعد ہوریس اپنی کتاب کا دوسرا ایڈیشن '8 سیتائرز' (Eight Satires) کے نام سے منظرعام پر لے آیا جس کی تمام نظمیں اُن ڈائیلاگ پر مشتمل تھیں جن میں ہوریس نے اپنے دور کے مشہورترین فلسفے کا مذاق اُڑاتے ہوئے یونان کے خوبصورت گاؤں کی زندگی کی تعریف کی تھی۔اسی عرصے میں اُس کی ایک اور کتاب سامنے آئی جس کا نام 'اپوڈس' (Epodes) تھا اور جس میں 17 نظمیں شامل تھیں۔ان نظموں میں روم کی سول وار کا احوال اور روم کے مستقبل کے لیے اُس کی فکر شامل تھی۔اُس کی کچھ نظموں میں انسانوں کی تاریک اور پس ماندہ ذہنیت اور انسانی تہذیب کے مستقبل پر سوالات بھی تھے تو کہیں امید افزا باتیں اور روشن مستقبل کی نوید بھی ملتی ہے۔ 23 BC میں ہوریس نے تین والیمز میں 88 اوڈز (Odes) پبلش کی۔اُس کے بعد ایک اور پندرہ نظموں پر مشتمل کتاب IV اوڈز (Odes) کے نام سے بھی منظرعام پر آئی۔ورجل کے مرنے کے بعد اُس کی کتاب 'Ode IV.12' آئی جس میں دونوں شاعر دوستوں کی یادداشتیں تھیں۔ہوریس کا آخری بڑا کام نظموں کے دو والیمز پر مشتمل کتاب 'اپیسٹیلس' (Epistles) ہے۔اس کتاب کا پہلا والیم اُن فلسفیانہ باتوں پر مشتمل ہے جو اچھی زندگی گزارنے کے حوالے سے ہے جبکہ دوسرے والیم میں شاعروں کی سوسائٹی کے لیے ممکنہ خدمت کے حوالے سے اُس کے خیالات پر ہے۔

سینیکا (Lucius Annaeus Seneca) 4 BC میں اسپین میں پیدا ہوئے،

انہوں نے روم میں تعلیم پائی ۔اپنی عملی زندگی میں وہ نہ صرف ایک ڈرامہ رائٹر، پبلک اسپیکر بلکہ فلاسفر کے طور پر بھی سارے روم میں مشہور ہوئے ۔سینیکا نے روم کے مستقبل کے حکمران نیرو کو بچپن میں پڑھایا تھا اور جب نیرو AD 54 میں روم کا حکمران بن گیا تو اُسے ایک ایڈوائزر کے طور پر انہیں محل میں نوکری دے دی تھی ۔ایک طویل عرصے تک نیرو کے اہم معاملات پر اُس کی رہنمائی شامل رہی مگر 62 بعد از مسیح میں اپنی ریٹائرمنٹ کے بعد اُنہیں نیرو کی حمایت حاصل نہ رہی بلکہ انہیں اُس کے خلاف ایک سازش میں گرفتار کرلیا گیا اور پھر سزا کے طور پر اُسے خودکشی کے ذریعے مار دیا گیا۔سینیکا کے لکھے گئے ڈراموں میں آٹھ ڈرامے ابھی تک باقی ہیں اور مغربی لٹریچر اُن کا ایک اہم حصہ ہے ۔یہ بات یقین سے نہیں کہی جا سکتی کہ سینیکا کے ڈرامے واقعی رومن تھیٹرز میں پیش کیے گئے یا نہیں ،تاہم شیکسپیر کے دور میں لکھی گئی ٹریجڈیز پر اُس کے بھرپور اثرات نظر آتے ہیں ۔سینیکا کی کہانیوں میں خاصا خون خرابہ اور جھگڑا مار کٹائی بہت ملتی ہے ۔اُس کی زیادہ تر ٹریجڈیز کے بارے میں یہ گمان ہے کہ وہ یونانی ٹریجڈیز کا ہی چربہ (Rewriting) ہیں ۔اُس کے معروف ڈرامے میڈ ہرکولس، دی ٹروجن وومن، میڈیا، فیڈریا، ایڈیپس اور ایگا میمنان کے نام سے ہیں ۔گو کہ اُس کے ڈراموں کی تیکنیک کمزور ہے مگر مغربی ادبی دنیا پر اُس کے اثرات بہت گہرے ہیں ۔

اپیولیس (Apuleius) رومن افریقہ کے شہر ماڈروس (Madauros) میں 125 بعد از مسیح پیدا ہوا تھا جو ماڈرن دور میں الجیریا کا شہر ڈاروچ (M'Daourouch) ہے ۔اُس کا باپ صوبے کا مجسٹریٹ تھا ۔وہ اس لحاظ سے خاصے دولت مند گھرانے کا چشم و چراغ تھا اور اُس کے لیے کارتھیج اور ایتھنز دونوں ہی جگہ تعلیم حاصل کرنے کے مواقع میسر تھے ۔اپنی تعلیم کے دوران اُس نے تمام تر بحیرہ روم کی اسٹیٹس اور مصر کا سفر کیا، لاطینی اور یونانی زبان میں مہارت حاصل کی، فلسفہ پڑھا اور آگے جا کر یونانی اور لاطینی دونوں ہی بڑی

زبانوں کے ادیب کے طور پر اپنا نام روشن کیا۔ اُس کی رائٹنگز میں ناول، نظمیں، ڈرامے، سٹائیر، بیانیہ ادب اور فلسفیانہ ڈائیلاگز شامل ہیں۔ بدقسمتی سے اُس کا یونانی ادب کا کوئی کام بھی نہ بچ سکا مگر اُس کی لاطینی تحریریں ابھی بھی مغربی لائبریریز کی زینت ہیں جن میں فلکیات سے متعلق تحریر De Mundo، پلیٹو کی زندگی کے حوالے سے اور پلیٹو کی میٹا فزکس اور اخلاقیات کے حوالے سے کام، 'De Platone et eius dogmate'، اور اُس کا بیانیہ کلام فلوریڈا (Florida) کے نام سے اور دیوی دیوتاؤں اور انسانوں کے درمیان مکالموں کے لحاظ سے ڈی ڈوسوکراٹس (De Deo Socratis) اور اُس کی بیوی کے رشتے داروں کے اُس پر لگائے گئے الزامات کے حوالے سے لکھی گئی ایک کتاب اپولوجیا (Apologia) بھی شامل ہے۔ اُس کی اور ایک مشہور ترین کتاب دی گولڈن ایس (The Golden Ass) بھی ہے۔ کہتے ہیں اُس نے اپنی ایک شاگرد کی بیوہ ماں سے شادی کی تھی جس کا نام پوڈینٹیلیا (Pudentilla) تھا۔ اپیولیس کی موت 180 بعدِ مسیح میں ہوئی تھی۔

پیٹرونیس (Petronius) بھی یونانی عہد کے ایک بڑے ادیب تھے مگر بدقسمتی سے اُن کی زندگی کی زیادہ تفصیلات میسر نہیں ہیں۔ وہ 66 – 27 بعد از مسیح کے دوران زندہ رہے اور ٹیکٹس کے مطابق وہ نیرو کے عہد میں جج کے عہدے پر بھی فائز تھے۔ یونانی ادب میں اُن سے منسوب اہم ترین کام سیٹائرکون (Satyricon) کی تخلیق ہے۔ پیٹرونس کا 141 اسباق پر مشتمل یہ طویل ناول، ہوریس اور وینال کے انداز تحریر یعنی ستائر کی طرز سے قطعی مختلف تھا۔ اس میں نظم اور نثر، سنجیدگی اور کامیڈی، اشتعال انگیزی اور زوال پذیری کم و بیش ہر ایک عنصر ہی موجود تھا۔ کہا جاتا ہے پیٹرونس کی یونانی گورنمنٹ میں بڑی پوزیشن ہی اُس کے لیے سیاسی مسائل کا سب سے بڑا سبب بنی خصوصاً اُس دور کے ایک کمانڈر ٹائیگلینیس کی مخالفت

اُسے بہت مہنگی پڑ گئی۔ اسے 65 بعد از مسیح میں گرفتار کر لیا گیا تھا مگر جیل جانے سے پہلے ہی پیٹرونس نے خودکشی کر لی تھی۔

جووینیل (Juvenal) کی زندگی کے بارے میں بھی پیٹرونس کی طرح محدود معلومات میسر ہیں۔ کہا جاتا ہے کہ وہ اٹلی کے ایک چھوٹے سے گاؤں ایکونیو میں 60 بعد از مسیح میں پیدا ہوا تھا۔ ایک خیال یہ بھی ہے کہ وہ اپنے کیریئر کے آغاز میں آرمی میں آفیسر تھا مگر پھر ترقی نہ ہونے کے سبب وہ ایڈمنسٹریٹر سروسز میں چلا گیا تھا۔ یہ بھی کہا جاتا ہے کہ اُس کے کسی ستائر میں عدلیہ پر تنقید تھی یا شاید کسی بڑے شخص پر طنز کیا گیا تھا، بہر حال اِس وجہ سے اُس کو جلاوطن کر دیا گیا تھا۔ جووینیل کے اہم ادبی کارناموں میں اُس کی پانچ کتابیں شامل ہیں جن میں رومن سوسائٹی کی کرپشن اور بداخلاقیوں کے بارے میں ستائر کے انداز سے لکھا گیا ہے۔

۞۞

چوتھا دَور

قرونِ وسطیٰ دَور کی مذہبی سیاسی دُنیا اور ادب میں اخلاقی اقدار کی نمائندگی

O

جب بھی ہم قرونِ وسطیٰ (Medieval Period) یا مڈل ایج کا ذکر کرتے ہیں تو ہمارا ذہن خود بخود پانچویں صدی ہجری سے پندرہویں صدی ہجری کے درمیان گزرے ہوئے ایک ہزار برسوں کے درمیان پہنچ جاتا ہے۔ مغربی تاریخ کا یہ سماجی وسیاسی دور 476 عیسوی میں مغربی رومن ایمپائر کے زوال سے شروع ہوتا ہے اور لگ بھگ 1454 عیسوی میں مشرقی رومن ایمپائر کے زوال پر ختم ہوتا ہے جس کے بعد یورپ کی تہذیب سے تاریکی کا مکمل خاتمہ ہو جاتا ہے اور وہ چند سو برس نشاطِ ثانیہ کے آتے ہیں جس کے بعد یورپ ایک جدید ماڈرن سائنسی دور سے بدل جاتا ہے۔

مغربی رومن ایمپائر کا زوال یوں تو جرمن قبائل کے حملوں اور افراتفری سے شروع ہوا تھا مگر پھر اگلے چند سو برسوں میں خصوصاً 9 ویں سے 14 ویں صدی کے درمیان قائم ہونے والی جاگیردارانہ طرز کی سیاسی سماجی اور اقتصادی ریاستوں کی لوٹ کھسوٹ نے پوری مغربی رومن ریاست کو تباہ و برباد کر دیا۔ اِس دوران کرسچن چرچ نے ان جاگیرداروں کے ساتھ گٹھ جوڑ کر کے اپنی طاقت اس قدر پھیلا دی تھی کہ جاگیردارانہ ریاستوں کے حکمرانوں یا بادشاہوں کے لیے اُن کے سپورٹ کے بغیر حکومت ناممکن ہو چکی تھی۔ مالی اعتبار سے کرسچن چرچ اُس دور کا سب سے طاقتور اقتصادی طبقہ تھا اور سیاسی وسماجی طور پر سارے یورپ پر اُن ہی کی حکومت تھی۔ شارلیمین جیسے طاقتور یورپین بادشاہ، جسے ویسٹرن اور سینٹرل یورپ کی کئی

ایک اسٹیٹس کو ملانے کی وجہ سے 'بابائے یورپ' کا بھی خطاب دیا گیا تھا، نے AD 800 میں یورپ کی بادشاہت کے لیے Pope Leo III سے تاج پوشی کروا کر اِس مذہبی رسم کو باضابطہ ایک قانون کی شکل دے دی تھی مگر اس کے باوجود اندرون خانہ چرچ اور یورپ کے درمیان طاقت کی خاطر ایک تناؤ کی فضا بھی رہتی تھی۔ دوسری طرف 7 ویں صدی عیسوی سے اسلامی ایمپائر بھی جزیرہ نما عرب سے شمالی افریقہ اور جنوبی ایشیا میں پھیلتی جارہی تھی۔ 9 ویں سے 12 ویں صدی کے دوران اسلامی اسکول، یونانی فلسفے اور سائنس کے عربی زبان سے ترجمے کے بعد آراستہ ہوتا جارہا تھا اور یوں کلاسیکل یونانی ادب وتہذیب کے تحفظ کی ضمانت بھی بنتا جارہا تھا تاہم سیاسی اعتبار سے مسلمانوں اور کرسچن کے درمیان ایک تناؤ بھی طاری تھا جو بعدازاں ایک طویل صلیبی جنگوں کے سلسلے کی صورت میں تاریخ میں نظر آتا ہے۔ تاریخی اعتبار سے یہ کہنا قطعی غلط ہوگا کہ قرون وسطی کے اس تاریک یورپین دور میں یورپ تہذیبی لحاظ سے بھی مکمل تاریکی میں تھا کیونکہ شارلیمین کا کیتھولک چرچ سے سیاسی طور پر جوڑنے کا ایک مقصد یورپین عوام کو قدیم یونانی و ادبی تہذیبی دھارے میں رکھنا بھی تھا۔ کیتھولک اسکولز نہ صرف مذہبی بلکہ لسانی، فلکیاتی، ریاضی اور فلسفے جیسے علوم کے نصاب سے بھی آراستہ تھے۔ کیونکہ چوتھی صدی میں ہی عیسائیت رومن ایمپائر میں قانونی مذہب بن چکا تھا اِس لیے اسٹیٹ کے قوانین اور تعلیمی نظام براہ راست کیتھولک چرچ کی ماتحتی میں آچکے تھے۔ 12 ویں صدی تک مغربی ادب میں شخصی عزت، غیرت، بہادری، فرض، وفاداری اور منصفی جیسے اخلاقی ضابطے مرکزی موضوعات بنتے جارہے تھے۔ 'سر گائین' اور 'گرین نایٹ' (Sir Gawain اور Green Knight) جیسی نظم اُس دور کی کیتھولک اخلاقیات کی ادبی روایتوں کی نمائندگی کرتی ہیں۔ قرون وسطی کے اس دور کو مجموعی طور پر ہم تین بڑے ادوار یعنی ابتدائی دور (Early)، وسطی دور (Middle) اور آخری (High) دور میں تقسیم کرسکتے ہیں۔

ابتدائی قرون وسطی کا دور مغربی رومن ایمپائر کے زوال سے 11 ویں صدی کے

درمیان کا عرصہ ہے۔ AD 450 میں برطانیہ پر اینگلوسیکسون (Anglo-Saxon) قبائل نے حملہ کیا تھا، ان قبائل کے ادب نے مغربی ادب پر گہرے اثرات مرتب کئے۔ ان کی زبان قدیم انگریزی (Old English) تھی جو اینگلوسیکسون شاعری کی شکل میں مغرب میں خوب ہی پھیل گئی تھی۔ ابتدا میں یہ شاعری بیانیہ انداز میں اپنے اثرات دکھاتی رہی مگر پھر تحریر کی صورت میں مغربی ادب میں شامل ہوئی۔ اس کی ایک عمدہ مثال ہمیں اُس دور کے مشہور راہب اسکالر ادیب تاریخ داں بید (Bede) کی تحریروں میں نظر آتی ہے۔ اُس کی نظم Caedmon's Hymn اُس دور کی قدیم انگریزی زبان کی ایک عمدہ مثال ہے۔ گو کہ اینگلو سیکسون نے عیسائیت کو ادب میں شامل کر کے مزید پھیلایا مگر کہیں ان کی نظمیں عیسائیت سے ٹکراؤ کی شکل میں بھی لکھی گئیں جس کی ایک مثال طویل رمزیہ نظم بے ولف (Beowulf) ہے۔ جس میں بیان جرمن لٹریچر کی تھیم 'کرسچن ہیروازم' کی عمدہ مثال ہے۔

قرون وسطی کے مڈل دور کا آغاز گیارہویں صدی میں 'Norman Invasion' سے ہوا تھا جس دوران فرانس کے شمالی حصے نارمنڈی (Normandy) میں آباد نارمنز قبائل (Normans) نے انگلینڈ پر حملہ کیا تھا۔ یہ نارمنزیوں تو فرنچ زبان بولنے والے کرسچنز تھے مگر ان کا بیک گراونڈ اسکینڈ نیوین وکنگ (Vikings) قبائل سے تھا۔ ان اینگلو نارمنز کی وجہ سے ہی قدیم انگریزی کی شکل بدل کر مڈل انگریزی ہوئی اور جاگیردارانہ رویہ اور مڈل ایج رومانس ازم بھی ادبی تہذیب کا حصہ بنا۔ مڈل ایج رومانس کا عمومی تھیم سوسائٹی میں لوئر کلاس سے اپر کلاس میں شامل ہونے کی طبقاتی کوشش تھی۔ اس دور کے معروف ادبی کردار کنگ آرتھر ہیں جو تیرہویں صدی میں بہت مشہور ہوئے تھے اور اسی طرح نظم 'Sir Gawain' اور 'Green Knight' اور جیفری چاسر (Geoffrey Chaucer) کی شاعری اور اُن کی 1700 سطروں پر مشتمل 24 کہانیوں پر مشتمل 'کنٹربری ٹیلز' (Canterbury Tales) یا ولیم لینگ لینڈ کی شہکار نظم 'پیرز پالمین' (Piers Plowman) شامل ہے۔

مڈل ایج کے آخری دورانیہ میں ہم عموماً 1250 سے 1500 کے درمیانے عرصے کو شامل کرتے ہیں۔اس عرصے میں یورپ نے سو سالہ جنگ اور پلیگ جیسے عذاب جھیلے جس کی وجہ سے یورپ کی آبادی ایک تہائی سے بھی کم رہ گئی۔ 1476 میں ولیم کیکسٹن (William Caxton) نے انگلینڈ کو پرنٹنگ پریس سے روشناس کرایا اور یوں یورپ کو ماڈرن ایج سے متعارف کرا دیا۔

مڈل ایج کے ان ہزار برسوں میں لکھے گئے ادب کا یقینا یونان اور یورپ کے کلاسیکل دور میں لکھے گئے ادب سے کسی طور مقابلہ نہیں کیا جا سکتا مگر اس دوران کئی طرز کی ادبی تخلیق کے تجربات ضرور ہوئے۔مڈل ایج کے دوران ایڈاز (Eddas) اسکیڈیک (Skaldic)، مینیسنگ (Minnesongs) بیلے (Ballads)، علامتی یا تمثیلی شاعری (Allegorical) نظمیہ مزاح نگاری (Goliardic) حمدیہ (Hymns)، مقدس شاعری (Sacred songs) لوری (lullabies)، منظوم کہانیاں (Fabliaux)، مباحثی ادب (Debate)، رزمیہ داستان (Sagas) اور خصوصاً لوک (Folk) ادب خوب ہی لکھا گیا جو اُس دور کے قبائل کی زبان اور تہذیب کی نمائندگی کر رہا تھا۔اس دوران جہاں ادب سیکھی گئی لاطینی زبان میں تخلیق ہوا تو کہیں عام لوگوں کی زبانوں (Vernacular Languages) میں بھی لکھا گیا جس کی ایک مثال دانتے کی معروف طربیہ خداوندی (The Divine Comedy) ہے۔گو کہ سیکولر موضوعات ادب کا حصہ تھے مگر زیادہ پھیلاو مذہبی، اخلاقی اور جمالیاتی ادب کو نصیب ہوا جس کی مثال سینٹ آگسٹن کے تمثیلی کام میں ملتی ہے۔

مختصراً یہ کہا جا سکتا ہے کہ یونان اور رومن ادوار میں غیر مذہبی ادب مذہبی ادب کے ساتھ وافر مقدار میں ملتا ہے جبکہ مڈل ایج کے دوران مذہبی ادب زیادہ غالب ہے یا یہ کہا جا سکتا ہے کہ کلاسیکل یونانی اور رومن ادوار میں ہیلنک روایت (Hellenic tradition) اور ہیومن ازم جبکہ مڈل ایج کے دوران ہیبریک روایت (Hebraic tradition) مذہبی تاثر

کے ساتھ ادب میں نظر آتی ہے۔ مگر دوسری طرف اُس دور میں تخلیق ہونے والے ادب مثلاً کنٹر بری ٹیلز (Canterbury Tales) میں ایک بدلتا ہوا رویہ، مذہبی اخلاقی ادبی روایت کے ساتھ ستائیر کا بھی ملتا ہے۔ اِس کی وجہ شاید وہ بدلتا ہوا اشارہ بھی تھا جو مڈل ایج کے دور کے بعد نشاۃِ ثانیہ میں تخلیق ہونے والے ادب کی طرف مائل نظر آتا ہے جس دور میں ادب کا جھکاؤ سراسر ہیومن ازم کی طرف تھا۔

قرونِ وسطیٰ کے چند نمائندہ ادیب و شاعر اور اُن کی تخلیقات

قرونِ وسطیٰ کی دنیا میں داخل ہوتے ہی جس شخصیت کا نام پہلے پہل ہمارے شعور کا حصہ بنتا ہے وہ سینٹ آگسٹن ہیں۔ سینٹ آگسٹن الجیریا کے شہر ٹیگسٹ (Tagaste) میں 354 عیسوی میں پیدا ہوئے تھے۔ اُن کا لاطینی زبان میں نام آریلیس آگسٹینس (Aurelius Augustinus) ہے۔ اُن کی اہم ترین کتابوں میں 'دی کانفیشنز' (The Confessions) اور 'دی سٹی آف گاڈ' (The City of God) شامل ہیں۔ اُن کے شامل کردہ کلاسیکل خیالات نے کرسچن فکر کو ایک نئی طاقت عطا کی۔ رومن کیتھولک ازم میں انہیں 'ڈاکٹر آف چرچ' کے عنوان سے یاد رکھا جاتا ہے۔ لاطینی کرسچن دنیا میں سینٹ آگسٹن پہلے مذہبی اسکالر تھے جنہوں نے پلیٹو کے افکار سے کرسچن روایت کو ہمکنار کیا۔ بعد ازاں ماڈرن رومن کیتھولک اور پروٹسٹنٹ کرسچن اسکول میں سینٹ آگسٹن کی نئی فکری راہیں دریافت ہوتی چلی گئیں مثلاً انسانی آزادیٔ فکر کا تصور، کرسچن 'فری ول' کا تصور اور اسی طرح جنسی خواہشات اور جبر کے درمیان تعلق جیسے عنوان سینٹ آگسٹن کے موضوعات بنے جو اُن سے قبل روایتی کرسچن بحث میں دستیاب نہیں تھے۔

سینٹ آگسٹن نے ابتدائی تعلیم ٹیگسٹ (Tagaste) میں اور پھر ماڈیروس (Madauros) اور رومن افریقہ کے قدیم کلاسیکل شہر کارتھج (Carthage) میں حاصل کی تھی

تعلیم کے بعد کچھ عرصہ وہ ٹیگسٹ میں ہی تعلیم دیتے رہے مگر پھر دوبارہ کارتھج تشریف لے آئے اور وہاں سائنس اور کمیونیکیشن کے اصول وضوابط اور خطابت (Rhetoric) پڑھانے لگے۔ کہتے ہیں اس دوران انہوں نے ایک فلسفیانہ کتاب بھی لکھی تھی مگر بدقسمتی سے وہ ضائع ہوگئی تھی۔ 28 سال کی عمر میں وہ افریقہ سے روم آگئے یہاں ملان میں وہ کچھ عرصے خطابت یا علم انشا (Rhetoric) کے پروفیسر رہے مگر دو برس بعد ہی استعفیٰ دے کر واپس ٹیگسٹ (Tagaste) آگئے۔ سینٹ آگسٹن کی زندگی کے اگلے آٹھ برس فیملی اور پراپرٹی کی دیکھ بھال میں گزر گئے۔ اس دوران بدقسمتی سے اُن کے نوجوان بیٹے Adeodatus کی موت بھی ہوگئی تھی جس کے بعد وہ ٹیگسٹ سے ہپو (Hippo) منتقل ہو گئے۔ سینٹ آگسٹن نے اپنی مسٹرس سے شادی نہیں کی تھی جو چوتھی صدی کی ایک عمومی روایت تھی۔ ہپو پہنچ کر آگسٹن پہلے پادری کے طور پر اور پھر بشپ (Bishop) کے فرائض انجام دیتے رہے، یوں انہوں نے اپنی ساری زندگی اِسی شہر میں گزاری۔ سینٹ آگسٹن نے اگلے بیس برس یعنی 390s سے 410 عیسائی فکر کو جدید انداز سے تحریر کرنے میں گزار دیے۔ اُن کی کتابیں زندگی میں ہی تمام تر اٹلی، اسپین، مڈل ایسٹ میں پڑھی جانے لگیں اور وہ وقت آیا کہ وہ سارے بحرہ روم میں ایک مذہبی اسکالر کے طور پر پہچانے جانے لگے۔

سینٹ آگسٹن نے'دی کانفیشنز' چالیس سال کی عمر سے قبل لکھ دی تھی۔ 13 کتابوں پر مشتمل اس مفصل کتاب میں خدا کی تعریف، تصورِ گناہ، وقت اور دانش کا تصور، اعترافِ عقیدہ اور اعترافِ گناہ، تلافی کی نفسیات اور بائبل کی بک آف جینیسس کا تفصیلی تجزیہ، نیوپلیٹوازم کی روشنی میں انسانی روح کے زوال اور بلندی کا تصور جیسے حکیمانہ موضوعات شامل ہیں۔ روحانی خودنوشت انداز میں لکھی گئی اس کتاب کی ابتدائی 9 جلدوں میں انہوں نے کسی بھی مقام پر خود کو کبھی بھی کوئی مقدس ہستی ثابت کرنے کی کوشش نہیں کی بلکہ کئی ایک مقامات پر انہوں نے اپنی نوجوانی کے گناہوں کا بھرپور اعتراف کیا ہے۔ اُنہوں نے اپنے

مرحلہ وار مذہبی اور یونانی فلسفے کے مطالعے اور اُس کے خود پر اثرات اور خدا کو جاننے کے لیے کیتھولزم اور نیو پلیٹو ازم میں خود کے شامل ہو جانے والے علمی و روحانی تجربے کو تفصیل کے ساتھ بیان کیا ہے۔'دی کانفیشنز' کے دسویں والیم میں انہوں نے انسانی یاد داشت اور حواس خمسہ پر روشنی ڈالی ہے۔ آخری تین والیمز میں انہوں نے اولڈ ٹیسٹا منٹ (ہیبر و بائبل) کی پہلی' بک آف جینیسس' پر گفتگو کی اور اس تصور کو بھی ڈسکس کیا کہ خدا نے دنیا میں صرف نیکیاں پیدا کی ہے اور یہ کہ بُرائی کا تصور خدا سے وابستہ نہیں ہے اور یہ محض خدا کی تخلیقی صلاحیتوں کی ایک ضمنی پیداوار ہے۔اُن کے خیال میں برائی (Evil) اپنے آپ میں کوئی شے ہی نہیں ہے بلکہ یہ اچھائی سے پرہیز یا نیکی سے صرف دور ہو جانے کا نام ہے۔انہوں نے خدا کے وجودی تصور کو نیو پلیٹونک تصور سے ملا کر اُسے کائنات کے وجود سے جوڑ دیا کہ خدا کائنات کے ہر ایک حصے میں بھرا ہوا ہے جس میں خود انسانی وجود بھی شامل ہے۔آگسٹن نے یہ کتاب 397 سے 400 AD کے درمیان میں لکھی تھی۔

سینٹ آگسٹن کی'دی سٹی اف گاڈ' (The City of God) 22 کتابوں پر مشتمل ایک مفصل فلسفیانہ کتاب ہے۔ یہ کتاب انہوں نے پیجن مذہب (Pagan) کے ماننے والوں کی طرف سے یونان کی تباہی کے لیے کرسچن مذہب پر عائد الزامات کے جواب میں لکھی تھی۔اس کتاب کے ابتدائی 5 والیمز میں انہوں نے پیجن مذہب کی طرف سے عائد الزامات پر سیاسی وسماجی بحث کی ،اُس کے بعد کے پانچ والیمز میں انہوں نے پیجن مذہب کی فلاسفی پر سخت مذہبی تنقید کی۔ 11 ویں سے 14 ویں والیم تک آگسٹن نے اولڈ ٹیسٹا منٹ کی پہلی' بک آف جینیسس' کی روشنی میں خدا اور انسان کے بنائے ہوئے شہروں کی تعمیر اور فرق کو بیان کیا ہے۔اس کے بعد کی چار جلدوں میں انہوں نے دونوں شہروں کی مذہبی تاریخ کو بائبل کی آیتوں کے پس منظر میں سمجھایا ہے۔'دی سٹی آف گاڈ' کی آخری چار جلدوں میں انہوں نے دونوں شہروں کے لحاظ سے جزا وسزا کے تصور میں انسانی

تقدیر پر تجزیہ کیا ہے۔ اُن کا یہ تجزیہ بائبل کے اولڈ اور نیو ٹیسٹا منٹ میں بیان کئے گئے روز قیامت کے تصور کی روشنی میں دیا گیا ہے۔ اُن کے خیال میں ُخدا کا شہر ُنیکی جبکہ ُبدی کا شہر ُگناہ کے استعاراتی تصور پر قائم ایک مذہبی شعور ہے۔ مختصراً یہی کہ انہوں نے روم کی ہونے والی تباہی کے لیے کرسچن فکر پر عائد الزامات کو سیاسی، مذہبی اور فلسفیانہ دلائل سے مفصل انداز سے رد کر دیا اور خدا کے بنائے ہوئے استعاری شہر کا تصور دے کر کرسچن اسٹیٹ اف مائنڈ کی تعمیر پر زور دیا۔

جونہی ہم یورپین مڈل ایج کا ذکر کرتے ہیں سینٹ آگسٹن کے ساتھ دانتے کا خیال آجاتا ہے اور اُس کے ذکر کے آتے ہی ذہن اُس کی رمزیہ نظم ڈیوائن کامیڈی کی طرف چلا جاتا ہے۔ دانتے کا پورا نام ُدانتے الیری ُ(Dante Alighieri) تھا وہ اٹلی میں 1265 میں پیدا ہوا تھا۔ دانتے کی پیدائش کے چند برسوں بعد ہی اُس کی ماں کا انتقال ہوگیا تھا۔ جب وہ 12 ہی سال ہی کا تھا تو اُس کی شادی خاندان میں ایک لڑکی جیما ڈونائی (Gemma Donati) سے طے ہوگئی اور جب وہ بیس سال کا ہوا تو اُس کی شادی بھی ہوگئی مگر لڑکپن میں ہی اسے ایک لڑکی بیٹرس پورٹیناری (Beatrice Portinari) سے عشق ہوگیا تھا۔ یہ وہ لڑکی ہی تھی جس نے دانتے کی زندگی پر گہرے اثرات مرتب کئے حتیٰ کہ اُس کی کتاب ڈیوائن کامیڈی کے پس منظر میں بھی اُس کا کردار جا بجا دکھائی دیتا ہے۔ دانتے جب بیٹرس سے ملا تو وہ صرف نو برس کی تھی، کہتے ہیں چھوٹے سے لڑکا دانتے اُسے دیکھ کر پہلی نظر کی محبت میں گرفتار ہوگیا تھا مگر بدقسمتی سے 1290 میں محض 25 برس کی عمر میں ہی بیٹرس کا انتقال ہوگیا جس کے پانچ برس بعد دانتے کی کتاب لا وٹا نووا (La Vita Nuova)(The New Life) چھپی جس میں دانتے شاعرانہ انداز میں تفصیل سے بیٹرس سے اپنی ٹریجک محبت کا ذکر کیا۔ اس کتاب کی ایک خوبی اس کی اطالوی زبان ہے کیونکہ اُس

دور کا زیادہ تر ادب لاطینی زبان میں لکھا جا رہا تھا۔اسی دور میں دانتے نے فلاسفی کا مطالعہ کیا اور فلورنس ، اٹلی کی سیاسی دنیا میں شامل ہونے لگا۔ 1302 میں بلیک گلفس (Black Guelphs) کے لیڈروں نے فلورنس کے سیاسی کنٹرول کے بعد دانتے کو بھی جلاوطن کر دیا ۔کہا جاتا ہے اُسے جلاوطن کرانے والوں میں اُس کی بیوی کا رشتہ دار 'کورسو ڈوناٹی' (Corso Donati) بھی شامل تھا جو اُس دور میں ایک طاقتور سیاسی شخص تھا اور بونیفیس پوپ ۸ (Boniface PopeVIII) کی سیاسی لیگ میں شامل تھا۔مگر دانتے کی فلورنس سے جلاوطنی اُس کی فنی زندگی کے لیے ایک اہم ترین موڑ ثابت ہوئی اور اُس نے جلاوطنی کی جگہ کو جہنم سے تشبیہ دی اور یوں دانتے کی ڈیوائن کامیڈی کے لیے 'انفرنو' (Inferno) کا تصور پیدا ہوا۔جلاوطنی کے دوران دانتے نے سیاست کو ہمیشہ کے لیے خیر آباد کہہ دیا اور ڈیوائن کامیڈی جیسی عظیم الشان نظم تخلیق کی جس نے اُسے ہمیشہ کے لیے مغربی ادبی دنیا میں امر کر دیا۔

1304 میں دانتے کو اٹلی کے شہر بولگنا (Bologna) میں جلاوطن کر دیا گیا جہاں اُس نے 'دی ایلوکینٹ ورناکلر' (The Eloquent De Vulgari Eloquentia Vernacular) تخلیق کی جس میں اُس نے اطالوی زبان کو سنجیدہ ادبی تخلیق کے لیے معیاری قرار دیا اور اطالوی زبان میں ہی ادب تخلیق کرنے کی ترغیب دی ۔اُس کا یہ کام گو کہ نامکمل رہا مگر اُس نے مغربی ادب کو خاصا متاثر کیا۔ 1306 کے دوران دانتے بولوگنا (Bologna) سے پاڈوا (Padua) چلا گیا جس کے بعد کے چند برسوں کے بارے میں کچھ تفصیل میسر نہیں ہے مگر کہا جاتا ہے کہ اگلے دو برس پیرس میں رہا اور اس دوران اُس نے اپنی مشہور تصنیف ڈی مونارکیا (De Monarchia) تین جلدوں میں لکھی جس میں اُس نے اُس دور کے اطالوی حکمرانوں پر سخت تنقید کی جس کے نتیجے میں اُس کی مستقل بنیادوں پر شہر میں داخلے کے لیے پابندی عائد کر دی گئی ۔کہتے ہیں 1312 سے 1317 کے دوران اُس نے ڈیوائن

کامیڈی مکمل کی اور پھر اپنی زندگی کے آخری برسوں میں ریونا(Ravenna) میں ہی رہا حتیٰ کہ 1321 میں اُس کا انتقال ہوگیا۔

دانتے کی ڈیوائن کامیڈی:

ڈیوائن کامیڈی انسانی زندگی کا ایک تخیلاتی سفر ہے جس میں دانتے کرسچن بعد الموت کے تصور میں تینوں روحانی مقامات جہنم، مقام کفارہ سے گزرتا ہوا جنت تک پہنچتا ہے۔ نظم کے پہلے حصے جہنم (Inferno) اور مقام کفارہ (Purgatorio) میں یونانی شاعر ورجل اُس کا ہم سفر بنتا ہے جبکہ جنت (Paradiso) میں اُس کی شریکِ سفر، اُس کی محبوبہ بیٹرس (Beatrice) بنتی ہے جو اُس کی رہنمائی کرتی ہے۔ ڈیوائن کامیڈی کے ہر ایک تین حصے (Realms) نو روایتی دائروں میں اور ایک اضافی اہم حصہ نظمیہ انداز میں بیان کئے گئے ہیں مثلاً جہنم کے نو دائرے اور ایک آخری اسٹیج جسے اُس نے Lucifer's level سے تعبیر کیا بالکل اسی طرح مقام کفارہ میں نو دائرے میں سفر ہوتا ہے حتیٰ کہ آدم کے باغ عدن کا مقام مل جاتا ہے اور جنت میں بھی آسمانی اجسام سے ملاقات کے بعد اعلیٰ ترین مقام (Empyrean) کی منزل آتی ہے جہاں دانتے کی ملاقات خدا سے ہوتی ہے۔ نظم کے دس بند میں قافیوں کی ترتیب میں قافیوں یعنی (Terza rima) کا خیال کچھ یوں رکھا گیا ہے کہ تین کا مقدس ہندسہ ہر تیسری سطر میں جگہ پالیتا ہے اور ترتیب (aba bcb cdc) جیسی رہتی ہے۔ ڈیوائن کامیڈی 650 برسوں تک مغربی ادبی دنیا میں پھلتی پھولتی رہی۔ 1400 تک اُس پر بارہ کمنٹریز (Commentaries) لکھی گئی جن میں نظم کے معنوی حُسن پر تفصیل سے تجزیہ کیا گیا۔ ٹی ایس ایلیٹ بھی دانتے سے بے انتہا متاثر تھا۔ اس نے دانتے کو مغربی ادبی دنیا میں اعلیٰ ترین مقام پر فائز کیا، بالکل اسی طرح شیکسپیر نے بھی مغربی ادب کو دانتے اور ماڈرن دنیا میں تقسیم کیا اور اُس جگہ کسی دوسرے شاعر کی شمولیت سے انکار کیا۔

قرون وسطی میں سینٹ آگسٹن کی 'دی سٹی آف گاڈ' کے بعد جس اہم ترین کتاب پر نظر جا کر ٹکتی ہے وہ بواتھس (Boethius) کی کتاب 'آن دی کانسلیشن آف فلاسفی' (On the Consolation of Philosophy) ہے جو اس نے اپنی زندگی کے آخری برس میں بغاوت کے الزام میں نظر بندی کے دوران لکھی تھی۔

بواتھس کا پورا نام Anicius Manlius Severinus Boethius تھا۔ وہ چھٹی صدی عیسوی کا رومن کرسچن فلاسفر تھا جو روم کے ایک معروف سماجی اور مذہبی خاندان میں 480 میں پیدا ہوا مگر بدقسمتی سے بچپن میں ہی یتیم ہوگیا تھا مگر پھر ایک بہت ہی نیک اور پرہیزگار سے شخص نے اُس کی پرورش کی۔ بعد میں بواتھس نے اُسی شخص کی بیٹی رسٹیکانہ (Rusticana) سے شادی کرلی تھی۔ اپنی اعلیٰ تعلیم اور علمی قابلیت کی وجہ سے بواتھس ہمیشہ سے اعلیٰ ترین مقامات پر فائز رہا۔ بواتھس کو 30 برس کی عمر میں kingdom of the Ostrogoths کا قونصل اور 40 برس کی عمر میں شہر کے تمام سول اداروں اور عدالتوں کا ہیڈ (Magister officiorum) بنا دیا گیا تھا تاہم 523 میں اُسے بائزنٹین ایمپائر کے حکمران جسٹن ون (Justin I) کے خلاف سازش کے الزام میں گرفتار کرلیا گیا اور اٹلی کے شمالی شہر پاویا (Pavia) میں جیل میں ڈال دیا گیا جہاں 524 میں اُسے سزائے موت دے دی گئی۔

بوتھس کے علمی کارناموں میں نہ صرف اُس کی کتاب 'Consolation of Philosophy' شامل ہے جس کے بغیر مغربی ادب کا ذکر مکمل نہیں بلکہ اُس کے ارسطو اور پلیٹو کے فلسفیانہ کام کا یونانی سے لاطینی میں ترجمہ بھی شامل ہے۔ بوتھس نے موسیقی اور ریاضی کے اصولوں پر بھی کئی ایک شاہکار تخلیقات دی تھیں۔ انہوں نے خصوصاً 'نکوماکس' (Nicomachus) کا ترجمہ بھی کیا تھا اور یونانی فلاسفرز یوکلڈ (Euclid) کے جیومیٹریکل اور ٹولومی (Ptolemy) کا فلکیات کے نظریات پر بھی خاصا معرکتہ الآرا کام کیا تھا مگر وہ بدقسمتی

سے ضائع ہوگیا۔ بوتھس نے اپنی کتاب 'Consolation of Philosophy' میں فلسفے کی روح کو ایک دانا عورت سے تشبیہ دی اور انسانی ذات اور فلسفے کی روح کے درمیان نظمیہ اور نثری انداز میں مکالمات تخلیق کیے ہیں۔ ان مکالمات میں انہوں نے افلاطون یا پلیٹو اور سقراط کے طرز گفتگو کو اپنایا ہے۔ اس ضمن میں دلچسپ بات یہی ہے کہ بوتھس نے سینٹ آگسٹن کے مقابلے میں کرسچن اسکول کے بجائے اسٹوا سزم فلاسفی (Stoicism Philosophy) کے پس منظر میں نیو پلاٹو نزم کے مرکزی خیال کو تصور خدا، کائنات کا ارتقا اور انجام، اور اسپرٹ (روح) اور آزادی کے تصور (I wil of Freedom) جیسے ثقیل موضوعات پر فلسفیانہ بحث کی ہے خصوصاً اُن کا 'بوتھین ویل' (Boethian Wheel) کا تصور پندرہویں صدی کے بعد یورپین تہذیب میں بہت زیادہ مقبول ہوا جسے انسانی تقدیر کے حوالے سے Wheel of Fortune کے عنوان سے بیان کیا گیا۔ بوتھس کا ویل آف فارچون 'Rota Fortunae' کا تصور بہت دلچسپ ہے جو فارچونا (Roman goddess Fortuna) دیوی سے منسوب ہے کہ اُس کا گھماتا ہوا پہیہ انسانوں کی اچھی یا بُری قسمتوں کا فیصلہ کرتا ہے۔

ایوری مین (Everyman)، پندرہویں صدی کا ایک اخلاقی اقدار پر لکھا گیا ڈرامہ تھا جو ڈچ سے انگریزی میں ترجمہ ہوا تھا۔ ڈرامہ کا آغاز خدا کی آواز سے ہوتا ہے جس میں خفگی کا عنصر ہوتا ہے کہ اُس کی بنائی ہوئی مخلوق اُس کی دی گئی ہدایت پر عمل نہیں کر رہی ہے اور وہ جنت یا دوزخ کی پرواہ کیے بغیر اپنی دنیاوی زندگیوں میں مگن ہو چکی ہے۔ چونکہ وہ برسہابرس گزرنے کے ساتھ مسلسل اخلاقی طور پر تباہ و برباد ہو رہے ہیں اس لیے خدا نے طے کیا ہے کہ موت، ہر ایک شخص کا حساب زندگی میں ہی لے اور اُن سے معلوم کرے کہ آیا کہ اس دنیاوی زندگی کے اعمال سے اُنہیں جنت یا پھر جہنم کا حقدار سمجھا جائے؟ موت ایک دن

ایوری مین سے بھی ملتی ہے اور اُسے بتاتی ہے کہ وہ ایک لمبے سفر پر روانہ ہونے والا ہے اور یہ کہ وہ اپنے ساتھ اپنے اچھے یا بُرے اعمال رکھ سکتا ہے۔ یہ سن کی ایوری مین موت سے کہتا ہے کہ وہ اس سفر کے لیے اتنی جلد تو تیار نہیں تھا اور پوچھتا ہے مگر پھر بھی کیا ایسا ممکن ہے کہ وہ اپنے ساتھ زندگی کے اُن ساتھیوں کو بھی لے چلے جن کے ساتھ اُس نے بھر پور وقت گزارہ ہے۔ موت کی اجازت کے بعد ایوری مین اپنے قریبی دوستوں، رشتہ داروں، ساز و سامان، حواس خمسہ، علم، دانائی حتیٰ کہ خوبصورتی اور طاقت سے بھی اپنے ساتھ سفر پر روانہ ہونے کے لیے کہتا ہے۔ جواب میں علم یا دانائی اُسے اپنے گناہ قبول کر لینے کا مشورہ دیتے ہیں مگر اُس کے سفر میں سوائے اُس کے اچھے اعمال کے، کوئی اور شے اُس کا ساتھ نہیں دیتی ہے۔

پیر پلو مین بھی مڈل ایج کی ایک یادگار نظم ہے جسے ایک انگلش شاعر ولیم لینگ لینڈ (Langland William) نے 1362 سے 1387 کے دوران تخلیق کیا تھا۔ اس نظم میں شاعر ایک خواب کے عالم میں اپنے ظاہری و باطنی کرداروں سے ملتا ہے۔ اس دوران کرسچن آسمانی دنیا کی تائید و تنقید کی تعلیم، مڈل ایج کے انگلستان کی سوشل اور اقتصادی دنیا اور اپنی استعداد اور ضروریات کے تضادات میں خدا، چرچ اور زندگی گزارنے کے طریقوں پر ایک مستقل تکرار ملتی ہے۔ ایک سادہ ہل چلانے والا بیک وقت کبھی یسوع مسیح تو کبھی پیٹر (Peter) بن جاتا ہے جس نے پہلے چرچ کی بنیاد رکھی تھی۔ اِس نظم کے پہلے سات حصوں میں دانائی یا روشنی کی تلاش کا تصور ہے جبکہ نظم کے بقیہ حصے میں کرو اچھا، کرو بہتر اور کرو بہترین (Do-well, Do-better, and Do-best) کی تکرار ہے۔ ہل چلانے والا سادا شخص زمین میں ہل جوت کر سچائی کو جاننے کے امکانات کی طرف نشاندہی کرتا ہے۔ نظم کے انجام میں چرچ کی کرپشن اور نیک خواہش کی کرسچن ہونے کی طرف اشارے بن جاتے ہیں۔

مڈل ایج کے دور میں تخلیق کیا گیا یادگار ادب، اُس دور کے مشہور شاعر، رائٹر اور فلاسفر، جیفری چوسر (Geoffrey Chaucer) کی نظم دی کنٹر بری ٹیلز (The Canterbury Tales) کے ذکر کے بغیر قطعی ناممکن ہے۔ یہ نظم 1400-1343 کے درمیان تخلیق کی گئی تھی۔ انگریزی ادب میں یہ شاعرانہ تخلیق کسی ماسٹر پیس سے کم نہیں ہے۔ دی کنٹر بری ٹیلز نہ صرف ایک ادبی تخلیق سمجھی جاتی ہے بلکہ اگر اُسے قرونِ وسطی کی عمومی زندگی (Medieval life) کی تصویری جھلکیاں بھی کہا جائے تو غلط نہ ہوگا۔ مختلف سوشل کلاسز کے لوگوں کی زندگی کی کہانیاں، اُن کے رہن سہن کے طریقے حتیٰ کہ بالوں کے اسٹائل کی تصویر کشی تک اس نظم میں شامل ہے۔ جعفری چوسر ایک زمانے میں پرنس لیونل (Prince Lionel) کی بیوی کی ملازمت میں رہے تھے اور اپنی رائل سروسز کے دوران کئی ایک اعلیٰ ترین پوزیشن پر بھی رہے۔ اس دوران اُن کے ڈپلومیٹک دوروں کا مطالعہ بھی ادب کے حوالے سے علمی وسعت کا سبب بنے۔ فرانسیسی، لاطینی اور اطالوی رائٹرز کے اثرات کے باعث اُن کی ادبی حیثیت اپنے عہد میں دانتے کی حیثیت سے قریب تر تھی۔

بے ولف (Beowulf) 3,182 سطروں پر مشتمل ایک طویل نظم ہے جو قدیم ترین انگریزی ادب میں ایک شاہکار تخلیق سمجھی جاتی ہے۔ یہ ایک اینگلوسیکسن طربیہ نظم ہے جسے ڈینش ہسٹری کے پس منظر میں 700 سے 750 کے درمیان کمپوز کیا گیا تھا۔ ڈینش بادشاہ ہروتگار (Hrothgar) ایک راکشس گرینڈال (Grendel) کی دی گئی تباہیوں سے پریشان ہو رہا ہوتا ہے اور اُس کی مدد کے لیے بے ولف (Beowulf) نمودار ہوتا ہے اور گرینڈال سے لڑتا ہے اور اُس کا بازو مروڑ دیتا ہے۔ اگلی رات گرینڈال کی ماں بدلہ لینے آتی ہے مگر بے ولف دونوں ماں اور بیٹے کو قتل کر دیتا ہے اور یوں وہ گریٹس (Geats) کا بادشاہ بن جاتا ہے۔ کافی برسوں کے بعد بیولف خود بھی ایک آگ اگلنے والے راکشس

کے دیے گئے زخموں سے مارا جاتا ہے۔اس نظم کے تین بنیادی تھیمز ہیں بہادری،عزت اور وفاداری۔

'رومانس اف دی روز'(Romance of the Rose) تیرویں صدی میں فرانسسی زبان کی (Roman de la Rose)ایک علامتی نظم ہے جو دو بڑے حصوں میں تخلیق ہوئی تھی۔ پہلا حصہ فرانسسی اسکالر شاعر'گیلوما ڈی لورس'(Guillaume de Lorris) نے 1230 شروع کیا تھا اور نظم کا دوسرا حصہ ایک فرانسسی ادیب'جین ڈی منگ'(Jean de Meung) نے 80-1270 کے عرصے میں تکمیل تک پہنچایا تھا۔ یہ استعاری نظم گلاب اور اُس کے عشق کرنے والے کے درمیان رومانس کے موضوع پر لکھی گئی ہے۔نظم کے پہلے حصہ میں ایک عاشق اپنے خوابوں میں گلاب سے محبت پر ایک خوبصورت عورت سے پیار کا حقدار ہوجاتا ہے۔خوبصورت عورت کو پیار کرکے وہ ایک ایسے باغ میں داخل ہوتا ہے جہاں اُس کی ملاقات خوبصورتی اور کشادہ دلی سے ہوتی ہے۔محبت کا آبشار اُسے ایک پھولوں کی سیج سے نوازتا ہے جہاں محبت اُسے ترغیب دیتی ہے کہ کس طرح اُسے زندگی میں خود کو برتنا ہے۔ یوں وہ متضاد و موافق جذبات سے آشنا ہوتا ہے اور بالآخر محبت کی منزل پالیتا ہے اور یوں اُس کی خواہشوں کی تکمیل ہوجاتی ہے۔

نظم کے دوسرے حصے میں جین ڈی منگ اُس کی اِس خوبصورت دنیا کو مختصر عرصے کی حیات بتاتا ہے اور یوں ایک نئی مخالف دنیا میں لے کر آتا ہے جہاں اس کا مقابلہ منفی ترین جذبات جلن،خوف ،لالچ ،شرمندگی اور منافقت جیسے جذبات سے ہوتا ہے۔دلائل اور جھوٹی انائیں اُسے محبت اور کشادہ دلی کے جذبات سے دور لے جاتی ہیں مگر بالآخر فطرت کی مدد سے وہ محبت کرنے والا ایک بار پھر گلاب کی محبت حاصل کرنے میں کامیاب ہوجاتا ہے۔دوسرے حصے میں شاعرانہ انداز سے سیاسی و اقتصادی قوتوں اور محبت و اخلاقیات کے

بنیادی کوڈ زکو طربیہ انداز سے رقم کیا گیا ہے۔

'رینارڈ دی فوکس'(Reynard the Fox) کچھ طویل ترین طربیہ نظمیں تھیں جو 12 سے 14 ویں صدی کے دوران لاطینی، جرمن، فرانسیسی اور انگریزی میں لکھی گئی تھیں۔ یہ'رینارڈ دی فوکس'اور'رومانس اف ری نارٹ'(Romance of Renart) کے نام سے بہت مشہور ہوئی تھیں۔ان نظموں میں جانوروں اور انسانوں کی زندگیوں کو تاثیر کے انداز میں کرداروں کی شکل میں ڈھال کر تخلیق کیا گیا تھا۔ایک عیارلومڑی (Reynard) کس طرح طاقت کے حصول کے لیے جسمانی طور پر طاقتور خوفناک بھیڑیے'ازین برگ'(wolf Isengrim) سے نبرآزما ہوتی ہے اور کئی مراحل کے بعد کامیاب ہو جاتی ہے۔

'دی اول اینڈ دی نایٹ اینگل' (اُلو اور بلبل) ایک گمنام قرون وسطی کی نظم (anonymous medieval poem) ہے جو 1200 AD میں لکھی گئی تھی جس کے بارے خیال ہے کہ یہ پہلی انگریزی نظم ہے جو مڈل ایج میں لکھی گئی۔اساطیری انداز میں لکھی گئی اس نظم کی کہانی کچھ یوں ہے کہ ایک شخص ایک الو اور ایک بلبل کے درمیان چلنے والی سخت جرح کو سُن لیتا ہے جس دوران بلبل الو کو سخت تنقید کا نشانہ بناتی ہے اور کہتی ہے کہ وہ صرف بدنصیبی کی خبریں دینے کے لیے ہی منہ دکھاتا ہے جبکہ الو جواب میں بلبل کو انسانوں کو گناہوں پر راضی کرنے والے پرندے کا نام دیتا ہے۔ یہ نظم بنیادی طور پر نظم وضبط کی قید اور آزادطرز کی زندگی یا قدیم روایتی مذہبی اور جدید ادبی ضابطوں کے درمیان تضادات پر لکھی گئی ایک استعاری نظم ہے۔

'دی سونگ آف رولینڈ'(The Song of Roland) ۱۱ ویں صدی میں لکھی گئی

قدیم فرانسیسی طربیہ نظم 'چینسن ڈی رولینڈ' (Chanson de Roland) ہے جو 778 میں ہونے والی جنگ 'بیٹل اف رونسیوے ایکس' (Battle of Roncevaux Pass) کے پس منظر میں تخلیق ہوئی تھی۔ یہ نظم فرنچ لٹریچر کی اپنے دور کی ایک عظیم تخلیق تھی جو مختلف مینو اسکرپٹ میں نامکمل رہ گئی تھی۔ اس نظم کی کمپوزیشن 1040 سے 1115 کے درمیان ہوئی تھی جس کے آخری ٹیکسٹ میں 4,000 سطریں تھیں۔ نظم کے پلاٹ کے مطابق شارلیمین (Charlemagne) آرمی، اسپین کے کم و بیش تمام شہروں کو ایک کے بعد ایک فتح کرتی چلی جاتی ہے مگر ایک شہر ساراگوسا (Saragossa) بچ جاتا ہے جہاں پر ایک مسلمان بادشاہ مارسل (Marsile) کی حکومت ہوتی ہے۔ مارسل بڑھتی ہوئی شارلیمین آرمی سے ہراساں ہو کر اپنے ایک دانشمند درباری 'بلین کینڈرین' (Blancandrin) سے مشورہ کرتا ہے جو اُسے ہتھیار ڈالنے اور یرغمالی واپس دینے کا مشورہ دیتا ہے۔ دوسری طرف شارلیمین اس سلسلے میں رولینڈ (Roland) سے مشورہ لیتا ہے اور اُس کے مشورے پر رولینڈ کے سوتیلے باپ 'گینلون' (Ganelon) کو مارسل سے بات کرنے کے لیے بھیجتا ہے مگر گینلون رولینڈ کے فیصلے پر تحفظات رکھتا ہے۔ اُس کے خیال میں رولینڈ اُسے پھنسانے کی کوشش کر رہا تھا اور ممکنہ طور پر اُسے اس طرح دشمن کی فوجوں سے مروانے کی سازش بھی کر رہا تھا۔ گینلون پر مارسل کے ساتھ مل کر سازش کا الزام لگتا ہے جو پیچھے سے رولینڈ کے فوجی دستوں پر حملہ کر دیتے ہیں۔ رولینڈ کا دوست اولیور (Olivier) اُسے مشورہ دیتا ہے کہ وہ شارلیمین کی اگلی صفوں کی آرمی سے مدد طلب کرلے مگر رولینڈ کی خود اعتمادی آڑے آجاتی ہے۔ نتیجے میں رولینڈ کی آرمی کا شدید نقصان ہوتا ہے مگر آخر کار وہ مارسل کو مارنے میں کامیاب ہو جاتا ہے اور فتح کا نقارہ بجا دیتا ہے۔ کہانی کا خاتمہ شارلیمین آرمی کے انتقام پر ہوتا ہے جو مارسل کی بیوی کو کرسچن مذہب اختیار کرنے پر راضی کرتے ہیں اور دوسری طرف گینلون پر دھوکے کا الزام لگتا ہے اور وہ بھی بالآخر مارا جاتا ہے۔

'دی سانگ اف مائی سڈ' (El Cantar de Mio Cid) قرونِ وسطیٰ کے دور کی ایک اور اسپینش طربیہ نظم ہے جو 3730 اشعار پر مشتمل ہے اور ایک سچی کہانی کے پس منظر پر 1140 اور 1200 کے دوران تخلیق ہوئی تھی۔ یہ کہانی اِل سڈ (El Cid) نام کے ایک نوجوان کیسٹیلین ہیرو (Castilian hero) کی ہے جسے بادشاہ کنگ الفانسو۔ 6 (King Alfonso VI) نے جلاوطن کر دیا ہے۔ نظم کا پہلا مینو اسکرپٹ دستیاب نہیں ہوسکا اس لیے اُن وجوہات کا کہنا مشکل ہے جن کی بنیادوں پر اِل سڈ کو جلاوطن کیا جاتا ہے مگر وہ اس جلاوطنی پر دکھی ہوتا ہے اور چاہتا ہے کہ اپنی عزت و وقار دوبارہ حاصل کرے۔ اُس کی خواہش ہوتی ہے کہ وہ یہ عزت جنگ کے میدان میں اپنی بہادری و جواں مردی سے حاصل کرے مگر اُس کے ساتھ دینے والے فوجیوں کی تعداد بہت کم ہوتی ہے۔ اِل سڈ اپنے گاؤں 'ووآر' (Vivar) سے نکل جاتا ہے کیونکہ اُس کی جلاوطنی کی مدت بہت محدود رہ جاتی ہے۔ اُس کا ایک قریبی خدمت گزار 'مارٹن اینٹولینز' (Martin Antolinez) اُسے سونا دینے کی پیشکش کرتا ہے تاکہ وہ اپنے ساتھ موجود سپاہیوں کی خوراک کی ضروریات پوری کرسکے مگر وہ سونا بہت کم عرصے ہی اُن کی ضروریات پوری کر پاتا ہے۔ اب اِل سڈ گردوپیش کے کاروباریوں کو دھوکہ سے ریت بیچ کر کسی بھی طرح سے چھ سو گولڈ مارک حاصل کرتا ہے تاکہ اپنے ساتھیوں کا خیال رکھ سکے۔ اِل سڈ اور اُس کے لوگ سارے اسپین کا چکر لگاتے ہوئے 'بینوڈکٹین مویسٹری' (Benedictine monastery) پہنچتے ہیں جہاں موجود راہب، بادشاہ کی ناراضگی کی پرواہ کیے بغیر اِل سڈ کو وہاں مستقل رہنے اور دیکھ بھال کی پیش کش کرتے ہیں مگر وہ وہاں صرف ایک رات ہی ٹھہر کر اپنے ساتھیوں کے ساتھ وہاں سے نکل جاتا ہے۔ اس کے بعد وہ ٹولیڈو (Toledo)، کیسٹرجن (Castejon) اور ہینریس ویلی (Henares Valley) کے علاقے فتح کرتا ہے جس کی وجہ سے وہاں اِل سڈ کی عزت وقار میں اضافہ ہوتا چلا ہے اور وہاں آباد لوگ اُسے ٹیکس دینے لگتے ہیں۔ بارسلونا (Barcelona) فتح کرنے

کے بعد اَل سڈ بے انتہا طاقتور ہوجاتا ہے۔ تین برسوں کی سیاست اور جنگوں کے بعد وہ ویلینسیا (Valencia) پر بھی قابض ہوجاتا ہے۔ مگر ان تمام تر کامیابیوں کے بعد بھی بادشاہ اُسے معاف کرنے پر راضی نہیں ہوتا ہے اور اُسے جلاوطن یا باغی ہی قرار دیتا ہے۔ اس دوران اِل سڈ کی کئی بیٹیاں بھی ہوجاتی ہیں۔ اُن میں چند بالغ ہوجاتیں ہیں تو وہ اُن کی شادیاں کئی ایک طاقتور بادشاہوں کے ساتھ کردیتا ہے۔ ان شادیوں کے بعد اِل سڈ کی سلطنت اس قدر مضبوط اور پھیل جاتی ہے کہ اسپین کے بادشاہ کنگ الفانسو6 کے پاس سوائے اِل سڈ کو معاف کرنے کے علاوہ کوئی بھی چارہ نہیں رہتا ہے اور یوں وہ اُس کی سرِعام معافی کا علان کردیتا ہے اور اِل سڈ اپنی بقیہ زندگی سلطنت پر امن وسکون سے حکومت کرتا رہتا ہے۔

مڈل ایج دور کی ایک اور شاہکار جرمن طربیہ نظم 'دی لے آف دی نیبلینگ' (The Lay of the Nibelungs) ہے جو 1200 کے آس پاس لکھی گئی تھی جس کے تخلیق کار کے بارے میں کوئی معلومات میسر نہیں ہے۔ ایک ہزار لائنوں پر مشتمل یہ طویل نظم Das Nibelungenlied' انتقام کے پلاٹ پر لکھی ہوئی ایک دیومالائی کہانی ہے۔ یہ کہانی نیدر لینڈ (Netherland) کے ایک شہزادے 'سیج فرائڈ' (Siegfried) کی ہے جو ایک اژدھا کو مار کر نیبلینگ (Nibelungs) کے ایک بڑے خزانے کو حاصل کرلیتا ہے۔ کہانی کے انتقامی حصے میں دو عورتوں کا قصہ ہے۔ برن ہیلڈ (Brunhild) جو کہ آیس لینڈ کی شہزادی ہے، سیج فرائڈ سے انتقام لیتی ہے کیونکہ وہ بہروپ بدل کر اُسے دھوکہ دیتا ہے۔ سیج فرائڈ خود کریم ہیلڈ (Kriemhild) سے شادی کرنا چاہتا ہے مگر اُس کا بھائی گنتھر (Gunther) جو کہ برگنڈی (Burgundy) کا بادشاہ ہے سیج فرائڈ کو اُس وقت تک شادی کی اجازت دینے پر راضی نہیں ہوتا ہے جب تک وہ برن ہیلڈ کو اُس سے شادی میں مدد نہ کرے۔ اسی وجہ سے سیج فرائڈ بھیس بدل کر برن ہیلڈ کو گنتھر کے روپ میں ملتا ہے اور اُس کی مدد کرتا ہے۔ گنتھر اور سیج فرائڈ جب شادیوں میں کامیاب ہوجاتے ہیں تو برن ہیلڈ اور کریم ہیلڈ

کے درمیان جھگڑا شروع ہو جاتا ہے۔ برن ہیلڈ ایک شخص ہیگن (Hagen) کی مدد سے سیج فرائڈ کا قتل کروا دیتی ہے۔ کئی برسوں کے بعد کریم ہیلڈ، ہُنس (Huns) کے بادشاہ ایٹزل (Etzel) سے شادی کر لیتی ہے اور بالآخر ہیگن کو قتل کروا کر اپنے مقتول شوہر سیج فرائڈ کی موت کا بدلہ لے لیتی ہے۔

'لی مارٹے ڈی آرتھر' (Le Morte d'Arthur) 21 والیمز پر مشتمل نثری کتاب ہے جس میں 506 اسباق ہیں۔ تھامس میلوری (Thomas Malory) نے 1469 میں اسے تخلیق کیا تھا۔ اس کتاب کا سب سے مشہور ایڈیشن 1485 میں ولیم کاکسٹن (William Caxton) نے پبلش کیا تھا۔ میلوری تھامس کی زندگی کے بارے میں زیادہ معلومات میسر نہیں ہیں۔ ایک تاثر اُن کے بارے میں ہے کہ اُن کا پس منظر کچھ مجرمانہ نوعیت کا تھا یا وہ کوئی جنگی قیدی تھے۔ 'لی مارٹر ڈی آرتھر' میں کنگ آرتھر کی پیدائش سے پہلے کا تصور، پیدائش اور تاجپوشی کا دور، اُس کے کئی معرکے، اُس کی بیوی گوئینورس (Guinevere) اور جادوگر مرلن (Merlin) اور پھر کنگ آرتھر کی موت کا قصہ جیسی کئی تفصیلی کہانیاں شامل ہیں۔

۞۞

پانچواں دور

نشأۃِ ثانیہ میں جدید سماجی نظریات کی تعمیر اور مغربی ادب کی تعمیرِ نو

○

قرونِ وسطیٰ یا مڈل ایج کے فوراً بعد مغربی تہذیب کا وہ یادگار دور یورپ میں شروع ہو جاتا ہے جس نے وہاں کے آرٹ، کلچر، سیاست اور اقتصادیات میں نہ صرف دیرپا اثرات پیدا کیے بلکہ آنے والے ادوار کے لیے بھی ایک جدید ماڈرن ترقی یافتہ یورپ کی بنیادیں مستحکم کر دیں۔ نشاۃِ ثانیہ جسے فرانسیسی زبان میں 'رینیسانس' کہا جاتا ہے، جس کے معنی دوبارہ پیدا ہونا یا 'ری برتھ' کے ہیں یعنی اس دوران یورپ میں علم و آگہی کی حیات نو ہوئی۔

۱۴ویں سے ۱۷ صدی کی نشاۃِ ثانیہ کے دوران یورپ میں کلاسیکل یونانی فلسفے، ادب اور آرٹ کی دریافت ہوئی اور نئے سائنسی قوانین، جدید مذہبی و سیاسی نظریات اور ماڈرن فن تعمیر سے ایک ترقی یافتہ یورپین سوسائٹی کی تعمیر و تشکیل ہوئی۔ اس دوران کئی ایک اہم واقعات ہوئے یعنی رومن ایمپائر کا یورپ پر سے سیاسی کنٹرول ختم ہوا، یورپ میں جاگیردارانہ نظام کا خاتمہ ہوا اور ایک نیا بورژوازی سماج پیدا ہوا، پروٹسٹنٹ ریفارمیشن نے کیتھولک چرچ کی اتھارٹی کو چیلنج کیا، فرانس، انگلینڈ اور اسپین جیسی اقوام نئی طاقتیں بن کر سامنے آئیں، اٹلی خاص طور پر ایک منفرد شکل میں سامنے آیا جہاں قائم شہری ریاستوں کی جامع شکل ایک ریپبلیکن تہذیب کی صورت میں نمودار ہوئی اور پھر اس نئی طرز کے ریاستی سیاسی نظام نے سیکولرازم کی بنیادوں پر ایک نئے یورپ کی بنیادیں رکھی۔ جوں جوں تجارتی ذرائع بڑھتے گئے یہی سیکولر تصور حیات تمام تر یورپ میں پھیلتا چلا گیا اور یوں ایک متوازن

یورپی سوسائٹی کی تشکیل ہوئی جہاں شخص کی انفرادی شناخت اور آزادیِ خیال جیسے رویے پیدا ہوئے۔ ان تمام تر تہذیبی تبدیلیوں نے مغربی معاشرے کا رُخ ایک بار پھر یونانی ہیلینسٹک فکر کی طرف موڑ دیا اور ادبی فکر کے دھارے کو خصوصاً کلاسیکل دور کے ادب سے ہم آہنگ کر دیا۔

نشاۃِ ثانیہ کے اسی دور میں جغرافیائی دریافت کا سلسلہ بھی شروع ہوا جس نے یورپ کی سیاسی وسعت میں بے تحاشہ اضافہ کیا۔ مارکو پولو، ڈایاز، کولمبس، ڈا گاما اور میگالن جیسے معروف متلاشی جغرافیہ داں انسانی تاریخ کا حصہ بنے جن کی سخت ترین جدوجہد کے ثمر میں نت نئے جزائر اور ممالک کی دریافت ہوئی اور پرتگال، اسپین، ڈچ، فرانس اور انگلینڈ کو دنیا کے ایک بڑے حصے کو کلونائز کرنے کا موقع ملا۔ یہی نہیں بلکہ ان جغرافیائی تبدیلیوں نے فزیکل سائنس کی دریافت کے لیے بھی نت نئی راہیں کھول دی اور پھر گلیلیو، کوپرنیکس اور کیپلر جیسے سائنس دانوں اور ماہر فلکیات کے ناموں سے دنیا واقف ہوتی چلی گئی اور یوں اگلے ادوار میں فزکس، کیمسٹری، میڈیسن، ریاضی اور فلکیات پر جدید نظریات اور علمی انقلابات آتے چلے گئے۔ نشاۃِ ثانیہ کا یہ دور نہ صرف سیکولرازم اور انفرادی یا شخصی شناخت کا دور ثابت ہوا بلکہ اسی دور میں یونانی کلاسکس کو بھی حیات نو ملی۔

اٹلی کے شہر فلورنس میں پلیٹونک اکیڈمی کی تعمیر ہوئی جہاں نہ صرف کرچیٹی کی نیو پلیٹو ازم کی بنیادوں پر پھر سے تفہیم کے ذرائع پیدا کیے گئے بلکہ جدید بنیادوں پر بھی اُسے پرکھنے کے مواقع پیدا کیے۔ اسی دور میں چھاپے خانے کی ایجاد سے لامحدود کتابوں کو ان گنت موضوعات پر چھاپنے اور دنیا بھر میں پھیلانے کا کام شروع ہوا۔ اٹلی وہ پہلا ملک تھا جہاں نشاۃِ ثانیہ کا پہلے پہل تجربہ ہوا تھا اور پھر یہ عظیم تحریک نہ صرف سائنس، آرٹ، لٹریچر اور فلسفے بلکہ سیاسی شکل میں بھی کئی ایک سرکاری اداروں کا حصہ بن گئی۔ اسی دور کی برکات سے ڈاونچی، مایکل انجیلو اور رافیل جیسے عظیم اطالین آرٹسٹ اور مجسمہ ساز پیدا ہوئے اور یوں

اٹلی جدید آرٹ اور دانش مندی کا مرکز بن گیا۔انگلستان میں نشاۃِ ثانیہ کی تحریک اٹلی کے مقابلے میں قدرے دیر سے نظر آئی مگر 1558 میں اسپینش آرمیڈا (اسپینش فوجی بیڑا جوفلیپ II نے انگلستان پر حملے کے لیے بھیجا تھا) کی جب شکست ہوگئی تو پھر انگلینڈ باضابطہ طور پر دنیا کی کئی ایک سلطنتوں کوکلونائز کرتا ہوا دکھائی دیتا ہے۔نشاۃِ ثانیہ کے دور تک اٹلی مجسمہ سازی، پینٹنگ اور تعمیری فن میں رہنمائی کرتا ہوا ملتا ہے مگر ادب میں انگلینڈ کئی حوالوں کی وجہ سے اٹلی سے آگے چلا گیا۔

کیونکہ مڈل ایج کے پچھلے ایک ہزار برسوں میں مذہبی یا روحانیت کی فکر وفنون لطیفہ خصوصی طور پر ادب کا حصہ بنی رہی مگر نشاۃِ ثانیہ کے دور میں انسان وکائنات کا موضوع مذہبی فکر سے بالاتر ہوکر ادب میں شامل ہوا اور ہیومن ازم یعنی انسانوں کی زندگی ،اُن کے احساسات و جذبات اور معاشرتی مسائل کی حقیقی وسائل کی روشنی میں تفہیم کی گئی۔ یہی نہیں اس دور میں روح جیسی مذہبی فکر، مذہبی اخلاقیات، آرٹ و سائنس پر دلائل اور ان کے مسائل پر آزادانہ بحث کو بھی ادب کا حصہ بنادیا گیا۔نشاۃِ ثانیہ سے آراستہ ایک آئیڈیل انسان سے یہ توقع باندھی گئی کہ وہ اپنے تمام تر جواہر کو بروئے کار لاکر خود اپنی زندگی اور ایک بہتر معاشرے کی تکمیل کے لیے کوشش کرے گا۔

ادب کے حوالے سی نشاۃِ ثانیہ کے دوران نت نئی اصناف کے تجربات ہوئے اور کلاسیکل لٹریچر کا نئے انداز سے اعادہ ہوا۔اسی دور میں نہ صرف انگلش شاعری اور فرنچ بیلے ،جدید مغربی تہذیب کا فیشن بنے بلکہ طربیہ اور علامتی و استعاری انداز میں لکھی گئی طویل رومانٹک نظمیں بھی یادگار ادب کی صورت میں تخلیق ہوئیں۔اس دور کی نثر بھی ایک جداگانہ انداز سے ادب کا حصہ بنی، چاہے وہ اسپینش 'پیکارسک Picaresque' ناولز ہو یا فرانسیسی 'مانٹین (Montaigne)' یا پھر انگلش رائٹر زبیکن کے نثر پارے ہوں، اِنہوں نے ساری مغربی ادبی دنیا میں دھوم مچادی ۔ جہاں قرون وسطیٰ کی مذہبی اخلاقیات اور پُراسرار

اقسام کے موضوعات کو پھر سے اس دور میں اسٹیج کا حصہ بنایا گیا، وہی سیکولر ازم اور ہیومن ازم کو بھی ڈراموں کے موضوعات کا حصہ بنادیا گیا۔ جہاں روایتی کامیڈی اور ٹریجڈی کو ماڈرن تھیٹر پر اس دوران بار ہا پرفارم کیا گیا وہاں شخصی آزادی اور انفرادی شناخت کو بھی ڈراموں کی صورت میں پیش کیا گیا۔ اگر ایک طرف اٹلی میں 'کومیڈی ڈیلار تھے commedia dell'arte' یعنی کرافٹ کی کامیڈی مشہور ہوتی چلی گئی تو دوسری جانب انگلینڈ میں بین جانسن کی طنزو مزاحیہ کامیڈیز Comedies of humors اور فلیچر Fletcher اور فرانسس بیماونٹ Francis Beaumont کو ٹریجک کامیڈیز پر ڈرامے لکھنے پر بھی عالمی شہرت نصیب ہوئی۔ اس دور میں ہی شیکسپیئر کی ہیملٹ، رومیو اینڈ جیولٹ، میکبیتھ اور کنگ لیر کو شہرت کی بلندیاں نصیب ہوئیں۔ اسی دور میں پبلش ہونے والی جان ملٹن کی 'پیراڈائیز لاسٹ'، تھامس مور کی 'یوٹوپیا'، دانتے کی 'ڈیوائن کامیڈی'، ایراسمس کی 'پریز آف فولی' اور نیکولو مائیکیو ویکیلی کی 'دی پرنس' نے مغربی ادبی دنیا کو قیمتی بنادیا۔

نشاۃِ ثانیہ کے دوران انگلینڈ کے ادیب اور اُن کی خدمات

رومیو اینڈ جیولٹ اور ہیملٹ جیسے ڈراموں کا عظیم انگریزی مصنف ولیم شیکسپیئر (William Shakespeare) 1564 میں انگلینڈ کے ایک گاؤں اسٹیفورڈ اپون ایون (Stratford-upon-Avon) میں پیدا ہوا تھا۔ اُس نے گرامر اسکول میں لاطینی زبان سیکھی تھی اور اپنے سے آٹھ برس بڑی لڑکی این ہاتھوے (Anne Hathaway) سے محض اٹھارہ سال کی عمر میں شادی کرلی تھی جس سے اُس کے تین بچے پیدا ہوئے تھے، اکیس برس کی عمر میں اُس نے ڈرامہ نگاری سے اپنے کیریر کا آغاز کیا، ایک دور میں اُس نے 'لارڈ چیمبرلین' (Chamberlain Lord) کمپنی میں ایک ایکٹر کے طور پر بھی فارم کیا اور پھر اپنی کامیابیوں کی وجہ سے ایک دن گلوب تھیٹر کا شیئر ہولڈر بن گیا تھا۔ اُس کا انتقال محض

باون برس کی عمر میں 1616 میں ہوگیا مگر اپنی چھوٹی سی زندگی میں شیکسپیئر نے 37 یا 38 ڈرامے، 154 چودہ مصرعوں والی نظمیں، دو طویل نظمیں اور کچھ مزید ادبی کام کیا تھا۔ کہا جاتا ہے شیکسپیئر کا ایک شاعرانہ اندازِ تکلم بھی تھا جو اُس کی کامیابیوں کی ضمانت بن گیا تھا۔ 1603 میں شیکسپیئر کا نام بادشاہ وقت جیمز اول کے منظورِ نظر ایکٹرز میں شامل ہوگیا۔ شیکسپیئر کے جو ڈرامے ہر دور میں شہرت کی بلندیوں پر رہے اُن میں جولیس سیزر، رومیو اینڈ جیولٹ، ہیملٹ ،اے مڈسمر نایٹ ڈریمز، ہنری ہشتم (تینوں حصے)، کنگ جان، کنگ لیر، دی ٹیمسٹ ،ونٹرز ٹیل اور انتھونی اینڈ قلوپطرا شامل ہیں۔

شیکسپیئر کے ڈراموں کو عمومی طور پر ہم تاریخی اور ٹریجڈی یا المیہ ڈراموں میں تقسیم کر سکتے ہیں۔ یونانی المیہ ڈراموں اور شیکسپیئر کے المیہ ڈراموں میں بنیادی فرق پلاٹ اور کردار کا تھا۔ شیکسپیئر کے یہاں پلاٹ سے زیادہ کردار کی اہمیت تھی۔ جہاں شیکسپیئر ایک ڈرامہ رائٹر کے طور پر شہرت کی بلندیوں پر پہنچے وہیں اُن کی شاعری بھی انگریزی ادبیات میں ایک اعلیٰ مقام رکھتی ہے۔ گوکہ شیکسپیئر نے سونیٹس (چودہ مصرعوں والی نظمیں) 1593 سے 1601 کے درمیانی عرصے میں لکھیں تھی مگر وہ 1609 تک پبلش نہیں ہوئیں تھی۔ اُن کی یہ نظمیں چار بند مصروں اور ایک ہی طرز کے دو مصروں پر مشتمل تھیں اور انہیں 'شیکسپیئرین' کے نام سے یاد کیا جاتا ہے۔ اُن کی 154 چودہ مصرعوں والی نظمیں دو گروپس میں تقسیم کی جا سکتی ہیں جن میں 1-126 نظمیں محبوب یا ایک 'ہینڈسم مرد' سے مخاطب ہیں جبکہ 127-152 میں طرزِ مخاطب ایک 'دلفریب محبوبہ' (Dark Lady) سے مخاطب ہیں جس سے شاعر محبت میں گرفتار ہے۔ شیکسپیئر کی شاعری کا بنیادی مرکز وقت کا ناگزیز زوال اور محبت و خوبصورتی کی لازوال زندگی ہے۔ شیکسپیئر نے اپنے ڈراموں اور شاعری کی تخلیقات کے لیے ہزاروں نئے الفاظ انگریزی زبان کو دیے۔ آکسفورڈ انگلش ڈکشنری کے مطابق شیکسپیئر کے دیے گئے روزمرہ استعمال کے

الفاظ میں آئے دن یہ الفاظ arch-villain, birthplace, bloodsucking, courtship, dewdrop, downstairs, fanged, heartsore, hunchbacked, leapfrog, misquote, pageantry, radiance, schoolboy, stillborn, watchdog, and zany. اکثر و بیشتر انگریزی گفتگو میں استعمال ہوتے رہتے ہیں۔ 1612 میں شیکسپیئر نے اسٹیج کی دنیا سے ریٹائرمنٹ لے لی اور اپنے گھر اسٹیر یٹ فورڈ واپس چلا گیا۔ جنوری 1616 میں اُس نے اپنی وصیت لکھی جس میں اُس نے اپنی تمام ملکیت اپنی بیوی کے نام کر دی اور تین مہینے بعد ہی اپریل 23، 1616 کو اُس کی موت ہوگئی۔ کہتے ہیں اُس کی موت ٹائیفائڈ سے ہوئی تھی۔ موت کے دو دن بعد اسٹیر یٹ فورڈ چرچ کے احاطے میں اُس کی تدفین کر دی گئی۔

جب بھی ہم شیکسپیئر کا کچھ مطالعہ کریں اور'پیراڈائیس لاسٹ' کے خالق جان ملٹن (John Milton) کا تذکرہ کیے بغیر ہی انگریزی ادب کے اس گولڈن ایج سے گزر جائیں، ایسا ممکن نہیں ہے۔ جان ملٹن 17 ویں صدی کا ایک عظیم انگلش رائٹر تھا۔ وہ لندن میں 1608 میں پیدا ہوا تھا۔ اُس کی ابتدائی تعلیم سینٹ پال اسکول میں اور اعلیٰ تعلیم یونیورسٹی آف کیمبرج میں ہوئی تھی۔ ملٹن کا شمار معاشرتی آزادی کے بڑے علمبرداروں میں ہوتا تھا۔ 1642 میں انگلش کنگ اور پارلیمنٹ کے درمیان لڑی گئی سول وار میں اُس نے پارلیمنٹ کا ساتھ دیا تھا۔ 1642 میں ملٹن نے 'اپسکپسی' (Episcopacy) یعنی چرچ میں Bishops کی نمائندگی کے خلاف ایک نہایت سخت پمفلٹ لکھا تھا اور 1643 میں اُس نے طلاق کے حق میں اور اگلے ہی سال یعنی 1644 میں اُس نے آزادی اظہار کے حق میں بھی پمفلٹس لکھے تھے۔ 1649 میں کنگ چارلس (Charles I) کے قتل کے بعد میں جان ملٹن نے کامن ویلتھ کے حق میں خاصا کچھ تحریر کیا۔ ملٹن نے انگلش گورنمنٹ کے لیے بھی

کافی کام کیا تھا خصوصاً اُس نے کئی ایک گورنمنٹ ڈاکومنٹس کا لاطینی زبان میں ترجمہ بھی کیا تھا۔ 1652 میں بدقسمتی سے ملٹن نابینا ہوگیا مگر پھر کچھ عرصے بعد اُس کی دس ہزار مصرعوں پر مشتمل ماسٹر پیس تخلیق 'پیراڈائز لاسٹ'، (Paradise Lost) ادبی دنیا میں نمودار ہوئی جس نے انگریزی ادب میں انمٹ نقوش چھوڑ دیے اور ملٹن کا نام اعلیٰ ترین تخلیق کاروں میں متعین کر دیا۔کہا جاتا ہے اندھا ہونے کی وجہ سے ملٹن کے کلام کو اُس کے دوستوں نے اُس کے لیے لکھا تھا اور یہ بھی کہا جاتا ہے کہ ملٹن نے اپنی بیوی اور بچی کی موت اور اپنی سخت بیماری میں بھی اس نظم کو لکھنے کے سلسلے میں کمی نہیں آنے دی تھی گو کہ اس دوران وہ سخت ترین ذہنی اور جسمانی اذیت میں تھا۔ جان ملٹن کا انتقال 8 نومبر 1674 کو 65 برس کی عمر میں ہوا۔اُس کی تدفین سینٹ گیلس چرچ لندن کے احاطے میں ہوئی۔'پیراڈائز لاسٹ' جو ایک طویل نظم تھی جس کا مرکزی خیال آدم اور حوا کو خدا کا جنت سے نکالنے پر مزاحمتی کلام پر مشتمل تھا۔ملٹن کی یہ طویل طربیہ نظم 1667 میں دس ولیمز (10 books) میں شایع ہوئی تھیں جس میں ساتواں اور دسواں ولیم دو دو حصوں میں تقسیم تھا۔اس طرح 1674 میں دوسرا ایڈیشن بارہ ولیمز میں پبلش ہوا تھا۔ملٹن کی پیراڈائز لاسٹ بائبل کی کہانی 'Fall of Man' سے ماخوذ ہے جس میں آدم اور حوا کا شیطان کے بہکاوے میں آکر ممنوعہ پھل کا کھانا اور جنت سے نکالے جانے والے قصہ کو شیطان اور خدا کے درمیان مسلسل مزاحمت کے پس منظر میں نظمیہ انداز میں بیان کیا گیا ہے۔

انگلینڈ میں جو ادیب نشاۃِ ثانیہ کے عہد میں سرفہرست ملتے ہیں،اُن میں ایک اور اہم ترین نام تھامس مور (Thomas More) کا ہے۔اُن کی معرکتہ الآرا یوٹوپیا (Utopia) اور پھر اُن کی غیر متوقع موت بھی اُن کی وجہ شہرت بنی جب اُنہیں کنگ ہنری VIII کو چرچ کا ہیڈ نہ قبول کرنے پر سزائے موت دے دی گئی تھی۔تھامس مور لندن میں پیدا ہوئے تھے

۔انھوں نے اپنے زمانے کے بہترین اسکول سینٹ انتھونی اسکول میں ابتدائی تعلیم حاصل کی تھی۔اُنھوں نے اعلیٰ تعلیم آکسفورڈ یونیورسٹی سے حاصل کی تھی جہاں اُنھوں نے لاطینی اور یونانی لٹریچر کا مطالعہ کیا تھا۔ 1494 میں مور کے والد نے اُنھیں لندن میں قانون پڑھنے کی ترغیب دی اور یوں لنکن اِن سے اُنھوں نے قانون کی ڈگری لی۔اِسی دوران اُن کی دلچسپی مذہب اور ادبیات کی طرف بھی ہوتی چلی گئی اور پھر انھوں نے پوری عقیدت اور انہماک سے مذہبی آیات اور ادبی کلاسکس کا مطالعہ کیا۔اگلے چند برسوں تک مور کا رجحان مذہب کی طرف اِس طرح راغب رہا کہ انھوں نے کم وبیش ایک راہب کی طرح زندگی گزارنی شروع کردی مگر پھر وہ وطن پرستی کی طرف مائل ہونے لگے اور اُن کی توجہ سیاست اور قانون کی طرف بڑھنے لگی۔ 1504 میں اُنھوں نے شادی کی اور اسی دوران وہ پارلیمنٹ میں بھی شامل ہوگئے۔ 1513 سے 1518 کے درمیان تھامس مور نے لاطینی اور انگریزی میں کنگ رچرڈ III کی تاریخ پر ایک نامکمل کتاب لکھی مگر اُسے انگریزی تاریخ میں ایک ماسٹر پیس کی جگہ دی گئی۔اس کتاب نے شیکسپیئر تک کو بھی متاثر کیا۔ابتدا میں کنگ ہنری VIII کی پسندیدہ لسٹ میں رہنے کی وجہ سے انھیں گورنمنٹ کی اعلیٰ ترین پوزیشنز یعنی پارلیمنٹ کے ممبر اور لارڈ چانسلر رہنے کا بھی تجربہ رہا مگر بعدازاں جب اطالوی پوپ کی جگہ انگلش کنگ کو چرچ کا سپریم ہیڈ کا درجہ دیا گیا تو تھامس مور نے اس بات کی سختی سے مخالفت کی جس کی وجہ سے اُن پر مقدمہ چلا اور بالآخر اُنھیں سزائے موت دے دی گئی۔اُن کے آخری جملے تھے کہ وہ ’کنگ کے خادم پہلے مگر اُس سے پہلے خدا کے‘ ہیں۔اُس دور میں تھامس مور کی شہرت کی وجہ اُن کا ہیمونسٹ اور پروٹسٹنٹ ریفارمیشن کے مخالفین میں شامل ہونا بھی تھا مگر ادبی دنیا میں انھیں ’یوٹوپیا‘ کے مصنف کے طور پر مغربی ادب میں ایک اہم ترین حیثیت حاصل ہے۔

تھامس مور کا ناول یوٹوپیا 1516 میں چھپا تھا۔یونانی زبان میں یوٹوپیا کے معنی

'Nowhere' میں لیے جاتے ہیں ۔ یہ ایک ایسی افسانوی اور خیالی ریاست کا قصہ ہے جو تھامس مور نے اپنے تئیں ایک آئیڈیل یا سہانے خواب کی تخلیق میں کیا ہے جہاں انسانوں کو کسی طرح کے سماجی مسائل کا کبھی سامنا نہیں ہوگا مثلاً غربت، ناانصافی، جرائم اور دوسرے معاشرتی مسائل سے آزاد ایک مکمل یا آئیڈیل سی معاشرتی زندگی۔اس کتاب کے دو بڑے حصے ہیں ۔ پہلے حصہ میں اُس دور میں انگلینڈ کو درپیش سیاسی، سماجی، اخلاقی اور اقتصادی مسائل پر کُھل کر تنقیدی گفتگو کی گئی ہے جبکہ دوسرے حصے میں بیانیہ انداز میں پہلے حصے کے پس منظر میں ایک یوٹوپین ریاست کی تشکیل کی گئی ہے۔مجموعی طور پر ادبی دنیا میں یوٹوپین ریاستی تخلیق یہ تجربہ کچھ ایسا نیا بھی نہیں تھا مگر مغربی ادب کے لحاظ سے یہ ایک دلچسپ اور منفرد تجربہ ضرور تھا۔

نشاۃِ ثانیہ کے ادبی دور کا ایک اور اہم ترین نام فرانسس بیکن (Francis Bacon) کا ہے۔فرانسس بیکن کا تعلق انگلینڈ کی سیاسی دنیا سے تھا جیسا کہ وہ ایک دور میں انگلینڈ کے لارڈ چانسلر بھی رہے تھے مگر اس سے زیادہ وہ ایک ادیب اور فلاسفر تھے۔اُن کی ہمیشہ سے یہ خواہش رہی تھی کہ وہ 'سیکنڈ ارسطوٗ کے نام سے یاد رکھیں جائیں۔فرانسس بیکن 1561 میں سرنکولس بیکن کے گھر میں پیدا ہوئے جو کوئین الزبتھ ون کے قریبی دوستوں میں سے تھے اور اپنے دور میں ہمیشہ اہم گورنمنٹ کے عہدوں پر رہے تھے مگر بدقسمتی سے اپنی موت کے بعد وہ بیکن کے لیے معاشی مسائل کے سوا کچھ چھوڑ کر نہیں گئے تھے۔اُن کی زندگی میں فرانسس بیکن نے ابتدائی تعلیم لاطینی زبان میں حاصل کی اور قرونِ وسطی کا تعلیمی سیلبس کو پڑھا تھا، پھر بعد میں انہوں نے یونیورسٹی آف کیمرج سے ادبیات،قانون اور فلسفے کی تعلیم حاصل کی مگر اُنہیں سائنس اور فلاسفی میں خاص دلچسپی تھی۔اُن کی فکر کا یہ ایک اہم حصہ تھا کہ سائنسی علوم کو غلط انداز سے لیا گیا ہے یہی نہیں بلکہ انہیں،ارسطوانہ سائنسی فکر پر بھی کئی

علمی نوعیت کے اعتراضات تھے۔اُن کی ذہانت سے متاثر ہوکر کوئین الزبتھ انہیں 'دی ینگ لارڈ کیپر' کہہ کر مخاطب کرتی تھی۔فرانسس بیکن کا نامکمل فلاسفیکل کام اُن کی مشہور کتاب (Instauratio Magna The (Great Instauration میں ملتا ہے۔ 1623 میں اس کتاب کا پہلا حصہ De Augmentis Scientiarum کے نام سے انہوں نے تحریر کیا تھا ۔اُن کی معروف ترین کتاب Novum Organum، 1620 میں آئی تھی ۔اُس میں انہوں نے نیچر سے متعلق فلسفیانہ دلائل دیے تھے اور ارسطوانہ اور اسٹوائکس فلسفیانہ تصورات کے پس منظر میں تفصیلی علمی دلائل سے تجزیہ کیا تھا۔اُن کا تیسرا کام 'نیچر آف ہسٹری' پر تھا جس میں اُن کے فلسفیانہ موضوعات زندگی، موت، حس اور گردوپیش اور زندگی کے آخری لمحات تھے۔انہوں نے اپنی کتاب 'نوم ارگینم' میں بیکونین میتھڈ (Baconian method) کے ذریعے ایک نئے طرز کے میتھوڈیکل مشاہداتی نظام کو تعمیر کیا تھا جس میں اُن کے لحاظ سے کسی بھی سائنٹیفک معلومات کو تین مراحل سے گزارنے کا تعین ضروری ہے۔یعنی ایک حقائق کا تفصیلی تجزیہ، دوسرا اُن کی تقسیم کا مرحلہ اور پھر اُنہیں رد کر کے نئے تصور کا پیش کرنا۔ 1618 میں وہ انگلستان کی مضبوط ترین سیاسی پوزیشن لارڈ چانسلر پر بھی فائز بھی ہوئے تھے مگر پھر 1621 میں اُن کے کئی ایک سیاسی مسائل شروع ہو گئے تھے حتیٰ کہ انہیں قید بھی ہوگئی تھی ۔سیاست سے دستبردار ہوکر وہ اگلے چند برسوں تک صرف اپنے ادبی کاموں میں مصروف ہو گئے تھے اور بالآخر 1626 میں لندن میں اُن کا انتقال ہوگیا۔

جہاں فرانسس بیکن ایک امیر اور نوبل گھرانے کے فرد تھے وہیں کرسٹوفر مارلو (Christopher Marlowe) انگلینڈ کے شمال مشرقی شہر کینٹبری میں ایک جوتے بنانے والے کے یہاں پیدا ہوئے تھے۔اُنہوں نے اسکالرشپ پر یونیورسٹی آف کیمبرج میں تعلیم حاصل کی اور اُن کا شمار یونیورسٹی کے اسکالرز (University Wits) میں ہوتا تھا

۔ بدقسمتی سے کرسٹوفر مارلو نے سر فلپ سڈنی سے بھی کم عمر پائی۔ مئی 1593 میں اُس کے نام کورٹ سے گرفتاری کا ایک وارنٹ جاری ہوا تھا اور اس سے قبل کہ کرسٹوفر اس معاملے کی تہہ تک پہنچ پاتا، اُس پر پراسرار طریقے سے ایک شخص انگرام فائزر (Ingram Frizer) نے حملہ کیا اور اُنہیں قتل کر دیا۔ خیال یہ کیا جاتا ہے کہ اُس کی گرفتاری اور پھر موت کی وجہ میں اُن کی دہریت کا اظہار بھی تھا۔ مگر 29 برس کی اس چھوٹی سی عمر میں ہی کرسٹوفر مارلو کا شمار شیکسپیئر سے قبل کے عظیم ترین 'ایلزبتھین' ڈرامہ رائٹرز' میں ہوتا ہے۔ اُس کی ڈرامے نگاری کی عمر محض چھ برس تھی، کیمبرج چھوڑنے سے قبل ہی اُنہوں نے ڈرامہ 'ٹیمبرلین دی گریٹ' (Tamburlaine the Great) لکھا تھا جو 1587 میں پرفارم ہوا اور پھر 1590 میں پبلش بھی ہوا تھا۔ کیمبرج میں تعلیم کے دوران اُنہوں نے اوڈ آرمور (Ovid's Amores) اور لیوکین فارسیلیا (Lucan's Pharsalia) کی پہلی کتاب کا لاطینی زبان میں ترجمہ کر دیا تھا۔ اسی دوران 1594 اس کا ایک اور ڈرامہ 'ڈیڈو کوئین آف کارتھیج' (Dido, Queen of Carthage) شائع ہوا جو اُنہوں نے تھامس نیش (Thomas Nashe) کے ساتھ مل کر تخلیق کیا تھا۔ کرسٹوفر مالو کو 'ٹیمبرلین دی گریٹ' (Tamburlaine the Great) کی تخلیق کے فوراً بعد ہی سے انہیں شہرت ملنی شروع ہوگئی تھی۔ اُن کی موت کے بعد 1604 میں اُن کا ایک اور شائع ہونے والا ڈرامہ 'ڈاکٹر فاسٹس' (Doctor Faustus) بھی ایک مشہور ترین ڈرامہ ثابت ہوا۔ اِس ڈرامے کا پورا نام 'Death of Doctor Faustus Tragical History of the Life and The' تھا جس کی کہانی کا مرکزی تھیم یہی تھا کہ ایک پڑھا لکھا دانشمند کس طرح سے اپنی روح ایک شیطان کو علم اور طاقت کی خاطر بیچ دیتا ہے۔ کرسٹوفر مارلو کا آخری ڈرامہ 'دی جیو آف مالٹا' (The Jew of Malta) تھا جس نے مغربی ڈرامے کی تاریخ میں اُس کا نام ہمیشہ کے لیے محفوظ کر دیا۔

بینجمن جانسن (Benjamin Jonson) نشاۃِ ثانیہ دور کے ایک مشہور و معروف انگلش ادیب ، پلے رائٹ تھے جن کے باپ کا انتقال بدقسمتی سے اُن کی پیدائش (1573) سے دو مہینے پہلے ہی ہوگیا تھا۔ اُن کی پیدائش کے دو برسوں کے بعد اُن کی ماں نے پھر ایک مزدور سے شادی کر لی تھی۔ جب وہ بڑے ہوئے تو اُن کے ایک دوست نے ویسٹ منسٹر اسکول کی تعلیم کا خرچہ اُٹھایا جہاں اُس دور کے ایک کلاسیکل اسکالر 'ولیم کامیڈن' نے اُنہیں پڑھانے میں بہت مدد کی تھی۔ بینجمن جانسن ایک بار ایک غیر ارادی قتل کے الزام میں گرفتار بھی ہوئے تھے مگر پھر بعد میں انہیں رہا کر دیا گیا تھا۔ شیکسپیر کے بعد نشاۃِ ثانیہ کے دور میں جن بڑے ڈرامہ نگاروں کا نام انگلستان کی ادبی تاریخ میں سر فہرست نظر آتا ہے اُن میں بینجمن جانسن کا نام سب سے اہم انگلش ڈرامہ نگاروں میں ہوتا ہے۔ اُن کے مشہور ترین ڈراموں میں ایک ڈرامہ 'ایوری مین ان ہز ہیومر' (Every Man in His Humour) بھی تھا جو 1598 میں پیش کیا گیا تھا۔ اس ڈرامے کے بعد اُن کے 1605 میں لکھا گیا 1609، Epicoene میں 'دی سائلنٹ وومین' (The Silent Woman)، اور پھر 1610 میں 'دی الکیمسٹ' (The Alchemist) اور 1614 میں 'بارتھلومیو فیئر' (Bartholomew Fair) شامل ہیں۔

نشاۃِ ثانیہ کے دور کے ایک اور منفرد شاعر جان ڈون (John Donne) کا بھی تذکرہ ضروری ہے۔ انگریزی زبان کا ایک عظیم شاعر جو نہ صرف اپنی شاعری بلکہ اپنی مذہبی نظموں اور خطبوں کی وجہ سے ایک منفرد مقام رکھتا ہے۔ اُس کا تعلق مابعد الطبیعاتی فکری اسکول سے تھا۔ وہ 'الزبتھون' (Elizabeth I) کے دور میں لندن کی ایک کیتھولک فیملی میں 1572 میں پیدا ہوا تھا۔ یہ وہ دور تھا جب انگلینڈ کم و بیش ایک پروٹسٹنٹ ملک بن چکا تھا اور کیتھولک چرچ پر کئی ایک سخت پابندیاں عائد ہو چکی تھیں۔ جان ڈون نے اپنی ابتدائی تعلیم کیتھولک اسکول کے ٹیوشنز سے ہی حاصل کی تھی۔ اُس کے استادوں میں اُس کا اپنا

ایک انکل 'جیزوہٹ' (Jesuit) بھی شامل تھا۔ 12 برس کی عمر میں وہ اپنے چھوٹے بھائی کے ساتھ آکسفورڈ یونیورسٹی میں داخل ہوگیا تھا۔ اُس دور کے تاریخ دانوں یا اسکالرز کے پاس اُس کی عمر کے اگلے چھ برسوں کے بارے میں کچھ زیادہ معلومات میسر نہیں ہیں مگر ایک خیال غالب ہے کہ جب وہ 16 برس کا ہوا تو اُس نے یونیورسٹی چھوڑ دی اور فرانس وغیرہ چلا گیا تھا۔ 1591 میں جان ڈون نے 'لنکن اِن' میں داخلہ لے لیا تھا جو لندن کی چار بڑی قانون کی تعلیم گاؤں میں سے ایک تھی۔ خیال یہی ہے کہ اُس زمانے میں رائل کورٹ کے ذریعے امیر ترین طبقے سے تعلقات بنانے کے لیے یہ تعلیم گاہ ایک عمومی راستہ بھی تھی۔

جان ڈون کی پہلی کتاب 'لنکن اِن' میں تعلیم حاصل کرنے کے دوران ہی آ گئی تھی۔ ڈون کی ابتدائی نظموں سے اُس کی مذہب، فلسفہ، سائنس اور سیاست میں دلچسپی ظاہر ہوتی ہے۔ کیونکہ اُس زمانے میں اپنی کتاب خود چھاپنے کو ایک غیر مناسب سا عمل سمجھا جاتا تھا اس لیے جون ڈون نے اپنی نظموں کو خاص لوگوں میں مینو اسکرپٹ کی شکل میں تقسیم کیا تھا۔ 1593 کے آس پاس ڈون کیتھولک چرچ کو چھوڑ کر پروٹسٹنٹ نظریات کے قریب آگیا تھا۔ 1590s میں وہ رضا کارانہ طور پر کیتھولک اسپین کے خلاف انگلش ملٹری میں شامل ہوگیا تھا اور پھر انگلینڈ واپسی کے دوران کوئین ایلزبتھ کے چیف جسٹس آفیسر تھامس ایگرٹن کا پرسنل سیکریٹری منتخب ہوگیا پر تھامس ایگرٹن کی مدد سے اُسے 1601 میں پارلیمنٹ کا ممبر بنا دیا گیا تھا۔ اسی عرصے میں جون ڈون نے ایسی نظمیں لکھیں جو کورٹ اور اعلیٰ ترین سوسائٹی میں اُس کے سوشل رابطوں کو ظاہر کرتی ہیں۔ اسی دوران اُس نے کئی ایک یادگار محبت بھری نظمیں اپنی سترہ سالہ محبوبہ این مور (Ann Mor) کے نام بھی لکھیں جس کے ساتھ اُس نے بھاگ کر شادی کی تھی اور جس واقعہ کی وجہ سے اُس کا وکالت میں کیریر بھی ضائع ہوگیا تھا اور اگلے 14 برسوں تک اُسے کوئی بہتر نوکری نہیں مل سکی تھی۔ اس دورانیہ میں لکھی گئی اُس کی زیادہ تر نظمیں ،اُس کے رومانس، شادی، سوشل کلاس کے باہر نکل جانے کے تجربات اور نوکری کے ضائع

ہونے کے حوالوں سے بھری ہوئی ہیں۔اسی دوران جون ڈون کی کئی ایک نظمیں مذہبی آیتوں کے پس منظر میں بھی ملتی ہیں۔ان گہری فلسفیانہ نظموں میں ہمیں اُس میں کہیں کہیں ڈپریشن کی علامات بھی نظر آتی ہیں کیونکہ جون ڈون اس دور میں اپنی بے روزگاری کے سبب مشکل ترین حالات میں زندگی گزار رہا تھا۔جون ڈون کی مذہبی شاعری میں کیتھولک اور پروٹسٹنٹ نظریات کی ملاوٹ ملتی ہے اور اُن میں اکثر و بیشتر ایک پروٹسٹنٹ ری فارمر، جان کیلون (John Calvin) کی تعلیمات بھی جا بجا نظر آتی ہیں۔اسی دوران لکھی گئی نظم جیسے کہ 'ڈیتھ بی ناٹ پراؤڈ' (be not Proud Death)، جون ڈون کی زندگی بعد الموت کے تصور پر لکھی گئی ایک مشہور و معروف نظم ہے۔ 1623 میں وہ سخت بیمار پڑ گیا تھا اور اس دوران اُس نے مشہور نظم 'A Hymn to God My God, in My Sickness' لکھی تھی جس میں اُس کا نجات (Salvation) پر اور بعد از موت کے تصور پر اُس کا ایمان ظاہر ہوتا ہے۔ 1631 میں جون ڈون نے اپنی زندگی کا آخری خطبہ دیا اور صرف ایک مہینے کے بعد اُس کا انتقال ہو گیا۔اُس کے مرنے کے دو برس بعد اُس کی نظموں کا مجموعہ چھپ گیا اور یوں اُس کی ایک عظیم انگلش شاعر کے طور پر سارے انگلینڈ میں شہرت ہوئی جس نے اگلے دو سو برسوں تک اپنے دور کے شاعروں اور ادیبوں کو بہت متاثر کیا۔جون ڈون کی مشہور ترین نظموں میں 'دی کینو نائزیشن' (Canonization)، 'دی فلی ڈیتھ' (The Flea,Death)، گڈ مورو (Good Morrow) اور 'گو اینڈ کیچ اے فالنگ اسٹار' (Goand Catch a Falling Star) شامل ہے۔

ایڈمنڈ اسپینسر (Edmund Spenser) اسی عہد کے ایک اور سرفہرست رائٹر ہیں جو 1552 میں لندن میں پیدا ہوئے تھے۔اُن کی تعلیم کیمبرج میں ہوئی تھی۔ایڈمنڈ اسپینسر کی ابتدائی زندگی کے بارے میں بہت کم معلومات میسر ہیں۔کہتے ہیں 1579 میں اُنہوں نے

شادی کی تھی اور پھر آئر لینڈ کے لارڈ (Lord Grey of Wilton) کے سیکریٹری بن کر لندن سے آئر لینڈ منتقل ہو گئے تھے جہاں انہوں نے ساری زندگی بسر کی مگر اس دوران وہ ملکہ برطانیہ کو پیغامات پہنچانے اور اپنی کتابیں چھپوانے کی خاطر انگلینڈ کے مسلسل چکر بھی لگاتے رہے۔ 1594 میں اسپینسر کی پہلی بیوی کی وفات ہوگئی اور انہوں نے دوسری شادی کر لی مگر بدقسمتی سے 1598 میں انگلینڈ کے ہی ایک دورے کے دوران اُن کی دوسری بیوی کا بھی انتقال ہوگیا۔ایڈمنڈ اسپینسر کا نام انگریزی ادبیات میں چند بڑی شخصیات جیسے چاسر (Chaucer)، ولیم شیکسپیئر اور جان ملٹن کے ساتھ لیا جاتا ہے۔ 1579 میں اسپینسر کا پہلا بڑا کام 'دی شیکسپیئر کیلینڈر' سامنے آیا جس میں ہر ماہ کے لحاظ سے اُس کی ایک درجن نظمیں شامل تھیں۔ 1590 میں انگلش قوم کی نشوونما کے پس منظر میں لکھی گئی اُن کی طویل معرکتہ الآرا نظم The Faerie Queene پبلش ہوئی جس کا شمار انگریزی کی طویل ترین نظموں میں ہوتا ہے، پھر اگلے برس 'کمپلینٹ' (Complaints) اور پھر چند برسوں میں اُن کی شاعری کا مجموعہ 'Amoretti and Epithalamion' نے بھی مغربی ادبی دنیا پر اپنے گہرے اثرات مرتب کیے۔اسپینسر کے کام نے مغربی ادب کی جن عظیم شخصیات کو متاثر کیا اُن میں جان کیٹس، الفریڈ اور لارڈ ٹینیس اور جان ملٹن بھی شامل ہیں۔

سر فلپ سڈنی (Sidney) نشاۃِ ثانیہ کے دور میں انگلینڈ کے ایک معروف ترین شاعر تھے جنہیں قدرت نے چھوٹی عمر دی تھی مگر اُن کے ادبی کارناموں نے انگلش ادب، آرٹ اور موسیقی کو واقعتاً ایک نئی جلا عطا کر دی۔فلپ سڈنی انگلستان کے ایک بہت ہی اعلیٰ خاندان سے تعلق رکھتے تھے۔وہ 1554 میں پیدا ہوئے تھے۔انہوں نے بتیس برس کی مختصر سی زندگی پائی مگر اُن کی اسپینش وار کے دوران موت نے بھی انہیں ایک قومی ہیرو کا رتبہ عطا کیا۔ان کے بارے میں کہا جاتا تھا کہ اُن کی شخصیت کسی نشاۃِ ثانیہ کی نمائندگی کرتی تھی کیونکہ

شیکسپیئر کی سونٹس (Sonnets) کے بعد اگر کسی ادیب کی عظیم تخلیق کا ذکر آتا ہے تو وہ فلپ سڈنی کی 'ایسٹروفل اینڈ اسٹیلا' (Astrophel and Stella) ہے۔ فلیپ سڈنی کی 'The Defence of Poesie' سے انگلینڈ میں نشاۃِ ثانیہ کے دور پر ایک پُر تاثر تنقیدانہ تبصرہ ملتا ہے۔ سڈنی کی 'An Apology for Poetry' میں وہ شاعری کو دنیا کے حسی وجود کے لیے لازم وملزوم کرتے ہوئے ملتے ہیں۔ اسکالرز کی نظر میں فلیپ سڈنی کا 'آرکیڈیا' (Arcadia) درحقیقت پہلا انگلش ناول ہے۔ ماڈرن ازم کی مشہور ادبی شخصیت، رائٹر ورجینیا وولف کے نزدیک سڈنی کے رومانس میں انگریزی ادب کے سارے ہی بیج موجود ہیں۔ فلپ سڈنی کے دیگر اہم کاموں میں اُن کے تحریر کردہ ڈرامے 'Biblical Book of Psalms' کا ترجمہ اور 'Sonnets' کے مجموعے بھی شامل ہیں۔ اُن کے زیادہ تر تخلیقی کاموں کو اُن کی موت کے بعد اُن کی بہن نے ترتیب دیا تھا۔

نشاۃِ ثانیہ کے دوران اٹلی کے ادیب اور اُن کی تخلیقات

پیٹرارک (Petrarch) نشاہ ثانیہ کے دور کا پہلا اسکالر ہیومنسٹ شاعر تھا جسے 'فادر آف ہیومنزم' کے نام سے بھی یاد کیا جاتا ہے۔ وہ فلورنس سے ۸۰ کلومیٹر جنوب مشرق پر ایک شہر اروزو (Arezzo) میں 1304 میں پیدا ہوا تھا۔ بچپن میں ہی وہ اپنی فیملی کے ساتھ ایوگنان (Avignon)، فرانس آ گیا تھا جہاں اُس نے اپنے باپ کی خواہش کے مطابق قانون کی تعلیم حاصل کی مگر اُس کی اپنی دلچسپی قدیم یونانی اور رومن ادب میں تھی۔ یہی وجہ تھی کہ جب اُس کے باپ کا 1326 میں انتقال ہوا تو اُس نے قانون کی پریکٹس ترک کر کے اپنا سارا دھیان لٹریچر پر دینا شروع کر دیا۔ قدیم ادب سے دلچسپی کی خاطر وہ مذہبی پیشوا بھی بنا تھا تاکہ کلیسیائی پوسٹنگ سمجھ سکے اور یوں قدیم لٹریچر پر اپنا مطالعہ وسیع کر سکے۔ اس دوران وہ چرچ کے ڈپلومیٹک ایلچی کے طور پر بھی خدمات دیتا رہا تاکہ نامور مگر گمشدہ کلاسیکل ٹیکسٹ

پر آسانی سے ریسرچ کر سکے ۔ پیٹارک کا یقین کامل تھا کہ ہیومنزم کا حصول قدیم ادبی کلاسک سے ہوسکتا ہے ۔ پیٹرارک نے اپنی ابتدائی نظمیں اپنی والدہ کی وفات کے بعد کمپوز کی تھی ۔ اُس نے نہ صرف مختصر وطویل نظمیں تخلیق کی بلکہ نثر میں تاریخی موضوعات اور خطوط کو بھی اپنی ادبی تحریروں کا حصہ بنایا۔ پیٹرارک کو اپنی زندگی میں ہی اپنے تخلیقی کام پر عزت وشہرت نصیب ہوئی تھی، اُسے روم کے لارئیٹ شاعر (Rome's laureate) کے لقب سے نوازا گیا۔ اُسکی مشہور رمزیہ نظم افریقہ (Africa) پر اُسے بہت ستائش ملی جو سیکنڈ پیونک وار (Second Punic War) کے پس منظر میں لکھی گئی تھی ۔

6 اپریل 1327 کو گڈ فرائیڈے پر ایوگنان (Avignon) کے ایک چرچ میں پیٹرارک کی نظر لارا (Laura) پر پڑی اور وہ اُس کی محبت میں اس قدر گرفتار ہوا کہ اُس کے مرنے کے دس برس بعد تک اُس کی محبت میں لکھتا رہا، بدقسمتی سے لارا نے بہت مختصر زندگی پائی تھی اور حیرت انگیز طور پر اُس کا انتقال 6 اپریل 1348 کو گڈ فرائیڈے پر ہی محض 38 برس کی عمر میں ہوا۔ پیٹرارک کی 'Petrarch's Canzoniere' اُس کی لارا کے لیے لکھے 367 گیتوں اور نظموں پر مشتمل محبت کے اعترافات ہیں جس کے دو حصے تھے، ایک لارا کی زندگی کے دوران اور دوسرا اُس کی موت کے بعد لکھیں گئی نظمیں ۔ پیٹرارک کا عمومی تخلیقی ادب لاطینی اور مختصر اطالوی زبان میں بھی تھا اور وہ خود بھی اپنی لاطینی زبان کی تخلیقات کو اطالوی زبان پر فوقیت دیتا تھا۔ پیٹرارک کا انتقال اُس کی ۷۰ ویں سالگرہ سے قبل ہوا تھا ۔کہتے ہیں انتقال کے وقت (1374) میں بھی وہ مطالعہ کر رہا تھا۔

بکاچیو (Boccaccio) پیرس یا سیٹرالڈو (Certaldo)، اٹلی میں 1313 میں پیدا ہوا تھا۔ وہ پیٹرارک کا ہی ایک قریبی دوست تھا۔ بکاچیو ایک امیر ترین کاروباری شخص اور اُس کی فرانسیسی بیوی کا ناجائز بیٹا تھا، جس نے قانون کی اعلیٰ ترین تعلیم حاصل کی اور ادب

میں بڑا نام پیدا کیا۔ 1333 میں اُس کی شادی میریو ڈی ایکونو (Mario d' Aquino) سے ہوئی جو نیپلز (Naples) کے شاہی خاندان سے تعلق رکھتی تھی اور اُس کی ادبی تحریروں کی دلدادہ تھی۔ 1341 سے اپنی موت تک وہ فلورنس اٹلی میں ہی رہا اور رائٹر کے طور پر مصروف رہا۔ اُس کی شاعری اطالوی اور لاطینی زبانوں میں تھی مگر لاطینی زبان میں تخلیق اُس کی شہرت کا سبب بنی۔ اُس نے زیادہ تر دیہی زندگی سے متعلق نظمیں (Eclogue) مختصر نظمیں (Sonnet)، رمزیہ طویل تعریفی نظمیں (Epics) اور طنزیہ تحریروں (Satire)، رومانس اور خودنوشت کو اپنی تخلیقات کا حصہ بنایا۔ بدقسمتی سے اپنی زندگی کے آخری حصے میں وہ غربت کا شکار ہو گیا تھا مگر پیٹرارک کی طرح Boccaccio کا نام بھی نشاہ ثانیہ دور کے بہترین ادیبوں میں ہوتا ہے۔ اُس کی موت 1375 میں ہوئی۔

بیکا چیو کی مشہور کتاب 'ڈی کیمرون' نے اپنے دور میں بہت ادبی شہرت پائی۔ یہ کتاب انہوں نے 1348 سے 1353 کے درمیان لکھی تھی۔ ڈی کیمرون سو کہانیوں پر مشتمل دس لوگوں کی کہانیاں تھیں جو 1348 میں یورپ کے بلیک ڈیتھ کے پس منظر میں لکھی گئی تھی۔ یونانی زبان میں ڈیمرون کا مطلب 'دس دن' ہے۔ اس کتاب کی کہانیاں دس لوگوں جن میں سات عورتیں اور تین نوجون مرد شامل ہیں کے اردگرد گھومتی ہیں جو ایک دن فلورنس چرچ میں ملتے ہیں اور طے کرتے ہیں کہ وہ بلیک ڈیتھ کی وجہ سے فلورنس سے کچھ فاصلے پر فیسولا وِلا (fiesole villa) میں چُھپ جائیں گے اور ہر روز ایک دوسرے کو اپنی اپنی کہانیاں سنائیں گے۔ یوں ہر روز دس لوگ دس کہانیاں سناتے ہیں اس طرح سو کہانیوں پر مشتمل یہ کتاب 'دس دن' ترتیب پاتی ہے۔ یہ سو کہانیاں مختلف قسم کی ادبی صنفوں پر مشتمل ہیں جن میں کہانیاں، افسانے، لوک کہانیاں اور پریوں کے قصے شامل ہیں جن کے موضوعات میں دانش مندی، حماقتیں، خوشی، غم، محبت، نفرت، صبر، استقامت، خوش نصیبی، بدنصیبی، خطرات اور پر اسرار قصے شامل ہیں۔ اس کتاب کو پڑھتے ہوئے رائٹر کی وسیع النظری اور بے پناہ

مشاہداتی قوت کا اندازہ ہوتا ہے۔

بالدوسارے کشتی گلونی (Baldassare Castiglione) نشاۃِ ثانیہ کے دور کا ایک اور مشہور رائٹر اور ڈپلومیٹ تھا جس نے اپنے فلسفیانہ ڈائیلاگ کی کتاب، بک اف دی کوٹیرز (Book of the Courtier) کی وجہ سے مغربی ادب میں اپنے گہرے اثرات چھوڑے۔ وہ 1478 میں مانٹوا (Mantua) کے قریب ایک شہر کاساٹیکو (Casatico) کی ایک نوبل فیملی میں پیدا ہوا تھا۔ اطالوی ہیومنزم کو انگلینڈ اور فرانس میں متعارف کرانے میں بھی اس کی کتاب نے ایک اہم کردار ادا کیا۔ اُس کی کتاب 'بک اف کورٹیر' جو مقامی اطالوی زبان (Vernacular Italian) میں پہلی بار پبلش ہوئی تھی، اس نی نشاۃِ ثانیہ دور کی عدالتی زندگی کو ایک ڈائیلاگ کی شکل میں بیان کیا جو 'ڈیوک اف اربینو' (Duke of Urbino) اور 'کوٹیرز' (Courtiers) کے درمیان لکھے گئے تھے۔ اُس نے ان ڈائیلاگز میں ایک مثالی عدالتی نظام اور وہاں شامل کورٹیرز کے اعلیٰ ترین منصب تک پہنچنے کے لیے اُن خوبیوں کا تذکرہ کیا جو نظام اور انسانی کردار کی بہترین شکل میں ہونا ضروری ہے۔

نکولو میکاولی 1469 میں اٹلی کے شہر فلورنس میں پیدا ہوا۔ اُس کا تعلق ایک بہت ہی امیر خاندان سے تھا جو سیاسی اعتبار سے بھی کئی ایک پبلک آفسز پر تعینات تھے مگر میکاولی کا باپ، برنارڈو جو ایک وکیل تھا مگر خاندان میں سب سے کمزور پوزیشن پر تھا۔ وہ زیادہ تر وقت اپنے باپ کی لائبریری میں جمع شدہ کتابوں کے مطالعے میں مصروف رہتا تھا جن میں اُس کے پسندیدہ موضوعات آرٹ اور فلاسفی تھی۔ کم عمری میں اُس نے لاطینی اور یونانی زبانوں کو سیکھ لیا تھا۔ نوجوانی میں میکاولی ، ایک راہب گرولامو سیوونیرولا (Girolamo Savonarola) سے بہت متاثر ہوا تھا جسے بعد میں مخالف سیاسی و مذہبی جماعت نے کافر

کہہ کر پبلک اسکوائر پر پھانسی دے کر مار دیا اور اُس کی باڈی کو جلا دیا تھا۔ میکاولی نے اسی دوران ایک بڑی سیاسی پوزیشن حاصل کی اور مستقل طور پر ڈپلومیٹک اور ملٹری مشن کی رہنمائی بھی کی۔ وہ فلورینٹاین ریپبلک (Florentine Republic) میں سیکریٹری کے عہدے پر فائز تھا مگر جب 1512 میں میڈیسی فیملی (Medici family) حکومت میں آ گئی تو میکاولی کی سیاسی پوزیشن ختم ہوتی چلی گئی اور اُسے سین کیسکیانو (San Casciano) جانا پڑ گیا مگر پھر 1519 میں اُس کی سیاسی پوزیشن دوبارہ بحال ہوئی اور یوں وہ پھر سے سیاسی طور پر مستحکم ہو گیا۔ یہ سلسلہ سات یا آٹھ برس کے بعد دوبارہ ختم ہوا اور فلورنس ریپبلک کے بننے کے بعد وہ پھر سے اپنی پوزیشن سے ہاتھ دھو بیٹھا۔ اپنے سیاسی کیریر میں میکاولی سیاسی سازشوں اور اتار چڑھاؤ کے تجربات سے کئی بار گزرا۔

میکاولی بلاشبہ اطالوی نشاۃ ثانیہ دور کا ایک مشہور سیاسی فلسفی اور ادیب تھا جس کی مشہور ترین کتاب 'دی پرنس' نے ادبی دنیا میں اُس کی شناخت متعین کر دی تھی۔ دی پرنس اُس کے وہ مشاہدات اور تجربات تھے جس میں ایک سیاسی مشیر کی طرح وہ جگہ جگہ شامل تھا۔ دی پرنس کے بارے میں مختلف آرا سامنے آئیں یعنی کہیں تو اُسے محض ڈکٹیٹر شپ پر لکھی ہوئی کتاب سمجھا گیا تو اُس کو پڑھنے والی ایک وسیع تعداد نے اُسے پولیٹیکل سائنس پر لکھی ہوئی ایک عمدہ کتاب تصور کیا۔ خود میکاولی کا خیال ایک سیاسی لیڈر کے حوالے سے یہی تھا کہ 'سیاسی لیڈر کو کسی شیر کی طرح طاقتور اور لومڑی کی طرح چالاک ہونا چاہیے'۔

بینونیوٹو چیلینی (Benvenuto Cellini) 1500 میں اٹلی کے شہر فلورنس میں پیدا ہوا تھا۔ وہ بھی نشاۃِ ثانیہ کے دور کا ایک عظیم آرٹسٹ تھا جو بیک وقت سیاست دان، نقشہ نویس، مجسمہ ساز، موسیقار، رائٹر اور شاعر بھی تھا۔ اُس نے کئی ایک معروف سوانح حیات بھی لکھیں تھی۔ مائیکل اینجلو، رائفل اور ڈاونچی کی طرح چیلینی نے بھی مینر ازم (Mannerism

) کے پس منظر میں اپنے آرٹ کا مظاہرہ کیا تھا خصوصاً اُس کے بنائے ہوئے آرٹ کے دو مجسمے چیلینی سالٹ سیلر (Cellini salt cellar) اور 'پرسیوس ودھ دی ہیڈ آف میڈوسا' (Perseus with the head of medusa) نشاۃِ ثانیہ کے دور کے ماسٹر پیس تصور کیے جاتے ہیں۔ چیلینی کی لکھی گئی سوانح حیات اُس کے اُس دور کے حوالے سے بہت اہم ہے خاص طور پر جب وہ اہم سیاسی عہدے کی وجہ سے اٹلی اور فرانس کے حکمرانوں، آرٹسٹ، مفکروں اور مذہبی شخصیات سے ملاقاتیں کرتا رہا۔ اُس کی سوانح حیات کے مطالعے سے اٹلی اور فرانس کی نشاۃِ ثانیہ دور کی بہترین تصویر کشی ہو جاتی ہے۔

'ٹورکواٹو ٹاسوٗ (Torquato Tasso) اطالوی نشاۃِ ثانیہ کے آخری دور کا یہ عظیم شاعر اپنی رمزیہ نظم 'جریسیلو مے لبراٹا' (Gerusalemme liberata) کی وجہ سے مغربی ادب کا ہمیشہ حصہ بنا رہے گا۔ اُس کا فنی اسٹائل شدید ترین محبت اور سنجیدہ اخلاقیات کے ساتھ بیان ہوتا ہوا ملتا ہے جس میں محبت اور ہیروازم کے درمیان ایک سخت تناؤ کی سی کیفیت ملتی ہے۔ ٹاسو اٹلی کے جنوبی شہر، سورینٹو (Sorrento) میں 1544 پیدا ہوا تھا۔ 1547 میں اُس کا باپ 'برنارڈو ٹاسوٗ ایک ہسپانی انکوائریشن کے خلاف مزاحمتی موومنٹ میں شامل ہو گیا تھا جس کے بدولت وہ ایک عدالت سے دوسری عدالت تک سفر کرتا رہتا تھا۔ اس سفر کے دوران ٹاسو کو عدالتی کلچر سے بھی آگہی ہوئی اور اُس کا لٹریری مطالعہ بھی بڑھتا چلا گیا۔ ٹاسو کی تعلیم یونیورسٹی آف پاڈوا اینڈ بولوگنا (University of Padu and Bologna) میں ہوئی مگر اُس نے وہاں سے کوئی ڈگری وغیرہ حاصل نہیں کی تھی۔

1575 تک ٹورکواٹو ٹاسو نے اپنی مشہور ترین نظم 'جریسیلو مے لبراٹا' کا ایک حصہ مکمل کیا تھا مگر اس سے قبل کہ وہ اُس کا دوسرا حصہ مکمل کرتا، اُسے اپنے دور کے پانچ معتبر ترین تنقید نگاروں سے ایسے کمنٹس ملے کہ وہ اپنے دفاع کے دوران سخت ترین ذہنی تناو سے گزرا

حتیٰ کہ نروس بریک ڈاون کا شکار ہوگیا۔اس واقعہ کے بعد اُسے کورٹ اور اُس سے متعلق لوگوں کے لیے مشتبہ قرار دے دیا گیا۔ 1577 میں اُس پر اپنے ملازم پر چھری سے حملہ کرنے کا الزام لگایا گیا جس کے بارے میں اُس کا خیال تھا کہ وہ اُس کے کام کی جاسوسی کر رہا تھا مگر وہ کسی طرح گرفتاری سے بچ کر سورینٹو (Sorrento) پہنچ گیا مگر اس بھاگ دوڑ میں وہ اپنی نظم 'جریسیلو مے لبراٹا' کا نامکمل اسکرپٹ ساتھ نہ لے جاسکا۔جب 1579 میں وہ واپس فریرا (Ferrera) پہنچا تو وہ باوجود ہر کوشش کے اسکرپٹ حاصل نہ کرسکا اور شدید غصے اور مایوسی میں وہاں کے کنگ 'ال فانسو II' (AL Fanso II) پرعوام کے سامنے حملہ کردیا جس پر اُسے زخمی حالت میں ہسپتال پہنچا دیا گیا اور ذہنی مریض قرار دے کر سات برسوں کے لیے جیل بھیج دیا گیا۔اس عرصے میں کسی طرح سے اُس نے اپنی نظم کا اسکرپٹ حاصل کرلیا اور اُس کے اگلے اسکرپٹ کو مکمل کیا اور یوں اپنے دور کی اہم ترین تخلیق کو مکمل کرنے میں کامیاب ہوا۔ Gerusalemme liberata کے علاوہ اُس کا ایک اور پیسٹورل (Pastoral) ڈرامہ امینٹا (Aminta) بھی بہت مقبول ہوا جو نشاۃِ ثانیہ دور کی ایک اہم تخلیق ثابت ہوا۔جیل سے رہائی کے بعد کی اُس کی زندگی اٹلی کے مختلف حصوں میں گھومنے اور ادب کی تخلیق میں گزری اور بالآخر روم میں 1595 میں محض 51 برس کی عمر میں اُس کا انتقال ہوگیا۔

نشاۃِ ثانیہ کے دوران فرانس کے ادیب اور اُن کی خدمات

فرانسوا ریبلس (François Rabelais) 1494 میں پیدا ہوا تھا۔وہ فرانسیسی دورِ نشاۃ ثانیہ کا ایک اہم رائٹر، ہیومنسٹ، اسکالر ہونے کے علاوہ ایک فزیشن اور راہب بھی تھا مگر اُس کی شہرت کی اصل وجہ اُس کا 5 جلدوں پر مشتمل معروف ناول 'The Life of Gargantua and Pantagruel' تھا۔فرانسوا ریبلس کا نام اپنے دور کے بہترین فنتاسی ناول نگار، ستائر تخلیق نگار اور نظمیہ شاعر کے طور ماڈرن یورپین تاریخ میں شامل ہے اُس کا رائٹنگ

اسٹائل ایک طرف انتہائی ماڈرن تو دوسری طرف مڈل ایج میں تخلیق ہونے والے ادب کے روایتی تقاضوں کو بھی پورا کرتا ہوا ملتا ہے۔ اُس کی تحریر میں ارتقا پاتے ہوئے ہیومنزم کے عنصر نے ولیم شیکسپیئر اور Cervantes Miguel de جیسے انگلش اور اسپینش رائٹرز کو متاثر کیا تھا۔

فرانسوا ریبلس کا 5 جلدوں پر مشتمل معروف ناول 'دی لائف آف گارگینچوا اینڈ پینٹروگل' The Life of Gargantua and Pantagruel' ایک طویل القامت شخص پینٹروگل (Pantagruel) کی کہانی ہے۔ اس کتاب کے پہلے حصہ میں اُس کے پینٹروگل کے باپ گارگینچوا (Gargantua) کے کردار اور زندگی کے واقعات پر ہے جس دوران اُس کی طویل قامتی، تعلیم وتربیت، استاد پونوکریٹس (Ponocrates)، دوست Eudemon اور ایک Gymnast کا قصہ ہے جو اُس کے ساتھ پکریکل (Picrochole) آرمی سے جنگ میں حصہ لیتے ہیں جس نے اُن کے ملک پر حملہ کر دیا تھا۔ اُس کے لحیم شحیم گھوڑے اور خود گارگینچوا (Gargantua) کی طویل قامتی کو رائٹر ستائر کے انداز میں بیان کرتا ہے۔ کہانی کئی دلچسپ مراحل سے گزر کر دوسری جلد میں آتی ہے تو پینٹروگل (Pantagruel) کا قصہ شروع ہوتا ہے جس کی ماں اُس کے طویل قامت کی وجہ سے پیدائش کے دوران ہی مر جاتی ہے۔ اس دوران بھی جنگ کا قصہ چلتا ہے جو یوٹوپیا کے ڈپسوڈس (Dipsodes) کے خلاف ہوتی ہے۔ تیسری جلد میں پینٹروگل کی شادی کے حوالے سے ہے اور اس طرح کے سوال جواب بھی کہ کیا واقعی شادی ایک ضروری عمل ہے؟ جس میں کسی حد تک فلسفیانہ باتیں بھی ہیں جبکہ چوتھی کتاب میں کیتھی (Cathay) میں ہونے والی مقدس جنگ اور پانچویں میں اُس جنگ کے نتائج شامل ہے۔ فرانسوا ریبلس کی یہ کہانی لٹریچر کی دنیا کی طویل ترین کہانیوں میں ایک کہانی ہے۔ اس ناول میں بہت سارے مزاحیہ واقعات شامل ہیں مثلاً خود گارگینچوا (Gargantua) کا اپنی ماں کے بائیں کان سے دنیا میں داخل ہونے کا عمل، نوٹرا ڈیم کی گھنٹی

(Bells of Notre Dame) کو چُرا کر گھوڑی کی گردن کے گرد باندھنا، اُس کا بالوں کو گوندھنا اور پھر انگور کے بیج کی طرح توپ کے دہانوں سے بڑی بڑی گیندوں کا نکلنا اور اُس کی گھوڑی کا یہ احساس کہ اُس کے دم ہلانے سے اورلینز (Orléans) کے تمام جنگلوں کا گر جانا وغیرہ خاصا مضحکہ خیز تصور ہے۔ یہ ٹھیک ہے کہ یہ سارے واقعات فرانسوا ریبلس نے کہانی میں لطف ڈالنے کے لیے ہی شامل کیے ہیں مگر اس بات سے قطعِ نظر اُس نے اس انوکھے پس منظر میں سولھویں صدی کے دوران ہونے والے مذہبی، سیاسی، سماجی اور عدالتی واقعات اور اہم اِداروں پر طنز کے انداز میں خوب ہی تنقید کی ہے۔

نشاۃِ ثانیہ کے دوران ایک قابلِ ذکر فرانسیسی ادیب، Essais یا Essays کا مصنف مشل دی موتینا (Michel de Montaigne) تھا جو فرانس کے ایک علاقے ایکوٹین (Aquitain) میں 1533 میں پیدا ہوا تھا۔ اُس کا پورا نام Michel Eyquem de Montaigne' تھا۔ اُس نے قانون کی تعلیم حاصل کی تھی اور مجسٹریٹ کے عہدے پر رہا اور دو بار بورڈیو کا میئر (Mayor of Bordea) منتخب ہوا تھا۔ مغربی ادب میں اُس کی شہرت کی وجہ اُس کے لکھے گئے وہ علمی اعتبار سے وزنی مضامین پر مشتمل کتاب 'Essais' ہے جو ادب میں فلسفیانہ مضامین پر لکھی گئی تحریر کی عمدہ ترین مثال ہے۔ ان مضامین سے رائٹر کی انسان دوستی، امن پسندی اور فطری تشکیکی طبیعت کا اندازہ ہوتا ہے۔

فرانسے ویو، 1431 میں (François Villon) پیرس میں پیدا ہوا تھا۔ بچپن میں ہی اُس کے باپ کا انتقال ہوگیا تھا۔ ایک مہربان پادری نے اُسے تعلیم دلائی جس کی شکرگزاری کی خاطر اُس کا آخری نام ویو (Villon) فیملی نام کے طور پر رکھ لیا تھا۔ فرانسے ویو بہت ذہین تھا مگر اُس سے کہیں زیادہ وہ لاپرواہ تھا، شاید یہی وجہ تھی کہ اُس کی زندگی کا زیادہ

تر وقت آوارگی میں گزر گیا۔اس دوران وہ کئی ایک مجرمانہ سرگرمیوں میں شامل رہا اور پھر ایک دن گرفتاری سے بچنے کے لیے 1463 میں اچانک غائب ہوگیا جس کے بعد اُس کا کچھ پتہ نہ چلا۔اُس کی شہرت کی وجہ اُس کی طویل مگر بہت ہی دلکش اور اداس نظم گرینڈ ٹیسٹامنٹ (Grand Testament) بنی جسے اُس نے 1461 میں تخلیق کیا تھا۔اس نظم میں اُس نے اپنی زندگی کو کسی فقیر اور چور کی طرح پیش کیا اور زندگی کے باطنی رخ کی ہنسی اڑائی۔ فرانسے ویو کی ایک اور نظم 'دی بیلڈ آف ڈیڈ لیڈیز' (The Ballad of Dead Ladies) ہے جس کا پس منظر گزرتے ہوئے وقت اور موت کی ناگزیر حالت ہے۔

نشاۃِ ثانیہ کے دوران اسپین کے ادیب اور اُن کی خدمات

نشاۃِ ثانیہ کے دوران اسپین کا ایک اور ادیب، ڈرامہ نگار اور شاعر میگوئل دی سروینٹس (Miguel de Cervantes) تھا جو 1547 میں پیدا ہوا تھا۔جس کے معرکتہ الآرا ناول ڈان کیشوٹی (Don Quixote) کا دنیا کی 60 سے زیادہ زبانوں میں ترجمہ ہوا تھا اور جو دو والیومز میں 1605 اور 1615 میں پبلش ہوا تھا۔اس ناول کی اہمیت کا اندازہ اس بات سے بھی ہوتا ہے کہ دو سو سالوں تک ناول مسلسل چھپتا رہا اور تنقید نگاروں کے لیے دلچسپی کا سبب بنا رہا۔مغربی ادبی دنیا میں آرٹ، ڈرامہ اور فلم میں اس ناول ڈان کیشوٹی (Don Quixote) کے کردار مستقل شامل ہوتے رہے اور اپنی اہمیت کا لوہا منواتے رہے۔یہ ایک علیحدہ تذکرہ ہے کہ میگوئل دی سروینٹس (Miguel de Cervantes) کی اپنی زندگی کئی لحاظ سے قابلِ رحم رہی۔وہ الکالا (Alcalá) میں پیدا ہوا اور اس نے معمولی سی اسکول کی تعلیم حاصل کی۔اُس کا باپ ایک ناکام ساڈاکٹر تھا اور خود سروینٹس (Cervantes) کا بایاں ہاتھ اٹلی سے جنگ کے دوران ضائع ہوگیا تھا اس دوران وہ جنگ میں ایک معمولی سے سپاہی کی طرح شامل تھا۔1575 میں وہ جب جنگ کے بعد اسپین واپس لوٹ رہا تھا تو بحری

قزاقوں کے حملے کے بعد اُسے اور اُس کے بھائی کو اغوا کر کے الجیریا میں غلاموں کی طرح سے بیچ دیا گیا تھا پھر 1580 میں تاوان کی ادائیگی کے بعد وہ کسی طرح میڈرڈ (Madrid) پہنچا۔ اس کے بعد اُس نے غربت کی وجہ سے گزارے کی خاطر لکھنے کا کام شروع کیا مگر اُسے کچھ خاص کامیابی نہیں ملی تھی پھر اسی دوران اُس نے کئی ایک چھوٹے موٹے کام بھی کیے مگر پھر اُس پر کچھ مجرمانہ الزامات بھی لگے اور اُسے حوالات جانا پڑ گیا۔ میگوئل دی سروینٹس کے بارے میں عمومی خیال یہی ہے کہ اُس نے اپنے ماسٹر پیس ادبی کام ڈان کیشوٹی (Don Quixote) کا آغاز جیل میں ہی کیا تھا۔

1605 میں میگوئل دی سروینٹس نے اپنے عہد کا 'ماڈرن ترین ناول' ڈان کیشوٹی لکھا تھا جسے نشاۃِ ثانیہ کے دور میں ہی نہیں بلکہ بعد کے کئی سو برسوں تک مستقل شہرت حاصل ہوئی۔ یہ کہانی مرکزی کردار ڈان کیشوٹی (Don Quixote) کی تھی جو اپنے موٹے سے جاہل نوکر کے ساتھ کئی ایک مہمات پر روانہ ہوتا ہے۔ اس ناول کے کردار سندباد، ٹارزن، اوڈاسیس ہیملٹ اور سپرمین کی طرح بہت ہی مشہور ہوئے تھے۔ ڈان کیشوٹی کا کردار آج بھی سیاست دانوں کی نقلیں اُتارنے اور ذاتی حقوق کی خاطر کوشش کو ستائر کی طرح بیان کرنے میں استعمال ہوتے ہیں۔ صرف 1605 میں اس ناول کے 6 ایڈیشن چھپے تھے۔ میگوئل دی سروینٹس نے نہ صرف کومک فیگرز (Comic figures) پر مشتمل ایک عظیم ناول تخلیق کیا بلکہ کچھ تنقید نگاروں کی روشنی میں سروینٹس کا یہ ناول حقیقت پسندانہ اور ریومن ازم سے بھرپور تخلیق تھی۔ کہانی کے آغاز میں ہماری ملاقات ایک شخص ایلونسو کیشنو 'Alonso Quixano' سے ہوتی ہے جو دولت مند ہونے کی وجہ سے اپنا وقت صرف کتابیں پڑھنے میں خرچ کر رہا ہوتا ہے۔ اُسے گھر کی صفائی یا کام کاج کے لیے محنت یا وقت ضائع نہیں کرنا پڑ رہا ہوتا ہے۔ اُس کا شوق مڈل ایج کی طلسماتی کہانیوں، گھوڑوں، اژدھوں اور مختلف مہمات کو سر کرنے والے ہیروز اور شہزادیوں کے اطراف ہی رہتا ہے حتیٰ کہ ایک دن ایلنسو

(Alonso) خود بھی زرہ بکتر پہن کر گھوڑے پر سوار ہو کر تیر اور تلوار لے کر کسی انجانی مہم پر روانہ ہو جاتا ہے۔ وہ اپنا نیا نام ڈان کیشوٹی (Don Quixote) رکھ لیتا ہے اور مہم جوئی کی تلاش میں دیہی علاقوں کی طرف نکل کھڑا ہوتا ہے مگر واحد مسئلہ یہی ہوتا ہے کہ کوئی بھی اژدھا یا عفریت حقیقت میں آس پاس ہوتا ہی نہیں ہے۔ ابتدائی سفر میں وہ اپنے ساتھ ایک اور کردار سانچو پانزا (Sancho Panza) کو ساتھ رکھتا ہے جسے پتہ ہوتا ہے کہ ایلنسو (Alonso) کی دنیا اُس کے خیالوں کی ہے مگر وہ اس امید سے کہ چونکہ وہ دولت مند شخص ہے تو اُسے اس سفر سے کچھ نہ کچھ حاصل ہی ہو گا۔ وقت کے ساتھ جوں جوں یہ سفر آگے بڑھتا ہے، سینچو (Sancho) کو محسوس ہونے لگتا ہے جیسے ایلنسو (Alonso) شاید سچ ہی کہہ رہا ہے اور ممکن ہے اس مہم جوئی کے نتیجے میں وہ بھی کسی جزیرہ کا مالک ہو جائے گا۔ یوں یہ کومک (Comic) ناول دلچسپ حقیقی اور انسانی مسائل کے واقعات سے سجتا ہوا اپنے انجام تک پہنچتا ہے۔

نشاۃِ ثانیہ کے دوران اسپین میں ایک بہت ہی اسپیشل ناول 'دی لائف آف لازریلو دی تورمس 1554 (The Life of Lazarillo de Tormes) میں تین مختلف شہروں میں ایک ساتھ پبلش ہوا تھا جس کے رائٹر کا نام کبھی سامنے نہ آسکا اور جو ہمیشہ اپنے مذہبی، سیاسی اور سماجی مواد کی وجہ سے ممنوعہ لٹریچر میں رکھا گیا۔ یہ کہانی ایک بچے لیزارو (Lázaro) کی ہے جس کی ماں اُسے ایک اندھے فقیر کی تربیت میں دے دیتی ہے کیونکہ اُس کا سوتیلا باپ بہت سی اخلاقی بُرائیوں کا شکار ہوتا ہے۔ یہ بچہ اندھے فقیر، سپاہی، پادری اور اسی قسم کے اور کرداروں سے تعلیم حاصل کر کے بہت ہی چالاک ہوتا چلا جاتا ہے بالآخر وہ کنان کی ایک مسٹرس کا شوہر بن جاتا ہے اور یوں کہانی ایک اور نیا رخ اور معنی متعین کرتی ہے۔ یہ کتاب اپنے دور کی مشہور ترین کتابوں میں سے ایک تھی گو کہ اس کے تخلیق کار اور تخلیق کے وقت اور تاریخ کے حوالے سے عوام الناس قطعی محروم رہی۔

فرانسے ویو، فرانسوا ربیلس، مثل دی موتینا اور میگوئل دی سروینٹس کے لاوہ نشاۃِ ثانیہ کے دور کے تین عظیم رائٹر، ڈرامہ نگار اسپینش رائٹرز ویگا (Vega)، کارلن دی لا بارکا (Caldern de ia barca) اورٹرسو دی مولینا (Tirso de Molina) ادبی دنیا میں ہمیشہ یاد رکھنے والی شخصیات ہیں۔ اِن تینوں کا ڈرامہ نگاری میں اہم نام ہے خصوصاً 'کارلن دی لا بارکا' کا مشہور ترین ڈرامہ 'لائف از اے ڈریم' Life Is a Dream ہے۔ جس میں کامیڈی سے ڈرامہ کے مرکزی اور ثانوی پلاٹ میں اسی بات کا تعین کیا جاتا ہے کہ زندگی کی تمام تر عظمت اور طاقت محض ایک خواب کے سوا کچھ نہیں مگر ساتھ ہی یہ ایک پیغام بھی کہ خواب میں بھی کچھ اچھا دیکھنے کی کوشش سے بھی خواب میں کچھ ایسا ضائع نہیں ہوتا ہے۔

✪✪

چھٹا دور

نیوکلاسیکل دَور میں سائنسی اور فلسفیانہ انقلابات اور یونانی ادب کی تشکیلِ نو

○

مغربی ادب کی تاریخ میں نیوکلاسیکل دور سے مراد 17ویں صدی کے درمیانی عرصے سے اٹھارویں صدی کے آخر تک کا عرصہ ہے جس دوران آٹھویں سے چھٹی صدی قبل از مسیح کی یونانی تہذیبی نوادرات سے متاثر آرٹ، ادب، فن تعمیر، موسیقی، مجسمہ سازی اور تھیٹر سے مغربی سماج کی تعمیر نو ہوئی۔ جہاں نشاط ثانیہ نے ایک پل کی طرح مڈل ایج اور ماڈرن دور کو آپس میں جوڑ کر ایک نئی دنیا کی بنیاد رکھی اور مڈل ایج کی مذہبی فکر کی مرکزی شکل کو ہیومنزم سے بدل دیا اور جستجو، شوق اور تجسس جیسی جبلت سے یونانی اور رومن تہذیبی ورثے کے پس منظر میں سیکولر ازم اور فرد کی انفرادیت جیسے تصورات سے اُسے آراستہ کیا، وہیں نیوکلاسیکل ازم نے قدیم کلاسیکس کو جدید دور میں شامل کر کے اُسے حیات نو عطا کی۔ روشن خیالی یعنی Enlightenment کی یہ تحریک روشنی کی صدی (Century of Light) اور وجوہات یا اسباب کے دور (Age of Reason) سے تعبیر کی گئی۔ انگلستان میں اس دور کو آگسٹن دور (Augustan Age) کا نام دیا گیا۔ نیوکلاسیکل دور کے تخلیقی ادب کا پس منظر اس دور کے سیاسی وسماجی عوامل و واقعات کی آگہی سے منسوب ہے۔ نیوکلاسیکل ازم کا سہرا جرمن ماہر آثارقدیمہ اور تاریخ داں جوہان وینکل مین (Johann Winckelmann) کے سر پر باندھا جاتا ہے جن کی متاثر کن کتاب 'Thoughts on the Imitation of Greek Works of Art' نے یونانی آرٹ، مجسمہ سازی اور فن تعمیر کی یونانی دور سے ماڈرن دور میں

از سرِ نو تعمیر کو نئے عہد کی ضرورت قرار دیا، اسی وجہ سے اس دور کو 'نیو کلاسیکل' کا نام دیا گیا۔ اس دور کا لٹریچر بھی دیگر فنونِ لطیفہ کی طرح یونانی اور رومن انداز سے مطابقت میں تخلیق ہوا مگر اُس میں 'نیو' یعنی نئے دور کے روشن خیالات کو شامل کر دیا گیا۔

اس دوران یورپ میں ہونے والی عمومی سیاسی تبدیلیوں پر اگر ایک طائرانہ نظر ڈالی جائے تو ہم دیکھتے ہیں کہ اُس دور میں اٹلی بیرونی قوتوں فرانس، آسٹریا، اسپین اور پاپائے اعظم (Pope) کے کنٹرول میں تھا اور فرانس اپنی تمام تر عسکری اور سیاسی قوت کی بدولت سارے یورپ کی رہنمائی کر رہا تھا۔ فرانس خصوصاً ہنری IV ، لوئی XIII اور لوئی XIV یعنی 1589 سے 1715 کے عشرے میں ساری دنیا کے لیے ایک تہذیبی مرکز کی شکل بھی اختیار کر گیا تھا، دوسری طرف اسپین مسلسل جنگوں میں شامل رہنے کی وجہ سے اقتصادی طور پر کم و بیش تباہ و برباد ہو چکا تھا۔ ادھر جرمنی کے معاملات بھی تیس سالوں ((1618-1648 کی مسلسل جنگ کے باعث کمزور ہو چکے تھے اور اس دوران وہاں کی ریاست پروسیا (Prussia) ایک خود مختار ریاست کی صورت میں اُبھرتی چلی گئی تھی اور فریڈرک II کی رہنمائی میں بالآخر سات سالوں 1756 سے 1763 تک لڑ کر فرانس، آسٹریا اور روس کی فوجی بالادستی کا مقابلہ کرنے میں کامیاب ہو گئی تھی۔

سترہویں صدی کی ابتدا میں روس ہمیں کہیں بھی ایک اہم ریاست کی شکل میں نظر نہیں آ رہا تھا مگر پھر 1682 میں پیٹر دی گریٹ کی رہنمائی میں روس میں کچھ مغربی تہذیب کے اثرات نظر آنے شروع ہوئے تھے جب روسی طالب علم جرمنی اور فرانس کے تہذیبی مطالعے کی غرض سے جانا شروع ہوئے تھے۔ پیٹر دی گریٹ کے دور کی سیاسی پالیسیاں الزبتھ اور کیتھرین II کے دور کی ہی تھیں، اس لیے یورپین نشاطِ ثانیہ کے تمام تر اثرات کے باوجود وہاں پر ایک آمرانہ نظام قائم تھا شاید اس کی وجہ سے بھی روسی ادب کچھ خاص متاثر کن شکل پیش کرنے میں ناکام تھا۔ سیاسی اعتبار سے انگلستان ایک بڑی نمایاں شکل رکھتا

تھا حالانکہ وہ بھی مسلسل جنگوں میں شامل رہنے کی وجہ سے عدم تحفظ کا شکار تھا یعنی 1642-1660 کے دوران وہاں سول وار چلتی رہی تھی حتیٰ کہ وہاں 1688 میں گلوریز انقلاب (Glorious Revolution) آ گیا اور پھر 1702-1724 کے دوران وہ Succession War of the Spanish میں شامل ہو گیا تھا اور پھر اُس کے بعد 1756-1763 کے دوران وہ پروشیا کے ساتھ مزید سات برسوں کے لیے جنگ میں مصروف ہو گیا۔ ادھر امریکہ اپنی خودمختاری کی کوششوں میں اور انگلینڈ نوآبادیاتی قوتوں سے بھی نبرد آزمائی کرتا ہوا بھی نظر آ رہا تھا اور سچ تو یہ ہے کہ 1660 میں چارلس II کے دور سے 1760 کے جارج III کے دور تک انگلستان میں امن و سکون بالکل ہی ناپید دکھائی دیتا ہے۔ فرانس میں اپریل 1598 میں ہنری IV نے Edict of Nantes سائن کیا جس کے نتیجے میں کیلونسٹ پروٹسٹنٹ کو بڑی حد تک حقوق مل گئے۔ اس ایڈکٹ میں ہنری فور نے سول یکجہتی کو فروغ دیا مگر کیتھولک اور پروٹسٹنٹ کے درمیان تلخیاں اور بڑھتی چلی گئیں گو کہ بعد میں 1685 میں لوئی XIV نے ایڈکٹ کو منسوخ کر دیا مگر اس کے نتائج میں اور بھی مسائل میں اضافہ ہوتا چلا گیا۔

اس دوران جہاں سارے یورپ اور نارتھ امریکہ میں اقتصادی، مذہبی اور سیاسی ہنگاموں اور جنگوں کا ماحول تھا وہیں پورے یورپ میں ایک انڈسٹریل انقلاب بھی برپا ہوتا جا رہا تھا جو ایک نئی مڈل سوشل کلاس کو معاشرے میں نمائندگی دے رہا تھا۔ مغرب میں تبدیلی کے اس تمام تر نئے دور میں ادبی دنیا میں ایک علیحدہ رجحان دکھائی دے رہا تھا جس میں خصوصاً ناول کو بہت قدر و منزلت حاصل ہوتی جا رہی تھی۔ ادبی دنیا میں قدیم و جدید ادبی نمائندگی پر بحثوں اور دلائل کا دور شروع ہو چکا تھا جسے the Moderns Quarrel of the Ancients and کے نام سے یاد کیا جاتا ہے۔ اِس دوران ماڈرن دور کی تین بڑی ایجادات پرنٹنگ مشین، اسلحہ اور کمپاس کی موجودگی کو کلاسیکل دور پر ماڈرن دور کی برتری میں دلائل کے لیے استعمال کیا گیا۔ روشن خیالی کے اس عالمگیر عہد نے جہاں متعدد تنازعات

پیدا کیے تو دوسری طرف کچھ ایسے بڑے سوچنے والے مفکرین بھی پیدا کیے جنہیں ہم عقلیت پسند/ ریشنیلسٹ' Rationalists اور/ایمپیریسسٹ (Empiricists) کا نام دیتے ہیں جن میں ایک بڑا نام رینے ڈیکارٹ جیسے مفکر کا تھا جسکا تعارف I Think, Therefore I am تھا، بالکل اسی طرح جان لاک ملتا ہے جس کا مشہور جملہ تھا کہ' انسان ایک خالی صفحہ کی شکل میں پیدا ہوا ہے' یا پھر جارج برکلے جیسا عالم نظر آتا ہے جس نے کہا تھا To be is to be perceived اور پاسکل جیسا عظیم انٹلیکچوئل بھی جس نے لکھا تھا:

> "Man is only a reed, the weakest in nature, but he is a thinking reed. There is no need for the whole universe to take up arms to crush him: a vapour, a drop of water is enough to kill him. but even if the universe were to crush him, man would still be nobler than his slayer, because he knows that he is dying and the advantage the universe has over him. The universe knows none of this."

اور پھر اسپنوزا کا نظریہ پینتھزم (Pantheism) اور لیبنٹز (Leibnitz) کا نظریۂ امید (Optimism)، ہوبز کا نظریہ مادیت (Materialism) نے نیوکلاسیکل کے دور کو نت نئے انقلابی افکار سے نواز دیا اور سوچ کے نئے عنوانات دے دیے۔ سائنسی دنیا میں نیوٹن جیسا جینیس پیدا ہوا جس کے نظریات اُس دور کی مذہبی و سماجی افکار پر براہ است اور بالواسطہ اثرانداز ہوتی چلی گئی۔ ان سائنسی حقائق نے ایک نئی طرز کی جدید فکر سے ساری دنیا کو مشاہدات و تجربات کے ذریعے روشناس کرادیا اور یوں عقلیت پسندی کو ٹھوس بنیادیں بھی فراہم کردی۔ نیوکلاسیکل دور میں ہمیں دو طرح کے عقائد خاصے معروف دکھائی دیتے ہیں جنہیں ڈائزم (Deism) اور اوپٹزم (Optimism) کہا جاتا ہے۔ ڈائسٹس (Deists) کا خیال تھا کہ خدا کی موجودگی صرف دلائل کی محتاج ہے اور اِس میں مقدس وحی یا خدائی حاکمیت وغیرہ کی بنیادی ضرورت نہیں ہے، ان کے لیے خدا کا تصور ایک گھڑی ساز کی طرح تھا اور

اوپٹمسٹس (Optimists) کا خیال تھا کہ یہ دنیا تمام تر خوبیوں اور خامیوں کے ساتھ ہی خدا کی ایک بہترین سی تخلیق ہے۔ نیوکلاسیکل دور کے ادبی شہ پاروں میں یہ دونوں فکری انداز ہمیں جابجا دکھائی دیتے ہیں۔ نیوکلاسیکل دور کے زیادہ تر بڑے ادبی معرکے ہمیں فرانس اور انگلینڈ میں دکھائی دیتے ہیں۔ 17ویں صدی کے دوران ہمیں اٹلی اور اسپین میں کسی قسم کا بڑا ادب دکھائی نہیں دیتا ہے اور خود جرمنی کے حالات بھی ناگفتہ بہ تھے اور وہاں کی ادبی دنیا بھی قطعی بنجر دکھائی دیتی ہے۔ اسی طرح امریکہ اور روس کے ادیب بھی ابھی اس دوڑ میں بہت پیچھے تھے۔

نیوکلاسیکل دور کا ادب یونانی اور رومن دور سے متاثر تھا اور اس دوران نیوکلاسیکل ادب میں ترتیب، درستگی اور ساخت کو خصوصی اہمیت حاصل تھی۔ اس دور کا ادب فرد کا سوسائٹی سے گہرے تعلق کا اظہار کرتا ہوا دکھائی دیتا ہے اور دلائل اور عقلیت کی دوڑ میں Passion یا جذباتیت کے انسانی فکری تعلق کو کہیں پیچھے چھوڑتا ہوا ملتا ہے۔ اس دور میں زیادہ تر میلو ڈرامہ، خطوط، ستائر، شاعری میں طویل نظمیں، نغمات اور فکشن ادب میں ناول اور مضامین وغیرہ زیادہ تر حصہ بنے۔ اس پورے عہد کو تین بڑے حصوں یعنی ریسٹوریشن پیریڈ، آگسٹن پیریڈ اور جانسن کے دور میں تقسیم کیا جاسکتا ہے۔ ریسٹوریشن پیریڈ 1700-1660 کے درمیان کا ہے جس دوران پیوریٹان کے طویل تسلط کے بعد بالآخر انگلستان کے بادشاہ کا تخت بحال ہوا جس کے نتائج میں فرانسیسی اور کلاسیکس کے اثرات شاعری اور ڈرامہ پر نظر آنے لگے۔ ریسٹوریشن دور کے ادب میں محبت اور عزت نفس جیسے موضوعات ٹریجڈی ڈراموں میں اسٹیج ہونے لگے۔ اس دور کے مشہور ترین رائٹرز میں جان ڈرائیڈن، جان ملٹن، سر ولیم ٹیمپل، جان لوک، سیموئل پیپی ، الفرا بی ہن، جین ریسین، اور جین بیپٹسٹ وغیرہ شامل ہیں۔ 1700-1750 کا دور آگسٹن کے دور سے یاد کیا جاتا ہے جس کی وجہ یہ تھی کہ کنگ جانسن I کی خواہش تھی کہ لوگ اُسے اگسٹس سیزر سمجھیں۔ اس دور کے عمومی رائٹرز، پر ورجل اور ہوریس

(Virgil and Horace) کے گہرے اثرات ملتے ہیں۔اس دور کے معروف ادیبوں میں الیگزنڈر پوپ، جانیتھن سویفٹ، جوزیف ایڈیسن اور والٹر شامل ہیں۔ 1750-1790 کا درمیانہ عرصہ جانسن کے دور سے یاد کیا جاتا ہے جس دور کا نیوکلاسیکل ادب مستقبل کے رومانس ازم کے دور سے متاثر ہوتا ہوا دکھائی دیتا ہے اور ساخت اور فارم سے جذباتیت اور رومانس ازم سے بدلتا ہوا نظر آتا ہے جس کی بڑی وجہ اس دور کی اہم سیاسی تبدیلیاں یعنی امریکی اور فرانسیسی انقلابات کے مغربی معاشرے پر اثرات شامل ہیں۔اس دور کے مشہور رائٹرز میں سیموئل جانسن ،ایڈورڈ گیبن ،جارج کریب ،رابرٹ برنس ،ولیم کوپر ،تھامس گرے ،تھامس پین ،تھامس جیفرسن اور بینجمن فریکلن شامل ہیں۔نیوکلاسیکل دور میں ادب اور ادیب کو خاصا استحکام ملا تھا۔ادب میں ساخت اور اصولوں کو ادیبوں کے لیے پابند کیا گیا تھااور اخلاقی قدروں کو اہمیت حاصل تھی۔

نیوکلاسیکل دور کے دوران انگلینڈ کے ادیب اور اُن کی خدمات

جون ڈرائڈن (John Dryden) انگلش شاعر، ڈرامہ نگار اور تنقید نگار، جو اپنے دور میں ادب کی دنیا پر اپنے تخلیقی ہنر کی وجہ سے کچھ اس طرح فائز تھا کہ اُس کے نام سے اُس دور کو منسوب (Age of Dryden) کر دیا گیا تھا۔ڈرائڈن 1631 میں ایک کھاتے پیتے دیہی گھرانے میں پیدا ہوا تھا۔اُس کی ابتدائی تعلیم ویسٹ منسٹر اسکول میں معروف مذہبی پیشوا، رچرڈ بسبی (Richard Busby) کے زیر سایہ ہوئی۔اسی دوران اُس کی ادب میں دلچسپی بھی پیدا ہوئی۔ 1654 میں اُس نے کیمبرج سے بیچلر کیا اور پھر 1659 میں اولیور کارمویل (Oliver Cromwell) پر اُس کے متاثر کن کام نے اُسے انگلینڈ کے صف اول کے شعرا میں لاکھڑا کیا۔مئی 1660 میں 300 سطروں سے زیادہ طویل نظم ایسٹریا ریڈکس (Astraea Redux) اور 1661 میں لکھی ہوئی 'ٹو ہزسیکرڈ میجسٹی' (To His Sacred

Majesty) نے اُس کی ادبی شخصیت کو اور بھی مستحکم کر دیا۔ 1663 میں اُس کی شادی Elizabeth Howard سے ہوئی جس سے اُس کے تین بیٹے پیدا ہوئے۔ ڈرائڈن نے 1667 میں طویل ترین نظم 'اینس مرابلز' (Annus Mirabilis) لکھی جس میں اُس نے انگلستان کی ڈچ پر کامیابیوں پر اُسے خراجِ تحسین پیش کیا۔ 1668 میں ڈرائڈن کو 'پوئیٹ لاریٹ' (Poet laureate) کا منصب عطا کیا گیا اور پھر دو برس بعد ہی اُسے 'رائل ہسٹرو گرافر' (Royal historiographer) کی پوزیشن پر فائز کیا گیا۔ اسٹیج اور نظمیہ ستائر پر بھی ڈرائڈن نے غیر معمولی تخلیقی کارنامے انجام دیے۔ گو کہ اُس کا پہلا ڈرامہ 'دی وایلڈ گیلنٹ' (The Wild Gallant) اس قدر کامیاب نہ ہو سکا مگر اُس کے بعد 1664 میں 'دی انڈین کوئین (The Indian Queen) پر اُسے سر رابرٹ ہاورڈ (Sir Robert Howard) ایوارڈ سے نوازا گیا۔ اُس کے ڈراموں 'دی انڈین ایمپریز' The Indian Emperour اور 'سیکرٹ لو' (Secret Love) کی کامیابی نے ڈرامہ نگاری میں اُسے بامِ عروج پر پہنچا دیا۔ 1668 میں ڈرائڈن کی معروف کتاب 'ایسیز اف ڈرامیٹک پویزی' (Essay of Dramatick Poesie) پبلش ہوئی جس میں اُس نے نیو کلاسیکل فرانسیسی تھیٹر اور قدیم کلاسیکل ڈرامہ کے مقابلے میں انگلش ڈرامے کا تنقیدی دفاع کیا۔ ڈرائڈن کی نظمیہ ستائر 'Absalom and Achitophel' اور 'Mac Flecknoe' کا بھی انگلش ادب میں اعلیٰ ترین مقام ہے۔ ڈرائڈن کو اپنے دور کے 'لٹریری ڈکٹیٹر' کے نام سے یاد کیا جاتا ہے۔

ولیم کانگریو (William Congreve) اور رچرڈ برینسلی شیریڈن (Richard Brinsley Sheridan) نیو کلاسیکل دور کے دو اہم کامیڈی رائٹرز تھے۔ ولیم کانگریو نے دی وے اف دی ورلڈ' (The Way of the World) میں ایک شخص مار بل کی کوششوں کو کامیڈین انداز میں لکھا ہے کہ کس طرح وہ مشکلات سے گزر کر ایک دولت مند میلامنٹ سے

شادی کرنا چاہتا ہے حالانکہ اُس کی آنٹی اس شادی کی سخت مخالفت کرتی ہے۔اس دوران ملائمنٹ اور مرابل کے درمیان کئی شرائط طے ہوتی ہیں جو شادی کے لیے مراحل کو پورا کرنا ہوتی ہیں۔دوسری طرف شیریڈن نے اپنی کامیڈی 'دی اسکول فار اسکینڈل(TheSchool for Scandal)میں چارلس اور ماریا کے عشق اور لیڈی اسنیرویل (neerwell)اور اُس کی سہیلیوں کی مکروہ گپ شپ کو کامیڈین انداز میں پیش کیا تھا۔ولیم کانگریو نے اپنے تخلیقی جوہر کو استعمال کرتے ہوئے اُس دور کی کامیڈی کو ایک نئے قسم کا طرز عطا کیا۔ اُس کے مشہور ترین ڈراموں میں 'دی ڈبل ڈیلر(The Double-Dealer)'، 'دی اولڈ بیچلر'(The Old Bachelour)،'لو فار لو(Love for Love)اور'دی وے آف دی ورلڈ(The Way of the World) شامل ہیں جبکہ شیریڈن کا شمار نہ صرف ڈرامہ نگاروں میں ہوتا تھا بلکہ وہ ایک سیاست دان اور پبلک اسپیکر بھی تھا۔اُس کے مشہور ترین ڈرامے'دی اسکول فار اسکینڈل'(The School for Scandal) نے 17 ویں صدی کی کامیڈی جسے کامیڈی آف مینر(Comedy of manners) کہا جاتا ہے اور 19 ویں صدی کے آسکر وایلڈ کے درمیان ایک پُل کا کام کیا۔

سیموئل پیپس(Samuel Pepys) لندن، انگلینڈ میں 1633 میں پیدا ہوئے تھے۔ جنہیں اُن کی ڈائری کی وجہ سے نیوکلاسیکل دور میں اہمیت حاصل ہے۔انہوں نے اپنی تعلیم سینٹ پال اسکول اور کیمبرج سے مکمل کی اور ایک سول سرونٹ کے طور پر اپنا کیریر بنایا۔ 1660–69 کے دوران اُس نے اپنی مشہور ڈائری لکھی تھی جو اُس کی موت کے ایک بڑے عرصے کے بعد 1825 میں پبلش ہوئی تھی۔اس ڈائری میں اُس نے اپنے شوق خصوصاً میوزک، ڈرامہ، سائنس اور عورتوں کے بارے میں عدالتوں اور اُس دور کی عوامی زندگی کے تناظر میں کئی عنوانات سے لکھا تھا۔اس ڈائری میں نہ صرف 1665-1666 کے دوران

پھیلنے والی پلیگ اور 1665-1667 کی دوسری ڈچ وار ہی نہیں بلکہ 1666 میں لندن میں پھیلنے والی اُس آگ (Great Fire of London) کا بھی ذکر ہے جس دوران 13,000 گھر اور کئی ایک پبلک بلڈنگز بھی جل کر راکھ ہوگئی تھیں اور 100,000 سے زیادہ لوگ بے گھر ہو گئے تھے۔

الیگزینڈر پوپ (Alexander Pope) 1688 میں لندن کی ایک کیتھولک فیملی میں پیدا ہوا تھا۔ یہ دور گلوریس انقلاب کا تھا۔ اس دوران انگلینڈ میں کیتھولزم کے خلاف ایک سخت لہر چل رہی تھی۔ پوپ کی ابتدائی تعلیم زیادہ تر گھر پر ہی ہوئی تھی کیونکہ اُس کی مختلف بیماریوں کی وجہ اُس کا جسم معذوری کی حد تک متاثر ہو چکا تھا مگر وقت کے ساتھ پوپ اپنی لطیف اور خوبصورت شاعری اور ستائر کے انداز کلام کی وجہ سے اپنی ایک منفرد شناخت بھی بنا چکا تھا۔ اُس کی خوبصورت نظموں جنہوں نے انگریزی ادب میں اُس کے مقام کو متعین کر دیا تھا، اُن میں 'دی ڈنکیڈ (The Dunciad)'، 'دی ریپ آف دی لاک (The Rape of the Lock)'، 'این ایسے آن کریٹیزم (An Essay on Criticism)' شامل ہیں۔ یہ نظمیں اُس کی کتاب 'پوپ ورک' (Pope's Works) کے پہلے والیم میں شامل تھیں۔ جون کے Homer اور Odyssey کے ترجمے نے اُس کی مالی حالت کی بہتری میں اہم کردار ادا کیا تھا کیونکہ اس کے بدلے میں اُسے £10,000 کا انعام ملا اور پھر اسی عرصے میں نہ صرف Iliad چھ والیم کی شکل میں چھپ گئی بلکہ دوسری طرف 1726 میں Odyssey چار والیم کی شکل میں ڈرافٹ ہوئی اور انگلش ادبی دنیا کی زینت بن گئی۔ سیاسی اعتبار سے ٹوری پارٹی سے وابستگی نے اُس کے ادبی کیریر کو بڑھانے میں بھی مدد کی تھی۔ وہ پہلا انگلش شاعر تھا جس کی شہرت انگلینڈ سے فرانس اور اٹلی سے کم وبیش پورے یورپ میں پھیلی ہوئی تھی۔ اُس کی نظمیں نہ صرف ماڈرن یورپی زبانوں بلکہ قدیم یونانی زبانوں میں بھی ترجمہ ہوئیں تھیں۔

'تنقید پر ایک مضمون'

(by Alexander Pope An Essay on Criticism)

پوپ کی یہ نظم جوانہوں نے 1711 میں لکھی تھی، نہ صرف تنقیدی بلکہ تخلیقی اصولوں پر بھی ایک جامع بحث ہے۔ بوائلو (Boileau) کی 'شاعری کا فن' (The Art ofPoetry) کی طرح یہ نظمیہ مضمون بھی نیوکلاسیکل دور کے ادبی ذائقے اور اسٹائل کا شاہکار ہے۔ اس کے شعری ذائقے کے اندازے کے لیے چند مثالیں یہ ہیں:

'Tis hard to say, if greater Want of Skill
Appear in Writing or in Judging ill;
But, of the two, less dang'rous is th' Offence,
To tire our Patience, than mis-lead our Sense:
Some few in that, but Numbers err in this,
Ten Censure wrong for one who Writes amiss;
A Fool might once himself alone expose,
ow One in Verse makes many more in Prose.[4]

(— lines 1–8)

And ten low Words oft creep in one dull Line,
While they ring round the same unvary'd Chimes,
With sure Returns of still expected Rhymes.
Where-e'er you find the cooling Western Breeze,
In the next Line, it whispers thro' the Trees;
If Crystal Streams with pleasing Murmurs creep,
The Reader's threaten'd (not in vain) with Sleep.

(— lines 347–353)

پوری نظم میں یورپ سے مراد ادیبوں مثلاً ورجل، ہومر، ارسطو، ہوریس (Horace) اور لانگینس (Longinus) ہیں۔ یہ بات اُس کے اس یقین کا ثبوت ہے کہ قدیم کی تقلید ہی ذائقہ کا حتمی معیار ہے۔ ایک جگہ پوپ یہ بھی کہتے ہیں کہ لکھنے میں حقیقی آسانی فن سے آتی ہے، چانس سے نہیں۔ جیسا کہ وہی سب سے آسان حرکت ہے جنہوں نے ڈانس سیکھا ہو دوسرے الفاظ میں وہ یہی کہنا چاہتے ہیں کہ شاعر بنتے ہیں، پیدا نہیں ہوتے۔ نظم کے دوسرے حصے میں یہ مشہور شعر بھی شامل ہیں جو عموماً محاورے میں آدھے جملے کے طور پر غلط استعمال ہوتا رہتا ہے کہ 'تھوڑا سا سیکھنا ایک خطرناک شے ہے' حالانکہ پورا شعر کچھ یوں ہے کہ 'تھوڑا سا سیکھنا ایک خطرناک شے ہے، گہرا پیئے یا پیرن اسپرنگ کا مزہ نہ چکھے'

A little Learning is a dangerous thing;
Drink deep, or taste not the Pierian Spring

(— lines 215–216)

یہاں پیرن اسپرنگ سے مراد میسیڈونیا کے پہاڑوں میں گرنے والے اُس جھرنے سے ہے جس کے بارے میں کہا جاتا تھا کہ اُس کے پانی میں تخلیقی قوت ہے کیونکہ وہ میوسس (Muses) (یونانی دیومالائی دیوتا زیوس (Zeus) کی ایک بیٹی تھی جو آرٹ اور فن نوازتی تھی) کے لیے مقدس تھی۔ پوپ کی نظموں میں ایک رواج تھا کہ اُن کے مضمون کا اختتام اُن کے کسی حوالے سے ہوتا تھا۔ اس کا اختتام بھی ولیم والش سے ہوتا ہے جو پوپ کا ایک سرپرست تھا جو 1708 میں فوت ہوگیا تھا۔

دی ریپ آف دی لاک (The Rape of the Lock)

الیگزینڈر پوپ نے یہ نظم 1714 میں لکھی تھی۔ ایک اتفاقیہ واقعہ تھا جو اپنے دور کی اِس مشہور ترین مزاحیہ نظم کی تخلیق کا سبب بن گیا تھا جب اُس کے رومن کیتھولک دوست جان کیرل (John Caryll) نے اس نظم کے لکھنے کی اُسے ترغیب دی تھی۔ اِس کے پس منظر

یں کچھ یوں ہوا تھا، اُس کے دوست لارڈ پیٹر نے اپنی دوست عربیلا فرمور(Arabella Fermor) کے بالوں کی چٹیا (Lock) کو کاٹ دیا جس کی وجہ سے دونوں خاندانوں میں سخت جھگڑے کی فضا پیدا ہوگئی تھی۔ چونکہ پوپ دونوں خاندانوں سے واقف تھا اس لیے اُس نے جان کیرل کی درخواست پر یہ خوبصورت نظم تخلیق کی جس کا طرز قدیم ایپک نظموں کی طرح تھا۔ اس کہانی میں "Cave of Spleen" تک کا ایک پورا سفر نظمیہ انداز میں تخلیق کیا گیا تھا جس کے اختتام میں کہانی کی ہیروئین بیلنڈا (Belinda) ایک طویل جنگ میں الجھ جاتی ہے جس کے آخر میں اُسے اپنی کھوئی ہوئی انگوٹھی تو حاصل نہیں ہوتی ہے مگر اُسے یہ یقین ضرور مل جاتا ہے کہ اُس کے کٹے ہوئے بالوں کی چٹیا اُس کے اپنے نام کے ساتھ ستاروں کے جھرمٹ میں چھپ کر کسی بہشت میں چلے گئی ہے۔

جوناتھن سویفٹ (Jonathan Swift) 1667 میں ڈبلن میں پیدا ہوئے تھے وہ ایک انگلش ماہر قانون کے بیٹے تھے۔ سویفٹ نے ایک شاعر، ستائرسٹ اور سیاسی رائٹر کے طور پر مغربی ادب میں اپنا نام پیدا کیا۔ وہ ایک عرصے تک اپنے ایک امیر رشتہ دار سر ولیم ٹیمپل کے لیے ایک لٹریری اسسٹنٹ کے طور پر کام کرتا رہے۔ اسی دوران اُن کی ملاقات ایسٹر جانسن (Esther Johnson) سے ہوئی جنہوں نے انہیں سیاست کے ہنر میں طاق کیا اور یوں اس کے نتائج میں بالآخر ایک دن اُن کا سینٹ پیٹرک کیتھڈرل (St. Patrick's Cathedral) کے ڈین کے طور پر تقرر ہوگیا۔ 1710-1714 کے درمیان سویفٹ کا نام ٹوریز کی سیاست پر لکھنے والے رائٹرز میں ایک اہم رائٹر کے طور پر لیا جانے لگا۔ اس طرح سے ایک آئرش وطن پرست کے طور پر بھی اُن کا نام بہت ہی قابل عزت ہوگیا تھا۔ سویفٹ کا نام A Tale of a Tub, The Battle of the Books, The Drapier's Letters, Gulliver's Travels & A Modest Proposal جیسی کتابوں کے مصنف ہونے کی

وجہ سے انگریزی ادبیات میں ہمیشہ یاد رکھا جائے گا۔

سویفٹ کی 'گلیورٹریولز' (Swift by Gulliver's Travels)

سویفٹ کا یہ ایک ماسٹر پیس ستائر ہے جو اُس نے 1726 میں تخلیق کیا تھا۔ یہ کتاب اپنی شہرت کی وجہ سے دنیا کی کئی ایک زبانوں میں ترجمہ ہوئی اور ساری دنیا میں پڑھی گئی۔ سویفٹ کی اور تحریروں کی طرح گلیورٹریولز بھی مختلف ناموں سے پبلش ہوئی جس میں کہیں اُس نے تخلص لیموئل گلیور (Lemuel Gulliver) تو کہیں شپ سرجن تو کہیں شپ کیپٹن کا نام استعمال کیا۔ اس کتاب میں مختلف بحری سفروں جیسے لیلی پٹ (Lilliput)، بونوں کی دنیا، بروبڈنگ ناگ (Brobdingnag) دیوقامتوں کی دنیا، لاپوتا (Laputa) ہوائی دنیا، ہوہنم لینڈ (Houyhnhnmland) گھوڑوں جیسی مخلوق کی انوکھی دنیا اور یاہوز (Yahoos) عجیب الخلقت بن مانس وغیرہ کی شکل اور جسامت کے لوگوں سے بھری ہوئی دنیا کا تذکرہ شامل ہے۔ اپنی کتاب 'ٹریولرز' میں سویفٹ نے حقیقی دنیا کے سماجی، سیاسی اور تعلیمی اداروں کا اِن انوکھی دنیاؤں کے پس منظر میں اپنی مخصوص ستائر طرز سے سخت ترین تنقیدی انداز سے ذکر کیا ہے۔ یوں یہ کتاب ایک مختلف لحاظ سے ہونے کی وجہ سے خاصی پرکشش ہوگئی ہے۔ 'ٹریولرز' کی یہ ایک بڑی خصوصیت ہے کہ وہ بیک وقت بچوں کے لیے تفریح اور بڑوں کے لیے سماجی بصیرت کی وجہ سے بہت زیادہ دلچسپی کا سبب ہے۔

سویفٹ کی ایک انکسارانہ تجویز (A Modest Proposal by Swift)

سویفٹ کی ایک انکسارانہ تجویز درحقیقت سویفٹ کی انتہائی سخت سی ستائر ہے جو 1729 میں اُس نے ایک گمنام رائٹر (Anonymous) کے طور پر پبلش کی تھی۔ اس کتاب میں سویفٹ نے آئرلینڈ کی غربت کے خاتمے کے لیے یہ تجویز دی تھی کہ غریب اپنے نوزائیدہ

بچوں کو ایک سال کی عمر سے پہلے ہی مار کر 'انگلش مین' کے لیے غذا کے طور پر انہیں بیچ دیں اور یوں اقتصادی طور پر بہتر ہونے کی کوشش کریں۔ اس کتاب میں اُس نے بہت ہی سیریس انداز سے نوزائیدہ بچوں کو پکانے اور سوسائٹی سے غربت دور کرنے کی ترکیبیں بتائیں ہیں۔

نیوکلاسیکل دور کے دو اور اہم ادیبوں جوزیف ایڈیسن اور رچرڈ اسٹیل کے نام خصوصی طور پر دو معروف میگزین 'دی ٹیٹلر' (Tatler The) اور دی اسپیکٹیٹر (The Spectator) سے منسوب ہونے کی وجہ سے نمایاں نظر آتے ہیں۔

رچرڈ اسٹیل نے 'ائزک بیکرسٹاف' (Isaac Bickerstaff) کے قلمی نام سے آرٹیکل کی ایک سیریز کی شکل میں میگزین 'دیٹیٹلر' (TheTatler) سے اپنے کیریر کا آغاز کیا تھا جس میں بعد ازاں سویفٹ اور جوزیف ایڈیسن نے بھی شمولیت اختیار کر لی تھی جب کہ 'دی اسپیکٹیٹر (The Spectator) کا آغاز اسپیٹیٹر نامی کلب سے ہوا تھا۔ جس کے بنیادی ممبر جوزیف ایڈیسن اور رچرڈ اسٹیل تھے۔ رچرڈ اسٹیل اس میں 'مسٹر اسپیکٹیٹر' کے قلمی نام سے اُسے ایڈٹ کرتے تھے۔ دی ٹیلر اور دی اسپیکٹیٹر کے علاوہ جوزیف ایڈیسن، گارڈین (The Guardian) اور فری ہولڈر (The Freeholder) سے بھی منسوب تھے اور ان کی واحد پبلکشن کا نام کاٹو (Cato) تھا۔

رچرڈ اسٹیل کی پیدائش 1672 ڈبلن آئرلینڈ کے تھے۔ انہوں نے آکسفورڈ سے تعلیم حاصل کی تھی۔ ابتدا میں رچرڈ اسٹیل نے آرمی بھی جوائن کی تھی مگر پھر جلد ہی رائٹر بننے کی خاطر انہوں نے آرمی کو خیر آباد کر دیا۔ انہوں نے تین انتہائی کامیاب کامیڈیز لکھیں تھیں۔ 1707 میں وہ لندن گیزٹ (London Gazette) کے ایڈیٹر بن گئے۔ اسپیکٹیٹر اور ٹیٹلر میں چھپنے والے رچرڈ اسٹیل کے زیادہ تر تاثر سیاسی اور اخلاقی نوعیت کے ہوتے تھے۔

نیو کلاسیکل عہد کے ایک اور معروف ادیب سیموئل جانسن (Samuel Johnson) 1709 میں لیچ فیلڈ (Lichfield) میں پیدا ہوئے جہاں وہ پہلے پہل ایک اسکول ماسٹر اور بُک سیلر بھی رہ چکے تھے۔ 1737 میں وہ لندن آگئے اور پھر باقی زندگی انہوں نے لندن میں ہی گزاردی۔ ابتدا میں وہ اُس دور کے معروف میگزین 'دی جینٹلمین' (the Gentlemen) سے ملازمت کی خاطر منسلک ہوئے تھے مگر پھر اُس میں مسلسل لکھتے بھی رہے۔ 1749 میں اُن کی نظم 'دی وینیٹی آف ہیومن وشز' (The Vanity of Human Wishes) شائع ہوئی مگر اُس نے انہیں کچھ زیادہ شہرت نہیں دی۔ اِسی دوران انہوں نے اُس دور کے مشہور رسائل 'دی آئڈلر' (The Idler) اور دی ریمبلر (The Rambler) کے لیے بھی مضامین لکھتے رہے حتیٰ کہ اُن کا عظیم ادبی کارنامہ 'ڈکشنری اف دی انگلش لینگویج' شائع ہوئی، جس پر انہیں ڈاکٹریٹ کی ڈگریوں سے نواز اگیا۔ ایک ادیب ہونے کے ناتے انہوں نے اس دوران کئی ایک کہانیاں بھی لکھیں مگر خصوصاً اُنہوں نے اپنے عہد کے ادب پر تنقیدی مضامین تحریر کیے۔ ابتدا میں اُن کی زندگی خاصی غربت میں گزری مگر مستقل ادبی تخلیقات اور کارناموں خصوصاً اُن کے نو برسوں کے طویل عرصے میں لکھی ہوئی تنقیدی کتاب شیکسپیر کا دیباچہ (Preface to Shakespeare) نے بالآخر اُن کی ادبی شخصیت کو متعین کر دیا اور انہیں نہ صرف ایک ماہر اخلاقیات، تنقید نگار اور لغت نگار (Lexicographer) کے طور پر بلکہ 'The Great Cham of Literatute' کے خطاب سے بھی نواز اگیا۔ انہوں نے اپنی عمر سے بیس برس بڑی عورت سے شادی کی تھی مگر وہ ہمیشہ اپنی بیوی سے مخلص رہے۔ 1752 میں جب اُن کی بیوی کا انتقال ہوگیا تو پھر وہ اور بھی ادبی دنیا میں مصروف ہو گئے اور ایک ادبی گفتگو کرنے والے یا (conversationist Literary) کے طور پر زندگی گزاری۔ اُن کی ادبی زندگی کا آخری بڑا کارنامہ شاعروں کی زندگیاں (Lives of the Poets) تھا۔

سیموئل جانسن کی 'دی وینیٹی آف ہیومن وشز'
(The vanity of human wishes)

سیموئل جانسن نے یہ نظم 1748 میں تخلیق کی تھی اور 1749 میں یہ شائع ہوئی تھی۔اس کا بیانیہ خاصا قنوطی اور مایوسانہ یعنی پیزمیسٹک (Pessimistic) سا ہے۔ ۳۶۵ مصرعوں کی اس نظم میں اُنہوں نے زندگی کے مختلف پہلوؤں اور خواہشات پر ایک طائرانہ نظر ڈالی ہے اور اُن کے لاحاصل نتائج کا ذکر کیا ہے۔اس نظم میں اُنہوں نے سیاسی، سماجی، اقتصادی، علمی، ذہنی حتیٰ کہ جنسی خواہشوں اور طاقتوں کا تذکرہ کیا اور بالآخر ان کی تکمیل میں کسی بھی فائدے کے نہ ہونے کی بات کی اور ان کے ذہنی سکون کے لیے ناپائیدار ہونے کا نتیجہ اخذ کیا ہے۔اس دوران کئی ایک مثالوں سے انہوں نے کام لیا ہے مثلاً انہوں نے کہا کہ ہر ایک خواہش اپنے بطن میں ایک درد کا پہلو رکھتی ہے اور اُس کے پورا ہونے کی صورت میں بھی اُسے ایک ایسے 'امیر شخص کی تکمیل' سے تشبیہ دی ہے جسے ہمیشہ سے دن میں لٹنے اور رات میں چوری ہونے کا ہی خدشہ لگا رہتا ہے۔سیموئل جانسن کے خیال میں انسانی خواہشات کے پورا کرنے اور سونا حاصل کرنے میں کچھ زیادہ فرق نہیں ہوتا ہے کیونکہ ہر انسان ہی سونا حاصل کرنا چاہتا ہے اور سونا ہمیشہ سے انسانوں کا سکون چُرا کر رکھتا ہے۔انہوں نے ایک جگہ لارڈ وائزلی (Lord Wolsey) کا بھی تذکرہ کیا کہ انسان سیاسی طاقت حاصل کرنے کے لیے خوب ہی کوشش کرتا ہے مگر جب وہ کامیاب ہو جاتا ہے تو وہی لوگ جو کبھی اُس کی خواہش کے لحاظ سے اُس کے ارد گرد جمع ہوتے چلے گئے تھے، اب اُس شخص سے نفرت بھی کرنے لگتے ہیں۔انہوں نے کہا ایک سویڈن کا بادشاہ ساری دنیا کی زمینیں حاصل کرنے کی کوشش کرتا ہے اور حاصل بھی کر لیتا ہے مگر بالآخر اُس کے نصیب میں سوائے چند گز زمین کے کچھ نہیں آتا ہے بلکہ اُلٹا اس طاقت کی خواہش کے نتیجے میں اُس سے سکون اور محبت جیسی دولت بھی چھن جاتی ہے۔اُس کی نظم کا نقطۂ حاصل ہے کہ انسانوں کی بہتری اسی میں ہے کہ وہ انسانیت

کے لیے ہی کام کریں اور اُن کی محبت میں سرشار رہیں اور خوشیاں حاصل کرلیں۔ اُن کی نظم 'اینٹی تھیسیس' (Anti-thesis) کے عناصر، روشنی و اندھیرا، درد و سکون اور تکلیف و آرام وغیرہ جا بجا ملتے رہتے ہیں۔ اس اینٹی تھیسیس (Anti-thesis) سے وہ اخلاقانہ احساسات (Moral sensibility) کو پیدا کرنے کی کوشش کرتے ہیں۔ اس نظم میں جا بجا مذہبی اثرات ملتے ہیں مگر وہ عیسائیت سے کہیں زیادہ، خوشیاں حاصل کرنے کی خاطر 'خدا کی جانب' کا زیادہ ذکر کرتے ہیں۔

سیموئل جانسن کی 'ڈکشنری آف دی انگلش لینگویج'

(Dictionary of the english language)

سیموئل جانسن کے دور میں بہت سی انگریزی زبان کی ڈکشنریاں موجود نہیں تھیں اس لیے اُس دور کے لحاظ سے اس ڈکشنری کی حیثیت ایک پائینر یا رہنما ڈکشنری کی سی ہے۔ اس ڈکشنری کی خاص بات یہ بھی تھی کہ اُس میں سیموئل جانسن کی اپنی علمی رائے بھی جا بجا ملتی ہے۔ مثلاً اگر ڈکشنری میں جوار کا تذکرہ ہے تو ایک عام ڈکشنری میں ممکن ہے اُس کی وضاحت محض اناج کے طور پر کی گئی ہو مگر سیموئل کی ڈکشنری میں اُس کی وضاحت کچھ یوں ملتی ہے کہ یہ ایک ایسا اناج ہے جو انگلینڈ میں گھوڑوں کے لیے مگر اسکاٹ لینڈ میں انسانوں کے لیے استعمال ہوتا ہے یا 'اوپرا' ممکن ہے عمومی ڈکشنری میں ایسے ڈرامے کو کہا جائے گا جس کا اظہار میوزک سے ہو مگر سیموئل کی ڈکشنری میں اُس کی تعریف 'An exotic entertainment and irrational' ملے گی۔ یعنی ہم یہ کہہ سکتے ہیں کہ اس ڈکشنری میں سیموئل کی ذاتی پسند یا ناپسند کا ہمیں اظہار بھی ملتا ہے مگر پھر اُس کے بعد یہ اپنے دور کی سب سے مشہور ڈکشنری بھی ثابت ہوئی۔ اس میں سیموئل جانسن نے 43,000 انگریزی کے الفاظ کے معنی مختصراً تفصیل کے ساتھ درج کیے ہیں۔ یہ وہ پہلی انگریزی زبان کی ڈکشنری بھی ہے جس میں مشہور ترین انگریزی ادیبوں کے استعمال کیے ہوئے الفاظ کو بھی مثالوں کے ساتھ بیان کیا گیا ہے۔

ڈینیل ڈیفو (Daniel Defoe) لندن میں 1660 میں پیدا ہوئے تھے۔ اُن کا شمار انگلینڈ کے اُن پہلے پہل ناول نگاروں میں ہوتا ہے جن کی ناول نگاری حقیقت نگاری کا ایک شاہکار تھی۔ اُن کے دو مشہور ترین ناول رابنسن کروزو (Robinson Crusoe) اور مول فلینڈرز (Moll Flanders) ہیں۔ رابنسن کروزو کی کہانی اُس کی زندگی کی مہم جوئیوں پر محیط ہے جس دوران وہ اپنے بحری جہاز کی تباہی کی وجہ سے ایک گمنام سے جزیرے میں 24 برسوں کے لیے پھنس جاتا ہے۔ اِس دوران وہ ایک مقامی لڑکے کو موت کے منہ سے بھی بچاتا ہے اور پھر وہ دونوں کئی ایک مشکل مراحل سے گزرتے ہیں اور بالآخر طویل جدوجہد کے بعد واپس انگلینڈ پہنچنے میں کامیاب ہو جاتے ہیں۔ مول فلینڈر ایک اور مختلف نوعیت کا ناول ہے جو بیک وقت ایک تصوراتی اور مہم جوئی کا ناول ہے جس میں ایک عورت مول (Eponymous Moll) کا کامیابی اور ناکامی کا قصہ انہوں نے خود نوشت کہانی کے انداز میں بیان کیا ہے کہ مختلف مراحل سے گزر کر مول ایک بہت ہی امیر شخص کی بیوی بن جانے میں کامیاب ہو جاتی ہے۔ اس دوران مول کبھی اخلاقی تباہی کے مختلف منازل سے گزرتی ہے حتیٰ کہ وہ چوری بھی کرتی ہے، کبھی طوائف بھی بنتی ہے اور کبھی ضرورت کی خاطر شادیاں بھی کرتی ہے مگر ان تمام معاملات کو وہ تجارتی لین دین سے زیادہ اہمیت نہیں دیتی ہے اور لوگوں کو صرف اجناس کے طور پر تصور کرتی ہے اور استعمال کرتی ہے۔ یہ ناول اپنی فحش نگاری کی وجہ سے کئی بار پابندی کا شکار بھی ہوا تھا مگر پھر اس ناول پر کئی بار فلمیں اور ٹی وی سیریل بھی بنائے گئے تھے۔

انگلش ناول نگاروں کی تاریخ ہنری فیلڈنگ کے ذکر کے بغیر نامکمل ہے۔ فیلڈنگ کی ڈرامہ اور ناول نگاری میں مزاح کا پہلو بہت ہی نمایاں تھا۔ اُن کا سب سے یادگار ناول

'دی ہسٹری آف ٹام جونز' (The History of Tom Jones) تھا جو 1749 میں لندن میں شائع ہوا تھا۔ یہ ناول انگریزی ادب میں ایک کلاسیک کا درجہ رکھتا ہے۔ 1948 میں سمرسٹ موگم (Somerset Maugham) نے اپنی کتاب 'دنیا کے دس عظیم ناول نگار اور ناول' میں اس ناول کو سرفہرست رکھا۔ ٹام جونز کا پلاٹ رومانوی ہے جس کا ایک مرکزی کردار ایلورتھی اسکوئر (Squire Allworthy) کا خیال ہوتا ہے کہ اس نے جس نوزائیدہ بچے کو اپنایا تھا وہ دراصل اُس کی نوکرانی جینی جونز کی ایک ناجائز اولاد ہے۔ جب ٹام جونز بڑا ہوتا ہے تو اپنی خوبصورت پڑوسن 'صوفیہ ویسٹرن' کے عشق میں گرفتار ہو جاتا ہے۔ صوفیہ ویسٹرن کو حاصل کرنے کے لیے ٹام جونز کو بہت سے مشکل مراحل سے گزرنا پڑتا ہے اس میں ایک کردار بلیفل (Blifil) کا بھی ہے جو ایلورتھی اسکوائر کی بہن کا بیٹا ہے اور بیک وقت صوفیہ کے عشق میں گرفتار ہے۔ بلیفل کا کردار منفی نوعیت کا ہے جو یکے بعد دیگر ٹام جونز کی زندگی میں مسائل پیدا کرتا ہے اور صوفیہ ویسٹرن کو اُس سے بدظن رکھتا ہے۔ اِس دوران ٹام جونز مختلف مشکلات سے دو چار ہوتا ہوا انگلینڈ کی مختلف جگہوں کا سفر بھی کرتا ہے اور یوں ہنری فیلڈنگ اپنے قاری کو اٹھارویں صدی کے انگلینڈ کی خوب ہی تہذیبی سیر بھی کراتا ہے۔ بالآخر کہانی کا اختتام ٹام جونز کے حق میں ہوتا ہے جب صوفیہ کو ٹام کی سچی محبت اور بلیفل کی بدمعاشیوں کا علم ہو جاتا ہے۔

نیوکلاسیکل دور کے دوران فرانس کے ادیب اور اُن کی خدمات

پیئر کارنیل (Pierre Corneille)، شمالی فرانس کے ایک شہر روئن (Rouen) میں 1606 میں پیدا ہوئے تھے۔ اُن کے والد قانون داں تھے۔ اپنے باپ کی خواہش کی وجہ سے انہوں نے بھی قانون کی تعلیم حاصل کی اور پھر ایک وکیل کے طور پر اپنی پروفیشنل زندگی کا آغاز کیا تھا بلکہ دس برسوں تک وہ وکالت کی پریکٹس بھی کرتے رہے مگر بالآخر تھیٹر کی محبت سے دستبردار نہ ہو سکے اور وکالت کو خیر آباد کہہ کر انہوں نے ڈرامے لکھنے شروع کر دیے

اور پھر ایک دن مغربی ادب میں اپنا نمایاں نام پیدا کیا۔ اُنہوں نے ٹریجڈی اور کامیڈی دونوں ہی طرح کی صنف میں خود کو آزمایا مگر اُن کا نام ٹریجڈی ڈراموں میں زیادہ مشہور ہوا ۔اُن کے زیادہ تر موضوعات کلاسیکل و پری کلاسیکل دیومالائی کہانیوں اور تاریخی کرداروں سے مستعار ہوتے ہوئے ملتے ہیں ۔اُن کے ٹریجڈی ڈراموں میں عمومی طور پر ایک مرد یا عورت کی محبت کی کہانی ہوتی تھی جو کسی طور کسی جذباتی وجہ یا تنازعہ کی وجہ سے مل نہیں پاتے ہیں ۔ پییرَ کارنیل کا نام اُن کی شاہکار تخلیقات لیمینسٹر (Lementer)، میڈیا (Medea) اور ایلسڈ (Elcid) کے بدولت مغربی ادب میں زندہ رہ گیا ہے۔

پییرَ کارنیل نے میڈیا،1635 میں لکھا تھا وہ میڈیا اور اُس کے بے وفا محبوب 'جیسن' کے درمیان ایک انتقام کے ارد گرد پھیلی ہوئی داستان ہے۔ لیمنسٹر کی کہانی کا مرکزی کردار 'ڈورانٹے' ہے ۔ یہ ایک خاصا دلچسپ سا کردار ہے جو ڈرامے کے دوران مستقل جھوٹ بولتا رہتا ہے جبکہ ڈرامے 'ایلسڈ' میں روڈریگ (Rodrigue) اور چیمینز (Chimenes) کے درمیان ایک زبردست سا رومانس اور اس دوران درپیش ہونے والے مسائل کو دکھایا گیا ہے ۔رومیو جیولٹ کے مقابلے میں روڈریگ نہ صرف اپنے تمام دشمنوں کو ہرا دیتا ہے بلکہ آخر میں اپنی محبوبہ کا دل بھی جیت لیتا ہے اور اُسے حاصل کرنے میں بھی کامیاب ہو جاتا ہے۔

جین ریسین (Jean Racine) شمالی فرانس کے ایک چھوٹے سے گاؤں لافیرٹی میلون (La Ferté-Milon) میں 1639 میں پیدا ہوا تھا۔ وہ بہت ہی چھوٹی سی عمر میں یتیم ہو گیا تھا۔ اُس کی پرورش اُس کی دادی نے کی تھی ۔ ریسین نے اپنی ابتدائی تعلیم پورٹ رائل کے ایک اسکول میں حاصل کی اور پھر فلاسفی اور مذہبی تعلیم کی خاطر پیرس کے کالج میں آ گیا۔ وہیں سے اُس نے اپنے کیریئر کا آغاز ایک پلے رائٹر کے طور پر کیا ۔ اُس کے ڈرامے 'اینڈرومیک' (Andromaque) نے اُسے شہرت کی لازوال بلندیوں پر پہنچا دیا

مگر پھر ڈرامہ 'فیدٗ' (Phèdre) لکھنے کے بعد اُس کی نفسیات پر اس قدر منفی اثر پڑ گیا کہ اُس نے مزید ڈرامے لکھنے ہی چھوڑ دیے اور تاریخ پر کام کرنے لگا۔ مگر پھر 1689 میں اُس نے دوبارہ ڈرامے لکھنے شروع کیے۔ اُس نے اپنی ادبی زندگی میں صرف ایک کامیڈی اور باقی زیادہ تر ٹریجڈیز ہی لکھیں۔ پیئر کارنیل کی طرح ریسین کے بھی ڈرامے زیادہ تر کلاسیکل اور مذہبی یا روحانیت کے موضوعات اور کرداروں کے اردگرد ہی ملتے ہیں۔ بہت زیادہ حقیقت پسند ہونے کی وجہ سے پیئر کارنیل کی طرح ریسین کو بھی کڑی تنقید کا سامنا کرنا پڑا مگر اس کے باوجود اُس نے کئی ایک شاہکار ٹریجڈی ڈراموں سے انگریزی ادب کو نواز دیا۔

جین ریسین کے ڈرامے اینڈ رومیک اور فیدرٗ
(Andromaque and Phaedra)

یہ دونوں ڈرامے راسین کی سب سے معروف ٹریجڈیز ہیں جو انہوں نے 1667 میں لکھے تھے۔ ڈرامہ اینڈ رومیک کی کہانی اُس کے ہم نام دیومالائی کردار 'اینڈ رومیک' کی کہانی ہے لیکن اس کا پلاٹ کئی لحاظ سے مختلف ہے جبکہ ڈرامہ فیدر کا قصہ یونانی دیومالائی کردار ہوپالٹس (Hippolytus) کا ہے مگر بنیادی فرق یہی ہے کہ یہاں کہانی کا مرکزی کردار ہوپالٹس نہیں ہے بلکہ کہانی اُس کی ہیروئن کے اردگرد گھومتی ہے۔ اینڈ رومیک ماں کی محبت اور رومانی محبت کے درمیان پھنسی ہوئی ایک کہانی ہے۔ یہ قصہ ٹروجن (Trojan) جنگ کے خاتمے کے بعد کا ہے جب ٹرائے شہر پر یونانیوں کا قبضہ ہو جاتا ہے، اس کہانی میں دیسین دکھاتے ہیں کہ ہیلنسٹک دور کا ایک بادشاہ جس کا نام پی رس (Pyrrhus) ہے ایک خوبصورت عورت اینڈ رومیک کی محبت میں گرفتار ہو جاتا ہے اور اُس کے بیٹے کو دشمنوں سے بچاتا ہے۔ مگر اینڈ رومیک اس بات سے بے خبر اپنے شوہر ہیکٹر کی وفات کے بعد ایک شخص ہرمائین (Hermione) کی محبت میں گرفتار ہے۔ دوسری طرف ہرمائین خود اُس بادشاہ پی رس (Pyrrhus) کی زندگی کے پیچھے ہے اور جب وہ اوریسٹ

(Oreste) کی مدد سے اُس کا خون کروانے میں کامیاب ہو جاتی ہے تو آخر میں خودکشی کر لیتی ہے اور اوریسٹ بھی پاگل ہو جاتا ہے۔

جبکہ فیدر (Phaedra) کی کہانی خاصی مختلف ہے۔اس قصے میں جیلسی اور پچھتاوا وغیرہ ہے۔فیدرا اپنے سوتیلے بیٹے ہو پالٹس (Hippolytus) کی محبت میں گرفتار ہے مگر اس محبت کو دل میں چھپا کر رکھتی ہے اور جب اُس کا شوہر کنگ تھیسیس (King Theseus) طویل عرصے کے لیے گمشدہ ہو جاتا ہے تو وہ ایک جھوٹی خبر اُس کی موت کی پھیلا دیتی ہے۔ وہ اپنی نرس اونین (Oenone) کی مدد سے ہو پالٹس تک اپنے دل کا راز پہنچانے میں کامیاب ہو جاتی ہے کہ وہ دل ہی دل میں اُس سے محبت کرتی ہے مگر اس بات سے ہو پالٹس سخت پریشان ہو جاتا ہے کیونکہ وہ خود ایک لڑکی آریکیہ (Aricia) سے محبت کرتا ہے۔جب کنگ تھیسیس واپس لوٹتا ہے تو اُسے دوسرے ذرائع سے یہ غلط خبر ملتی ہے کہ اُس کا سوتیلا بیٹا، ہو پالٹس اُس کے پیچھے اُس کی بیوی فیدر کو حاصل کرنے کے درپے تھا۔ یوں وہ اس غلط فہمی میں اپنے ہی بیٹے کو تباہ و برباد کرنے کے منصوبے بناتا ہے۔ادھر ہو پالٹس اپنی معصومیت ثابت کرنے کی خاطر سب کے سامنے اپنی محبوبہ آریکیہ سے محبت کا اظہار کرتا ہے جس سے فیدر سخت جیلس ہو جاتی ہے مگر پھر بعد میں اُسے اپنی غلطی کا احساس ہوتا ہے اور وہ شرمندہ ہوتی ہے اور جب کنگ تھیسیس کی موت ہو جاتی ہے تو وہ خود بھی خودکشی کر لیتی ہے۔

جین بپٹسٹ پوکلین (Jean-Baptiste Poquelin) 1622 میں پیرس میں پیدا ہوا تھا۔اُس کا قلمی نام مولیہ (Molière) تھا۔وہ سترہویں صدی کا ایک بہت ہی مشہور و معروف ڈرامہ آرٹسٹ اور رائٹر تھا۔مولیر کا باپ شاہی خاندانوں خصوصاً فرانس کے بادشاہ لوئی فورٹین (Louis XIV) کے خاندانی فرنیچر کے سلسلے میں بھی خدمات دیتا تھا۔مولیر نے جوزوٹ کولیج دی کلیرمنٹ (Jesuit Collége de Clermont) سے تعلیم حاصل کی اور

کیریئر کے آغاز میں ایک تھیٹر کمپنی کی بنیاد رکھی اور اُس میں ایک اداکار کے طور پر کام شروع کیا۔ مگر جب پیرس میں اُس کی تھیٹر کمپنی بری طرح ناکام ہوگئی تو اُس نے دوسرے اداکاروں اور رائٹرز کے ساتھ مل کر ایک گروپ بنایا اور 1645-1658 کے دوران فرانس کے مختلف شہروں کے دورے شروع کر دیے۔ ان دوروں کے بعد جب وہ واپس پیرس پہنچا تو شاہی خاندان لوئی فورٹین (Louis XIV) کی مدد حاصل کی اور پھر 1662 میں ارمنڈا برجارٹ (Armande Béjart) سے شادی کرلی۔ اگلے پندرہ برسوں میں اُس نے ایک کامیاب اداکار، ڈرامہ پروڈیوسر اور رائٹر کے طور پر اپنا کام منوایا۔ بدقسمتی سے کامیابیوں کے ان دنوں میں اُس کے خلاف کئی ایک مذہبی منسٹرز، قانون دانوں اور ڈاکٹروں کے گروپس نے مل کر مہم چلائی اور اُس کے کام پر سخت ترین تنقید کی۔ 1673 میں ایک دن جب وہ اپنے آخری کامیڈین ڈرامے The Imaginary Invalid میں مرکزی کردار ادا کر رہا تھا، اچانک گر کر زخمی ہوگیا اور چند گھنٹوں میں ہی جان بحق ہوگیا۔

مولیر کو فرانس کے کامیڈین ادب میں اعلیٰ ترین درجہ حاصل ہے۔ اُسے اپنے کام پر 'فادر آف ماڈرن فرینچ کامیڈی' (Father of Modern French Comedy) کے لقب سے نوازا گیا۔ مولیر نے شیکسپیئر کی طرح بڑی تعداد میں کامیڈین ڈرامے لکھے تھے۔ وہ رومن کامیڈین رائٹرز پلیٹس اور ٹیرینس (Plautus اور Terence) اور اطالوی تھیٹر کے انداز 'کامیڈیا ڈیلارٹے' (Commedia dell'arte) سے بہت متاثر تھا مگر پھر بھی اُس نے اپنا بھی ایک منفرد سا انداز تھیٹر میں برقرار رکھا۔ اُس نے اپنے ڈراموں کی پروڈکشن میں ذاتی سوشل تجربات سے بھرپور فائدہ اُٹھایا۔ اُس کے کردار تھیٹر سے علیحدہ ہو کر بھی ایک منفرد شکل اختیار کر کے اپنی پہچان پیدا کرتے تھے جو ایک بہت عمدہ بات تھی۔ مولیر کے مشہور ترین ڈرامے لیمیز انتھروپ (Le Misanthrope)، ٹارٹف (Tartuffe) اور 'لے بورژواژ ینٹی ہوما' (Gentilhomme Le Bourgeois) شامل تھے۔

مولیہ کا ڈرامہ مکار ('s MolièreTartuffe or The Imposter)

ایک مذہبی منافقت پر لکھا گیا مولیہ کا ڈرامہ ہے جو اُس نے 1664 میں لکھا تھا۔ اس ڈرامے کا مرکزی کردار ٹورٹف (Tartuffe) ہے جو ایک بہروپیا ہے جو اپنے ایک چیلے ارگن (Orgon) اور اُس کی ماں کو اپنے مذہبی حلیے اور باتوں سے خوب ہی بے وقوف بناتا ہے حتیٰ کہ اُن کی تمام جائیداد بھی اپنے نام کرا لیتا ہے بلکہ یہی نہیں اُس کی بیٹی کو بھی اپنی بیوی بنانے پر انہیں راضی کر لیتا ہے۔ مگر پھر ارگن کی بیوی ایلمائر (Elmire) ٹورٹف کی یہ ساری چالاکیاں بھانپ لیتی ہے اور پھر ٹورٹف کو اپنی باتوں، اداؤں اور حلیوں سے جنسی طور پر مائل کر کے اپنے شوہر کے سامنے اُس کے سارے کردار کو ظاہر کر دیتی ہے۔ اس بات سے ٹورٹف مشتعل ہو جاتا ہے اور بدلے میں ارگن کو ڈراتا دھمکاتا ہے مگر آخر میں بادشاہ کی مداخلت سے ٹورٹف پکڑا جاتا ہے اور جیل میں بند کر دیا جاتا ہے۔

مولیہ کا ڈرامہ مردم بیزار ('s MolièreLe Misanthrope)

مولیہ نے ڈرامہ مردم بیزار یا میزانتھروپ (Le Misanthrope) 1666 میں لکھا تھا۔ اس ڈرامے کا مرکزی کردار ایلسٹ (Alceste) پوری ایمانداری کے ساتھ زندگی گزار رہا ہوتا ہے مگر اُسے زندگی میں کسی اچھی عورت کا ساتھ نہیں مل پاتا ہے سوائے ایک عورت سیلیمین (Célimène) کے جو بے انتہا زبان دراز دنیاوی سی عورت ہوتی ہے۔ ایلسٹ جب ایک مقدمہ بُری طرح ہار جاتا ہے تو دنیا جہاں سے بیزار ہو جاتا ہے اور پھر بالآخر سیلیمن کے ساتھ ہی زندگی گزارنے کی اُس سے گزارش کرتا ہے، مگر وہ اپنی ہم جنسی کی زندگی اُس کی خاطر چھوڑنے پر آمادہ نہیں ہوتی ہے اور ایلسٹ کو رد کر دیتی ہے۔ نتیجے میں ایلسٹ دل برداشتہ ہو کر کسی مردم بیزار یعنی میزانتھراپ (Misanthrope) اور ڈپریس شخص کی طرح تنہا زندگی گزارنے لگتا ہے۔

فرانس کا مشہور ادیب نکولس بوائلو۔ڈیسپریو (Nicholas Boileau-Despréaux) ایک کلرک کا پندرواں بچہ تھا۔ وہ 1636 میں پیرس میں پیدا ہوا تھا۔ اُس نے مذہب اور قانون کی تعلیم حاصل کی مگر پھر بعد میں ایک ادیب کے طور پر اپنا نام مغربی ادب میں پیدا کیا۔ الیگزینڈر پوپ کی 'دی روپ آف دی لوک' کی طرح اُس کی ایک ستائر نظم بھی بہت مشہور ہوئی تھی مگر اُس کا سب سے اعلیٰ ترین کام 'دی آرٹ آف دی پوئٹری' (Art Poétique, 1674) ہے جس نے اُسے مغربی ادب میں ہمیشہ کے لیے زندہ رکھا ہوا ہے۔ اس کتاب میں اُس نے ادب کے حوالے سے نت نئے کلاسیکل اصول وضوابط پیش کیے تھے۔ اُس کے مطابق ہر شے ایک اچھے احساس (Sense) کے رخ میں سفر کرتی ہے اور خیالات کی ترجمانی کرتی ہے۔ جو شے اچھی طرح سمجھ میں آئے وہی بھرپور اظہار کر پاتی ہے۔ وہ رائٹرز کو مشورہ دیتا ہے کہ ادب کی تخلیق کا کام بہت ہی باریک بینی اور آہنگی چاہتا ہے اور یہ کہ کسی بھی تخلیق کو بار بار پالش کرنا ضروری ہے اور تخلیق کار کے لیے مختلف علاقوں اور ادوار کے رسوم و رواج اور تہذیب سے آگاہی ضروری ہے کیونکہ منفرد تخلیق اُسی صورت میں ممکن ہے۔

ژان ڈی لا فانٹین (Jean de La Fontaine) نے نکولس بوائلو۔ڈیسپریو کی طرح مذہب یا قانون کی اعلیٰ تعلیم تو حاصل نہیں کی مگر ادب میں اپنی تخلیقات کی وجہ سے اعلیٰ مقام ضرور حاصل کرلیا تھا۔ اُس کی تعلیم کا سلسلہ محض ابتدائی چند سالوں کے بعد ہی منقطع ہوگیا تھا۔ ژان ڈی لا فانٹین نے آرٹ کی کئی ایک صفات مثلاً کامیڈیز، نغمے، بیلیز، ڈرامے اور قصے کہانیاں لکھیں تھیں مگر اُس کا نام خصوصی طور پر اُس کی لکھیں گئی کہانیاں (Fables) اور نظموں (Verse) کی وجہ سے یاد رکھا جائے گا۔ ان کہانیوں اور نظموں کے مرکزی کردار قدیم و جدید ادب سے ماخوذ ہیں۔ ژان ڈی لا فانٹین نے انہیں انسانی زندگی کے مسائل اور ایک بہتر رخ میں زندگی گزارنے جیسے موضوعات پر آزاد نظموں کی صورت میں تخلیق کیا ہے۔ ان

تخلیقات میں مشہور ترین گراس ہوپر (ٹڈا) اور چیونٹی (The Grasshopper and the Ant)،مور کے پنکھ میں چڑیا ہے(The Jay in the Feathers of the Peacock)، مینڈک جو بیل ہو جائے(The Frog Who Would Be an Ox) اور لومڑی اور کوا (Fox and the Crow The) شامل ہیں۔

چالس پیرولٹ(Charles Perrault) کا نام قدیم اور جدید مغربی ادب کے اختلافی محاذ کے ایک لیڈر ادیب کے طور پر لیا جاسکتا ہے۔وہ 1628 میں پیرس میں پیدا ہوئے تھے۔اُنہوں نے تخلیقی ادب کے لحاظ سے لوئی فورٹین کے دور کو رومن ایمپریر آگسٹس (Augustus) کے دور پر فوقیت دی۔اُن کی مشہور و معروف کتاب 'مدر گوس ٹیلز' Tales of Mother Goose (Les Contes de ma Mère l'Oye) تھی جو انہوں نے 1697 میں لکھی تھی، سچ تو یہ ہے کہ یہ ایک کتاب ہی اُنہیں مغربی ادب میں زندہ رکھنے کے لیے کافی ہے۔چالس پیرولٹ کی کہانیاں لوک اندازکی ہوتی تھیں مگر اُس میں موجود اُن کا منفرد تخلیقی انداز انہیں معتبر اور دلچسپ بنا دیتا تھا۔اُن کی مشہور ترین کہانیوں میں 'دی سلیپنگ بیوٹی' (The Sleeping Beauty) سینڈریلا (Cinderella) اور 'دی بیوٹی اینڈ بیسٹ'(Beast Beauty Theand) شامل ہے۔

فانزکواڈی لا روزفوکو (Duc François de La Rochefoucauld) فرانس کا وہ مشہور ادیب ہے جس نے میموائرز (Memoirs)، میکزمز(Maxims) اور لیٹرز (Letters) لکھ کر مغربی ادب میں اپنا نام ہمیشہ کے لیے لکھوادیا۔میموائرز میں اُس نے اپنی زندگی کی سیاسی کارکردگی اور میکزمز میں اُس نے انسانی فطرت کے مختلف پہلوؤں پر سیر حاصل گفتگو کی ہے۔1665 میں شائع ہونے والی ان کتابوں کے مطالعے سے ہمیں لا روزفوکو

کی علمی بصیرت، انسانی مزاج اور انسانی معاشرے پر گہری شناسائی کا پتہ دیتا ہے۔ اُس کے مطابق ایک انسان اپنی خود غرضیوں کی خاطر کسی بھی شے یا دوسرے انسان کو تخفیف زدہ کرسکتا ہے۔ وہ ایک جگہ لکھتا ہے:

'ہم سب میں اتنی ہی طاقت ہے کہ دوسروں کی بد قسمتی برداشت کرسکیں'۔

اسی طرح ایک اور جگہ وہ لکھتا ہے کہ:

'ہم دوسروں کے سامنے اپنا بھیس بدلنے کے اتنے عادی ہو چکے ہیں کہ آخرکار اپنے بھیس بدل لیتے ہیں'۔

اُس کا ایک اور مشہور سا جملہ ہے:

'ہم اپنی امیدوں کی خاطر وعدے کرتے ہیں اور اپنے خوف کے مطابق انہیں انجام دیتے ہیں'۔

یہ جملہ بھی اُن سے منسوب ہے:

'محبت میں پوری طرح اُتری ہوئی عورت بڑی سے بڑی بے راہ روی کو تو نظر انداز کردے گی مگر چھوٹی سی بھی بیوفائی کو ہمیشہ یاد رکھے گی'۔

فرانس کا ادب والٹیر کے نام کے بغیر نامکمل سمجھا جاتا ہے۔ والٹیر (Voltaire) کا اصل نام فرانسیسی مری ایروے (François Marie Arouet) تھا۔ وہ والٹیر کے نام سے مغربی ادبیات میں مشہور ہوا۔ اُس کے خیالات نے روشن خیالی کی تحریک کو ایک شخصیت کی سی شکل دے دی تھی۔ وہ پیرس کی ایک مڈل کلاس فیملی میں 1694 میں پیدا ہوا تھا۔ اُس نے جیزوٹ کالج (Jesuit College) میں تعلیم حاصل کی تھی۔ اپنی جراَت مندانہ تحریروں کی وجہ سے اُسے دو بار قید کی سزائیں دی گئی مگر وہ ایک بار انگلینڈ چلا گیا اور وہاں کی عظیم ادبی شخصیات کے ساتھ وقت گزارتا رہا اور دوسری بار وہ پروشیہ چلا گیا مگر وہاں بھی وہ اپنے

مزاج کی وجہ سے زیادہ عرصہ ٹھہر نہ سکا۔والٹیر ساری زندگی آرگینائزڈ مذاہب کا سخت ترین مخالف رہا، یہی وجہ تھی کہ جب اُس کی موت ہوئی تو چرچ نے اُس کی تدفین کی رسوم ادا کرنے سے انکار کر دیا تھا۔تاہم ایک اعلیٰ درجے کے راہب نے بعد میں اُس کے دفنانے کا بندوبست کر دیا تھا۔والٹیر نے ادب کی کم وبیش ہر ایک صنف میں اپنے جوہر دکھائے۔ اُنہوں نے ڈرامے، خطوط، فلسفیانہ مضامین، نظمیں، تاریخ، تائیر اور فلسفیانہ قصے اور مضامین بھی لکھے۔اُس کی تخلیقی تحریروں کی ایک طویل تعداد ہے۔والٹیر کی ایک مشہور کہانی 'کینڈڈ' (Candide) سے مغربی ادب کا کم وبیش ہر ایک طالب علم واقف ہے۔والٹیر کی کہانی 'کینڈڈ' (Candide, or Optimism Candide, ou L'Optimisme) اپنے دور سے آج تک ایک شاہکار کہانی سمجھی جاتی ہے۔والٹیر نے یہ کہانی 1759 میں لکھی تھی۔اُس کے مطابق کہانی کا مرکزی خیال یہ ہے کہ سب کچھ بہترین کے لیے نہیں ہے اور یہ تمام ممکنہ دنیاؤں میں سے بہترین دنیا نہیں ہے۔والٹیر کا استدلال یہی ہے کہ برائی کا کوئی ٹیلولوجیکل مقصد نہیں ہے اور امید پرستی ایک مضحکہ خیز سی شے ہے۔کینڈڈ میں ڈاکٹر پینگلوز کا ایک کردار ہے جو اپنے شاگرد کینڈڈ کو مشکل سے مشکل حالات میں بھی پر امید رہنے کا سبق دیتا ہے۔کینڈڈ اس دوران کئی ایک ملکوں پرتگال، اسپین، ارجنٹینیا سے ہوتے ہوئے فرانس، انگلینڈ، وینس سے ہوتے ہوئے قسطنطنیہ پہنچتا ہے اور اس دوران کئی ایک مشکل ترین مراحل سے گزرتا ہے۔ کتاب کے تیس اسباق بدترین واقعات، حالات، سچے جھوٹے دلائل اور ناممکنات حد تک مشکلات سے گھرے ہوئے کینڈڈ کو بالآخر آخر سرخرو کر دیتے ہیں۔کہانی کا انجام اس معنویت پر ہی ہوتا ہے کہ زندگی میں ہمیں خود ہی اپنے باغ کو پیدا کرنا ہوتا ہے اور پھر ہمیں ہی اُس کی نشوونما کرنا پڑتی ہے تو ہی ہم ایک کامیاب انسان بن پاتے ہیں۔

✪✪

ساتواں دَور

رومانوی دَور میں سیاسی وسماجی انقلابات
اور مغربی ادب کی بدلتی تہذیب

O

نیوکلاسیکل دور کے بعد اٹھارویں صدی کے آخری عشرے اور انیسویں صدی کے درمیانی دور تک کے عرصے میں تخلیق ہونے والا مجموعی مغربی ادب رومانوی دور کا ادب' کہلاتا ہے مگر انیسویں صدی کی ابتدائی چند دہائیاں تو رومانوی دور کا زریں دور سمجھا جاتا ہے۔ مغربی ادب کا یہ دور مختلف مغربی اقوام میں مختلف اشکال میں دکھائی دیتا ہے مثلاً برطانیہ میں اس دور کا عرصہ 1798 سے ہوا جب ولیم ورڈزورتھ (William Wordsworth) اور سیموئل ٹیلر کولرج (Samuel Taylor Coleridge) کی 'لیرکل بیلیڈس' (Lyrical Ballads) شائع ہوئی تھی اور یوں یہ تقریباً چار سے پانچ دہائیوں تک کا دور سمجھا جاتا ہے حتیٰ کہ اس کے اثرات 1832 میں دکھائی دیتے ہیں جب برطانیہ کی پارلیمنٹ میں ریفارم بل (Reform Bill) پاس ہوا تھا۔ اس بل کے پاس ہونے کے نتیجے میں برطانیہ کا الیکٹرول سسٹم مکمل طور پر تبدیل کر دیا گیا تھا۔ اسی 'گریٹ ری فارم ایکٹ' کہا جاتا ہے کیونکہ اس کے بعد مڈل کلاس کے لوگوں کو ووٹنگ کے حقوق حاصل ہو گئے تھے۔ اس عرصے سے قبل کے دور کو ہم 'پری رومانسزم' کا دورانیہ کہہ سکتے ہیں جب ہمیں تھامس گرے (Thomas Grey) ولیم کوپر (William Copper)، ولیم بلیک (William Blake) روبرٹ برنس (Robert Burns)، گولڈ اسمتھ (Gold Smith) اور (Cowper and Crabbe)، جیسے شہرہ آفاق شاعر، ادیب اور آرٹسٹ برطانوی فنون لطیفہ کی دنیا پر راج کرتے ہوئے دکھائی دیتے ہیں۔

جرمنی میں رومانوی ادب کے دور کو دو بڑے حصوں میں تقسیم کیا جاسکتا ہے۔ پہلا دور ابتدائی رومانٹکس یعنی Early Romantics کا ہے جو اٹھارویں صدی کے آخری عشرہ سے انیسویں صدی کی چند ابتدائی دہائیوں تک محدود ہے جبکہ دوسرا دور جسے ہم ہائی رومانٹکس کا ہے (High Romantics) کا ہے جو انیسویں صدی کے ابتدائی حصے سے کم وبیش درمیان تک کا عشرہ ہے۔ ابتدائی رومانٹیکس یا پہلے دور میں اٹھنے والی موومنٹ کو ایک طوفانی اور تناؤ (Stress Storm and) کے نام سے بھی یاد کیا جاتا ہے۔ فرانس میں رومانس ازم کا دور کچھ مختصر ہی رہا اور زیادہ تر انیسویں صدی کے درمیانے حصہ تک ہی محدود رہا مگر امریکہ میں ہمیں یہ عشرہ 1830 سے 1865 کے درمیان تک پھیلا ہوا ملتا ہے۔

ادب کی یہ رومانوی موومنٹ جب یورپ سے نکل کر بحر اوقیانوس کراس کرتے ہوئے نیوورلڈ یعنی نارتھ امریکہ پہنچی تو اس نے نا صرف ایک نئی ادبی دنیا پیدا کی بلکہ چاروں جانب وسیع و عریض تہذیبی اثرات بھی مرتب کیے کیونکہ ادب کے ساتھ ساتھ رومانوی موومنٹ کا بہت ہی گہرا تعلق آرٹ، میوزک، سیاست، مذہب اور فلسفے کے علاوہ آرکیٹیکٹ سے بھی تھا۔ اس بدلتی ہوئی لہر نے پوری روانی سے یورپ اور امریکہ کی تہذیبی فضا کو متاثر کیا۔ ہمیں یہ نہیں بھولنا چاہیے کہ اُس دور میں اگر موسیقی میں ہمیں لڈوک وین بیتھووین (Ludwig van Beethoven) ملتا ہے تو فلاسفی میں ایموئنول کانٹ (Immanuel Kant) بھی نظر آتا ہے۔

رومانوی ادب کے دوران ہمیں یورپ میں کئی ایک انقلابی سماجی تبدیلیاں بھی دکھائی دیتی ہیں۔ اٹھارویں صدی میں صنعتی انقلاب کی آہٹ سنائی دے رہی تھی اور پرانی زرعی سوسائٹی ایک نئی کمرشل سوسائٹی سے بدلتی جارہی تھی۔ اس تبدیلی کے عمل سے مڈل کلاس سوسائٹی تیزی سے نشوونما پارہی تھی اور گاؤں سے شہروں میں مزدوری کا پھیلاؤ بڑھتا جارہا تھا۔ کیپیٹل اور لیبر کلاس کے درمیان کے فاصلوں کے امکانات بڑھتے جارہے تھے اور کرپٹ اشرافیہ اور

مزدور طبقوں کے درمیان تناؤ کا اضافہ ہو رہا تھا۔ اشرافیہ (Aristocrats) اپنی طاقت کو قائم و دائم رکھنے کی خاطر سیاسی حربے استعمال کر رہے تھے اور عوام الناس ظلم و جبر کے خلاف احتجاج کے لیے متحد ہوتی جا رہیں تھیں۔ یہ سارے عوامل یورپ میں صنعتی انقلاب کا سبب بننے والے تھے۔

رومانوی دور میں یورپ کے سیاسی ادوار مختلف اور منفرد مراحل میں تھے مثلاً اٹلی ابھی بھی بیرونی قوتوں کے کنٹرول میں ہی تھا مگر جرمنی ایک بڑی متحدہ قوت بننے کی تگ و دو میں مصروف تھا تاہم پھر بھی سیاسی و اقتصادی غیر اطمینان بخش صورت حال نے عوام الناس میں بغاوت کی فضا پیدا کر دی تھی مثلاً 1848 میں جرمنی کی مطلق العنان قوتوں کے خلاف ایک کھلی سیاسی لہر پیدا ہوئی جس کی وجہ سے جرمنی میں کچھ نئے قوانین کا اجرا ممکن ہوا۔ یورپ کے مقابلے میں امریکہ میں بھی کئی ایک سیاسی تبدیلیاں دکھائی دیتی ہیں۔ اسی دوران امریکہ کی آزادی کی خواہشمند ریاستیں برطانوی نو آبادیاتی قوتوں سے لڑ رہی تھیں حتیٰ کہ 1783 میں وہ بالآخر ٹریٹی آف پیرس (Treaty of Paris) کے نتیجے میں اپنی خود مختاری حاصل کرنے میں کامیاب ہوگئیں۔ امریکی انقلاب کے فوراً ہی بعد فرانس کے انقلاب کا واقعہ 1999-1789 کے دوران رونما ہوا۔ اس عظیم انقلاب کا مقصد تو جمہوریت کی علمبرداری تھا مگر نتیجہ اُس کے برعکس نکلا اور نپولین بوناپارٹ کی ڈکٹیٹر شپ کی صورت میں سامنے آیا۔ اس دوران برطانیہ میں یوں تو کوئی بڑا عوامی انقلاب تو نظر نہیں آتا ہے مگر گورنمنٹ کو یہاں بھی مجبوراً پہلا ریفارم بل پاس کرنا پڑا اور مڈل کلاس کو بھی طاقت کا حصہ دینا پڑ گیا۔ رومانوی دور کے دوران روس میں بھی کئی ایک سیاسی تحریکیں نظر آتیں ہیں جنہیں اشرافیہ کی حکومت نے سختی سے کچل دیا مگر یہاں بھی الیگزینڈر 2 (Alexander II) کے دور یعنی 1855 سے 1881 کے دوران کئی ایک لبرل ریفارمز کی اجازت دے دی گئی تھی۔ اس میں خصوصاً غلامی یعنی Serfs کے نظام کا 1861 میں خاتمہ شامل ہے۔

رومانوی دور میں یورپ میں کئی ایک سائنسی ایجادات ہوئیں مثلاً 1764 میں جیمس ہارگریف (James Hargreaves) کی بنائی ہوئی اسپننگ جینی (Spinning jenny) جیسی کاتنے والی مشین اور 1765 میں جیمس واٹ کا تیار کیا ہوا بھاپ کے انجن کی ایجادات کا بھی ایک سلسلہ دکھائی دیتا ہے جو صنعتی انقلاب کے لیے راہیں ہموار کر دیتی ہیں۔ بالکل اسی طرح 1762 کی ژان ژیک روسو (Jean-Jacques Rousseau) کی 'دی سوشل کانٹرکٹ' (The Social Contract) اور 1792 کی تھامس پین (Thomas Paine) کی 'دی رائٹس آف مین' (The Rights of Man) کے بنا بھی صنعتی انقلاب سے ہونے والا ممکنہ سماجی انقلاب ناممکن تھا کیونکہ 'سوشل کانٹریکٹ تھیوری' کے ذریعے گورنمنٹ آرگنائزیشن اور عوام الناس کے درمیان حقوق کی برابری پر ایک کانٹریکٹ طے ہوا اور 'دی رائٹس آف مین' کے تحت عوامی حقوق کے سلب ہونے کی صورت میں گورنمنٹ کے خلاف انقلاب کا حق حاصل کرلیا گیا۔ بلاشبہ اُس دور میں عوام کی گروہی رفاقت، آزادی اور برابری جیسے نظریات ہی سیاسی انقلابات کی آگ بڑھکانے کے لیے بنیادیں فراہم کر رہے تھے۔

1776 میں آدم اسمتھ کی 'دی ویلتھ آف نیشنز' (The Wealth of Nations) نے اقتصادیات کی دنیا میں "Let do" اور 'Let alone' کا تصور پیدا کیا۔ سیاسی حقوق کی اِس تمام تر جدوجہد میں مردوں کے ساتھ عورتوں نے بھی بھرپور حصہ لیا۔ 1790 میں میری ولسٹون کرافٹ (Mary Wollstone craft) نے اے ونڈیکیشن آف دی رائٹس آف مین؟ (A Vindication of the Rights of man?) جیسی ریمارک ایبل کتاب فرانس کے انقلاب کے حق میں لکھی اور پھر دو برس کے بعد ہی اُس نے حقوق نسواں کی تحریک کے تصور پر اے ونڈیکیشن آف دی رائٹس آف وومین؟ (A Vindication of the Rights of Woman) بھی لکھ دی۔ اسی ہنگامی تبدیلی کے تمام تر ادوار میں عوامی حقوق اور سیاسی آزادی کے لیے مکمل جمہوری نظام کے قیام کے لیے ایک اپیل بھی کی گئی۔

چونکہ رومانس ازم کا دور ایک بھرپور کلچر مومنٹ تھی، اس لیے اُس نے ادب کے نیوکلاسیکل دور کو آسانی سے سرکاتے ہوئے اُس کی جگہ لے لی اور یوں مغربی ادب کا منظر نامہ بدلتا چلا گیا۔ اس نئے منظر نامے میں ماضی کے حکمرانوں اور اتھارٹیز کے تذکروں کے بجائے نئے مزاج کے جینیس اور نئے طرح کے ٹیلنٹس اور نئی طرز کی تخلیقات نے ادب میں متعارف ہونا شروع کیا۔ رومانس ازم میں انسانوں کی طرف دیکھنے کی نظر بتدریج بدلتی چلی گئی۔ اُس دور کے ادب میں انسانوں کے بارے میں قدیم اچھائی بُرائی کے فرسودہ اصولوں پر اظہار کے بجائے اُن کی فطری جبلت اور اُس جبلت کا بے ساختہ اظہار، معیارِ ادب کے پیمانے کے طور پر سامنے آیا۔ اِس نئی ادبی دنیا میں فرد اور اُس پر عائد اخلاقی قوانین سے بالاتر فطرت کے ساتھ تعلق کو اہمیت دی گئی۔ اسی طرح یہ تصور بھی کہ 'رومانٹکس' کے لیے ایک بڑے شہر کا تصور جرائم کا مرکز تو ہوسکتا تھا مگر ایک خوش آئند، عزت و احترام کے ساتھ گفتگو اور اخلاقیات برتنے کی جگہ ہرگز نہیں۔ 'رومانٹکس' کے لیے فطرت کی عبادت خیر خواہی کے تصور سے تو ممکن تھی مگر کسی خوفزدہ کردینے والی جسامت کے بے ترتیب تصور سے ہرگز نہیں۔ رومانوی دور کے ادیب وجودیت کے غیر وحدانی تصور کی طرف مائل تھے یعنی ایک ایسا تصور جو ژاں ژیک روسو کی نوبل سیوئج تھیوری (Noble savage theory) کے قریب ترین تھا جیسے کہ اُس نے کہا تھا کہ 'انسان بنیادی طور پر اچھائی یا بُرائی یا گناہوں کے تصور سے بالاتر فطری شکل میں پیدا ہوا ہے اور یہ تہذیبی سلسلہ ہے جس نے اُسے کرپٹ کردیا ہے'۔ ہمیں یہی فطرت کی طرف تسلسل کا سفر رومانس ازم کے دور کے ادب میں جا بجا ملتا ہے۔

نیوکلاسیکل دور کے خلاف رومانس ازم کے اس انقلاب نے نہ صرف قدیمیت (Primitivism) کی طرف راستے کا تعین کیا بلکہ ادب کی کئی ایک اصناف کو بھی اس کی خاطر استعمال کیا جیسا کہ رومانس ازم کے دور میں سوانح عمری کا اندازِ تحریر ہمیں خوب ہی ملتا ہے۔ رومانس ازم میں 'شخص کی انفرادیت' پر زور دیا گیا اور عقلیت پسندی، منطقی اظہار یا مذہبی اور

سیاسی آرگنائزیشن کے بجائے ایک صوفیانہ یعنی Transcendentalism فارم کو فکری توجہات کا مرکز بنایا گیا۔ رومانس ازم میں اظہار کے لیے جذبات واحساسات کے مجموعی اظہار کو فوقیت دی گئی اور فرد کی کم وبیش ہر طرح کی معاشرتی آزادی یعنی بیرونی قوتوں کے کنٹرول سے ملک کی آزادی حتیٰ کہ فرد کی جگہ اور وقت سے آزادی کے تصورات کو ادب میں جگہ دی۔

رومانس ازم کا ادب روح کو ایک نامیاتی شکل دے کر اپنے اندر ایک ارتقائی عمل سے گزار کر ایک طاقتور مگر بے ساختہ سی تخلیقی شکل دیتا ہے اور جذبات یا احساسات کو ایک کردار کی شکل میں ڈھال کر جسمانی کردار سے بڑا حجم دیتا چلا جاتا ہے اور یوں اپنے معنی بھرپور انداز میں متعین کرتا ہے۔ اِسی وجہ سے رومانوی دور میں شاعری ،نثر سے زیادہ تخلیق ہوئی کیونکہ شاعری روح کے فطری اظہار یا احساسات و جذبات کے اظہار کا ایک طاقتور ترین ذریعہ ہے۔ اِس دور میں رمزیہ طویل نظموں کے بجائے محبت کے نغمے ،فطرت پر شاعرانہ نظمیں ،غم وافسردگی کے احساسات سے بھری ہوئی شاعرانہ تحریریں ،لوک گیت ،قومی نغمے اور بیلے (Ballad) انداز میں شاعری اور نثر کثیر تعداد میں ملتی ہیں۔

فکشن میں رومانس ازم کا زیادہ تر زور ہمیں جذباتی ناولوں، تاریخی ناولوں، اور گوتھک لٹریچر میں بھی آرکیٹیکٹ اسٹائل (Architectural Style) ملتا ہے۔ رومانس ازم کے دور میں خطوط، مضامین اور سوانح حیات پر تو خاصا کام ملتا ہے مگر ڈرامے کی صنف پر زیادہ تخلیقی کام نظر نہیں آتا ہے۔ رومانس ازم کے دور میں روایتی انداز میں تحریر شدہ مٹیریل کو قطعی طور پر نظر انداز کیا گیا ہے۔ اس دور میں مشہور شخصیات کو موضوعات بنانے کے بجائے بچوں، دیہاتی انسانوں، آوارہ پھرنے والوں ،تنہائی کے شکار لوگوں ،معصوم یا سادہ لوگوں اور عام سوشل انسانوں پر ادب تخلیق کیا گیا۔ اس دور میں انسانوں کی وحشیانہ صورت حال ، مابعد الطبیعات کے مسائل، پرندوں ، ہواؤں ، پھولوں ، پودوں ،سمندروں ،بارشوں، آبشاروں، پہاڑوں، میدانی علاقوں، طوفانوں اور چاند تاروں پر ادب تخلیق ہوا ہے۔ رومانس ازم کے

دور میں جب سماجی عنوان سے جمہوریت کا خواب پورا ہوتا ہوا دکھائی دینے لگا تو اسی دوران خواتین رائٹرز کی بھی ایک بڑی تعداد ہمیں مغربی ادبی دنیا میں نظر آتی ہیں جیسا کہ فرانس میں 'میڈم آنا لوئے جرمین ڈی اسٹالا' (Anne Louise Germaine de Staël) اور انگلینڈ میں میری شیلی (Mary Shelley) اور جین آسٹن (Jane Austen) شامل ہیں جنہوں نے بعد کے ادوار میں حقوق نسواں پر آنے والی تحریروں کے لیے بنیادیں فراہم کی۔

ادب کا رومانوی دور۔ برطانیہ میں

ولیم ورڈز ورتھ انگلینڈ کے ایک چھوٹے سے گاؤں کوکرماوتھ (Cockermouth) میں 1770 پیدا ہوئے تھے۔ اُن کے والدین کا انتقال ورڈز ورتھ کی نوجوانی میں ہی ہوگیا تھا مگر انہوں نے اپنے تعلیمی سلسلے کو جاری رکھا۔ انہوں نے اپنی ابتدائی تعلیم ہاکشیڈ (Hawkshead) میں حاصل کی اور پھر اعلیٰ تعلیم کے لیے کیمبرج میں سینٹ جان کالج (St.John's College) میں داخلہ لے لیا۔ جب تک وہ کوکرماتھ میں رہے وہ اپنی بہن اور دوستوں کے ساتھ فطرت کی رنگینوں سے ہم آہنگ ہوتے رہے اور بہت متاثر ہوئے مگر جونہی ان کے مطالعے میں ژان ژین روسو اور گاڈوین (Godwin) آئے اور فرانس کا انقلاب ان کے سامنے آیا تو اُس کے نتائج دیکھنے کی خاطر فرانس تک چلے گئے مگر جب وہاں سے واپس لندن آئے تو اُن کی شاعرانہ شخصیت پر گہری زک لگ چکی تھی اور انسانی اخلاقیات پر اُن کے ذہن میں کئی ایک سخت سوالات پیدا ہوئے۔ ورڈز ورتھ کی 'دی پریلوڈ' (The Prelude) اُسی دور کی تخلیق ہے۔ برطانیہ آکر وہ ایک تارک الدنیا شاعر رہنے کی غرض سے واپس اپنے آبائی گاؤں چلے گئے۔

1795 میں ورڈز ورتھ کی ملاقات انگلش شاعر، فلاسفر اور مذہبی اسکالر کالریج

(Coleridge) سے ہوئی اور جلد ہی یہ ملاقات ایک مخلصانہ دوستی میں بدل گئی اور پھر دونوں نے مل کر سب سے اہم ادبی تخلیق 'دی لیریکل بیلیڈس' (Lyrical Ballads The) پیش کی تھی جس نے ولیم ورڈز ورتھ کو ادبی دنیا میں ایک اہم ترین جگہ دے دی تھی۔ گو کہ اسی دوران ورڈز ورتھ نے 'دی ریکلوس' (The Recluse) بھی کمپوز کرنا شروع کر دی تھی مگر بدقسمتی سے اُن کا یہ کام تکمیل نہ پا سکا۔ ولیم ورڈز ورتھ کی 'دی لیریکل بیلیڈس' (Lyrical Ballads) کے کل چار ایڈیشن (1798, 1800,1802,1805) پبلش ہوئے تھے۔ جن میں پہلا ایڈیشن جو 1798 میں آیا تھا وہ ایک تجرباتی ایڈیشن تھا جو انہوں نے کالریج (Coleridge) کے ساتھ مل کر کمپوز کیا تھا جس میں کوئی پیش لفظ یا دیباچہ بھی انہوں نے نہیں لکھا تھا جبکہ دوسرا ایڈیشن جو (1800) میں شائع ہوا، اُس میں انہوں نے پیش لفظ بھی لکھا تھا۔ پہلے ایڈیشن میں کالریج کی طویل نظم 'رائیم آف دی اینشیٹ مارنیر' (Rime of the Ancient Mariner) شامل تھی جبکہ ولیم ورڈز ورتھ کی دونوں نظمیں ٹینٹرم ابی (Tintern Abbey) اور ایڈیٹ بوائے (The Idiot Boy) شامل تھی۔ 1843 میں اُن کا پویٹ لارئیٹ (Poet Laureate) کے طور پر شاہی خاندان میں تقرر ہوگیا۔ اپنی زندگی کے آخری عرصے میں وہ مذہبی طور پر آرتھوڈوکس اور سیاست میں کنزرویٹو تصور کے حامی ہو گئے تھے۔

ولیم ورڈز ورتھ کی انگریزی ادبیات میں شاعرانہ شکل تین صورتوں میں منفرد اور نمایاں طور پر نظر آتی ہیں۔ پہلی بات تو یہ کہ انہوں نے اپنی شاعری اور مضامین میں انسانوں اور فطرت کے درمیان ایک نئے تعلق کو دریافت کیا۔ یہ تعلق محض ایک عمومی سا شاعرانہ تصور نہیں بلکہ انسانوں اور فطرت کے درمیان ایک نئے نامیاتی تعلق کی غمازی کرتا ہے۔ انسانی ذہن اور فطرت کے دماغ کا یہ استعاراتی تعلق ایک لامتناہی کا دوسرے لامتناہی سے تعلق کا اظہار ہے۔ لارڈ بائران، شیلے اور کیٹس کے مقابلے میں ولیم ورڈز ورتھ کے یہاں نیچر کا تصور پینتھرزم (Pantheism) کے پس منظر میں ملتا ہے مگر اُس کی خوبصورتی اور ایک زندہ روح

کی شاعرانہ فطرت کے ساتھ ساتھ ۔ دوسری شکل جو ورڈز ورتھ میں دکھائی دیتی ہے اُس کی نمائندگی اُن کی اعلیٰ ترین نظم دی پریلوڈ (The Prelude) میں ظاہر ہوتی ہے جو انگریزی شاعری میں پہلی طویل ترین نظمیہ آپ بیتی ہے جو ۱۴ والیم پر مشتمل ہے ۔ یہ درحقیقت ایک شاعر کے ذہن کا کچھ یوں ارتقائی عمل ہے جس ورڈز ورتھ خود شناسی اور خود آگہی کے ایک طویل معنوی سفر سے گزرتے ہیں جس دوران وہ ناصرف اپنی نفسیاتی دریافت بلکہ مجموعی طور پر تمام تر انسانوں کی نفسیاتی توجہات کے عمل کو بھی شاعرانہ طرز میں بیان کرتے ہیں ۔ ورڈز ورتھ کی شاعری کے مطالعے سے اُن کی اس تیسری شکل کا اندازہ بار بار ہوتا ہے کہ شاعری اُن کے لیے انسانی زندگی کے تجربات کی مرکزی شکل وصورت ہے یعنی شاعری ہی تمام تر علمی سفر کا آغاز وانجام ہے اور انسانی دل جذبات کی لا متناہی سفر کی ترجمان ہے ۔ ولیم ورڈز ورتھ نے انگریزی ادب میں عظیم ترین شاعرانہ تخلیقات کا اضافہ کیا ہے ۔ یہ بات بنا کسی احتیاط کے کہی جا سکتی ہے کہ انگریزی ادب میں جان ملٹن کے بعد ورڈز ورتھ کا نام نمایاں ترین نظر آتا ہے ۔

ولیم بلیک (William Blake) 1757 میں لندن میں پیدا ہوئے تھے ۔ انہوں نے باضابطہ اسکول کی تعلیم بہت کم حاصل کی تھی اور صرف ۱۴ سال میں ہی نقش ونگار بنانے والے (Engraver) اور ایک پینٹر کے طور پر اپنے پروفیشن کا آغاز کر دیا تھا ۔ مگر جوں جوں عمر بڑھتی گئی اُن کی دلچسپی شاعری اور مذہب میں بڑھتی چلی گئی ۔ مذہب میں اُنہوں نے خصوصاً صوفیانہ لہجے میں شاعری کی تھی ۔ اُن کی ادبی زندگی کی سب سے یادگار تخلیقات میں کئی ایک صوفیانہ مزاج کی کتابیں 'والا یا' دی فور زواس' (Vala, or The Four Zoas) اور معصومیت اور تجربات کے گیت (Songs of Innocence and Experience) شامل ہیں ۔

ولیم بلیک نے معصومیت کے گیت (Songs of Innocence) اور تجربوں کے گیت (Songs ofExperience) بالترتیب 1789 اور 1794 میں تخلیق کیے تھے ۔ انہوں

نے نظموں کے یہ دونوں گروپس روح کی دو مخالفانہ حالتوں پر لکھے تھے جن میں بلیک نے روح کے معصومانہ اور سیدھے سادے تصور کو روح کے قطعی مخالف پیچیدہ تصور کے سامنے پیش کیا ہے۔ اُن کے مطابق روح کی سیدھی سادی معصومانہ حالت ایک اور مختلف حالت سے گزرتی ہے اور پوری طرح سے اُس میں ضم ہو جاتی ہے اور یوں وہ ایک اور تیسری صورت تک پہنچ جاتی ہے جسے 'روح کی آرگینائزڈ معصوم حالت' کہا جاتا ہے جو جنت و جہنم کے ملاپ کے ایک 'جدلیاتی ترکیب' یعنی (Dialectic synthesis) سے گزر کر ایک مکمل شکل میں ڈھلتی ہے۔ اس تخیل کو ذہن میں رکھتے ہوئے جب ہم اُن کی نظموں کا مطالعہ کرتے ہیں تو ہمیں اُن نظموں میں دو مخالفانہ رویے نظر آنے لگتے ہیں جیسا کہ اُن کی نظمیں 'شیر کے خلاف بھیڑ کا بچہ' (The Lamb against The Tiger)، 'نوزائیدہ بچے کی خوشی کے خلاف اُس کا غم' (Infant Joy against Infant Sorrow) اور 'مرجھائے ہوئے گلاب کے خلاف کلی کا کھلنا' (Blossom against The Sick Rose) شامل ہیں۔

ولیم بلیک کی ایک نامکمل نظم۔ ''والا یا چار مراحل''
(or The Four Zoas, Vala)

ولیم بلیک کی 1807 میں لکھی ہوئی ایک نامکمل نظم 'والا' یا 'دی فور زواس' (Vala, or The Four Zoas) ہے۔ جس میں ولیم بلیک نے ایک منفرد سی مذہبی متھ کا ایک تصور دیا ہے۔ اُس کے مطابق انسان جب پہلے پہل خدا کے وجود سے علیحدہ ہوا تو پہلے پہل وہ چار تقسیم کے مراحل سے گزرا جنہیں انہوں نے ارتھونا (Urthona)، یوری زن (Urizen)، لووا (Luvah) اور تھرمس (Tharmas) کا نام دیا تھا۔ یہ ایک انتہائی پیچیدہ سا فلسفیانہ خیال تھا جس پر وہ دس برسوں تک کام کرتے رہے مگر پھر اُن سے اس تصور کی مزید پرورش ممکن نہیں ہو پائی اور آہستہ آہستہ خود پر اعتماد کم ہوتا چلا گیا حتیٰ کہ وہ شدید ڈپریشن کی حالت میں چلے گئے۔ نظم 'Vala, or The Four Zoas' کے پہلے ایڈیشن میں ۲۰۰ سطریں ملتی ہیں جبکہ

دوسرے ایڈیشن میں ۴۰۰ سطریں شامل ہیں مگر یہ ایک نامکمل فکری تحریر ہے۔

شیلے جن کا پورا نام پرسی بش شیلی (Percy Bysshe Shelley) تھا۔ انگلش رومانوی دور کے ایک نمایاں ترین شاعر اور ادیب تھے، جن کی زندگی بھی لارڈ برائن کی طرح بہت ہی چھوٹی رہی مگر اعلیٰ ترین تخلیقات کی وجہ سے اُن کا نام انگریزی ادب میں ہمیشہ کے لیے زندہ رہے گا۔ وہ ویسٹ سسکس (West Sussex) کے قریب ایک چھوٹے سے گاؤں براڈ برج ہیتھ (Broadbridge Heath) میں 14 اگست 1792 میں ایک انگلش ممبر پارلیمنٹ اور ماہر قانون داں (Timothy Shelley) کے گھر پیدا ہوئے تھے۔ اُن کی والدہ کا نام الزبتھ پلفولڈ (Elizabeth Pilfold) تھا۔ شیلے جب دس برس کے تھے تو اُن کا داخلہ ساؤن ہاوس اکیڈمی (Syon House Academy) میں ہوگیا جو گھر سے پچاس میل کے فاصلے پر تھا۔ وہ اس دوران گھر سے دور رہے اور دو برس بعد جب مزید تعلیم کی غرض سے انہوں نے ایٹن کالج (Eton College) جوائن کیا تو بدقسمتی سے اُس دوران انہیں کالج کے لڑکوں کے ساتھ خاصا سخت وقت (Bullied) دیکھنا پڑا جس کے دیرپا اثرات بعدازاں اُن کی جسمانی اور ذہنی صحت دونوں پر پڑے مگر پھر اگلے ہی سال ان کے دو ناول اور شاعری کے مجموعے شائع ہوئے جن میں سینٹ اروین (St Irvyne) اور پوسٹ ہیومس فریگمنٹس آف مارگریٹ نیکولسن (Posthumous Fragments of Margaret Nicholson) شامل ہیں۔ 1810 کے آخری اوائل میں شیلے یونیورسٹی کالج، آکسفورڈ (University College, Oxford) آگئے جہاں کا تعلیمی معیار اور عمومی ماحول ایٹن کالج (Eton College) کے مقابلے میں بہت بہتر تھا مگر چند ہی مہینوں بعد شیلے اور اُن کے قریبی دوست تھامس جیفرسن ہوگ (Thomas Jefferson Hogg) کو ڈین نے اپنے آفس میں طلب کرلیا جہاں اُن پر اُن کے لکھے گئے پمفلٹ (The Necessity of Atheism)

کی وجہ سے ڈانٹ ڈپٹ ہوئی اور پھر انہیں سزا کے طور پر یونیورسٹی چھوڑنا پڑی۔

شیلے کے والدین شیلے کی اس قسم کی تحریروں اور نظریاتی خیالات خصوصاً اُن کے سبزی خوری (Vegetarianism)، سیاسی شدت اور انتہا پسندی (Political Radicalism) اور جنسی آزادی (Sexual Freedom) وغیرہ سے خاصے نالاں رہے۔اسی دوران شیلے ایک سولہ سال کی ڈپریشن میں مبتلا لڑکی ہیریٹ ویسٹبرک (Harriet Westbrook) کے قریب ہوئے تاکہ اُسے خودکشی سے بچاسکیں مگر جلد ہی اُس کی حرکتوں کی وجہ سے بیزار بھی ہوتے چلے گئے۔اس کے فوراً بعد وہ ایک اسکول ٹیچر ایلز بتھ ہچنر (Elizabeth Hitchener) کے عشق میں مبتلا ہو گئے۔اسی عشق کے اثرات میں اُن کی پہلی اعلیٰ فلسفیانہ عشقیہ نظم کوئین میب (Queen Mab) تخلیق ہوئی۔اسی دوران شیلے سیاسی پمفلٹ وغیرہ لکھ کر چھپواتے اور مختلف ذرائع سے لوگوں تک پہنچاتے بھی رہے اور پھر اُن کی ملاقات پولیٹیکل جسٹس (Political Justice) کے مصنف ولیم گڈوِن (William Godwin) سے ہوئی جن کی سیاسی اور فلسفیانہ دانشمندی کی وجہ وہ تمام عمر اُن کے لیے ایک سیاسی اتالیق اور ہیرو کی طرح رہے۔اس دوران شیلے کے تعلقات ہیریٹ (Harriet) کے ساتھ مسلسل مشکلات کا شکار رہے۔گو کہ اُن کے ہیریٹ سے دو بچے بھی ہوئے۔ 1813 میں جب شیلے 21 برس کے تھے تو اُن کی بیٹی الز بتھ لینتھ (Elizabeth Lanthe) پیدا ہوئی مگر دوسرے بچے کی پیدائش سے پہلے ہی شیلے اپنی بیوی ہیریٹ (Harriet) سے کنارہ کش ہو گئے۔ہو کر اپنے علمی اتالیق اور سیاسی فلسفی اور ادیب ولیم گڈوِن (William Godwin) اور میری وُلسٹن کرافٹ (Mary Wollstonecraft) جن کی مشہور تصنیف اُے ونڈیکیشن آف دی رائٹس آف وومن (A Vindication of the Rights of Woman) تھی کی بیٹی میری (Mary) کے عشق میں مبتلا ہو گئے تھے۔مگر ولیم گوڈون نے اپنی بیٹی میری اور شیلے کے تعلق کو سخت ناپسند کیا اور تین سالوں تک اپنی بیٹی سے تعلق نہیں رکھا۔اس عرصے میں

شیلے، میری اور اُس کی بہن جین (Jane) کے ساتھ پیرس چلے گئے اور پھر فرانس، جرمنی، سوئٹزرلینڈ اور ہالینڈ کا سفر کرتے رہے۔ اس دوران کبھی وہ پانی کے جہازوں اور کبھی کبھار تو پیدل ہی مختلف شہروں میں گھومتے رہے اور باآواز ایک دوسرے کو شیکسپیر اور روسو کی تخلیقات سناتے رہے۔ بہرحال جب وہ واپس لوٹے تو میری شیلے کے بچے کی ماں بننے والی تھی۔ ان سب باتوں کی وجہ سے ہی ہیریٹ نے شیلے سے طلاق کا مطالبہ کیا اور بچوں پر اختیار کے لیے عدالت میں مقدمہ درج کرا دیا۔ اس دوران 1814 میں ہیریٹ کے یہاں شیلے سے دوسرا بچہ چارلس پیدا ہوا اور میری کے یہاں بھی چند مہینوں میں ایک بچہ پیدا ہوا جو بدقسمتی سے جلد ہی وفات پا گیا مگر پھر 1816 میں میری کے یہاں ایک بیٹا ولیم پیدا ہوا۔ شیلے ساری زندگی سبزی خور رہے۔ انہوں نے نہ صرف اپنی خوراک میں کبھی گوشت کو شامل نہیں کیا بلکہ اُنہوں نے 1813 میں ایک کتاب 'اے ونڈیکیشن آف نیچرل ڈایٹ' (A Vindication of Natural Diet) بھی لکھی۔

1815 میں شیلے نے 720 سطروں کی نظم 'دی اسپرٹ آف سولیچیوڈ' (The Spirit of Solitude) لکھی جو اُن کی تخلیقی دنیا کا پہلا عظیم کام سمجھا گیا۔ اُسی سال شیلے کے دادا کا انتقال ہوا جنہوں نے 1,000 کا سالانہ الاؤنس اُن کے لیے ورثے میں چھوڑ دیا۔ 1816 میں شیلے کی کزن کلیئر کلیرمونٹ (Claire Clairmont) نے اُسے اور میری کو دعوت دی کہ وہ اُسے اور اُس کے دوست رومانوی شاعر لارڈ برائن سے ملنے سوئٹزرلینڈ آئیں۔ اس دوران لارڈ برائن کی کلیرمونٹ میں دلچسپی کم ہو رہی تھی مگر شیلے کے ساتھ اُس کی دوستی بہت گہری ہوئی اور یوں دونوں دوستوں نے تخلیقی سرگرمیوں کے اس دور میں ایک دوسرے کے ساتھ خوب ہی وقت گزارا۔ اسی دوران برائن کے ساتھ ایک طویل دن کشتی میں جھیل کی سیر کرنے کے بعد شیلے نے گھر پہنچ کر اپنی نایاب نظم 'ہائیم ٹو انٹیلکچویل بیوٹی' (Hymn to Intellectual Beauty) تخلیق کی۔ اسی طرح شیلے نے مونٹ بلینک (Mont Blanc) بھی

برائن کے ساتھ فرانس کے پہاڑی سلسلے' French Alps پر سفر کے بعد ہی لکھی تھی جس میں انسان اور فطرت کے تعلق کے حوالے سے خوبصورت خیالات کا اظہار کیا گیا ہے۔ 1816 میں جب شیلے اور میری انگلینڈ واپس آئے تو میری کی کزن فینی املے' (Fanny Imlay) کی خودکشی کی خبر انہیں ملی۔ اسی برس دسمبر میں ہیریٹ نے بھی ہائیڈ پارک کے دریائی سرپنٹین (Serpentine River) میں کود کر جان دے دی۔ چند ہی ہفتوں بعد شیلے نے میری سے شادی کر لی اور میری کے والد ولیم گوڈون (Godwin) نے بھی بیٹی کو معاف کر کے دوبارہ خاندان میں شامل کر لیا۔ ہیریٹ کی وفات کے بعد بھی عدالت نے شیلے کو بچوں کا اختیار نہیں دیا۔

شیلے کی نظم 'دی ریولٹ آف اسلام' (The Revolt of Islam)4,818 سطروں پر مشتمل تھی۔ اس کے شائع ہونے کے بعد وہ، میری اور کلیر مونٹ ساتھ اٹلی چلے گئے۔ اس دوران لارڈ برائن وینس، اٹلی میں تھے اور Clairmont اپنی بیٹی ایلگرا (Allegra) کو باپ سے ملانے میں مصروف تھیں۔ اگلے چند برسوں میں شیلے اور میری اٹلی کے مختلف شہروں میں گھومتے رہے اور چند برسوں میں ایک کے بعد ایک پہلے بیٹی کلارا ایورنا (Clara Everina) کا اور پھر بیٹے ولیم کا اس دوران انتقال ہو گیا۔ شیلے کی اسی دوران 'پرومتھس اَن باونڈ' (Prometheus Unbound) تخلیق ہوئی۔ 1819 میں جب وہ لیورنو (Livorno) میں تھے انہوں نے 'دی سنسی' 'The Cenci' اور 'دی میسک آف انارکی اینڈ مین آف انگلینڈ' (The Masque of Anarchy and Men of England) لکھی۔ July 8, 1822 جب وہ تیس برس کے ہونے ہی والے تھے، شیلے لیورنو (Livorno) سے لیریکی (Lerici) آنے کے دوران بوٹ الٹنے کی وجہ سے پانی میں ڈوب کر ہلاک ہو گئے۔ اُن کی موت کے حوالے سے کئی ایک متنازعہ خبریں رہیں کہ شاید اُن کی موت اُن کے سیاسی مخالفین کی سازش تھی کیونکہ اس دوران وہ 'دی لبرل' پر کام کر رہے تھے مگر پھر کوئی صداقت سامنے نہ آسکی۔

کہتے ہیں موت کے بعد جب اُن کی میت سوزی کی گئی تو دل نے جلنے سے انکار

کر دیا(ممکن ہے ٹی بی کی کیلسیکشن کے اثرات کی وجہ سے) جسے بعد میں سینٹ پیٹر چرچ کے احاطے میں دفن کر دیا گیا مگر اُن کے ملحدانہ خیالات کی وجہ سے زندگی میں اس غیر معروف شاعر کی خبر ٹوری اخبار میں کچھ یوں شائع ہوئی تھی:

Poetry, has been drowned Shelley, the writer of some

infidel now he knows whether there is a God or no."

1759 میں اسکاٹ لینڈ کے چھوٹے سے گاؤں ایلوئے (Alloway) میں پیدا ہونے والا رابرٹ برنس، ایک کھیتوں میں کام کرنے والے کا بیٹا تھا اور خود بھی اُس کے ساتھ کھیتوں میں کام کرتا تھا مگر پھر ایک دن وہ ایک عظیم اسکاٹش شاعر کے طور پر مشہور ہوا جب اُس نے 1786 میں اپنی ابتدائی نظموں کو پبلش کروایا۔ رابرٹ برنس کے زیادہ تر موضوعات فطرت، محبت، دوستی، آشتی، وطن سے پیار اور انسانی عظمت ہے۔ اُس کی بہت سی نظمیں اور نغمات میوزک سے ہم آہنگ ہوئیں اور دنیا بھر میں مشہور ہوئیں جن میں Sweet Afton Red Red Ros A اور Auld Lang Syne شامل ہیں۔ اُس کی شاعری کے موضوعات انسانوں کے ساتھ ساتھ جانداروں پر بھی ملتے ہیں مثلاً To a Mouse اور To a Louse وغیرہ۔ وہ بیک وقت بے انتہا طنزیہ اور مزاحیہ تخلیقی انداز اختیار کرنے میں مہارت رکھتا تھا جس کی مثال ہمیں Holy Willie's Prayer اور Tam o'Shanter میں ملتی ہیں۔

جان کیٹس (John Keats) 31 اکتوبر 1795 میں لندن میں پیدا ہوئے تھے۔ ابھی صرف آٹھ سال کے ہی تھے کہ والد کا انتقال ہو گیا اور پھر چھ سال کے بعد ہی والدہ بھی ٹی بی کی وجہ سے چل بسی۔ کیٹس کی نانی نے لندن کے دو مرچنٹس کو کیٹس اور ان کے تین بہن بھائیوں کے لیے سر پرست کے طور پر پابند کر دیا تھا۔ ابتدا میں کیٹس کا ارادہ میڈیسن میں کیریر بنانے کا تھا اور اُس کی خاطر انہوں نے لندن ہاسپٹل میں ٹریننگ بھی لی مگر

اپوتھکیری سرجن (Apothecary-surgeon) کا لائسنس لینے کے باوجود انہوں نے پریکٹس نہیں کی بلکہ شعر و ادب میں ہی اپنی توجہ مرکوز رکھی۔ جلد ہی اُن کی ملاقات ایگزامنر (Examiner) کے ایڈیٹر لی ہنٹ (Leigh Hunt) سے ہوئی جنہوں نے اُن کی تخلیقات او سولیٹیوڈ (O Solitude) اور اَن فرسٹ لوکنگ انٹو چیپمین ہومر (On First Looking into Chapman's Homer) کو اپنے رسالے میں جگہ دی اور انہیں لندن کے ادبی حلقوں خصوصاً شیلے اور ولیم ورڈ سز ورتھ سے بھی متعارف کرا دیا۔

شیلے جو کیٹس کے بہت قدرداں تھے انہوں نے کیٹس کو مشورہ دیا کہ وہ 1817 میں اُن کے چھپنے والے پہلے والیم پوئم بائی جون کیٹس (Poems by John Keats) کو مزید وقت دے کر دوبارہ چھاپیں مگر کیٹس نے شیلے کی بات کو زیادہ اہمیت نہیں دی اور اگلے ہی برس انہوں نے اپنی نئی کتاب اینڈیمیون (Endymion) پبلش کر دی جس میں یونانی دیومالائی داستانوں کے پس منظر میں لکھی گئی اُن کی چار ہزار سطروں پر مشتمل ایلوگوریکل Erotic/Allegorical تخلیقات شامل تھیں۔ اینڈیمون (Endymion) کو سخت ادبی تنقید کا سامنا کرنا پڑا خصوصاً اُس دور کے دو اہم ادبی رسائل بلیک ووڈ میگزین (Blackwood's Magazine) اور کواٹرلیر ریویو (Quarterly Review) میں کیٹس کے کلام کو ادبی لحاظ سے قطعی نان سینس قرار دے دیا گیا۔ اس دوران شیلے نے کیٹس کا پوری طرح دفاع کیا اور کئی ایک مضامین کیٹس کے حق میں لکھے۔ 1818 میں کیٹس شمالی لندن اور اسکاٹ لینڈ کے سفر پر روانہ ہوئے جس دوران وہ اپنے بیمار بھائی ٹام کی تیمارداری میں بھی مصروف رہے جنہیں ٹی بی ہوگئی تھی۔

کیٹس کی ملاقات فینی براؤن (Fanny Brawne) نامی خاتون سے ہوئی جن کی محبت میں گرفتار ہو گئے اور اپنی اہم ترین ایپک نظم ہیپریون (Hyperion) کی تخلیق میں مصروف رہے مگر پھر اُن کے بھائی ٹام کا انتقال ہوگیا اور کیٹس نے کچھ عرصے کے لیے

ہیپر یون کو ادھورا ہی چھوڑ دیا۔ 1819 میں انہوں نے ہیپر یون کو' دی فال آف ہیپر یون' (The Fall of Hyperion) کے نام سے مکمل کیا۔اسی برس کیٹس کو ٹی بی بھی ہوگئی تھااور انہیں اپنے مرنے کا یقین ہوگیا تھا۔ 1820 میں اُنہوں نے اپنی شاعری کا بہترین والیم لامیا،اسابیلا ،دی ایواف سینٹ ایگنیز اینڈ پوئیمز(Lamia, Isabella, The Eve of St. Agnes, and Other Poems) تھا جس میں شامل تین ٹائٹل کی نظم بیک وقت عہد قدیم، قرون وسطی اور رینیسانس کے دور کی ترجمانی کرتی ہے۔اس کے علاوہ اس والیم میں کیٹس کی ابتدائی شکل کی ہیپر یون (Hyperion)اور تین نظمیں جن کا شمار انگریزی زبان کی بہترین شاعری میں ہوتا ہے یعنی اوڈ آن اے گریشین اُرن (Ode on a Grecian Urn)،اوڈ آن میلونکولی (Ode on Melancholy)اور اوڈ آن نایٹن گیل (Ode to a Nightingale) شامل ہیں ۔اس کتاب کو رومانوی عہد کی اہم ترین کتاب کا درجہ حاصل ہوا اور شیلے، چالس لیمب (Charles Lamb)اور ہنٹ(Hunt)نے اسے اعلیٰ ترین مغربی تخلیق میں شامل کیا۔کامیابی کے اس دور میں کیٹس بدقسمتی سے ٹی بی کے ایڈوانس اسٹیج تک پہنچ گیا اور صحت کی بہتری کی امید سے روم بھی منتقل ہوا ۔ اس دوران کیٹس فینی براؤن(Fanny Brawne) کو مسلسل خطوط لکھتا رہا مگر اُس کی مختصر سی زندگی نے تمام عہدو پیماں کے باوجود اُسے شادی کا موقع نہیں دیااور محض 25 برس کی ہی عمر میں ہی 23 فروری 1821 میں اُس کی موت ہوگئی۔

کولرج کا پورا نام Samuel Taylor Coleridge تھا۔وہ 1772 میں انگلینڈ کے ایک چھوٹے سے گاؤں ڈیوان میں پیدا ہوئے تھے مگر پھر بچپن میں ہی وہ اپنے خاندان کے ساتھ لندن منتقل ہو گئے تھے ۔اُن کا نام بلاشبہ انگریزی ادبیات میں ایک عظیم نظم گو شاعر، ادیب فلاسفر، مذہبی رائٹر اور تنقید نگار کے طور پر سند کا مقام رکھتا ہے ۔کولریج کا شمار ورڈز ورتھ

کے ساتھ رومانوی ادبیات کی تشکیل کرنے والی شخصیات میں ہوتا ہے۔

سیموئل کولرئج سے منسوب کئی ایک معروف تصانیف ہیں مگر' رائیم آف دی ایشینٹ مارنیر' (Rime of the Ancient Mariner) کا شمار برطانیہ کے رومانوی دور کے ادب میں ایک ادب عالیہ کا درجہ رکھتی ہے۔ کولرئج نے یہ طویل نظم 1798 میں تخلیق کی تھی۔ کالریج کی اُس دور میں لکھی گئی نظموں میں سے یہ ایک بہترین نظم شمار کی جاتی ہے۔ یہ کہانی ایک بوڑھے ملاح کو دی گئی سزا کے گرد گھومتی ہے۔ یہ بوڑھا ملاح ایک راہ چلتے انجان شخص کو اپنی کہانی سناتا ہے جسے کسی کی شادی میں جانے کی جلدی ہو رہی ہوتی ہے مگر بوڑھے ملاح کی کہانی اس قدر دلچسپ اور حیرتناک واقعات سے بھری ہوئی ہوتی ہے کہ وہ شادی میں جانے کا ارادہ ترک کر کے پوری کہانی سننے فٹ پاتھ کے کنارے ہی بیٹھ جاتا ہے۔ بوڑھا ملاح اُس شخص کو نظمیہ انداز میں بتاتا ہے کہ کس طرح اُس کا جہاز بحرالکاہل کے سفر کے دوران بحری طوفان سے ٹکراتا ہے اور اس دوران وہ ایک آبی پرندے کو بے دردی سے مار دیتا ہے جس گناہ کا اُسے عذاب جھیلنا پڑتا ہے۔ سزا کے طور پر اُسے سخت مشکلات سے گزرنا پڑتا ہے اور بالآخر وہ ایک ایسے سمندری حصے میں پھنس جاتا ہے جہاں بے انتہا نمکین پانی ہوتا ہے۔ پیاس کی وجہ سے اُس کے ساتھی مرنے لگتے ہیں۔ ملاح کی اپنی زندگی دو بھوتوں کے درمیان فیصلے کے سپرد ہو جاتی ہے۔ جس میں ایک زندگی کا اور دوسرا موت کا بھوت ہوتا ہے۔ اس طرح ایک کے بعد ایک دل دہلا دینے والے واقعات سے گزر کر بوڑھا ملاح اس حال تک پہنچ جاتا ہے کہ سزا کی وجہ سے اپنی نظم ہر راہ چلتے شخص کو سنانے پر مجبور ہو جاتا ہے۔

اس مقبول نظم کے علاوہ کولرئج کی ایک اور یادگار تصنیف (افسردگی یا ملال۔ ایک نظم) Dejection: An Ode ہے۔ یہ نظم ولیم ورڈز ورتھ کی قرارداد یا ثابت قدمی اور آزادی (Resolution and Independence) کے جواب میں انہوں نے لکھی تھی۔ اس نظم میں وہ ورڈز ورتھ کی بیوی کی بہن سارا ہچنسن (Sara Hutchinson) سے مخاطب ہو کر اپنے دل

کا حال بیان کرتے ہیں۔نظم کی ابتدا میں وہ ایک ملال اور افسردگی (Dejection) کی اُس کیفیت میں ہیں کہ دل کا حال لکھنے سے بھی قاصر ہیں۔اس کے بعد وہ بتاتے ہیں کہ اس حال میں وہ فطرت سے لطف اندوز بھی نہیں ہو سکتے اور خود کو ایک فکری فالج زدہ پاتے ہیں مگر اس حال میں بھی وہ اپنی محبوبہ کو خوش کرنا چاہتے ہیں۔اسی طرح کولرج کی آپ بیتی کے انداز میں لکھی گئی کتاب ایک ادبی سوانح عمری (Biographia Literaria) ہے دو والیم پر مشتمل اس کتاب میں 23 اسباق ہیں جن میں انہوں نے اپنی ادبی زندگی کی تربیت کے مختلف درجات کا تذکرہ کیا ہے اور شعریت، زبان اور ادبی مسائل کے پس منظر میں علمی مضامین تحریر کیے ہیں۔

جارج بائرن (George Gordon Byron) کی زندگی دلچسپیوں اور مسائل سے بھری رہی، وہ 1788 میں لندن میں پیدا ہوئے تھے۔چھوٹی عمر تھی اُن کی، یعنی محض 36 برس میں ہی اُن کا انتقال یونان کے شہر میزولونگی (Missolonghi) میں 1824 میں ہو گیا مگر اُن کی زندگی کا یہ تمام عرصہ واقعات سے بھرپور رہا جنہوں نے انہیں مصروف رکھا جس میں خصوصاً اُن کی تخلیقی زندگی نے اُنہیں ایک ادبی ہیرو بنا دیا۔وہ ایک خوش شکل اور چارمنگ پرسنیلٹی رکھتے تھے گو کہ اُن کے ایک پاؤں میں پیدائشی کلب فٹ (clubfoot) کی وجہ سے تھوڑا سا لنگ تھا مگر شکل صورت اور جسمانی وضع قطع کی وجہ سے وہ مرد اور عورتوں دونوں کے لیے جنسی کشش کا سبب بھی بن جاتے تھے۔بچپن اُن کا سخت گزرا، باپ کا ساتھ زیادہ نہیں رہا، ماں کے سخت نفسیاتی مسائل تھے اور کم عمری میں کسی نرس سے جنسی زیادتی کا بھی شکار ہوئے۔اُن کا تعلق انگلستان کے اُس اشرافیہ خاندان سے تھا جس کا معاشرتی اثر زوال کی طرف تھا۔1798 میں جب وہ دس سال کے تھے تو دادا کی طرف سے باضابطہ لارڈ بائرن (Lord Byron) کا خاندانی خطاب عطا کیا گیا۔

دو سال بعد جب وہ Harrow اسکول میں پڑھ رہے تھے تو پہلے پہل کئی طرح جنسی

تجربات کا شکار ہوتے رہے جن میں لڑکے اور لڑکیاں دونوں ہی شامل تھے۔ 1803 میں وہ اپنی کزن کے عشق میں بڑی طرح گرفتار ہوئے اور اُس پر کئی ایک لاجواب نظمیں ہلز آف اینزلے (Hills of Annesley) اور دی ایڈیو (The Adieu) لکھیں۔ اگلے چند برسوں میں وہ ٹرنٹی کالج (Trinity College) میں تعلیم کے دوران کئی ایک مسائل کا شکار رہے جن میں بڑی تعداد میں جنسی واقعات بھی شامل تھے اور یوں اسکول چھوڑ کر گھڑ سواری، باکسنگ اور جوئے وغیرہ کی طرف راغب ہو گئے مگر پھر اس دوران اُن کی دوستی جان کیم ہوب ہاوس (John Cam Hobhouse) سے ہوئی اور وہ سیاست میں شامل ہوتے چلے گئے۔ اس دوران انہوں نے لبرل پارٹی کے لیے کام بھی کیا۔

1808 میں ہی اُن کی شاعری کا پہلا والیم Hours of Idleness کے نام سے چھپا جس کی ایک نظم English Bards and Scotch Reviewers میں انہوں نے انگلش ادبی سوسائٹی پر ستائر کے انداز میں تنقید کی اور یوں اُن کا نام راتوں رات رومانوی ادب میں شناخت پاتا چلا گیا۔ اکیس برس کی عمر میں ہی انہیں House of Lords میں سرکاری حیثیت سے نوازا گیا مگر پھر وہ John Hobhouse کے ہمراہ پرتگال، اسپین، مالٹا، یونان اور ترکی کے دورے پر نکل گئے۔ اس سفر کے اثرات میں رہ کر انہوں نے اپنی لاجواب نظم Childe Harold's Pilgrimage لکھی۔ 1811 میں اپنی ماں کی وفات پر وہ واپس لندن پہنچے اور سخت ترین ڈپریشن کا شکار ہوئے گو کہ بائرن اور اُن کی والدہ کے تعلقات اُن کے نفسیاتی مسائل کی وجہ سے ہمیشہ خراب رہے تھے۔ اس عرصے کے فوراً بعد وہ ایک کے بعد ایک رومانی تعلق کا شکار ہوتے چلے گئے جن میں کئی ایک خواتین کا تعلق لندن کی اشرافیہ خاندان سے تھا۔ اُن ہی میں Lady Caroline Lamb شامل ہیں جنہوں نے انہیں 'Mad, bad and dangerous to know' کہہ کر متعارف کیا۔

اُس کے بعد اُن کی زندگی میں Lady Oxford آئی اور پھر اُن کی اپنی سگی شادی

شدہ کزن آگسٹا (Augusta) بھی شامل ہوئی ۔ان تمام رومانوی تجربوں کے نتائج میں وہ جن نفسیاتی تناؤ کا شکار ہوئے وہ اُن کی تخلیقات The Giaour, The Bride of Abydos, اور The Corsair میں ظاہر ہوئیں ۔

بالآخر ان تمام مسائل سے نکلنے کی خاطر انہوں نے ایک بہت ہی اعلیٰ تعلیم یافتہ خاتون Anne Isabella Milbanke سے 1815 میں شادی کرلی اور پھر اُن سے اُن کی مشہور و معروف بیٹی Ada Lovelace پیدا ہوئی جن کا نام ریاضی اور کمپیوٹر کی دنیا میں بہت سرخرو ہوا اور جنہیں بعد میں The First computer Programmer کے لقب سے بھی نوازا گیا۔ بائرن کی شادی ایک سال سے زیادہ نہیں چلی تھی کیونکہ اُن کی بیوی نے Ada کی پیدائش کے فوراً بعد ہی بائرن کی جنسی آوارگیوں، کزن سے تعلقات اور اقتصادی مسائل کی وجہ سے انہوں چھوڑ دیا تھا اور وہ پھر اُس کے بعد اپنی بچی اور بیوی کو دوبارہ نہیں دیکھ پائے ۔

1816 میں بائرن ہمیشہ کے لیے لندن چھوڑ کر جینوا آ گئے ۔اس دوران انہوں نے اپنی تیسری نایاب نظم Childe Harold لکھی ۔اس دور میں ان کی دوستی کے حلقے میں رومانی دور کے عظیم شاعر Shelley شامل ہوئے اور اُن کے جنسی تعلقات شیلے کی سوتیلی بہن Claire Clairmont سے قائم ہوئے جن سے اُن کی ایک بیٹی Allegra پیدا ہوئی ۔ اسی دوران بائرن نے اپنا مشہور نظمیہ ڈرامہ Manfred بھی تخلیق کیا۔ 1816 میں وہ John Hobhouse کے ساتھ بحری سفر سے اٹلی چلے گئے اور اس دوران انہوں نے اپنی اعلیٰ ترین مگر نامکمل نظمیہ فن پارہ Don Juan تخلیق کی۔ 1818 میں بائرن جب تیس سال کے تھے تو اُن کی ملاقات انیس سالہ اٹالین شادی شدہ لڑکی Teresa Guiccioli سے ہوئی ۔ دونوں رومانی اور جذباتی تعلق کا شکار ہوئے اور اسی دوران بائرن ایک اخبار The Liberal کی ایڈیٹنگ بھی کرتے رہے اور روم کی سیاسی زندگی میں بھی شامل ہوتے چلے گئے ۔ بدقسمتی سے

1824 میں ان کی طبیعت خراب ہوتی چلی گئی اور پھر ڈاکٹروں کی تمام تر کوششوں کے باوجود اپریل میں اُن کا انتقال ہوگیا۔اُن کی موت پر انگلستان میں بہت سوگ منایا گیا۔ اپنی قابلِ قدر تخلیقات کی وجہ سے زندگی میں ہی اُن کا شمار روم اور انگلستان کے قابلِ قدر رومانی شاعروں میں ہو چکا تھا مگر اپنی کرائزماٹک پرسنیلٹی کی وجہ سے بہت کم عرصے میں ہی وہ روم کی سیاست میں بھی ایک مرکزی شکل اختیار کرتے جا رہے تھے اور یہ بھی کہا جاتا ہے کہ اگر وہ کچھ عرصے زندہ رہ جاتے تو بہت ممکن تھا کہ وہ روم میں ایک بڑا سرکاری مقام حاصل کر لیتے۔

تاریخی ناول نگاری، بائیوگرافر اور شاعر کی حیثیت سے والٹر اسکاٹ (Walter Scott) کا نام مغربی ادب کے رومانوی عہد کا اہم ترین نام ہے۔وہ 15 اگست، 1771 میں ایڈنبرگ، اسکاٹ لینڈ میں پیدا ہوئے تھے۔اُن کی والدہ این ردرفورڈ (Anne Rutherford) اپنے دور کے معروف ڈاکٹر جان ردرفورڈ (Dr. John Rutherford) کی بیٹی تھی جنہوں نے ایڈنبرگ میڈیکل اسکول کی بنیادیں رکھی تھیں۔والٹر اسکاٹ کو شعر و ادب میں دلچسپی اپنی ماں کی طرف سے نصیب ہوئی تھی جنہیں اس کا بہت شغف تھا۔والٹر نے پہلے پہل دی لیڈی آف دی لیک (The Lady of the Lake) نظم لکھی مگر پھر اُن کا پہلا ناول ویورلی (Waverly) کے نام سے ایک گمنام مصنف (Anonymously) مصنف کے طور پر پبلش ہوا مگر پھر بعد میں اُن کے پبلشر نے اُن کے مزید ناول 1814 سے 1832 کے دوران ایک سیریز کی شکل میں 'بائی دی آتھر آف وورلی' (By The Author of Waverly) اور وورلی ناولز (Waverly Novels) کے نام سے متعارف کرائے جو اُس دور میں اسکاٹ لینڈ کے سماجی و تاریخی ناولوں کے طور بہت مشہور ہوئے۔اس عرصے میں انہوں نے کچھ جرمن ادبی شاہ پاروں کا ترجمہ کیا جسے اُنہوں نے انتھروپالوجی کے تین والیم کی

شکل میں 'منسٹریلسی آف دی اسکوٹش بارڈر' (Minstrelsy of the Scottish Border) کے نام سے پبلش کیا۔ اس تصنیف سے والٹر اسکاٹ کا اسکاٹس بیلے سے دلچسپی کا اندازہ ہوتا ہے کہ جس جانفشانی سے انہوں نے اسے کمپوز کیا اور اُسے ایک نفیس رومانوی ذائقہ عطا کر دیا گیا۔ اس پبلی کیشن کے بعد اُن کا نام انگلینڈ کی ادبی دنیا میں پھیلتا چلا گیا۔ 1805 میں والٹر اسکاٹ کی 'دی لے آف دی لاسٹ منسٹرل' (The Lay of the Last Minstrel) نظم کئی ایک ایڈیشنز میں چھپی اور پھر اُس کے بعد 1808 میں مارمیون (Marmion)، 1810 میں 'دی لیڈی آف دی لیک' (The Lady of the Lake)، 1813 میں روکبی (Rokeby) اور پھر 1815 میں دی لارڈ آف آئلز (The Lord of the Isles) نے ادبی دنیا میں خوب ہی دھوم مچائی۔

اس عرصے میں والٹر اسکاٹ تخلیقی اعتبار سے بہت مصروف رہے اور پہلے جان ڈرائڈن (John Dryden) پر اُن کا کام جو 18 والیمز پر مشتمل تھا اور پھر اُس کے بعد 1814 میں جوناتھن سویفٹ (Jonathan Swift) پر 19 والیم پر مشتمل اُن کا کام پبلش ہوا۔ 1820 سے 1829 کے دوران قرون وسطی کے دوران صلیبی جنگوں کے پس منظر میں لکھے گئے ناول ایونہو (Ivanhoe)، دی ٹیلیسمین (The Talisman)، دی بیٹتھروڈ (The Betrothed)، کاونٹ رابرٹ آف پیرس (Count Robert of Paris)، کوئنٹین ڈورورڈ (Quentin Durward) اور این آف گیئیرسٹین (Anne of Geierstein) اور روشن خیالی کی تحریک کے حوالے سے لکھے گئے ناول کینلورتھ (Kenilworth) اور دی فارچنز آف نیجل (The Fortunes of Nigel) نے والٹر اسکاٹ کی ادبی حیثیت کو مستحکم کر دیا اور اُن کا نام رومانوی دور کے سرفہرست ادیبوں میں شامل کر دیا۔ گو کہ اسکاٹ کی زندگی کے آخری سال بیماریوں میں گھر کر گزرے مگر وہ آخر دم تک لکھنے میں مصروف رہے۔ اس عرصے میں مسلسل لکھنے کی ایک وجہ یہ بھی تھی کہ اُن کی کتابوں کی پبلشنگ فرم کے دیوالیہ ہو جانے کی وجہ

سے اپنی انوسٹمنٹ کی بازیابی میں بھی مصروف تھے۔ 21 ستمبر 1832 میں ایبٹس فورڈ ،اسکاٹ لینڈ میں والٹر اسکاٹ کا انتقال ہوگیا۔

والٹر اسکاٹ کا ناول ایونہو(Ivanhoe)1819 میں پبلش ہوا تھا جو4والیم پر مشتمل تھا اور 12 ویں صدی کے انگلینڈ کی ایک کہانی ہے ۔اس ناول کی کہانی کا مرکزی کردار وِلفرڈ آف ایونہو(Wilfred of Ivanhoe) ہے جو ایک لڑکی رووینا(Rowena) سے محبت کرتا ہے ۔مختصراً انگلینڈ کا بادشاہ کنگ رچرڈ ایک صلیبی جنگ کے بعد واپس انگلینڈ آتے ہوئے آسٹریا میں گرفتار ہو جاتا ہے جس کے بعد اُس کا بھائی پرنس جان انگلینڈ کا بادشاہ بن جاتا ہے ۔انگلینڈ میں اُس وقت سیکسن اور نارمنس کے درمیان جنگ چل رہی ہوتی ہے، اسی بیک گراونڈ میں پرنس جان نارمنس کو سیکسن پر حملے کے لیے تیار کرتا ہے تاکہ انہیں غلاموں اور کسانوں کی صورت میں رکھ سکے ۔ایونہو(Ivanhoe) کا باپ سیڈرک آف ردروڈ(Cedric of Rotherwood) اس بات کی وجہ سے پرنس جان سے سخت ناراض ہے اور اپنے بیٹے ایونہو(Ivanhoe) سے بھی نالاں ہے کہ وہ بھی اس دوران پرنس جان کے معاملات میں شامل ہے۔

کہانی مختلف مراحل سے گزرتی ہے ۔ایونہو(Ivanhoe) کئی ایک ٹورنامنٹ میں حصہ لیتا ہے اور کنگ رچرڈ کا ساتھ دیتا ہے اور جان کے ساتھیوں کے خلاف جنگ لڑتا ہے ۔ خاص طور پر وہ ایک ٹورنامنٹ میں پرنس جان کے ایک ساتھی برائین ڈی بوائے گلبرٹ (Brian de bois-guilbert)کو ہرا دیتا ہے ۔اور پھر ایک یہودی لڑکی ریبیکا کو فرنٹ ڈی بوئف (Front de Boeuf) سے لڑ کر بچاتا ہے ۔کہانی کا اختتام ایونہو(Ivanhoe)اور رووینا(Rowena) کے ملاپ اور کنگ رچرڈ کی دوبارہ بادشاہت پر ہوتا ہے ۔ پرنس جان اور اُس کے ساتھیوں کو شکست ہو جاتی ہے اور سیکسن اور نارمنس کے دوران چلنے والی جنگ کا خاتمہ ہو جاتا ہے ۔

جین آسٹین (Jane Austen) ایک انگلش ناول نگار تھیں جن کے ناول انگلینڈ کے درمیانی اور اوپر کے طبقے کی نمائندگی کرتے ہیں۔ انیسویں صدی کی عورتوں کی سماجی زندگی پر جین آسٹین کی بہت گہری نظر تھی۔ وہ 16 دسمبر 1775 میں ہیمپس شائیر کے ایک گاؤں اسٹیونسن (Steventon) میں پیدا ہوئی تھیں۔ اپنے والدین کی وہ آٹھویں اولاد تھیں اور بہت چھوٹی عمر سے ہی انہوں نے لکھنا شروع کر دیا تھا۔ 1805 میں اُن کے والد کا انتقال ہوگیا تو فیملی کئی جگہوں پر گھر منتقل کرنے کے بعد بالآخر اسٹیونسن کے قریب ہی ایک چھوٹے سے گاؤں چیوٹن (Chawton) میں آ کر بس گئی تھی۔ ناول نگاری کے دوران اُن کے بھائی ہنری نے اُن کے پہلے ناول سینس اینڈ سینسیبلٹی (Sense and Sensibility) کی اشاعت میں مدد کی تھی۔ یہ ناول 1811 میں چھپا تھا۔ اس کے بعد ان کا دوسرا ناول 'پرائڈ اینڈ پریجیڈس' (Pride and Prejudice) چھپا تھا جسے وہ 'اون ڈارلنگ چائلڈ' (Own Darling Child) کہہ کر مخاطب کرتی تھیں۔ اس ناول پر انہیں ادبی دنیا میں بہت سراہا گیا۔ اس کے بعد 1814 میں 'مینسفیلڈ پارک' (Mansfield Park) منظر عام پر آیا اور 1816 میں 'ایما' (Emma) پبلش ہوا۔ بدقسمتی سے اسی دوران انہیں ایڈیسن بیماری (Addison's disease) ہوگئی جس کے علاج کی خاطر وہ ونچیسٹر (Winchester) بھی گئیں مگر وہیں 18 جولائی 1817 میں اُن کا انتقال ہوگیا۔ اُن کے مرنے کے بعد دو اور ناول 'پرسیوشن' (Persuasion) اور 'نارتھینگر ایبی' (Northanger Abbey) بھی منظر عام پر آئے تھے۔

ہوریس والپول (Horace Walpole) 24 ستمبر 1717 میں لندن میں پیدا ہوئے۔ اُن کے والد سر روبرٹ وال پول تھے اور وہ لارڈ نیلسن کے کزن تھے۔ اُن کی وجہِ شہرت ایک ناول نگار، سیاستدان اور ماہر نوادرات کے طور پر ہوئی۔ اُن کی اہم ترین تخلیقات

میں اُن کا گوتھک اسٹائل (Gothic Style) میں تخلیق شدہ ناول 'دی کیسل آف اوٹرانٹو' (The Castle of Otranto) اور اُن کے خطوط شامل ہیں جو اُس دور کے سماجی اور سیاسی دور کی عکاسی کرتے ہیں۔

ہوریس والپول کا ناول 'دی کیسل آف اوٹرانٹو' (The Castle of Otranto) گوتھک ناول نگاری میں ایک سنگ میل کی حیثیت رکھتا ہے۔ یہ ناول پہلی بار 1764 میں پبلش ہوا تھا اور جب اس کا دوسرا ایڈیشن چھپا تو ہارس وال پول نے خاص طور پر اس کا تعارف 'ایک گوتھک کہانی' کے طور پر کرایا تھا۔ ناول کی کہانی ایک کیسل (Castle) کے لارڈ مینفریڈ (Manfred) اور اُس کی فیملی کی ہے۔ کہانی کا آغاز مینفریڈ کے بیٹے کونراڈ (Conrad) اور پرنسز ایسا بیلا (Isabella) کی شادی کی رات سے ہوتا ہے جو کونراڈ پر ایک آسمانی آفت یعنی ایک بہت بڑے ہملٹ کے گرنے سے ہوتا ہے جس کے نتیجے میں وہ مرجاتا ہے۔ یہ واقعہ مینفریڈ کے لیے ایک فطری اشارہ بھی ہوتا ہے کہ وہ اپنے کیسل یا قلعہ کی ملکیت سے ہاتھ بھی دھونے والا ہے۔ اِس بات کی اہمیت کو سمجھتے ہوئے وہ اپنی بیوی ہیپو لیٹا (Hippolita) کو طلاق دے کر شہزادی یا پرنسز ایسا بیلا سے شادی کا منصوبہ بنالیتا ہے۔ اس بات کو جان کر ایسا بیلا اپنے ایک خادم تھیوڈور (Theodore) کی مدد سے چرچ میں جا کر چھپ جاتی ہے۔ اس واقعہ سے ناراض ہوکر مینفریڈ تھیوڈور کو گرفتار کروا کر ایک ٹاور میں بند کر دیتا ہے اور پھر اُسے سزائے موت کا حکم دیتا ہے مگر وہ شخص فرائر جروم (Friar Jerome) جس کا بندوبست اُسے سزا دینے کے لیے کیا گیا تھا وہ عین وقت پر تھیوڈور کے کندھے کے نشان کو دیکھ کر اُسے اپنے بیٹے کے طور پر پہچان لیتا ہے۔ جروم مینفریڈ سے سزا روکنے کی سفارش کرتا ہے جسے میفریڈ، پرنسز ایسا بیلا کو اُس کے حوالے کرنے پر سودا کرنے پر رضامند ہوتا ہے۔ اس دوران خود مینفریڈ کی بیٹی میٹیلڈا (Matilda) کسی طرح سے تھیوڈور کو ٹاور سے آزاد کرا دیتی ہے اور یوں تھیوڈور پرنسز ایسا بیلا کو چرچ

سے نکال کر ایک غار میں چھپا دیتا ہے۔اس دوران کئی اقسام کے پراسرار واقعات ہوتے ہیں۔تھیوڈور کی لڑائی ایک پراسرار شخص سے ہوتی ہے، وہ شخص اُس سے بُری طرح زخمی ہوجاتا ہے اور بعد میں یہ بات کھلتی ہے کہ وہ پراسرار شخص کوئی اور نہیں بلکہ پرنسسز ایسا بیلا کا اپنا باپ ہوتا ہے۔ایسا بیلا کے باپ کو میفر یڈ کی بیٹی میٹیلڈا سے پیار ہوجاتا ہے اور وہ میفر یڈ کو اپنی بیٹی ایسا بیلا سے بدلے میں شادی کی پیشکش کردیتا ہے مگر ایک انسانی ڈھانچہ اُسے ایسا کرنے سے باز رکھتا ہے۔اس دوران میفر یڈ کو اطلاع ملتی ہے کہ تھیوڈور چرچ میں پرنسسز ایسا بیلا سے مل رہا ہے مگر درحقیقت اُس کی ملاقات میننفر یڈ کی بیٹی میٹیلڈا سے ہو رہی ہوتی ہے۔اس غلط فہمی میں میننفر یڈ کے ہاتھوں اپنی ہی بیٹی میٹیلڈا کا خون ہوجاتا ہے۔اس واقعہ کے بعد میننفر یڈ ہمت ہار جاتا ہے اور کیسل کی ملکیت سے دستبردار ہوجاتا ہے جبکہ تھیوڈور کی شادی پرنسسز ایسا بیلا سے ہوجاتی ہے اور یوں وہ کیسل کا نیا لارڈ بن جاتا ہے۔

میری شیلی (Shelley Mary) کا پیدائشی نام میری وولسٹن کرافٹ (Mary Wollstonecraft) تھا۔وہ 1797 میں لندن کی ایک دانشور فیملی میں پیدا ہوئی تھیں۔اُن کے والد ولیم گوڈون (William Godwin) ایک فلاسفر اور پولیٹیکل رائٹر تھے جبکہ اُن کی والدہ میری وولسٹن کرافٹ (Mary Wollstonecraft) اپنے دور کی ایک معروف فیمینسٹ رائٹر تھیں جنہوں نے اپنی مشہور تصنیف 'A Vindication of the Rights of Woman' میں اس موضوع پر بحث کی تھی کہ عورتیں مردوں سے فطری طور پر کمتر نہیں ہوتیں ہیں بلکہ کم تعلیم یافتہ ہونے کی وجہ سے سوسائٹی میں پیچھے رہ جاتی ہیں۔شیلی کی زندگی خاصی نشیب وفراز میں رہی، پیدائش کے فوراً بعد ہی اُن کی والدہ کا انتقال ہوگیا تھا جس کے بعد اُن کے والد نے اُن کی دیکھ بھال کی ذمہ داری شیلی کی چند سال بڑی سوتیلی بہن (Claire Clairmont) کے حوالے کردی جو اُن کی والدہ کے پہلے بوائے فرینڈ سے اُن کی بیٹی

تھی۔ جلد ہی اُن کے والد نے اپنی پڑوسن میری جین کلیرمونٹ (Mary Jane Clairmont) سے شادی کر لی جن سے کبھی بھی شیلی کے اچھے تعلقات نہیں رہے۔ شیلی کے بارے میں کہا جاتا ہے کہ اُن کی زیادہ تر تعلیم اُن کے والد کی لائبریری کی کتابوں سے ہوئی اور وہ زیادہ تر اپنی والدہ کی قبر کے اردگرد بیٹھی کتابیں پڑھتی رہتی تھیں۔ سترہ سال کی عمر میں اُن کا رومانس اپنے والد کے ایک سیاسی پیروکار پرسی بش شیلے (Percy Bysshe Shelley) سے شروع ہوگیا جو پہلے سے شادی شدہ تھے۔ شیلی اپنی کزن سسٹر کلیر کلیرمونٹ اور پرسی شیلے (Claire Clairmont اور Percy) کے ساتھ انگلینڈ سے یورپ چلی گئیں اور جب وہ اس سفر سے لوٹیں تو پرسی شیلے کے بچے کی ماں بننے والی تھی۔ اس دوران یہ دونوں سخت معاشی مسائل کا بھی شکار رہے، پھر جلد ہی اُن کا بچہ بھی پیدا ہونے سے پہلے ہی ہلاک ہوگیا۔ اس دوران وہ تین بار ماں بنی مگر صرف ایک ہی بچہ اُن کا زندہ بچ سکا۔ پرسی شیلے کی پہلی بیوی کی خودکشی کے بعد اِن دونوں نے شادی کر لی اور اٹلی چلے گئے۔ اسی سفر کے دوران جب وہ جینوا پہنچے تو شیلی کو اپنے مشہور و معروف ناول فرینکنسٹین (Frankenstein) کے لکھنے کا خیال آیا تھا۔ اسی دوران پرسی شیلے کی کشتی حادثے کا شکار ہوگئی اور وہ اس میں جان بحق ہوگئے۔ اس واقعے کے بعد شیلی واپس انگلینڈ آ گئی اور باقی کی زندگی اپنے اکلوتے بیٹے کی پرورش اور ایک پروفیشنل رائٹر کے طور پر گزار دی۔ 1851 میں جب شیلی کی عمر صرف ۵۳ سال کی تھی تو برین ٹیومر سے اُن کی موت ہوگئی۔ شیلی کی اہم ترین تصانیف کی تفصیل کچھ یوں ملتی ہے:

History of a Six Weeks' Tour (1817)۔

Frankenstein; or, The Modern Prometheus (1818)۔

Mathilda (1819)

Valperga OR The Life and Adventures of Castruccio, Prince of Lucca (1823)۔

Posthumous Poems of Percy Bysshe Shelley (1824)۔

The Last Man (1826)
The Fortunes of Perkin Warbeck (1830)۔
Lodore (1835)
Falkner (1837)
The Poetical Works of Percy Bysshe Shelley (1839)
Contributions to Lives of the Most Eminent Literary and Scientific Men
(1835–39), part of Lardner's Cabinet Cyclopaedia
Rambles in Germany and Italy in 1840, 1842, and 1843 (1844)

فرینکنسٹین (Frankenstein)۔ایک ماڈرن پرومیتھس

شیلی کی شہرت کی بڑی وجہ اُن کا اُس دور کے لحاظ سے پہلا سائنسی مزاج کا ناول فرینکنسٹین بنا تھا جس کی دلچسپ کہانی ایک سائنسدان ڈاکٹر فرینکنسٹین کے ارد گرد گھومتی ہے۔ڈاکٹر فرینکنسٹین زندگی اور موت پر کنٹرول کرنے کی خاطر تجربات کرتے رہتے ہیں اور اس دوران وہ مرے ہوئے انسان کے اعضا سے ایک بے ہنگم بدشکل عفریت بنانے میں کامیاب ہو جاتے ہیں ۔ وہ عفریت یا مونسٹر ایک دن اُن کی لیبارٹیری سے غائب ہو کر انسانوں کے درمیان پہنچ جاتا ہے اور پھر خود کو سخت ناپسندیدہ پا کر ڈاکٹر فرینکنسٹین کے قریبی دوست، بیوی اور چھوٹے بھائی کو مار دیتا ہے۔اس دوران ڈاکٹر فرینکنسٹین اُس کو مارنے کی کوشش کرتے ہیں مگر خود ہی زخمی ہو جاتے ہیں۔اس دلچسپ کہانی کا انجام کچھ یونہی ہوتا ہے کہ وہ مونسٹر کسی برفیلے جزائر میں چلا جاتا ہے تاکہ لوگوں کو مارنے سے خود کو باز رکھ سکے۔شیلی کا'فرینکنسٹین'اپنے دور سے آج تک ایک مقبول ترین کمرشل ناول ثابت ہوا جس پر درجنوں کامیاب ڈرامے،ٹی وی سیریز اور فلمیں بنی اور لاکھوں کروڑوں ڈالرز کا بزنس ہوا۔

ایلیا (Elia) کا اصل نام چارلس لیمب (Charles Lamb) ہے، وہ ایلیا کے قلمی نام سے لندن کے میگزین میں لکھا کرتے تھے۔ اُن کی پیدائش ۱۰ فروری 1775 میں لندن میں ہوئی تھی۔ وہ ایک غریب گھرانے میں پیدا ہوئے تھے اس لیے ۷ برس کی عمر میں کرائسٹ ہاسپٹل نام کے فری بورڈنگ اسکول میں داخل کرادیے گئے جہاں وہ 1789 تک رہے۔ اسی اسکول میں انہیں اپنے زندگی بھر کے دوست سیموئیل ٹیلر کالرج (Samuel Taylor Coleridge) بھی ملے جن کے ساتھ ساتھ انہوں نے اہم ادبی تخلیقات پبلش بھی کی۔ اسکول کے فوراً بعد ہی انہیں ایسٹ انڈین کمپنی میں کلرک کی نوکری مل گئی جس میں وہ ۳۳ برس تک مصروف رہے۔ 22 ستمبر، 1796 میں اُن کی بہن میری پر سخت پاگل پن کا دورہ پڑا اور اُس نے چھریوں کے وار سے اپنی والدہ کی جان لے لی۔

اس واقعہ کے تین سال بعد والد کا بھی انتقال ہوگیا اور عدالت سے میری کی دیکھ بھال کی ذمہ داری اُن پر آگئی اور یوں وہ ساری زندگی بہن کا خیال کرتے رہے حتیٰ کہ انہوں نے ساری عمر شادی نہیں کی۔ 1823 میں دونوں بہن بھائی نے ایک یتیم بچی ایما ایزولا (Emma Isola) کو گود لے لیا اور اُس کی پرورش کی۔ 1796 سے ہی چارلس لیمب کے ادبی کیریر کا آغاز ہوچکا تھا جب اُن کے بچپن کے دوست Coleridge نے اُن کی نظموں کو اپنے مجموعے میں 'Poems on Various Subjects' کے نام سے شائع کیا، 1798 میں لیمب کی 'اے ٹیل آف روزیمنڈ گرے' (A Tale of Rosamund Gray) چھپ کر آئی اور پھر فوراً ہی انہوں نے کالرج (Coleridge) اور اپنے ایک مشترکہ دوست چارلس لوائیڈ (Charles Lloyd) کے ساتھ مل کر 'بلینک ورس' (Blank Verse) شائع کی۔ 1801 سے انہوں نے اپنی غربت دور کرنے کی خاطر لندن کے اخبارات میں آرٹیکلز لکھنے شروع کر دیے جو اپنے مزاح کے انداز کی وجہ سے بہت مقبول ہوتے چلے گئے۔ 1802 میں اُن کی

ڈرامائی نظم 'جون وڈول' (John Woodvil) شائع ہوئی جسے کچھ خاص پذیرائی نصیب نہ ہوئی مگر 1806 میں اُن کا ڈرامہ مسٹر ایچ (Mr. H) بہت کامیاب ہوا۔

اپنی بہن میری کے ساتھ مل کر انہوں نے کئی ایک ریمارک ایبل کتابیں لکھیں جن میں مسز لیسسٹر کا اسکول (Mrs. Leicester's School)، بچوں کے لیے شاعری (Poetry for Children)، بیوٹی اینڈ دی بیسٹ (Beauty and the Beast) اور ٹیلز فرام شیکسپیئر (Tales from Shakespeare) شامل ہیں۔ 1833 تک اُن کی بہن میری کی نفسیاتی بیماری بہت بڑھ گئی اور بالآخر انہیں ہسپتال میں داخل کر دیا گیا۔ اس دوران ایما ازولا (Emma Isola) کی شادی بھی ہو چکی تھی۔ چارلس لیمب اپنی زندگی کے آخری سال میں تنہائی کا شکار ہوتے چلے گئے خصوصاً جب اُن کے بچپن کے دوست کالریج (Coleridge) کا انتقال ہوا تو ان کے جملے تھے کہ 'وہ میری زندگی کا ایک اہم ترین حصہ تھا'، اس واقعہ کے پانچ ہفتوں کے بعد ہی 27 دسمبر 1834 میں اُن کا بھی انتقال ہو گیا۔

ادب کا رومانوی دور۔ جرمنی میں

گوئٹے (Goethe) ایک عظیم جرمن شاعر، ڈرامہ نگار، ناول نگار، سائنس دان، سیاست دان، تھیٹر ڈائریکٹر، تنقید نگار اور آرٹسٹ تھے۔ اُن کا شمار ماڈرن رومانوی جرمن ادب کی اہم ترین شخصیات میں ہوتا ہے۔ گوئٹے کے ادبی کارناموں کے بدولت اُن کا نام ولیم شیکسپیئر اور دانتے کے مقابل لیا جاتا ہے۔ اُن کے ٹریجک ڈرامے فاسٹ (Faust) کو جان ملٹن کی ۱۷ ویں صدی میں لکھی گئی ایپک نظم پیراڈائز لاسٹ (Paradise Lost) اور دانتے کی ۱۴ ویں صدی کی ڈیوائن کامیڈی (Divine Comedy) کے ہم پلہ سمجھا جاتا ہے۔ گوئٹے ۱۷۴۹ میں ایک قانون دان کے گھر میں پیدا ہوئے تھے۔

ابتدائی تعلیم انہوں نے فرینکفرٹ میں ہی حاصل کی مگر پھر اعلٰی تعلیم کے غرض سے

وہ لیپزگ (Leipzig) منتقل ہو گئے جہاں انہوں نے لیپزگ یونیورسٹی سے قانون کی تعلیم حاصل کی۔ اسی دوران ان کی ملاقات ہرڈر سے ہوئی تھی جنہوں نے انہیں ادبی تحریک اسٹارم اور اسٹریس سے متعارف کرایا تھا۔ فرینکفرٹ واپس آ کر گوئٹے نے قانون کی پریکٹس کے ساتھ ادبی تخلیقی کاموں میں بھی مصروف ہوتے چلے گئے اور پھر اسی دوران ۱۷۷۴ اُن کا ناول 'دی سارو آف ینگ ورتھر' (The sorrow of young werther) منظر عام پر آیا جس نے انہیں ادبی دنیا میں مقبول کر دیا۔ اس کے اگلے سال انہیں ڈیوک آف سیکس وائمر (Saxe-Weimar Duke of) نے انہیں وائمر کے دورے کی دعوت دی اور مختلف اہم پوزیشن پر تعینات کیا۔ اس دوران وہ وائمر میں رہے حتیٰ کہ ۱۷۸۶ میں انہیں ایک رائٹر شارلٹ وائین اسٹائین (Charlotte von Stein) سے عشق ہو گیا اور وہ اٹلی چلے گئے۔ ۱۷۸۸ میں گوئٹے ایک معمولی کام کرنے والی ایک غیر تعلیم یافتہ خاتون کرسٹائین ولفیس (Christiane Vulpius) کی محبت میں گرفتار ہو گئے تھے جس سے بعد میں انہوں نے شادی کر لی تھی۔ اس خاتون سے ان کا ایک بیٹا بھی پیدا ہوا تھا۔

اٹلی میں رہنے کے دوران گوئٹے کلاسیکل آرٹ سے بہت متاثر ہوئے۔ یہی وہ کم و بیش دور تھا جب وائمر کلاسزم کی ابتدا ہوئی تھی جس دوران ان کی ملاقات جرمن ڈرامہ نگار اور فلاسفر شیلر (Friedrich Schiller) سے ہوئی اور دونوں نے مل کر پہلی عیسوی صدی کے شاعر مارکس مارشیلس کی نظموں کے مجموعہ زینین (Xenien) پر تفصیلی فلسفیانہ کام کیا۔ فریڈک شلیگل (Friedrich Schlegel) جو رومانس ازم کی تحریک کے بنیادی کارکن تھے وہ گوئٹے کے ساتھ مسلسل ادبی رابطے میں رہے۔ گوئٹے کی ساری زندگی ادبی مشاغل اور بے شمار کامیابیوں سے بھری ہوئی ہے۔

وہ بیک وقت کئی ایک زبانوں فرانسیسی، انگریزی، اٹالین، یونانی، لاطینی اور ہبریو پر عبور رکھتے تھے۔ وہ نا صرف قانون دان، شاعر، رائٹر، سیاسی ایڈمنسٹریٹر تھے بلکہ فلسفے، میوزک،

آرٹ خصوصاً پینٹنگ اور سائنس کے بھی مختلف سبجیکٹس جن میں اناٹومی، بیالوجی، کیمسٹری، منرلوجی اور ارکیالوجی (Archaeology) کے ماہر تھے۔انہوں نے انسانوں میں چہرے کی ایک ہڈی 'انٹرمیکزی یلری بون' (Intermaxillary bone) بھی دریافت کی تھی۔ادب میں ان کی عظمت شاعری، ڈرامہ نگاری، ناول نگاری، خطوط نویسی، مترجم، آٹو بائیوگرافی اور تنقید نگاری کے بدولت اعلیٰ ترین مقام پر ہے۔

گوئٹے کی فائسٹ۔ایک ٹریجڈی (eine Tragödie,Faust)

فائسٹ، گوئٹے کا ماسٹر پیس کام تھا جو اُس نے جوانی میں شروع کیا، اُس کا پہلا حصہ ۱۸۰۸ میں مکمل کیا اور اُس کو اپنی موت یعنی ۱۸۳۲ سے چند مہینے پہلے ختم کیا تھا۔اس ڈرامے میں میفسٹوفلیس (Mephistopheles) سے خدا پوچھتا ہے کہ کیا تم فائسٹ کو جانتے ہو؟ کہ وہ تو بڑا پڑھا لکھا عالم اور با کردار ہے، مسرت اور فن کا طلب گار ہے، دنیا کی کسی خواہش کا طلب گار نہیں، اُس کا سفر بلندیوں کی طرف ہے اور میں اسے جلد ہی نور سے مالا مال کر دوں گا۔مجھے نہیں یقین کہ تم اسے کبھی بھی گمراہ کر پاؤ گے۔جس پر میفسٹوفلیس (شیطان) مسکرا کر کہتا ہے مجھے یہ چیلنج قبول ہے کیونکہ میں ایک جیتنے والا گھوڑا ہوں۔میری جیت میں کس کو شک ہے؟ اور پھر میفسٹوفلیس فائسٹ کی زندگی کے مراحل میں شامل ہو جاتا ہے کیونکہ درحقیقت فائسٹ اپنی زندگی سے غیر مطمئن ہونا شروع ہو جاتا ہے۔وہ اپنی علمی قابلیت اور کتابوں سے اکتا رہا تھا کہ اُسے زندگی کے اکثر سوالات کے قابل اطمینان جواب نہیں مل پائے تھے۔اس کی خاطر وہ کسی جادوئی روح سے بدل جانے کا خواب دیکھ رہا ہوتا ہے تاکہ اسے اپنے جوابات مل سکیں۔اس دوران وہ ویگنر سے بحث میں بھی الجھا ہوا ہوتا ہے جو علم کے حصول اور اسکالر شپ کو ہی اُس کی بےچینی کا حل بتاتا ہے۔

اس طرح اس قدر مایوسی کا وقت اُس کی زندگی میں آجاتا ہے کہ وہ زہر پی کر اپنی

زندگی کو ختم کرنے کا ارادہ کرنے لگتا ہے مگر پھر میفسٹوفلیس ایک سیاہ کتا بن کر اُس سے ملتا ہے۔ وہ فائسٹ کے نامکمل سفر میں ساتھ دے گا مگر اُس کے بدلے میں فائسٹ اپنی روح اُس کے حوالے کر دے گا۔ یوں میفسٹوفلیس اُسے لیکر 'ٹیورن اِن آربیک' tavern in Auerbach لے جاتا ہے اور پھر مختلف جادوئی کرتبوں سے اُسے گمراہ کرتا ہے، اُسے نشہ آور محلول پلاتا ہے، ایک وچ سے ملاتا ہے جو اُسے محفلوں میں لیجاتی ہے اور پھر ایک خوبصورت لڑکی کو بھی آئینہ میں دکھاتا ہے اور وعدہ کرتا ہے کہ وہ فائسٹ کو ایسی ہی خوبصورت لڑکی سے ملائے گا۔ کہانی میں گریچن (Gretchen) کا کردار شامل ہوتا ہے جو بہت ہی معصوم اور مذہبی لڑکی ہوتی ہے مگر فائسٹ اُسے حاصل کرنے میں لگ جاتا ہے۔ بالآخر گریچن، فائسٹ کے بچے کی ماں بن جاتی ہے اور پھر شرمندگی کی وجہ سے اُس بچے کی موت کی ذمہ دار بھی۔ کہانی بہت سارے مراحل سے گزرتی ہے حتیٰ کہ میفسٹوفلیس فائسٹ کی کمزوریوں سے فائدہ اٹھاتا ہے اور اُسے کرپٹ کرنے میں کامیاب ہو جاتا ہے۔

پہلے حصہ کا خاتمہ گریچن (Gretchen) کا فائسٹ کے ساتھ زندگی گزارنے کے انکار اور پھر اُس کی موت پر ہو جاتا ہے۔ کہانی کا دوسرا حصہ فائسٹ اور میفسٹوفلیس کے جرمن عدالت عظمیٰ میں پیش ہونے اور پھر ایک دیومالائی یونانی حسینہ ہیلن سے ملنے پر آگے بڑھتا ہے مگر ہیلن فائسٹ کے اُسے چھونے پر غائب ہو جاتی ہے مگر پھر میفسٹوفلیس کی مدد سے فائسٹ اُسے حاصل کر پاتا ہے جو اُسے ایک بچے 'یوپورین' سے نوازتی ہے اور پھر کہانی مختلف ادوار سے کچھ یوں گزرتی ہے کہ فائسٹ یونان کے بادشاہوں کی مدد کرتا ہے اور بدلے میں ایک بڑی جاگیر کا مالک بن جاتا ہے۔ اُس کا ارادہ بہت بڑے رقبے پر ایک آئیڈیل شہر بنانے کا بنتا ہے مگر اس ساری کامیابیوں کو دیکھ کر ایک دن میفسٹوفلیس اُس سے وعدے کے مطابق روح کا تقاضا کر دیتا ہے۔

فائسٹ کے دوسرے حصہ میں اُس کی لغزش، ندامت، شرمندگی اور پھر پستی کے

احساس سے نکلنے کی تگ و دو شامل ہے ،اس حصے میں وہ اپنی ایک چھوٹی رومانٹک اور ذاتی احساسات کی دنیا سے نکل کر ایک بڑی تہذیبی دنیا میں شامل ہو جاتا ہے اور آخری حصہ میں وہ زماں و مکاں کے احساس سے بھی نکل جاتا ہے ۔اس دوران اُس کی اپنی محبوبہ گریچن (Gretchen) روح سے سے گفتگو، میفسٹو فلیس سے طویل مکالمے، خدا کے حضور التجا، آہ وزاری اور کئی ایک فلسفیانہ مراحل اور فکری بلندیاں شامل ہیں جنہیں چھو کر وہ بالآخر جہنم کی آگ سے بچ جاتا ہے اور اپنی محبوبہ گریچن کے پاس جنت میں پہنچنے میں کامیاب ہو جاتا ہے ۔فائسٹ بلاشبہ گوئٹے کا ایک عظیم شعری کارنامہ ہے جسے اُس نے اپنی دانش، مشاہدے اور فلسفیانہ طرز اسلوب سے ایک عظیم شاہکار بنا دیا ہے ۔

فریڈرک شلر کا پورا نام جوہان کرسٹو فریڈرک شلر (Johann Christoph Friedrich Schiller) تھا ۔وہ جرمنی کے ایک چھوٹے سے گاؤں ماربک ایم نیکر (Marbach am Neckar) میں 1759 میں پیدا ہوا تھا۔ وہ ایک شاعر، ڈرامہ نگار اور فلاسفر تھا جس کا بچپن خاصے ناخوش گوار ماحول میں گزرا مگر اس کے باوجود اُس نے ملٹری اسکول سے تعلیم حاصل کی، قانون اور میڈیسن میں اعلیٰ ڈگریاں حاصل کی اور کچھ عرصہ آرمی سرجن بھی رہا مگر پھر زندگی کے مسائل میں گھرتا چلا گیا۔اُس کی زندگی کا بڑا عرصہ لیپزگ، ڈریسڈن اور وائمر میں گزرا حتیٰ کہ گوئٹے اُس کی زندگی میں آیا جس نے اُسے یونیورسٹی آف جینا میں پروفیسر شپ حاصل کرنے میں مدد کی ۔اس دوران پانچ برس تک اُسے 'دی آورز' نامی میگزین کی ایڈیٹر شپ کا بھی موقع ملا۔اس دوران اور بعد ازاں اُس نے یادگار ڈرامے، گیت اور بیلے لکھ کر جرمن ادب کو خوب ہی سجا دیا۔اُس کے یادگار ایپک ڈرامے 'ولیم ٹیل' کو بہت شہرت ملی جس میں ولیم کی خوبصورت نظمیہ کہانی ہے کہ وہ کس طرح گیسل کے مخالفت میں سوئٹزرلینڈ کو آسٹریا سے آزاد کراتا ہے ۔

ہائینرک ہائین (Heinrich Heine) مغربی جرمنی کے ایک شہر ڈیوزلڈورف (Düsseldorf) میں 1797 میں پیدا ہوا تھا۔ اپنی ابتدائی تعلیم کے بعد بینکر بننے کی غرض سے وہ اپنے امیر بینکر چچا، سلمون ہائین کے پاس ہیمبرگ آگیا مگر اُسے بہت جلد اندازہ ہوگیا کہ بزنس کی تعلیم میں اُس کی دلچسپی نہ ہونے کے برابر ہے چنانچہ جلد ہی اُس نے قانون کی تعلیم حاصل کرنے کی خاطر 1819 میں یونیورسٹی آف بون (University of Bonn,) میں داخلہ لے لیا جہاں وہ صرف ایک سال ہی رہا اور پھر اپنے سخت لبرل خیالات کی وجہ سے بون یونیورسٹی سے University of Göttingen آگیا تاکہ لا کی ڈگری مکمل کر سکے مگر یہاں سے اُسے اینٹی سیمیٹک وجوہات کی وجہ سے نکلنا پڑا۔ ہائیزک کے چچا سلمون نے اُسے برلن بھیج دیا تاکہ وہ یونیورسٹی اف برلن سے اپنی لا کی ڈگری مکمل کر سکے۔ یہاں لا سے زیادہ وہ لٹریچر میں دلچسپی لیتا رہا۔ یونیورسٹی آف برلن میں فرینز بوپ (Franz Bopp)، فریڈرک آگسٹ وولف (Friedrich August Wolf) جیسے لیکچرارز تک رسائی ہوئی خصوصاً فلسفے میں آرسٹوفینز (Aristophanes) کو پڑھنے کا موقع ملا جس کا وہ بقیہ تمام زندگی فکری پیروکار رہا۔ یہیں اُسے ہیگل سے بھی متاثر ہونے کا موقع ملا۔

1821 میں برلن یونیورسٹی میں رہتے ہوئے اُس کی نظموں کا پہلا مجموعہ Gedichte کے نام سے آیا۔ 1824 کے دوران نہ صرف اُس کا تاریخ کا مطالعہ چلتا رہا اور یہودیت کی تاریخ کے مطالعے سے اُس کے عقائد میں تبدیلی آتی چلی گئی بلکہ اسی دوران اُس نے ایک تاریخی ناول Der Rabbi von Bacherach کے نام سے لکھنا شروع کیا جو اُس نے کبھی بھی مکمل نہیں کیا (1823 میں وہ برلن چھوڑ کر فیملی کے پاس واپس آگیا اور اس دوران Die Heimkehr ("The Homecoming") کے نام سے نظمیں لکھتا رہا۔ 1825 میں وہ یہودی مذہب چھوڑ کر پروٹسٹنٹ ہوگیا۔

اگلے چھ برسوں تک وہ جرمنی، انگلینڈ اور اٹلی کے مختلف شہروں میں گھومتا رہا مگر اسی

دوران 1826 اور 1827 میں اُس کی یکے بعد دیگرے دو کتابیں Reisebilder ("Travel Pictures") اور Buch der Liede بھی شائع ہوئیں جنہوں نے اُسے ادبی دنیا میں ایک اہم مقام عطا کیا۔ اپنے سخت لبرل سیاسی خیالات اور اظہار کی وجہ سے وہ جرمنی میں غیر مقبول ہوتا چلا گیا اور بالآخر 1831 میں وہ جرمنی سے فرانس چلا گیا جہاں وہ عمر کے آخری دور تک پیرس میں ایک تنقید نگار اور صحافی کے طور پر کام کرتا رہا۔ ادبی دنیا میں اُس کی مقبولیت کی بڑی وجہ اُس کے وہ گیت ثابت ہوئے جو اُس کے ذاتی تجربات اور احساسات کی غمازی کرتے تھے۔ ہائین کے گیتوں کے چند انگریزی میں ترجمہ کیے ہوئے مصرعے جن سے اُس کی شاعری کے مزاج کا اندازہ ہوتا ہے:

Nightly I see you in dreams – you speak,
With kindliness sincerest,
I throw myself, weeping aloud and weak
At your sweet feet, my dearest.

You look at me with wistful woe,
And shake your golden curls;
And stealing from your eyes there flow
The teardrops like to pearls.

You breathe in my ear a secret word,
A garland of cypress for token.
I wake; it is gone; the dream is blurred,
And forgotten the word that was spoken.
(Poetic translation by Hal Draper)

ارنسٹ تھیوڈور آفمین (Ernst Theodor Amadeus Hoffmann) کی وجہ

شہرت اُس کی خوبصورت داستان یا کہانی نویسی تھی مگر رائٹر ہونے کے ساتھ ساتھ وہ ایک بہترین موسیقار، کمپوزر اور آرٹسٹ بھی تھا۔ وہ پروشیا کے شہر کیلنگا رڈ (Kaliningrad) میں 1776 میں پیدا ہوا تھا جو اب روس کا حصہ ہے۔ اُس کی پرورش اور تعلیم وتربیت میں اُس کے انکل نے اہم کردار ادا کیا تھا۔ ارنسٹ آفمین نے قانون کی تعلیم حاصل کی تھی اور پھر ایک ماہر قانون داں کے طور پر پروشیا کے مختلف صوبوں میں پریکٹس کرتا رہا۔ اس دوران اُس کے دو اہم ناول The Devil's Elixir اور The Life and Opinions of Kater Murr سامنے آئے۔ اُس کی معروف ترین کہانیوں کے مجموعوں میں The Fantasy Pieces اور The Night Pieces شامل ہیں۔ اُس کی کہانیاں Jacques Offenbach جیسے کمپوزر کے اوپیرا میں شامل رہیں۔ بچوں کے لیے اُس کا مشہور ناول The Nutcracker and the Mouse King پر مشہور جرمن موسیقار، Pyotr Ilyich Tchaikovsky نے بیلے کمپوز کیا۔ آفمین کی کہانیوں نے انیسویں صدی کی مغربی ادبی دنیا کو بے انتہا متاثر کیا۔ اُس کا شمار رومانس ازم دور کے سرفہرست ادیبوں میں ہوتا ہے۔

جیکب کارل گریم (Jacob Ludwig Karl Grimm) اور اُس کے بھائی وِلہیم کارل گریم (Wilhelm Karl Grimm) کے نام جرمن ادب کے اہم ترین قانون دان (Jurist) اور ماہر فلکیات (Philologist) اور داستان گو اور رائٹرز (Folklorist) کے طور پر لیا جاتا ہے۔ ان دونوں بھائیوں نے مل کر جرمن ڈکشنری 'Deutsches Wörterbuch' پر معرکتہ الآرا کام کیا۔ جرمن ادب کو انہوں نے کئی ایک اہم کتابوں سے مالا مال کر دیا۔ ان دونوں بھائیوں نے جرمن ادب کو مشترکہ اور علیحدہ بھی درجنوں اہم کتابوں اور بچوں کی لوک کہانیوں سے نوازا۔ ان دونوں بھائیوں کی چند مشترکہ کتابوں جرمن زبانوں اور انگریزی ترجمے کے عنوانات تعارف کے غرض سے مندرجہ ذیل ہیں:

The Two Oldest German Poems of the Eighth Century: The Song of_ Hildebrand and Hadubrand and the Wessobrunn Prayer—ninth century heroic song, published 1812 (Die beiden ältesten deutschen Gedichte aus dem achten Jahrhundert)

Children's and Household Tales—seven editions, between 1812 and 1857_
(Kinder- und Hausmärchen)

Old German Forests—Three volumes between 1813 and 1816_ (Altdeutsche Wälder)

Poor Heinrich by Hartmann von der Aue—1815_
(Der arme Heinrich von Hartmann von der Aue)

Songs from the Elder Edda—1815_
(Lieder der alten Edda)

German Sagas—published in two parts between 1816 and 1818_ (Deutsche Sagen)

Grimms' translation of Thomas Crofton Croker's Fairy Legends and Traditions_ of the South of Ireland, 1826 (Irische Elfenmärchen)

German Dictionary—32 volumes published between 1852 and 1960 (Deutsches Wörterbuch)

ادب کا رومانوی دور۔ فرانس میں

ژان ژاک روسو (Jean Jacques Rousseau) فرانس کا انقلابی رائٹر روسو ایک غریب گھڑی ساز کا بیٹا تھا۔ وہ خاصا بدنصیب لڑکا تھا کہ پیدائش (1712) کے دوران ہی اُس کی ماں چل بسی۔ ابتدائی زندگی کے چند برس باپ کے زیرِ سایہ بڑا ہوا مگر پھر جلد ہی زندگی گزارنے کے لیے گھر سے نکلنا پڑا۔ بچپن ہی سے مختلف نوعیت کے کاموں میں مصروف رہا، ابتدائی برسوں میں کسی وکیل کے یہاں نوکری کرتا رہا مگر پھر جونہی ۱۶ برس کا ہوا تو اٹلی کے شہر ٹیورن کی طرف نکل گیا۔ کچھ عرصے کی آوارگی کے بعد کیتھولک ہو گیا مگر پھر دو تین دہائیوں کے بعد جب جینوا آیا تو دوبارہ پروٹسٹنٹ ہو گیا۔ ٹیورن میں روسو ۱۷۱۳ تک رہا اور پھر سیوائے نام کے شہر میں منتقل ہو گیا جہاں وہ تقریباً دس برس تک ایک خاتون میم ڈی ویرنز (Mme de Warens) کے پاس رہا۔ ۱۷۴۱ میں وہ دوبارہ پیرس آ گیا اور انسائیکلو پیڈیا سے منسلک ہو گیا اور مستقل بنیادوں پر سیاسی آرٹیکلز لکھتا رہا۔ کچھ عرصے میں وہ فرانس کے شہر لائیون منتقل ہو گیا اور یہاں ایک ٹیوٹر کی جاب سے گزارا کرنے لگا، اس دوران وہ وینس میں میوزک کا پسٹ کا کام بھی کرتا رہا۔ ۱۷۴۵ میں اسے ایک ان پڑھ سی لڑکی سے پیار ہو گیا جس کا نام تھریسا لی ویزئیر (Therese Le Vasseur) تھا۔ تھریسا سے روسو کے پانچ بچے پیدا ہوئے مگر اپنے مسائل کی وجہ سے انہیں یتیم خانے میں جمع کروا دیا۔ ۱۷۵۰ میں روسو کی پہلی تصنیف Discourse on the Sciences and the Arts منظرِ عام پر آئی جس نے اُس کے نام کو سارے فرانس میں پھیلا دیا۔ 1762 سے 1885 کے دوران ان کا اہم ترین کام پبلش ہوا جس میں 1761 میں جولی، دی نیو ایوائے (Julie, Or the New Heloise) اور 1762 میں ایمیلی (Emile) چھپی اور پھر اسی سال دی سوشل کونٹرکٹ (The Social Contract) آئی جس نے فرانس کے تاریخی انقلاب کے لیے فکری راہ ہموار

کر دی۔روسو کی انقلابی تحریروں کی وجہ سے اُس پر فرانس میں کئی بار پابندیاں لگائی گئیں۔مثلاً ایملی میں اس کے مذہبی نظریات کی وجہ سے اسے فرانس سے نکل کر سوئٹزرلینڈ اور برطانیہ جانا پڑا۔وہاں سے جب وہ دوبارہ پیرس آیا تو ایک بار پھر مالی مشکلات نے گھیر لیا۔روسو کو فرانس کی رومانوی ادبی تحریک کے فکری باپ کا رتبہ حاصل ہے۔'کونفیشنس'(Confessions) اور دیگر کتابوں سے اندازہ ہوتا ہے کہ اُس کی تحریروں میں بلا کی رومانویت، سیاسی وسماجی بغاوت اور تصوراتی تخلیقات سے بھری پڑی ہیں جو انسانی جذبات کی مکمل نمائندگی کرتی ہیں۔

1762 میں لکھا گیا روسو کا 'ایملی' (Emile) ایک ناصحانہ کسی حد تک تدریسی بلکہ معلمانہ قسم کا ناول تھا جس کا بنیادی موضوع مذہب اور تعلیم کے ارد گرد تھا۔اس ناول میں ایملی ایک ایسے بچے کا مرکزی پروگونسٹک کردار تھا جو کسی بھی قسم کے معاشرتی یا سماجی جبر کے بغیر پرورش پاتا ہے۔اس کردار کے ذریعے روسو نے اُس دور کے فرانسیسی معاشرے اور مجموعی طور پر یورپ کے تدریسی نظریات پر ایک تنقیدی نظر ڈالی ہے۔اُس کے خیال میں ایک فرد کے مجموعی کردار میں بنیادی طور پر اُس کے سماجی مشاہدات، تجربات، عملی زندگی کے مسائل، زندگی کی خاطر سخت ترین محنت اور بروقت فیصلے کرنے کی قوتوں کا حصہ ہوتا ہے۔ایک مکمل سماجی فرد بننے کے لیے تعلیم وتربیت کا بھی ضمنی کردار ہوتا ہے مگر ایک بڑا حصہ دیگر عوامل سے آتا ہے۔اس ناول کے کئی حصوں میں روسو کے مذہبی حیاتی (Sentimental deism) تصور بھی ملتا ہے جسے وہ فطرت کی روح قرار دیتے ہیں اور دلائل کے مقابلے میں فوقیت دیتے ہیں۔

روسو کی بائیوگرافی۔دی کونفیشن (The Confessions)

1781-1788 کے دوران پبلش ہونے والی روسو کی یہ بائیوگرافی اُس نے 1766-1770 کے دوران لکھی تھی۔اس کتاب میں روسو نے اپنی زندگی کے پہلے 53 برسوں کا

حال احوال پوری سچائی اور دیانت داری کے ساتھ بیان کیا ہے۔اس کتاب کو پڑھ کر دو طرح کی آرا ادبی دنیا میں پیدا ہوئیں۔ایک خیال یہ تھا کہ فرانس کی ادبی دنیا میں اس سے زیادہ سچ شاید ہی کسی بائیوگرافی میں ملے مگر دوسری جانب کچھ ادیبوں کا خیال تھا کہ روسو نے یہ کتاب محض سچائی کی خاطر نہیں لکھی بلکہ اپنی زندگی کے اچھے برے افعال کو جسٹیفائی کرنے کی خاطر تحریر کی تھی۔مگر خود روسو کا اس کتاب کے بارے میں خیال تھا کہ اُس نے اس بائیوگرافی سے نہ تو اپنی زندگی کے برے اعمال کو نکالا ہے اور نہ ہی اچھے اعمال کو بڑھا چڑھا کر بیان کیا ہے۔اُس نے اس حوالے سے ایک جملہ پورے اعتماد سے لکھا ہے کہ اگر میں بہتر نہیں ہوں تو کم از کم میں مختلف ضرور ہوں۔

"If I am not better, at least I am different."

اُس کا کہنا تھا کہ کسی شخص میں یہ جرأت نہیں کہ وہ کہہ سکے کہ میں دوسرے شخص سے بہتر ہوں۔اُس نے سینٹ آگسٹائن کی طرح کسی بھی خدا کے سامنے اپنے گناہوں کا اقرار کر کے معافی وغیرہ نہیں مانگی بلکہ یہ کہا کہ ہاں میں ایک فاسق و گناہ گار شخص ہوں مگر اپنے کچھ عوامل کی وجہ سے قابل تعریف بھی ہوں۔اس نے اپنے اپنی کتاب میں اپنی موسیقی سے رغبت کا بھی ذکر کیا اور فطرت سے محبت اور دلچسپی کے بارے میں بھی لکھا۔اُس کے بنائے ہوئے موسیقی کے نوٹس اپنی نغمگی کے لحاظ سے مختلف طرز کے تھے۔وہ ایک کامیاب رائٹر اور بھرپور فکری شخص تھا۔اُس نے اپنی ذاتی زندگی کے بارے میں اس قدر کھل کر بھی لکھ دیا کہ اُسے جنسی سکون جسم کے مختلف حصوں پر تھپکیوں سے ملتا ہے۔اُس کا کہنا تھا کہ میڈیم ڈی ویرنز (Mme de Warens) کی صحبت اور تربیت نے اُس کو مجموعی طور پر بالغ النظر بنایا۔اُس نے زندگی میں بہت جھوٹ بولا ،اُس نے چھوٹی موٹی چوریاں بھی کی،اُس نے اپنے بچوں کو یتیم خانوں کے سپرد کیا،اُس نے والٹیر، ہیوم اور ڈیڈرات جیسے دانشوروں سے کھل کر اختلاف کیا۔

شاٹو برانڈ کا پورا نام François René de Chateaubriand تھا، وہ فرانس کے شہر برٹنی میں 1768 میں پیدا ہوا۔ اُس نے ایک اچھی مکمل زندگی گزاری، اُس کی تعلیم اعلیٰ ترین اداروں میں ہوئی، اُس نے دنیا بھر کی سیر کی اور اعلیٰ ترین عہدوں پر کام کیا، ایک زمانے تک فرانس کا وزیر خارجہ، وزیر داخلہ اور اٹلی، انگلینڈ اور جرمنی میں فرانس کا سفیر بھی رہا۔ 1791 میں اُس نے نارتھ امریکہ کا دورہ کیا اور اسی دوران اسے اپنے شہرِ آفاق ناولز' اٹالہ اور رینے' (Atala and René) کے بارے میں تخلیقی تصور نصیب ہوا۔ فرانس کی رومانوی ادبی دنیا میں شاٹو برانڈ کا شمار بہت ہی عزت و احترام سے لیا جاتا ہے۔ اُس کا نام بجا طور پر فطرت سے والہانہ پیار کرنے والے حساس ادیب کے طور پر سرفہرست ہے۔ اُس کی مقبول ترین کتابوں میں 'دی جینیس آف کرسچینیٹی' (Genius of Christianity The) شامل ہے جس میں اُس کے دونوں ناول اٹالہ اور رینے (Atala and René) بھی شامل ہیں۔ 1801 میں اُس نے اٹالہ (Atala) لکھا جس کا اگلا حصہ دوسرے ناول رینے (René) میں جاری ہے جو اُس نے اگلے برس یعنی 1802 میں لکھا۔ اس ناول کا مرکزی کردار رینے اپنی بہن امیلیا (Amelia) کے ساتھ ایک گہرے جذباتی تعلق کا شکار ہے اور یہ دوطرفہ تعلق دونوں بہن بھائیوں کے لیے جنسی کشش کا عنصر بھی چھپائے ہوئے تھا۔ اس بات کی آگہی سے پشیمان ہو کر رینے لوزیانہ کے جنگلات کی طرف جبکہ امیلیا کسی کانونٹ میں چلے جاتی ہے۔ ناول کے دوران امیلی اپنے اخلاقی قدروں کی پامالی کے تصور اور پشیمانیوں کی وجہ سے بالآخر مر جاتی ہے جبکہ رینے ریڈ انڈینز کے ساتھ زندگی گزارنے لگتا ہے اور پھر بالآخر عیسائی مشنری کا حصہ بن جاتا ہے۔ شاٹو برانڈ کا یہ ناول خاصی اداسی کی فضا سے بھرا ہوا ہے مگر آبائی طرزِ زندگی اور قبائل کا طرزِ حیات رینے کے لیے سکون و آشتی کا سبب بنتا ہے۔

وکٹر ہیوگو (Victor Marie Hugo)، نپولین بوناپارٹ کی آرمی کے ایک جنرل کا بیٹا تھا۔ وہ 1802 میں فرانس کے شہر بیسنکن (Besançon) میں پیدا ہوا تھا۔ اُس کا بچپن

اپنے خاندان کے ساتھ اٹلی اور اسپین میں گزرا۔ چھوٹی عمر سے ہی اُسے لٹریچر میں دلچسپی پیدا ہوگئی تھی۔ ابھی صرف 14 ہی سال کا تھا جب اُس نے پہلی ٹریجڈی لکھی، 17 برس کی عمر میں اُس نے نیوز پیپرز ایڈٹ کرنے شروع کیے اور 20 سال کی عمر میں اُس کا شاعری کا مجموعہ چھپ گیا۔ شاٹو برانڈ کی طرح ہیوگو نے بھی فرانس کی سیاسی وسماجی زندگی میں اہم کردار ادا کیا۔ ابتدا میں وہ کنزرویٹو پارٹی میں رہا مگر پھر لبرل ڈیموکریٹ ہوگیا۔ اس سیاسی دور میں وہ کئی بار مشکلات میں بھی رہا۔ اُسے اٹھارہ سالوں کے لیے فرانس سے نکل کر چینل آئی لینڈ (Chanel Islands) میں جلاوطنی کی زندگی گزارنا پڑی مگر فرانس کے رومانی ادبی دور میں اُس کی شہرت پھیلتی چلی گئی۔ زندگی کے آخری پندرہ برسوں میں وہ پیرس کی نامور ادبی شخصیت کے طور پر مشہور رہا۔ ادب میں اُس کا مقام شاعر، فکشن اور ڈرامہ نگار تینوں حیثیت میں اعلیٰ ترین مرتبے پر رہا۔ اُس کی شاعری میں بے انتہا نغمگی تھی مگر اس کے ساتھ ساتھ ایک اداسی کا عنصر بھی تھا۔ اُس کی نظموں میں زبان و بیان اور ردھم کے تجربات ملتے ہیں۔ اُس کے ناولوں میں عام انسانوں کے سماجی مسائل کے پس منظر میں انسانیت کے موضوعات ملتے ہیں۔ اُس کے ڈرامے خصوصاً ہرنائی (Hernani) میں روایتی ڈرامے نگاری کے برخلاف ایک نئی طرز کی آزادی کا احساس ملتا ہے۔ 1827 میں اُس نے Preface to Cromwell لکھا جو ڈرامے کے منشور کی شکل رکھتا ہے جس میں سوشل ریگولیشنز کے بدلے میں فطری قوانین اور فرد کی آزادی کی تصور کی بالادستی کا خیال ملتا ہے۔

یہ ہیوگو کی ایک طویل ترین نامکمل نظم The End of Satan کا ایک حصہ فرانسیسی زبان میں Et nox facta est ہے جس کا مطلب 'اور وہاں رات تھی' (And There Was Night) تھا۔ اس نظم میں ہیوگو نے ملٹن کی طرح شیطان کے تصور کی خاطر بغاوت کا ذکر کیا ہے۔ اس نظم میں 5700 سطریں ہیں، بدقسمتی سے یہ نظم ہیوگو کی زندگی میں مکمل نہ ہوسکی اور اُس کی موت کے بعد نامکمل ہی پبلش ہوئی۔ اس نظم میں شیطان اپنی شکست کے سبب عمیق

گہرائیوں کے سپرد ہو جاتا ہے مگر پھر آدم سے گناہ سرزد ہو جاتا ہے اور یوں ہابیل اور قابیل کے کرداروں سے یہ تصور آگے بڑھتا ہے۔نظم کے پہلے حصے میں نمرود کا قصہ ہے، دوسرے میں حضرت عیسیٰؑ اور پھر آگے جا کر پیرس کے مشرقی شہر بیسٹیل کی تباہی کا تذکرہ بھی آتا ہے۔ یہ واقعہ 1789 کے دوران ڈکٹیٹر شپ کے خلاف عوام کے غصے اور جارحانہ رویوں کی وجہ سے وقوع پذیر ہوتا ہے۔

1831 میں لکھا گیا ہیوگو کا 'ہنچ بیک آف ناٹر ڈیم' (The Hunchback of Notre Dame) جسے انہوں نے Notre Dame de Paris کے عنوان سے لکھا تھا، فرانس کی ادبی تاریخ کا مشہور ترین ڈرامہ ثابت ہوا۔ اس ناول کی مرکزی کہانی ایسمر الڈا (Esmeralda) کے اطراف گھومتی ہے جسے کیپٹن فوبس (Captain Phoebus) سے پیار ہو جاتا ہے جب وہ اُسے بظاہر فرولو (Frollo) کی قید سے بچاتا ہے۔کیپٹن فوبس حقیقت میں ایسمر الڈا (Esmeralda) کو نہیں بچاتا ہے بلکہ ایک کبڑا شخص کوزیموڈو (Quasimodo) اسے بچاتا ہے۔کوزیموڈو کو ابتدا میں ایک بدشکل شیطان نما شخص کی طرح پیش کیا جاتا ہے مگر وہ آخر میں ایک اچھے انسان کی شکل میں سامنے آتا ہے جبکہ فوبس کا کردار شیطان یا مونسٹر کا ہوتا ہے جو گو کہ ایک خوش شکل نوجوان ہوتا ہے۔

1862 میں لکھا گیا ہیوگو کا ایک مشہور ناول The Miserable Ones (Les Misérables) ہے۔ اس ناول کا مرکزی کردار جین وال جین (Jean Valjean) ہے جسے کسی معمولی جرم کی وجہ سے 19 برس جیل میں گزارنا پڑ جاتے ہیں۔ اُس کا جرم صرف اتنا ہوتا ہے کہ اسے اپنی بھوکی بہن کے لیے روٹی چرانی پڑ جاتی ہے جس کے نتیجے میں اُسے پانچ برس کی قید ہو جاتی ہے مگر بعد میں جب وہ جیل سے بھاگنے کی کوشش میں پکڑا جاتا ہے تو اس کو دوبارہ جیل میں ڈال دیا جاتا ہے اور یوں اس کی قید بڑھتی چلی جاتی ہے اور یوں جیل میں رہ کر وہ ایک بڑا مجرم بن جاتا ہے۔ بالآخر ایک بار اُس کی ملاقات بشپ آف ڈن

(Bishop of Digne) سے ہوتی ہے اور یوں اس کی زندگی میں تبدیلی آجاتی ہے اور پھر ایک نئی زندگی کا وہ آغاز کرتا ہے اور پہلے فادر میڈیلین (Madeleine)، ایک انڈسٹرلسٹ اور پھر فرانس کے شمال کے کسی شہر کا میئر بن جاتا ہے۔ اس دوران وہ ایک بدحال عورت فینٹین (Fantine) کی مدد کرتا ہے اُس کی بیٹی کو بچاتا ہے مگر پھر کئی ایک پیچیدہ واقعات کے بعد دوبارہ جیل پہنچ جاتا ہے۔

ادب کا رومانوی دور۔ روس میں

پوشکن کا پورا نام Pushkin Aleksandr Sergeyevich تھا۔ اُن کا تعلق ماسکو کے ایک نوبل خاندان سے تھا۔ اُنہیں The Byron of Russia کے نام سے یاد کیا جاتا ہے۔ وہ 1799 میں ماسکو میں پیدا ہوئے تھے، اپنی والدہ کی طرف سے وہ قدیم نیگرو خاندان (Abyssinian negro) سے تھے جو پیٹر دی گریٹ (زار) کے انتہائی درجہ کے وفادار غلاموں میں سے ایک تھے۔ بچپن میں انہیں فرانسیسی زبان پڑھائی گئی تھی پھر ماسکو کے قرب و جوار میں لاَسیم نامی ادارے سے 1817 میں انہوں نے گریجویشن کی تھی۔ تعلیم کے فوراً بعد وہ سینٹ پیٹرز برگ میں فارن آفیسر کے عہدے پر تعنیات ہو گئے تھے۔ تین سال بعد 1820 میں زار نے انہیں رشیا کے جنوبی حصے میں بھیج دیا اور پھر کچھ سیاسی وجوہات کی بنا پر انہیں 1824 میں پبلک سروسز سے فارغ کر کے جبری ریٹائرمنٹ کے بعد Pskov Province of بھیج دیا گیا۔ 1826 میں وہ کسی طرح سے واپس دارالحکومت پہنچنے میں کامیاب ہوئے، اس دوران ان کی دوستی ایک نوجوان لڑکی نتالیا (Natalya Goncharova) سے ہوئی اور اُس سے انہوں نے شادی کر لی مگر اُس کی وجہ سے نہ صرف قرض دار ہوتے چلے گئے بلکہ اُس کے اپنی بہن کے شوہر سے تعلق کی وجہ اُنہیں ڈیول (duel) لڑنی پڑ گئی جس دوران وہ سخت زخمی ہو گئے۔

پوشکن نے اپنی ادبی زندگی میں بے مثال ناول بھی لکھے، ڈرامے بھی تخلیق کیے اور شاعری بھی کی۔ وہ اپنی زندگی میں ہی رشیا کے ایک عظیم شاعر اور ادیب کے طور پر مشہور ہوئے۔ اُن کا ایک مشہور نظمیہ ناول (Evgeni OneginEugene Onegin) 1831 میں پبلش ہوا جس کا ہیرو یوگین سینٹ پیٹرزبرگ کی زندگی سے بور ہو کر کسی گاؤں میں منتقل ہو جاتا ہے جہاں اُس کی دوستی لینسکی نامی فرد سے ہو جاتی ہے۔ لینسکی اُسے اپنی منگیتر اولگا لارین (Olga Larin) اور اُس کی بڑی بہن ٹاٹیانہ (Tatyana) سے کراتا ہے۔ ٹاٹیانہ اُس کو دیکھ کر اپنا دل دے بیٹھتی ہے مگر یوگین اُسے خبردار کرتا ہے کہ اُس کی وجہ سے بجائے بہتر ہونے کے ٹاٹیانہ کی زندگی عذاب بھی ہو سکتی ہے۔ ایک دن یوگین لینسکی کی منگیتر لارین کے ساتھ ڈانس کرتا ہے اور لینسکی کو جیلس کر دیتا ہے جس کے نتیجے میں لینسکی اُسے ڈوئیل کے لیے کہتا ہے مگر نتیجے میں لینسکی خود ہی مارا جاتا ہے۔ اس سانحہ کے بعد یوگین اُس گاؤں کو چھوڑ کر چلا جاتا ہے، اولگا کسی اور شخص سے شادی کر لیتی ہے اور ٹاٹیانہ بھی اپنی ماں کے ساتھ ماسکو چلی جاتی ہے۔ ماسکو پہنچ کر ٹاٹیانہ کی زندگی میں وہاں کا پرنس آجاتا ہے جس سے وہ شادی کر لیتی ہے۔ یوگین کو جب یہ اطلاع ملتی ہے تو وہ ایک بار پھر ٹاٹیانہ کی زندگی میں شامل ہونے کی کوشش کرتا ہے مگر اپنی محبت کے اقرار کے باوجود اُس سے تعلق قائم کرنے سے انکار کر دیتی ہے۔

ادب کا رومانوی دور۔ امریکہ میں

واشنگٹن ارونگ (Washington Irving)، امریکہ کے رومانوی ادبی دور کا ایک معروف نام ہے جنھوں نے 1820 ,1819 میں دی اسکیچ بُک آف جیفری کریئیان (The Sketch Book of Geoffrey Crayon) اور جینٹ (Gent) جیسی معرکتہ الآرا کتابیں لکھیں جن میں نیویارک کی ابتدائی ڈچ کولونیل لائف کے دور کے قصے، کہانیاں اور اسکیچز

لکھے گئے۔ دراصل یہی قصے اور کہانیاں امریکہ میں شارٹ اسٹوریز کی تخلیقی دور کے آغاز سے منسوب ہے۔ ان قصوں میں دو مشہور ترین کہانیاں 'رپ وان وینکل' (Rip Van Winkle) اور 'لیجینڈ آف سلیپی ہالو' (Sleepy Hollow The Legend of) ہیں۔ 'رپ وان وینکل' میں رپ نامی مرکزی کردار نیویارک کے جنوبی مشرقی پہاڑی سلسلوں (Catskill Mountains) کی طرف نکل جاتا ہے جہاں اُس کی ملاقات ایک قبائلی بونے سے ہو جاتی ہے جو اسے ایک مشروب پلاتا ہے۔ اس مشروب کے پیتے ہی رپ بیس برسوں کے لیے بے ہوش ہو جاتا ہے۔ جب رپ کی آنکھ کھلتی ہے تو اُس کی لڑاکا بیوی مر چکی ہوتی ہے اور اُس کا دور بدل چکا ہوتا ہے۔ وہ دیکھتا ہے کہ نیویارک کی دیواروں پر کنگ جارج کی تصویر کی جگہ جارج واشنگٹن کی تصویر لگ چکی ہے۔ 'لیجینڈ آف سلیپی ہالو' کا مرکزی کردار کرین (Ichabod Crane) ایک لڑکی کیترینہ (Katrina Van Tassel) سے ملتا ہے مگر اُس کا رقیب بروم بونز (Brom Bones) ایک گھوڑے پر سوار سر کٹے کا روپ دھار کر اُسے خوب ڈراتا ہے اور اُسے گاؤں سے نکلنے پر مجبور کرتا ہے۔

جیمیز فینی مور کوپر (James Fenimore Cooper) کا نام اُن کے پانچ مشہور ناولوں، The Leatherstocking Tales کی سیریز کی وجہ سے امریکہ کے رومانوی ادب کی زینت بنا۔ اس سیریز کا مرکزی کردار نیٹی بمپو (Natty Bumppo) کی نوجوانی کی کہانی پہلے ناول دی ڈی سلئیر (The Deerslayer, 1841) سے شروع ہوتی ہے جو نوجوانی میں اگلے دو ناولز یعنی 'دی لاسٹ آف دی موہکین اور پیتھ فائنڈر' (The Last of the Mohicans, 1826 and The Pathfinder, 1840) آگے بڑھتی ہے۔ اس کے بعد کہانی کا سلسلہ 'دی پائیونیر' (The Pioneers, 1823) میں آگے بڑھتا ہے جو بڑھاپے کا دور ہوتا ہے اور پھر آخری ناول 'دی پریئری' (The Prairie, 1827) میں اُس کی موت تک کا

قصہ ہوتا ہے۔مختلف ناولز میں مرکزی کردار نیٹی بمپو کا نام مستقل بدلتا بھی رہتا ہے کبھی وہ ڈیسلائیر (The Deerslayer) کبھی ہیکی (Hawkeye) تو کبھی پیتھ فائنڈر (The Pathfinder) اور کبھی لیدر اسٹوکنگ (Leatherstocking) اور ٹریپر (و The Trapper) بن جاتا ہے مگر تمام ناولوں کی کہانیوں میں یہ مرکزی کردار ہمیشہ سے ایک بہادر اور عزت دار شخص رہتا ہے گو کہ اُس کے دوستوں میں ایک چور (Chingachgook) اور اُس کے بیٹے (Uncas) کا بھی کردار ساتھ رہتا ہے۔

ہرمن میلوی (Herman Melville) نیویارک سٹی کی ایک مشہور اسکوٹش فیملی میں 1879 میں پیدا ہوا مگر اُس کی زندگی مستقل طور پر غربت میں بسر ہوئی۔جب اُس کے باپ کا انتقال ہوگیا تو وہ کئی ایک معمولی نوکریاں کرنے پر مجبور ہوگیا جس میں اُسے پانی کے جہازوں میں بھی کام کرنا پڑا۔ایک بار تو اس کا جہاز پرانے آدم خور جزائر میں بھی پھنس گیا تھا جہاں سے اُسے امریکی وارشپ نے نکالا۔ 1846 میں اُس کا پہلا ناول ٹائپی (Typee) پبلش ہوا جو اُس کی ادبی دنیا میں کامیابی کی ضمانت بن گیا۔اگلے سال اُس نے الزبتھ شاہ نامی لڑکی سے شادی کرلی اور ایک رائٹر کے طور پر نیویارک میں زندگی گزارنے لگا۔تین سال بعد میں اُس کا ماسٹر پیس موبی ڈک Moby Dick چھپا جو امریکن رومانٹک ادب میں شاہکار کا درجہ رکھتا تھا مگر اس کے باوجود کہ وہ ایک کامیاب رائٹر بن گیا تھا،اُس کے حالات معاشی اعتبار سے کمزور رہے۔اُس کو گزارے کی خاطر مختلف میگزینز میں لکھنا پڑتا تھا۔ 1850 میں وہ نیویارک سے ماسچیوسٹس (Massachusetts) منتقل ہوگیا۔کچھ عرصے بیرونی ممالک گھومنے کے بعد 1857 میں وہ دوبارہ نیویارک آگیا۔ 1866 سے 1885 کے دوران وہ ایک کسٹم آفیسر کے طور پر نوکری کرتا رہا اور اس دوران کوئی بھی خاص ادبی تخلیقات نہ دے سکا۔

ہرمین میلوی کا ماسٹر پیس موبی ڈک (Moby Dick, or The White Whale) اپنے دور کا ایک خاص ناول ثابت ہوا۔ یہ ٹھیک ہے کہ میلوی کا موبی ڈک شاید ہی آج کے ادب کے قاری کو متاثر کر سکے مگر امریکہ کے رومانوی ادب میں اُس کی دھوم خاصی رہی۔ اس ناول میں اہب (Ahab) نامی جہاز کا کپیٹن ایک وہیل مچھلی موبی ڈک کے پیچھے سمندروں میں نکل جاتا ہے جس دوران اُس کی اپنی ٹانگ بھی ضائع ہو جاتی ہے مگر وہ ہمت نہیں ہارتا ہے۔ بالآخر ساتویں سمندری سفر میں وہ موبی ڈک کو ہلاک کرنے میں کامیاب تو ہو جاتا ہے مگر اُس کی اپنی بھی جان چلی جاتی ہے۔ اس ناول کے مرکزی تھیم کے مطابق اگر انسان فطرت کے خلاف اپنے برتاؤ کو بہتر نہیں کریں گے تو ان کی اپنی تہذیب کا نقصان ہونے کا خدشہ ہے یعنی اہب کا کردار دراصل بہادری کا نہیں بلکہ اجتماعی خودکشی کی علامت ہے۔

والٹر وائیٹ مین (Walter Whitman) کا تعلق بیک وقت ایک ڈچ اور انگلش فیملی سے تھا۔ وہ 1819 میں نیویارک میں پیدا ہوئے۔ انہوں نے زندگی میں بہت سے کام کیے، کبھی وہ ایک اسکول ٹیچر کے طور پر پڑھاتے رہے، کبھی ہفتہ وار رسالے کے ایڈیٹر کا کام کرتے رہے۔ ایک دور ایسا بھی آیا کہ وہ اپنے رسالے دی فری مین (The Freeman) کے ایڈیٹر بن گئے تھے مگر پھر گورنمنٹ کلرک، کارپینٹر اور کانٹریکٹر کے طور پر بھی گزارا کرنے لگے تھے مگر ان تمام حالتوں اور ادوار میں ایک معاملہ ہمیشہ سر فہرست رہا کہ وہ ایک ادیب کے طور پر مستقل لکھتے رہے۔ انہوں نے کبھی نظمیں لکھیں، کبھی ناول تو کبھی مضامین لکھے۔ 1855 میں اُن کی شاعری کا پہلا مجموعہ گھاس کی پتیاں (Leaves of Grass) پبلش ہوا۔ یہ مجموعہ اُن کی موت تک بار بار چھپتا رہا اور ہر ایڈیشن میں اُس کی نظموں میں اضافہ بھی ہوتا گیا۔ اس کتاب کے پہلے ایڈیشن میں صرف 12 نظمیں تھیں مگر تیسرے ایڈیشن تک ان کی تعدا

د 132 تک پہنچ گئی تھیں جس میں ان کی ایک طویل اور مشہور ترین نظم Song of Myself بھی شامل تھی۔ چوتھے اڈیشن میں اُن کی نظموں The Door Yard Bloomed When Lilacs Last in اور O Captain, My Captain! بھی شامل تھیں۔اپنے مجموعہ کے پہلے اڈیشن میں وائیٹ مین لکھتے ہیں کہ یونائیٹڈ اسٹیٹس بذات خود خوبصورت سی نظمیں ہیں۔ پہلے اڈیشن کا پیش لفظ امریکہ کے رومانوی ادب کا منشور جیسا ہے جس میں انہوں نے عام آدمی کے لیے اظہارِ فکر اور آزادیٔ اظہار کو ایک انسانی فطری حق قرار دیا اور جمہوریت کو سماجی زندگی کا اہم ترین جز کہا۔اُن کی نظموں میں یونائیٹڈ اسٹیٹس کی جغرافیائی سرحدوں، وہاں بسے ہوئے انسانوں کی محبتوں، مرد وعورتوں کی برابری کے تصور، انسانوں کا کائنات کی اکائی کا حصہ ہو جانے اور پریذیڈنٹ لنکن کی بڑائی کا ذکر ملتا ہے۔اُن کی نظمیں پرانے کلاسیکل انداز کے بجائے نئے دور کے نامیاتی مرکبات کا شاہکار ہیں جن میں ایک خاصا لسانی اور میوزیکل تجربہ ملتا ہے۔امریکہ کے رومانوی ادب میں اُن کی نظمیں خوبصورت ترین اضافہ سمجھی جاتیں ہیں۔

ایڈگر ایلن پو (Edgar Allan Poe) بوسٹن کا رہائشی تھا وہ 1809 میں بوسٹن میں پیدا ہوا تھا۔اور اُس کے والدین کا تعلق تھیٹر سے تھا۔بدقسمتی سے بچپن میں ہی یتیم ہوگیا مگر ایک امیر مرچنٹ جان ایلن نے اُسے گود لے لیا اور یوں وہ انگلینڈ منتقل ہوگیا جہاں اُس نے ابتدائی تعلیم اچھے اسکولوں سے حاصل کی۔جوں جوں پو نوعمری سے جوان ہوا، وہ آہستہ آہستہ جان ایلن سے دور ہوتا چلا گیا۔ 1826 میں اُس نے گریجویشن کی خاطر یونیورسٹی آف ورجینیا جوائن کرلی مگر پہلے ہی سال میں اُسے جوا کھیلنے اور شراب پینے کی وجہ سے نکال دیا گیا۔جس کے بعد اُس نے امریکن آرمی جوائن کرلی مگر دو سالوں کے بعد وہاں سے بھی اُسے برخاست کر دیا گیا۔ 1827 سے 1831 کے دوران اُس کی نظموں کا مجموعہ پبلش ہوا اور پھر 1833 میں اُس نے شاعری کا ایک مقابلہ جیتا جس کی وجہ سے اُس کا نام مشہور ہوا اور اُسے

رچمنڈ میں ایک رسالے دی ساوتھرن لٹریری میسنجر کے ایڈیٹر کی جاب آفر ہوگئی۔ کچھ عرصہ وہاں رہنے کے بعد اُسے فلاڈیلفیا کے ایک رسالے Burton's Gentleman's Magazine سے بہتر آفر ہوئی تو وہ وہاں منتقل ہوگیا۔ 1836 میں پو نے اپنی 13 سالہ کزن Virginia Clemm سے شادی کرلی جس کی بدقسمتی سے 11 برسوں بعد موت ہوگئی جس کی یاد میں پو نے اپنی مشہور نظم Annabel Lee لکھی تھی جو خود پو کے مرنے کے دو دن اکتوبر 9، 1849 میں نیو یارک ٹریبیون (New York Tribune) میں چھپی تھی۔ اس نظم میں پو لکھتا ہے کہ اُس کی محبت اپنی پیاری بیوی سے اس قدر مضبوط تھی کہ فرشتے جیلس ہو گئے اور اُس کا قتل کر دیا۔

1840 میں ایلن پو نے Tales of the Grotesque and Arabesque پبلش کی جس میں اُس کی دو مشہور ترین کہانیاں The Fall of the House of Usher اور Berenice شامل ہیں۔ ان دونوں کہانیوں میں بھی اُس کے ذہنی امراض اور موت کی وجہ سے پیدا ہونے والے نفسیاتی موضوعات ملتے ہیں۔ 1845 میں پو واپس نیو یارک آ گیا اور Evening Mirror کے لیے کام کرنے لگا جہاں اُس کی مشہور نظم The Raven پبلش ہوئی۔ اس نظم کی شہرت سے ایلن پو کا نام امریکہ کے رومانوی ادب میں سرفہرست ہوگیا۔ اُسے The Broadway Journal کے کو ایڈیٹر کی پیشکش ہوئی۔ ورجینیا کی موت کے بعد بھی ایلن پو مستقل لکھتا رہا۔ اس دوران اُس نے Ulalume جیسی مشہور نظم اور The Philosophy of Composition. جیسے آرٹیکلز بھی لکھے۔ ایلن پو خود کو ایک شاعر کے طور پر متعارف کراتا تھا مگر حقیقت میں اُس کی شارٹ اسٹوریز بہت زیادہ مقبول ہوئیں۔ اُس کی نظم راون جو اُس نے 1845 میں لکھی تھی۔ اس نظم کی کہانی میں ایک پرندہ ایک دن اُس کے چیمبر ڈور پر پہنچ جاتا ہے جس وقت وہ اپنی محبوب بیوی کی موت پر بے انتہا ڈپریس ہو کر اُس کی یادوں میں کھویا ہوا ہوتا ہے۔ اس دوران ایک محبت میں ڈوبا ہوا شخص اپنے غموں میں بوجھل سوالات کرتا ہے اور پرندہ اُسے فلسفیانہ جوابات دیتا ہے۔ یہ نظم یوں اس

کے Philosophy of Composition کا موضوع بن جاتی ہے۔ 1849 میں ایلن پو کی موت کثرتِ شراب نوشی کی سے ہوگئی۔

رالف والڈو ایمرسن (Ralph Waldo Emerson) ، ایک مذہبی گھرانے میں 1803 میں پیدا ہوا تھا۔ اُس کا باپ ایک یونیٹیرین پادری تھا۔ بچپن میں ہی باپ کی موت ہوگئی تو ایمرسن کو اُس کی والدہ اور ایک آنٹی نے بڑا کیا۔ وہ تعلیم میں بہت اچھا تھا، گریجویشن ہارورڈ سے کی اور پھر مذہبی تعلیم حاصل کرنے کے بعد خود بھی بوسٹن کے سیکنڈ یونٹیرین چرچ میں پادری کے طور پر تعنیات ہوگیا۔ 1829 میں اُس کی شادی ایلن ٹکر (Ellen Tucker) سے ہوئی مگر بدقسمتی سے دو سال بعد ہی اُس کی بیوی کی موت ہوگئی ۔ 1832 میں اُس نے چرچ چھوڑ دیا اور یورپ کی طرف نکل گیا۔ یہاں اُس کی ملاقات کالرج، ورڈز ورتھ، کارلائل (Carlyle, Wordsworth,Coleridge) اور وہ جرمن آئیڈیل ازم اور ٹرانسینڈینٹل (Transcendental) ماورائے عقل فکر سے متعارف ہوا۔ بوسٹن واپس آ کر اُس نے Self-Reliance اور The Over-Soul جیسے علمی آرٹیکل لکھے۔ 1835 میں اُس نے دوبارہ شادی کر لی اور کانکارڈ منتقل ہوگیا۔ یہاں رہتے ہوئے وہ ٹرانسینڈینٹل ازم کی موومنٹ کے لیے متحرک رہا۔ اس دوران اُس نے پہلی کتاب نیچر (Nature) پبلش کی جس میں ہمیں اُس کے بنیادی فلسفیانہ خیالات ملتے ہیں۔ اس کتاب کی اشاعت کے ایک برس بعد یعنی 1837 میں اُس نے ٹرانسنڈینٹل آئیڈیاز کو کلچرل اور نیشنل پرابلمز پر اپلائی کیا اور اپنی کتاب دی امریکن اسکالر (American Scholar) میں اُس کا اظہار کیا۔ اگلے برس اُس نے Divinity School Address لکھی جس میں اُس نے مذہب کے روایتی تصور سے حقیقی دنیا کو سمجھنے کے واحد راستے پر کھل کر تنقید کی۔ 1840 میں اُس نے اور اسکالرز کے ساتھ مل کر ایک ٹرانسینڈینٹل جرنل دی ڈائل (The

Dial) پبلش کیا۔ اس دوران اُس کے مستقل چھپنے والے آرٹیکلز اُسے امریکہ اور یورپ بھر میں مشہور کرتے چلے گئے۔ٹرا نسینڈنٹیلزم کے حوالے سے ایمرسن نے جو لیکچرز دیے اور مضامین لکھے اُن میں مائکروسوم کو کائناتی اکائی سے منسوب کیا جو خدا سے ہر ایک فرد اور جاندار میں اکائی کی صورت میں موجود ہے۔ فطرت کی اس اکائی کا تعلق اُس نیکی، اچھائی اور خوبصورتی سے ہے جس کا ہر زی روح میں پوٹینشل موجود ہے۔ ایمرسن نے Self-reliance اور Individualism کو بھی اسی رخ سے فطرت کو جوڑ کر باطنی شعور اور فرد کے اعتماد کا رشتہ پیدا کیا ہے اور روحانی مسرتوں کے احساس کو معنی دینے کی کوشش کی ہے۔

ڈیوڈ تھرو (Henry David Thoreau)، امریکن اسٹیٹ ماسا چیوسٹس کے شہر کانکورڈ میں 1817 میں پیدا ہوا تھا۔ اُس نے روایتی اور نیچرل تعلیم کی خاطر کانکرڈ کے کئی اسکولز میں تعلیم حاصل کی۔ 1837 میں اُس نے ہارورڈ سے گریجویشن کیا اور دوسرے ٹرانسینڈ ینٹل ازم سے متاثر ادیبوں کی طرح ایمرسن کے ساتھ ایک فکری تعلق میں رہا مگر تھرو نے ایمرسن کی طرح بینک فارم کے ٹرانسینڈ ینٹل ازم کے کوآپریٹو پروجیکٹ میں شمولیت اختیار نہیں کی۔ اُس نے والڈن کی جھیل یا تالاب کے پاس ایک لکڑی کا گھر بنایا اور اُس میں رہائش اختیار کر لی۔ یہاں وہ July 4,1845 سے September 6, 1847 تک رہا اور زندگی کے اصل حسی معنوں سے لطف اندوز ہوا۔ 1854 میں اُس نے اپنے اس تجربے کو ایک کتاب کی شکل میں قلم بند کیا جس کا نام والڈن۔ جنگل میں زندگی (Walden, or Life in the Woods) تھا۔ اس لحاظ سے کہا جا سکتا ہے کہ اگر ایمرسن ٹرانسینڈ ینٹل ازم کا تھیورٹیکل مشاہدہ کیا تو تھرو اس کے ایک عملی تجربے سے گزرا۔ تھرو کا دماغ کسی جھیل کے پانی کی طرح شفاف تھا۔ والڈن میں اُس کے لکھے گئے اٹھارا شفاف سے آرٹیکلز اُس کے اس نازک اور خوبصورت تجربے کی عکاسی کرتے ہیں۔ اُس کی کتاب پڑھ کر اندازہ ہوتا

ہے کہ کس طرح اُس نے اس خوبصورت تجربے سے فیض اُٹھایا۔ اس دوران اُس کی زندگی ہر پریشانی سے دور، مکمل آزاد، فطرت سے قریب ترین، سادگی سے بھرپور اور پیچیدہ شہری زندگی بلکہ تہذیب سے بہت دور انتہائی شفاف اور حسین تھی۔ اُس نے اپنی اس دور کی زندگی کو جھیل میں تیرتی ہوئی بطخ کی زندگی سے تشبیہ دی جو خوشیوں سے بھرپور، آزادی سے تیرتی ہوئی اور فطرت کے قریب ترین پانی میں رہتی ہے۔

ناتھینئل ہاتھورن (Nathaniel Hawthorne) ایک پروٹسٹنٹ فیملی سے تھا جو ماسچیوسٹس کے چھوٹے سے گاؤں سیلام (Salem) میں 1804 میں پیدا ہوا۔ وہ ایک پانی کے جہاز کے کیپٹن کا بیٹا تھا۔ 1821 میں اُس نے بوڈئین کالج میں داخلہ لیا، 1824 میں وہ فی بیٹا کاپا (Phi Beta Kappa) کے لیے چنا گیا جو کہ امریکن لٹریری اور اکیڈمک سوسائٹیز میں ایک اعلیٰ ترین ادارہ تھا۔ 1825 میں اُس نے گریجویشن کیا۔ اُس کا پہلا ناول فرینشا (Fanshawe) 1828 میں چھپا جسے بعد میں اُس نے اپنی اور کتابوں کے ساتھ شامل نہ کرنے کی کوشش کی کیونکہ اُس کے خیال میں اُس کا پہلا ناول اُس کے بعد کے کاموں کی طرح معیاری نہیں تھا۔ 1837 میں اُس کی شارٹ اسٹوریز کا مجموعہ شائع ہوا جس کا دوسرا ایڈیشن 1842 میں چھپا۔ اس میں شائع ہونے والی بیشتر کہانیاں مختلف ادبی میگزینز کی زینت بن چکی تھیں۔ 1838 میں اُس کی زندگی میں صوفیہ پیبوڈی (Sophia Peabody) آ گئی۔ اس دوران وہ بوسٹن کسٹم ہاوس میں کام کر رہا تھا اور ایمرسن کی طرح بک فارم جوائن کر کے ٹرانسینڈنٹل سوسائٹی میں شامل ہو چکا تھا۔ 1850 میں اُس کا مشہور ترین ناول سکارلٹ لیٹر (The Scarlet Letter) شائع ہوا۔ اس ناول کو بلاشبہ امریکن لٹریچر میں کلاسیک کا درجہ ملا۔ اس ناول سے ہاتھورن کی زندگی میں نہ صرف شہرت آئی بلکہ اُس نے خاصا منافع بھی کمایا۔ اس کے بعد اُس کا ناول سات گیبلز کا گھر (The House of the Seven

Gables) پبلش ہوا جس کے لکھنے کے بعد وہ یورپ منتقل ہوگیا۔ یورپ سے واپسی کے بعد بھی اُس نے اپنی موت (1864) تک لکھنے کے سلسلے کو یونہی جاری رکھا۔

ناتھینئل ہاتھون (Nathaniel Hawthorne) کی تحریروں کے عمومی مرکزی خیال ،گناہ اور پشیمانی جیسے جذبات کے اردگرد ملتے ہیں ۔اُس کی کہانیاں ینگ گڈمین براون (Young Goodman Brown) ہو یا منسٹر بلیک ویل (The Minister's Black Veil) ہو جو 1835 اور 1836 میں چھپی تھیں یا ایتھین برانڈ (Ethan Brand) ہو، اُس نے عمومی طور پر گناہ کی نفسیاتی توجہات تک پہنچنے کی کوشش کی ہے۔اُس نے اپنے مشہور ترین ناول دی اسکارلٹ لیٹر میں بھی ایک گناہ کے چار افراد پر اثرات بیان کیے ہیں۔اس ناول کی مرکزی کردار ہیسٹر پرائین (Hester Prynne) کو بھی زنا کی وجہ سے عدالتی حکم پر ایک ایسا لبادہ پہننا پڑتا ہے جس کے سینے پر 'A' الفابیٹ لکھا ہوتا ہے جو ایڈلٹری کو ظاہر کرتا ہے۔اس گاؤن کو پہن کر اسے عوام میں نکلنا پڑتا ہے مگر وہ اُس شخص کا نام نہیں لیتی ہے جس کے ساتھ وہ اپنی خواہش سے جنسی تعلق میں شامل ہوئی تھی۔ہیسٹر کا شوہر روجر جو ایک فزیشن ہوتا ہے، جلد ہی اُس شخص کا پتہ لگانے میں کامیاب ہو جاتا ہے جس کے تعلقات اُس کی بیوی کے ساتھ ہوئے تھے۔اُس شخص کا نام آرتھر ڈیمسڈ یل (Dimmesdale Arthur) تھا جو ہیسٹر کی یوں تو ہر ممکنہ مدد کرنا چاہتا ہے مگر اپنا گناہ قبول نہیں کرنا چاہتا ہے گو کہ اس گناہ کے نتیجے میں وہ ایک بیٹی کا باپ بھی بن چکا ہوتا ہے۔کہانی مختلف موڑ سے گزر کر بالآخر ایک ایسی جگہ پہنچ جاتی ہے کہ آرتھر کو مجبوراً اپنا گناہ قبول کرنا پڑ جاتا ہے مگر اس وقت وہ ہیسٹر کی بانہوں میں آخری سانس لے رہا ہوتا ہے۔اسی عرصے میں ہیسٹر کے شوہر روجر کی بھی موت ہو جاتی ہے جس کے بعد ہیسٹر گو کہ ایک اچھی اخلاقیات کی زندگی گزارتی ہے مگر ساری زندگی اسی گاؤن کو پہنے رہتی ہے جس پر 'A' کندہ ہوتا ہے۔یہ علیحدہ بات ہے کہ لوگ اب اس A کو Angel کے معنی میں لیتے ہیں جسے اس سے قبل Adulteress کے طور پر پڑھ رہے تھے۔

رومانٹک موومنٹ کے دور کے مطالعہ سے ایک بات واضح ہو جاتی ہے کہ کسی بھی ایک رائٹر یا کتاب کو مکمل طور پر رومانٹک کہنا مشکل ہے ۔ہمیں رومانس ازم مختلف موضوعات کے ساتھ مختلف رائٹرز اور کاموں میں نظر آتا ہے ۔مثلاً ورڈز ورتھ کا رومانس فطرت کے ارد گرد ملتا ہے جبکہ وایٹ مین انسانوں کی آزادی اور مساوات کے تصور کو موضوع بناتا ہوا دکھائی دیتا ہے ۔شیلے کی پرومیتھیس اینبا ونڈ (Prometheus Unbound) میں محبت کی سماجی قوانین کے مخالف بغاوت اہم ہے جبکہ گوئٹے کی فاسٹ (Faust) میں فطری اچھائی اور خواہشات میں رومانس ازم کو دریافت کرنے کی کوشش کی گئی ہے ۔رومانٹک موومنٹ کو ایک ڈیموکریٹک یا جمہوری موومنٹ کا نام دیا جاسکتا ہے جیسا کہ ورڈز ورتھ، برنز اور ہینی جیسے شاعروں نے عام لوگوں کے حوالے سے ہی بات کی یا ہیوگو اور کوپر نے آبائی لوگوں اور مسائل میں گرفتار لوگوں پر ہی لکھا۔کہانیاں ہوں یا ناولز، نغمے ہوں یا مضامین اور آرٹیکلز اور ڈرامے، ہمیں ہر تحریر میں عمومی مسائل اور موضوعات عام لوگوں کے ملتے ہیں ۔ہم مجموعی طور پر کہہ سکتے ہیں کہ رومانس ازم میں دماغ (Sense) کے بجائے دل (Sensibility) کے قصے لکھے گئے جیسا کہ گوئٹے کا پروٹوگونسٹ کردار ورتھر اور فریڈکائے شاٹو برانڈ کا رینے دماغ کے بجائے دل سے ہی فیصلے کرتے ہیں ۔رومانس ازم کے دور میں لکھے ہوئے ادب میں تصورات عقلی دلائل پر حاوی ملتے ہیں ۔بلیک کی تصوراتی دنیا بہت ہی وسیع ہے، کالرج اور ہافمین نے تو سپر نیچرل تصورات میں ایک نئی دنیا پیدا کر دی ،اسی طرح پو اور ارونگ نے ایک الگ ہی من موجی سی تصوراتی دنیا تخلیق کی ہے اور اسکاٹ کی تصوراتی دنیا تاریخ کی شاہراوں کی سیر کراتی ہے ۔اسی طرح رومانٹک لٹریچر ہمیں آٹو بائیوگرافک یا سوانح حیات کا بھی خاصا مواد دیتا ہوا ملتا ہے ۔کونفیشن میں روسو کی زندگی کی کہانی ملتی ہے، والڈن میں تھارو اور پری لوڈ میں ورڈز ورتھ کی داستان حیات کے قصے نظر آتے ہیں ۔کئی ایک کردار بھی رائٹرز کو ہی ظاہر کرتے

ہیں مثلاً Childe Harold, Manfred, Don Juan میں بائرون ملتا ہے، ورتھر اور فاسٹ میں گوئٹے، رینے اصل میں شاٹو براانڈ ہی ہے۔اسی طرح شیلے کا آئیڈیل ازم اور فری روح کا تصور، کیٹس کا زندگی کا تضاد، میلویل (Melville) کا سمندری تجربہ، ہاتھورن کا گلٹ (پشیمانی یا شرمندگی اور گناہ کا تصور) اور ہینی کی الجھن اور اذیت درحقیقت اُن کی فکری بائیوگرافک کا حصہ ہی ہے۔اسی طرح رومانس ازم کے ناولز اور کہانیوں کے ہیروز میں بھی ہمیں ایک باغیانہ انداز ملتا ہے۔ یہ ہیروز صرف اتھارٹیز کے خلاف ہی مزاحمت نہیں کرتے ہوئے ملتے ہیں بلکہ وہ ایک عمومی سوسائٹی کے بجائے فطرت کے قرب کا حصہ بننا چاہتے ہیں۔اس لحاظ سے کہا جاسکتا ہے کہ رومانٹک ادب مذہبیات کے بجائے فطرت اور انسانیت کے موضوعات کا احاطہ کرتا ہے۔ یہ اپنے مزاج میں ہیلنک ہے ناکہ ہیبرنک گو کہ کہیں کہیں یہ کرسچینیٹی کے روحانی تصور اور ٹرانزیشنل ازم کے ارد گرد بھی ملتا ہے۔

آٹھواں دَور

مغرب کی نئی سائنسی و صنعتی دُنیا اور ادب
میں حقیقت پسندانہ نفسیاتی و سماجی اظہار

○

رومانسزم کے مدمقابل یورپ میں جس نئے ادبی عہد کا آغاز انیسویں صدی کے درمیان اور آخری عشرے میں نشوونما پاتا ہوا دکھائی دیتا ہے اُسے ہم رئیل ازم یا حقیقت نگاری کا عہد کہتے ہیں۔ انگلستان میں یہ 1837 سے 1901 کا وکٹورین ایج کا دورانیہ ہے مگر یہ درحقیقت بیسویں صدی کی اگلی دو تین دہائیوں تک پھیلا ہوا ملتا ہے۔ اس دوران یورپ میں ایک بڑا سیاسی تناو کئی ایک ممالک کے درمیان جنگوں میں الجھے ہوئے ہونے کی وجہ سے دکھائی دیتا ہے۔ مثلاً یہی وہ دور ہے جب فرانس سیکنڈری پبلک (French Second Republic) یا سیکنڈ ایمپائر بننے کی خاطر کریمین وار 1854 سے 1856 میں پھنسا ہوا ملتا ہے۔ اس دور میں فرانس کی سیاسی رہنمائی لوئی نپولین (نپولین III) جنہیں نپولین دی لٹل (Napoleon the Little) بھی کہا جاتا ہے، کر رہے تھے۔

اسی طرح اٹلی میں یونفیکشن کی تحریک کے لیے جدوجہد 1859 سے 1860 کے دوران ملتی ہے، میکسکن وار 1863 سے 1867 کے دوران حتیٰ کہ 1870 سے 1871 تک فرینکو پروشین یا فرینکو جرمن وار تک یہ سلسلہ چلتا ہوا دکھائی دیتا ہے۔ اس دوران جرمن چانسلر بیسمارک، فرینکو پروشین جنگ کی جیت کو استعمال کرتے ہوئے جرمنی کی یونفیکشن موومنٹ کو سپورٹ کرتا ہے اور ولیم (William II) کی مدد کر کے جرمن ایمپائر کی اسٹیبلشمنٹ میں مدد کرتا ہے۔ 1861 میں اٹلی کا ایک خودمختار سلطنت کے طور پر سرکاری طور پر اعلان کیا جاتا

ہے۔فرینکو پروشین وار کے دوران ہی وکٹر ایموینول (Victor Emmanuel) روم تک مارچ کرتا ہے اور پوپ کی فرانسیسی فوج کو شکست دیتا ہے اور اٹلی کو متحد کر دیتا ہے۔اس دوران رشیا میں کنزرویٹو، سیلوفل (Slavophils Conservative) اور لبرل ویسٹرنسٹ (liberal Westernists) کے درمیان بڑھتا ہوا سخت فاصلہ ملتا ہے۔اسی دوران زار نکولس I (Nikolay Pavlovich) کے آمرانہ دور (1825–55) اور اُن کے بعد 1855 میں الیگزینڈر (Alexander II) کے لبرل ریفارم کے نتائج میں 1861 کی سرفز (Serfs) یعنی غلاموں کی آزادی کی موومنٹ بھی نظر آتی ہے۔گو کہ الیگزینڈر (Alexander III) کے عہد (1845-1894) میں رشیا میں ایک پرسکون دور ملتا ہے مگر یہی وہ عرصہ بھی ہے جس دوران مستقبل کے سوشلسٹ انقلاب کی آہٹ بھی سنائی دیتی ہے۔

اسی دوران اسپین میں فرانسیسی ہاؤس آف بوربن (House of Bourbon) ہی حکومتی اصلاحات کرتے ہوئے دکھائی دیتا ہے۔1814 سے 1905 کے دوران سویڈن اور ناروے میں بادشاہت کا سلسلہ جاری رہا حتیٰ کہ جون 1905 میں نارویجن پارلیمنٹ نے سویڈن سے علیحدگی اور ایک خودمختار اسٹیٹ کا اعلان کر دیا۔1861 میں امریکہ میں سول وار شروع ہو جاتی ہے جو 1865 تک چلتی ہے۔اس ساری تعمیرِنو کے بعد امریکہ بالآخر اسپینش امریکن وار (1898) میں اسپین کو شکست دے دیتا ہے اور ایک سپر پاور کی شکل میں نمایاں ہونے لگتا ہے۔

ان سارے مسائل سے نبرد آزما ہونے کے دوران مغرب نہ صرف اہم ترین سیاسی تبدیلیوں سے ہمکنار ہوا بلکہ سخت ترین سماجی اور اقتصادی تبدیلیوں سے بھی گزرتا چلا گیا۔ انڈسٹریل یا صنعتی انقلاب جو انگلستان سے شروع ہوا تھا، وہ سارے یورپین خطے میں پھیلتا چلا گیا اور بحر اوقیانوس سے نکل کر نارتھ امریکہ تک بڑھتا چلا گیا۔ریل یا ٹرین سسٹم اور پانی کے جہاز اور بھاپ سے چلنے والے انجن ساری مغربی دنیا میں ٹرانسپورٹ کے نظام میں

آسانی پیدا کرتے چلے گئے جس کے نتیجے میں اربانائزیشن (شہری زندگی) پھیلتی چلی گئی۔ آبادیوں کے اضافے سے بڑھتے مسائل سے نمٹنے کی خاطر میڈیکل فیلڈ اور ہیلتھ سسٹم میں انقلابی تبدیلیوں کا سلسلہ شروع ہو جاتا ہے۔ جوں جوں مڈل کلاس کی اقتصادی صورتحال میں بہتری آتی چلی گئی وہ سیاسی طور پر بھی مضبوط ہوتے چلے گئے، یوں مجموعی طور پر اشرافیہ یا ارسٹو کریسی کی شکل بدلتی چلی گئی۔ اِسی دوران صنعتی نظام کی ترقی کی وجہ سے مزدور طبقہ بھی ایک نئی سیاسی قوت بنتا چلا گیا، یوں صنعتی اداروں کے مالکان یا سرمایہ داروں اور اُن کے درمیان فاصلہ بڑھتا چلا گیا۔ یہی فاصلہ کبھی کبھار بڑھتے ہوئے اقتصادی بحران کی صورت میں تناؤ بن جاتا اور مالکان اور مزدوروں کے درمیان باضابطہ ایک لڑائی یا جنگ کی شکل بھی پیدا کر دیتا تھا۔

اس میں کوئی دو رائے نہیں ہے کہ سماجی اور اقتصادی تبدیلیاں سائنسی اور فلسافیکل فکر کی تبدیلی کا سبب بھی بنتی ہیں۔ چارلس ڈارون کی انسانی ارتقائی تھیوری نے جونہی سائنسی دنیا میں قبولیت کا درجہ پایا تو وہ یورپ کی سماجی فکر میں بھی ایک نئے انقلاب کا سبب بنتی چلی گئی جس سے خصوصاً مغربی دنیا کے روایتی مذہبی تصور پر سخت اثرات پڑتے چلے گئے۔ آگسٹ کامٹی (Auguste Comte) کی تھیوری آف پوزیٹوازم (Comte's positivism) نے سماجی دنیا پر سائنسی اصولوں کے بھرپور استعمال اور ہپولایٹ ٹینے (Hippolyte Taine) کی تھیوری آف ڈیٹرمینزم (Taine's determinism) نے تاریخ اور ادب پر موروثی اور ماحولیاتی اثرات کے جائزے اور نتائج پر فکر انگیز کام نے ایک نئی اور منفرد مغربی سماجی فکر کو پیدا کر دیا۔ جیری بینتھیم (Jeremy Bentham) اور جان اسٹارٹ مل (John Stuart Mill) کی افادیت پسند (TheoryUtilitarianism) نے انسانی خوشی کو بنیاد بناتے ہوئے غلط اور درست کے اخلاقی معیارات پر نئے تصور کی بات کی تو مغربی روایتی فکر میں ایک نئے انقلابی شعور پر بات ہونی شروع ہو گئی۔ اسی طرح کارل مارکس اور فریڈک اینجلز کی

جدلیاتی مادیت ازم (Marx and Engels'dialectical materialism) اور مارکس کے کمیونسٹ خیالات نے ساری دنیا کو ایک نئے اقتصادی انقلابی تصور سے روشناس کرادیا۔ بالآخر 1839 میں فوٹوگرافی کی ایجاد کے بعد مغربی ادب کی رومانس ازم کی فکری وشعوری شبیہ، حقیقت نگاری کی فطری تصویروں سے بدلتی چلی گئی۔

'حقیقت نگاری' کا ادبی نظریاتی مطلب یہی ہے کہ زندگی کی تلخ وشیریں حقیقتوں کا اظہار پوری سچائیوں کے ساتھ، جوں کے توں، بنا کسی ذاتی جانبداری کے یا بغیر کسی بڑھاوے یا چڑھاوے کے پیش کر دیا جائے۔'نیچرل ازم' یا فطرت پرستی کے معنی بھی یہی ہیں کہ نیچر کی حقیقتوں کو چاہے وہ مادیت سے ہی منسلک ہو، پوری سچائیوں کے ساتھ بیان کردیا جائے۔ نیچرل ازم اور رئیل ازم دونوں ایک ہی حقیقت کی غمازی کرتے ہیں کیونکہ دونوں کے ذریعے سے زندگی کی معروضی حیثیت کا اندازہ کیا جاتا ہے، زندگی میں مادیت کے رجحانات اور اثرانداز ہونے کا تعین کیا جاتا ہے اور موروثی مسائل اور ماحولیاتی تبدیلیوں سے پیدا ہونے والے عام انسانی نفسیاتی تناؤ کا مطالعہ کیا جاتا ہے بلکہ یہی نہیں، نئے دور میں پیدا ہونے والے چیلنجز کا اور اُن کا انسانی زندگیوں پر پڑنے والے سماجی اثرات کا ایک حقیقت پسندانہ انداز سے ادب کا موضوع بنایا جاتا ہے۔ رومانس ازم کے مقابلے میں جہاں تاریخی واقعات اور میٹافزیکل تصورات کے پس منظر میں تخلیقی ادب کے تجربات نظر آتے ہیں، رئیل ازم میں زندگی کے تلخ بلکہ کڑوے ترین تجربات کو ادب کی زینت بنایا جاتا ہے تاکہ زندگی کا شعور حقیقتوں سے تعبیر ہو اور فکر وآگہی کے سلسلے کو ایک نئی دنیا میسر ہو اور بہتری کی طرف نئے قدموں کی رہنمائی ہو۔

یہی وجہ ہے کہ رئیل ازم کے تحت لکھے گئے ادبی موضوعات غربت، بیماریاں، جرائم، جنسی مسائل اور اِسی طرح کے روزانہ کے مسائل تھے جو فکری اعتبار سے بہت طاقتور اور دل دہلا دینے والے تھے اور ادبی شعور میں انقلابی تحریروں کے تجربات کا اشارہ کر رہے

تھے۔انیسویں صدی کے اس نئے ادبی عہد میں یہ تجربات سب سے زیادہ ناولز اور ڈراموں میں ہوئے۔کیونکہ فکشن یا ڈرامہ سراسر نثر کا تخلیقی عمل ہے اس لیے شاعری کے مقابلے میں نثر کی مجموعی تبدیلی اس دور میں کہیں زیادہ آگے دکھائی دیتی ہے۔گو کہ اس دور میں ایملی ڈکنزسن(Emily Dickinson)اور ٹینالیسن(Tennyson) جیسے بڑے شاعر بھی ملتے ہیں جنہوں نے اپنی شاعری میں زندگی کی سچائیوں کی ترجمانی کی اور تھامس کارلائل اور آرنلڈ (Matthew Arnold and Carlyle) جیسے مضمون نگار بھی نظر آتے ہیں جنہوں نے سوسائٹی کے مجموعی طرز عمل پر کھل کر تنقید کی مگر پھر بھی حقیقت نگاری کے اس دور میں ناول نگاری اور ڈرامہ نگاری کو عروج نصیب ہوا۔اس دور میں دنیا کے چند عظیم ترین ناول نگار، افسانہ نگار اور ڈرامہ رائٹرز پیدا ہوئے جنہوں نے فرد کی زندگی (Fate) پر ماحول (Environment)، موروثی عناصر (Heredity) اور اتفاقیہ واقعات (Chance) کے اثرات سے پیدا ہونے والی تبدیلیوں پر گراں قدر تخلیقات لکھیں اسی لیے اُس دور کے تخلیقی کام کو(H + E + C = F) جیسی ایکویشن سے تعبیر کیا جاتا تھا۔

حقیقت میں رئیل ازم مجموعی طور پر ہمیں دو اقسام میں ہی نمو پاتا ہوا ملتا ہے۔ایک سوشل رئیل ازم یا سماجی حقیقت نگاری ،جس میں سوشل ماحول اور زندگی کے مسائل کے درمیان ربط پر موضوعات ملتے ہیں، یہ اسکول ہمیں مارکس کے سوشل شعور کی میکانیات کی طرف لے جاتا ہے اور دوسرا سائکولوجیکل رئیل ازم یا نفسیاتی حقیقت نگاری جو ذہن کی اندرونی پیچیدہ تہہ در تہہ میں پہنچ کر ہمیں اسٹریم آف کانشسنس سے متعارف کراتا ہے جس کے ذریعے سے کہانی کے مرکزی کردار اپنی اور ارد گرد کی نفسیاتی دنیا میں لے جاتے ہیں۔ڈکسن (Dickens)،ٹالسٹائی (Tolstoy) اور اسٹائین بیک (Steinbeck) کا تعلق پہلی قسم کی حقیقت نگاری سے ہے جبکہ دوستووسکی (Dostoevsky)، جارج ایلیٹ (George Eliot) اور ہنری جیمس (Henry James) کا تعلق دوسری قسم کے حقیقت نگاروں سے

ہے۔حقیقت نگاری یا رئیل ازم کے دور میں بعض بہت ہی عمدہ خواتین ناول نگار بھی بھرپور طریقے سے سامنے آئیں جن میں فرانس کی جارج سینڈ (George Sand) اور برانٹ سسٹرز (Brontë Sisters) اور انگلینڈ کی جارج ایلیٹ (George Eliot) شامل ہیں۔اسی طرح امریکہ میں عظیم شاعرہ ایملی ڈکسن ملتی ہیں۔ان خواتین رائٹرز میں کہیں کہیں رئیل ازم اور رومانس ازم ملتے ہوئے دکھائی دیتے ہیں۔

ادب کا حقیقت پسندی کا دور۔فرانس میں

اسٹینڈہال فرانس کے شہر گرونبل (Grenoble) میں 1783 میں پیدا ہوا تھا۔اُس کا اصلی نام میری ہنری بیلر (Marie Henri Beyle) تھا مگر وہ اپنے پین نام اسٹنڈ ہال سے مشہور ہوا۔اُس کا بچپن کا دور دکھوں سے بھرپور تھا۔نپولین بوناپارٹ کے چاہنے والوں میں سے تھا۔وہ نہ صرف نپولین کی آرمی میں رہا بلکہ نپولین کی کئی جنگوں میں بھی بھرپور انداز سے شامل ہوا۔1814 سے 1821 تک وہ اٹلی میں رہا اور 1830 سے 1841 تک فرنچ کونسلر بھی رہا۔ایک تنقید نگار کے طور پر اُس کا کہنا تھا: ناول ایک سڑک پر رکھے آئینے کی طرح ہوتا ہے۔بطور ناول نگار وہ بیک وقت رومانویت اور حقیقت پسند تھا۔اُس کا سب سے مشہور ترین ناول 'دی ریڈ اینڈ دی بلیک' تھا جو اُس نے (Le Rouge et le Noir) کے نام سے 1830 میں لکھا تھا۔اس ناول کا ولن، جیولین سورل، طاقت اور جھوٹے وقار کی خاطر ملٹری کے سرخ لباس سے پادری کی سیاہ چادر سے بدل دیتا ہے، دو عورتوں سے بیک وقت فلرٹ کرتا ہے اور بالآخر ایک ٹریجڈی کے سپرد ہو جاتا ہے۔

بالزیک (Honoré de Balzac) فرانس کے ایک شہر ٹورز کی مڈل کلاس فیملی میں 1799 میں پیدا ہوا تھا۔اُس نے سوربون یونیورسٹی آف فرانس میں تعلیم پائی اور لٹریچر

یں ہی ڈگری لی۔ وہ عموماً قرض دار رہا مگر پھر بھی اُس کی ضروریات کتابوں کے آنے والی رقوم ہی سے پوری ہو جاتی تھی، بالزیک حیرانگی کی حد تک بہت زیادہ تخلیقی دولت سے مال دار تھا۔ اُس نے ۹۰ سے زیادہ ناولز لکھے اور لاتعداد کہانیاں لکھیں اور اپنے مکمل کام کو 'دی ہیومن کامیڈی' (The Humaine Comédie) کے نام سے پبلش کیا جس میں 2,000 سے زیادہ کردار تھے ۔ بالزیک کو بلاشبہ رئیل ازم یا حقیقت نگاری کا بابائے آدم کہا جاسکتا ہے۔ اُس کے ناولز بھی اسٹینڈ ہال کے ناولوں کی طرح رومانوی اور حقیقت پسندانہ تھے۔ اُس کے مشہور ترین ناولز میں Eugénie Grandet اور Father Goriot شامل ہیں۔ پہلے ناول میں فلکس گرانڈے اپنی بیٹی یوزینے گرانڈے کے اپنے کزن چارلس کے ساتھ رومانس کو اپنی لالچ اور انا کی وجہ سے ختم کر دیتا ہے اور پھر اُس کی اداس اور بے ذائقہ زندگی کی مذمت کرتا ہے جبکہ دوسرے ناول میں لی پیری گوریو اپنی دو ناشکر گزار بیٹیوں کی مشکل وقتوں میں سلور کی اپنی آخری رکابی اور عزت نفس تک بیچ کر بھی اُن کی مدد کرتا ہے جو ہمیشہ اپنے باپ کے متوسط (Bourgeois) ہونے پر شرمندگی کا اظہار کرتی تھیں۔ خاص طور پر ناول کا آخری سین اپنے پڑھنے والوں کو اُس وقت رنجیدہ خاطر کر دیتا ہے جب دونوں بیٹیاں اُسی باپ کے اچانک دماغ کی رگ پھٹ کر مر جانے پر دو خالی بگھی کی کوچ اُسے قبرستان پہنچانے کے لیے بھیج دیتی ہیں۔

فرانس کے شہر، روئین نارمنڈی (Rouen, Normandy) کے سرجن کا بیٹا گستیو فلابرٹ (Gustave Flaubert) 1821 میں پیدا ہوا تھا۔ اپنی بیماریوں میں گھرے رہنے کی وجہ سے طویل عمر نہ پاسکا مگر اپنے پیچھے یادگار ناول چھوڑ گیا جنہوں نے اُسے ہمیشہ کے لیے حقیقت نگاری کی ادبی دنیا میں زندہ سلامت کر دیا۔ اُس کی بدنصیبیوں نے اُسے ہمیشہ ایک تنہا زندگی گزارنے کی سزا دی۔ اُس کے والد اُسے ایک وکیل بنانا چاہتے تھے مگر اُس

کا رجحان بچپن سے ہی ادب کی طرف تھا۔ اُس نے بے انتہا محنت سے ادبی تخلیقات کا سفر کیا جس کی سزا اُسے بیماریوں کی تکالیف برداشت کر کے بھی ادا کرنی پڑی ۔ 1846 میں وہ روئین سے فاصلے پر ایک چھوٹے سے گاؤں کرائزسٹ منتقل ہوگیا جہاں اُس نے اپنی پوری زندگی گزار دی ۔ اس دوران وہ صرف چند برسوں کے لیے یونان، شام، مصر اور تونیسیا کے چکر لگانے نکل گیا تھا ورنہ اُس کا وقت کرائزسٹ میں ہی ادبی تخلیقات کی مصروفیت میں گزر گیا۔ اُس کی موت اچانک ہی اسٹوک سے ہوگئی اور یوں وہ اپنا آخری ناول مکمل نہ کر سکا۔

فلابرٹ نے ناولز اور افسانے دونوں ہی لکھے اور بالزک کی طرح اُس کی تحریروں میں بھی رومانسزم اور رئیل ازم دونوں کی چاشنی اور تلخی ملتی ہے۔ اُس کے ناول اپنی انتہائی معروضیت، مشاہدات کی باریک بینی اور تصورات کی اعلیٰ ترین تصویر کشی کی وجہ سے انیسویں صدی کے بہترین ادب میں شامل ہیں۔ اُس کے اسٹائل میں پرفیکشن اپنی تمام تر ممکنہ صورت میں دکھائی دیتا ہے۔ وہ ایک ایک جملے پر گھنٹوں محنت کر کے اُسے نکھار سنوار کر تخلیق کے عمل سے گزارتا تھا۔ وہ لفظوں کی موسیقیت اور اُس کے ردھم کا بہت محنت سے جائزہ لیتا تھا اور پھر کاغذ پر اُتارتا تھا۔ اُس کے کرداروں اور پلاٹ کے ماحول و گردوپیش کی باریک بینی کے ساتھ تفصیلات بہت متاثر کن ہوتی تھی۔ فلابرٹ کا ماسٹر پیس ناول مادام بووری (Madame Bovary) جو اُس نے 1856 میں تخلیق کیا تھا، بلاشبہ فرنچ رئیل ازم کا شو پیس تھا جس میں اُس نے فرانس کی سوشل زندگی کے پورے اسپیکٹرم کو نہایت تفصیل سے مادام بووری کے کردار کے پس منظر کے ساتھ پیش کیے تھے۔ مادام بووری ایکرو والٹ نامی کسان کی خوبصورت بیٹی ایما ہوتی ہے جس کی ایک ڈاکٹر چارلس بووری سے شادی ہو جاتی ہے۔ ایما کی رومانوی زندگی میں رومانویت کی کمی اُسے مختلف لوگوں سے ملانے پر آمادہ کرتی ہے اور یوں وہ مختلف لوگوں کے ساتھ ناجائز تعلقات قائم کرتی چلی جاتی ہے۔ اُس کے یہ معاملات اُسے معاشی طور پر بھی مسائل کا شکار کرتے چلے جاتے ہیں۔ اُس کا پہلا تعلق ایک

شخص روڈولف سے بنتا ہے جو جنس پرست قسم کا شخص ہوتا ہے مگر پھر اُس کے بعد کبھی کوئی لائیر، کبھی فارمسسٹ، نوٹری وکیل، ٹیکس کلکٹر، پادری، ڈاکٹر، کسان اور مالک مکان وغیرہ شامل ہوتے چلے جاتے ہیں۔ ناول کے اختتام تک پہنچ کر ہمیں نہ صرف ایما کے بلکہ اُس کے احمق سے شوہر کے انجام تک پہنچ کر فرانس کی سوشل زندگی، موروثی اور ماحولیاتی، حادثات اور واقعات وغیرہ کی تفصیلات پڑھنے کو ملتی ہے جس سے رائٹر کی ناول میں گہرائی اور گیرائی کے ساتھ تخلیقی عمل کا اندازہ ہو جاتا ہے۔

ڈوماز پیر (Dumas, Alexandre, père) کا نام سامنے آتا ہے تو ہمیں رئیل ازم کے فرانسیسی عہد کا مشہور ترین ناول 'دی کاونٹ آف مانٹی کرسٹو' یاد آجاتا ہے جس کا ہیرو ایڈمنڈ ڈانٹے کسی سیاسی انتقام کا نشانہ بن کر سلاخوں کے پیچھے قید ہو جاتا ہے اور پھر کسی ڈرامائی صورت حال سے نمٹ کر وہ جیل سے نکل جاتا ہے اور آئی لینڈ آف مونٹو کرسٹو پہنچ جاتا ہے۔ یہاں اُس کے ہاتھ کوئی خزانہ لگ جاتا ہے اور یوں وہ ایک پراسرار اور طاقتور شخصیت بن جاتا ہے اور پھر وہ اُن بدمعاشوں سے بدلہ لیتا ہے جنہوں نے اُس کے خلاف سازش کر کے اُسے ساری عمر کے لیے جیل میں بند کر دیا تھا۔ ڈوماز پیر 1802 میں فرانس کے ایک کمیون، Villers-Cotterêts میں پیدا ہوا تھا اور اُس کی موت 1870 میں ہوئی تھی۔

ڈوماز فلز (Dumas, Alexandre, fils)، ڈوماز پیر کا بیٹا تھا جو 1824 میں پیدا ہوا تھا۔ فرانس کی سیکنڈ ایمپائر کے دوران ایک بہت ہی مشہور و معروف ڈرامہ نگار تھا۔ اُس نے اخلاقیات اور سوشل مسائل پر رئیلسٹک انداز سے ڈرامے تخلیق کیے۔ اُس کے ڈراموں کے موضوعات عموماً فرانس کی اپر سوشل کلاس تھے۔ اُس کا سب سے زیادہ کامیاب ڈرامہ دی لیڈی آف دی کامیلیاز (The Lady of the Camelias) تھا جو اُس نے 1852 میں

تخلیق کیا تھا۔اُس نے یہ ڈرامہ اسی ٹائٹل والے ناول کی کہانی سے متاثر ہو کر لکھا تھا۔اس ناول یا ڈرامہ کی ہیروئن مارگریٹ گوتھیر ایک خوبصورت طوائف ہوتی ہے جو ایک دولت مند کاونٹ دی واروِیل کو طعنہ مار کر اپنے ایک کنگال عاشق آرمنڈ ڈوال کے ساتھ بھاگ جاتی ہے مگر پھر بعد میں آرمنڈ کے باپ کی درخواست پر پیرس واپس چلی جاتی ہے اور دوبارہ سے عیش کی زندگی گزارنا شروع کر دیتی ہے۔وہ آرمنڈ سےجھوٹ بولتی ہے کہ وہ اُس کے ساتھ خوش نہیں ہے اور مزید نہیں رہنا چاہتی مگر درحقیقت وہ آرمنڈ سے بہت محبت کرتی ہے اور اُس سے علیحدگی پر بہت دکھی ہو جاتی ہے۔آرمنڈ کہانی کے آخری حصہ میں جب اسے دیکھنے پہنچتا ہے تو وہ مرنے والی ہوتی ہے مگر اُس وقت بھی اُس نے آرمنڈ کے دیے ہوئے پھول اپنے گلے میں ڈالے ہوئے ہوتے ہیں۔

گائے ڈی میوپسنٹ (Guy de Maupassant) نارمنڈی فرانس میں 1850 میں پیدا ہوئے تھے۔وہ ایک بار فرانکو پرشین جنگ میں بھی شامل ہوئے تھے۔1873 میں وہ گسٹیو فلابرٹ کی فکر کا گرویدہ ہو گئے تھے۔بدقسمتی سے فلابرٹ کی طرح ان کی صحت پر بھی مستقل کام سے بُرے اثرات پیدا ہوئے اور مرنے سے قبل تک نہ صرف ان کی ذہنی صحت بلکہ جسمانی صحت بھی اسٹوک کی وجہ سے ختم ہو چکی تھی۔انہوں نے اپنی زندگی میں کئی ایک شاندار ناولز اور تین سو سے زیادہ کہانیاں لکھیں تھیں۔ان کی تخلیقات فلابرٹ کی طرح حقیقت پسندی یا رئیل ازم پر مبنی تھیں جن میں زیادہ تر موضوعات نارمنڈی،فرانکو پرشین جنگ، پیرس کے اوسط (Bourgeois) اور ہائر طبقے کی عمومی زندگی پر ملتے ہیں۔ان کے یہاں زندگی کے پست اور مریضانہ مقامات کی وجہ سے ایک عمومی مایوسی کی فضا ملتی ہے۔میوپسنٹ کی ایک بہترین کہانی دی نیکلس (The Necklace) ہے جو La Parure کے عنوان سے پبلش ہوئی تھی۔اس دلچسپ کہانی میں میڈم لوئزل جو کہ ایک غریب گورنمنٹ کلرک کی بیوی

ہوتی ہے، اپنی دوست سے ایک نیکلس ادھار لے کر ایک پارٹی میں جاتی ہے جہاں وہ نیکلس اُس کی گردن سے کہیں گر جاتا ہے۔ میڈم لوئزل اس واقعہ سے بہت پشیمان ہوتی ہے اور بازار سے ایک مہنگا سا اُسی جیسا نیکلس ادھار پر خرید کر اپنی دوست کو واپس کر دیتی ہے مگر اُس کے بعد مستقل دس برسوں تک کام کر کے اُس نیکلس کے پیسے چکانے میں لگ جاتی ہے۔ مستقل محنت سے اُس کی اپنی ظاہری شکل اور اندرونی صحت تباہ و برباد ہو جاتی ہے تو اُسے پتہ چلتا ہے کہ اُس کی سہیلی کا دیا گیا نیکلس تو بہت ہی سستا سا پیسٹ کا بنا ہوا محض ایک پلاسٹک کا ٹکڑا تھا۔

ایمل زولا (Emile Zola) کو فرینچ نیچرل ازم کا لیڈر بلکہ بانی ادیب کہا جائے تو غلط نہ ہوگا۔ وہ پیرس کی انتہائی غریب فیملی میں 1840 میں پیدا ہوا تھا مگر اُس کا بچپن پیرس کے قریبی شہر Aix-en-Provence میں گزرا۔ اٹھارہ سال کا ہوا تو واپس پیرس آگیا۔ کچھ عرصے تک کسی پبلشنگ ہاوس میں ایک کلرک کے طور پر کام کرتا رہا اور پھر ایک جرنلسٹ کے طور پر اپنے کیریر کا آغاز کیا۔ 1865 میں اُس کا پہلا ناول چھپا اور پھر اُس نے اپنی باقی پوری زندگی ایک ادیب کے طور پر گزارنے کا تہیہ کرلیا۔ 1871 میں اُس نے اپنے 22 برسوں تک پھیلے ہوئے 20 ناولز پر مشتمل مجموعے پر کام کرنا شروع کیا جسے 'Rougon-Macquart Les کے نام سے پبلش کیا گیا تھا۔ 1880 میں اُس نے اپنا تجرباتی ناول (The Experimental Novel) پبلش کیا جس کا فرینچ ٹائٹل Expérimental Le Roman تھا جس میں اُس نے اپنے خود کے نیچرلسٹک میتھڈ بھی بیان کیے تھے۔ کئی برسوں تک ایمل زولا فکشن میں فکشن کی تھیوریز کا استعمال فکشن کے ساتھ ساتھ کرتا رہا جس کا مقصد سراسر کرسچن سوشل ازم کی تعمیر نو تھا۔

زولا کے لیے ناول نگار کی حیثیت ایک سائنٹسٹ کی طرح تھی جو ناول میں مختلف تجربات کرتا ہے۔ اُس کے نزدیک ایک ناول نگار نہ صرف اخلاقیات میں خود مختار ہوتا ہے

بلکہ وہ بہت ہی باریک بینی سے مشاہدہ اور مطالعے سے گزر کر موروثی اور ماحولیاتی عوامل پر فوکس کرتے ہوئے تخلیق سے گزرتا ہے۔ اپنے ناول Rougon-Macquarts The(1871-1893) میں اُس نے حقیقت نگاری کے لیے خود ساختہ میتھڈ ہی استعمال کیے ہیں۔ اُس نے سائنسی طریقے پر بہت ہی باریک بینی سے تخلیقی تجربہ کرتے ہوئے The Rougon Macquarts لکھی تھی۔ اس ناول میں اُس نے دی روگن میکوارٹ کی فیملی کا ذکر کسی ہسٹری کی صورت میں بیان کیا تھا اور پلاٹ کے پس منظر میں سیکنڈ ایمپائر کے دور میں فرانس کی شہری زندگی کی ایک عمومی تصویر کشی کی ہے۔ بدقسمتی سے زولا کے ناول نیچرلسٹک ہونے کے ناتے پڑھنے والوں کے لیے زیادہ دلچسپ نہیں ہوتے تھے۔

زولا کا سب سے کامیاب ترین ناول Thérèse Raquin تھا جو اُس نے 1867 میں تخلیق کیا تھا۔ یہ ایک تجزیاتی لیبر تھی جو بیک وقت دو زندگیوں پر اثر انداز ہوئی تھیں۔ یہ کہانی ایک نوجوان حسین لڑکی Thérèse Raquin کی تھی جو اپنی شادی شدہ زندگی سے مطمئن نہیں تھی اور اپنے شوہر کامیل (Camille) کے قریبی دوست (Laurent) سے ایک افیئر شروع کر دیتی ہے۔ بعد میں لارینٹ کی مدد سے وہ ایک دن اپنے شوہر کامیل کو بوٹ ٹرپ کے دوران اُسے جھیل میں ڈبوا کر مارنے کے لائق ہو جاتی ہے۔ اس واقعے سے یوں تو اُن کی زندگی کے معاملات بہتر ہو جاتے ہیں مگر بالآخر ایک مستقل احساس شرمندگی، ان کی زندگیوں میں مشکلات پیدا کر دیتا ہے اور ایک دن وہ دونوں ایک ساتھ خودکشی کر لیتے ہیں۔

ادب کا حقیقت پسندی کا دور۔ انگلینڈ میں

چارلس ڈکنز (Charles Dickens) وکٹورین دور کا انگریزی کا پہلا مشہور ترین ادیب اور بلاشبہ ایک عظیم ناول نگار لینڈ پورٹ، انگلینڈ میں 1812 میں پیدا ہوا اور اپنے ناولوں کے بچے کرداروں کی طرح مشکل اور مفلسی سے بھرے بچپن سے خود بھی دو چار رہا۔ دس

برس کی عمر میں ایک فیکٹری میں کام کرتا تھا اور ہر اتوار پر اپنے باپ سے ملنے مارشالشیا جیل جاتا تھا جہاں اُس کا باپ قرض کی ادائیگی نہ کرنے کی سزا میں بند تھا۔ ڈکسن نے زندگی بھر سخت ترین محنت کی۔ کبھی وہ آفس بوائے بن کر کام کرتا رہا تو کبھی اخبار اور پارلیمنٹ کا رپورٹر، کبھی رائٹر بننے کے لیے دن رات محنت کرتا رہا تو کبھی میگزین کی ایڈیٹنگ میں اپنے دن رات ایک کرتا رہا۔ مگر اس کی محنت بھی رنگ لائی اور وہ تیس برس کی عمر میں ہی ادبی دنیا میں مشہور ہوتا چلا گیا اور چالیس برس میں ایک باضابطہ اسٹیبلش لٹریری شخصیت بن گیا۔ اُس نے ایک زمانے میں ایکٹر بھی بننے کی کوشش کی مگر اس میں خاطر خواہ کامیابی نہ ملی۔ اُس کا ادبی کیریر Sketches by Boz اور The Pickwick Papers سے شروع ہوا۔ 1836 میں ڈکنز کے پہلے ناول دی پیکویکین پیپرز کی پہلی پانچ سو کاپیز پبلش ہوئی تھیں اور پھر 1847 میں اُس کی 40,000 سے زیادہ کاپیز چھپی۔ اُن کا دوسرا ناول اولیور ٹویسٹ (Oliver Twist) جو ایک سیریز کی شکل میں کچھ برسوں سے چھپ رہا تھا، باضابطہ طور پر تین والیمز میں 1838 میں چھپا۔ 1843 میں ڈکنز کے ناول اے کرسمس کیرول (A Christmas Carol) نے اُسے شہرت کی بلندیوں پر پہنچا دیا۔ 1845 میں ڈکنز نے ہارڈ ٹائیمز (Hard Times) لکھا جس میں اُس نے انگلینڈ میں انڈسٹریل ازم کو سخت تنقید کا نشانہ بنایا۔ 1849-1850 میں اُس نے اپنا پسندیدہ ترین آٹو بائیوگرافیکل ورک ڈیوڈ کاپر فیلڈ (David Copperfield) پیش کیا۔ 1852 میں بلیک ہاوس (Bleak House) لکھا جس میں اُس نے عدالتی نظام کو تنقید کا نشانہ بنایا۔ 1860-1861 میں ڈکنز کا گریٹ ایکسپیکٹیشن (Great Expectations) چھپ کر آیا جس کے بارے میں عمومی ادیبوں کا خیال تھا کہ انگریزی ناول نگاری میں یہ ناول ایک شاہکار سے کم نہیں۔ ڈکسن کے زیادہ تر کام حتیٰ کے ناول بھی مختلف میگزینز میں سیریز کی شکل میں چھپتے رہے۔ اپنی مڈل ایج میں وہ پبلک میں بھی اپنے ڈرامے کے مختلف حصوں کو پڑھ کر شئیر کرتا تھا۔ اُس نے دو دفعہ امریکہ کا بھی دورہ کیا۔ اُس کی

زندگی کا آخری حصہ انگلینڈ میں ہی گزرا۔اُس کا آخری ناول دی مسٹری آف ایڈون ڈروڈ (The Mystery of Edwin Drood) اُس کی موت کے باعث ادھورا ہی رہ گیا۔

ڈکسن بلاشبہ ایک ہیومن ٹیرین کی طرح معاشرتی مسائل اور ناانصافیوں کو اپنے قلم کی نوک کا موضوع بناتا تھا مگر وہ شیکسپیر کی طرح کرداروں کو زندگی دینے میں مہارت رکھتا تھا۔اگر پیکویکین پیپر میں مزاح سے بھرپور کردار ملتے ہیں تو ڈیوڈ کاپرفیلڈ میں اُس کے کردار پڑھنے والوں کے دلوں کو تڑپا کر بھی رکھ دیتے ہیں۔اولیور ٹویسٹ کے گیگن اور سایکز (Fagin and Sykes) اگر کہیں ہنساتے ہیں تو کہیں خوف اور متنفر کی ایک فضا بھی پیدا کر دیتے ہیں بلکہ یہی نہیں، ڈکسن نے بڑی تعداد میں ایسے مظلوم بچوں کے کردار بھی پیدا کیے جو سوسائٹی میں ناانصافیوں کی تصویر بنے جیسا کہ اولیور ٹویسٹ کا اولیور، ڈومبی اور سن (Dombey and Son) کی فلورنس، بلیک ہاوس (Bleak House) کا جو اور ہارڈ ٹائمز (Hard Times) کی لوائزہ۔

شارلیٹ برونٹی (Charlotte Brontë) اور اُس کی بہنیں ایملی (Emily) اور این ایک بہت ہی پسماندہ گھرانے میں پیدا اور بڑی ہوئیں مگر اپنے دور کے تینوں بڑے ناول نگار کہلائے کیونکہ اُن کے ناولوں میں اُن کی حقیقی زندگی کے خوفناک کردار سوسائٹی کے اصل چہرے کو دنیا کے سامنے عریاں کرتے چلے گئے۔مثلاً شارلیٹ کے ناول جین ائیر (Jane Eyre) جو اُس نے 1847 میں لکھا تھا، کی ہیروئین ایک گورنینس کے طور پر کام کرتی ہے، اپنے بہت ہی موڈی ماسٹر ایڈورڈ روچیسٹر کی محبوبہ بن جاتی ہے، اُس سے شادی کر لیتی ہے مگر اُس کی برکتوں سے محروم بھی ہو جاتی ہے جب اُسے پتہ چلتا ہے کہ ایڈورڈ روچیسٹر کی ایک پگلی سی بیوی بھی ہے جس کا اُس نے ذکر ہی نہیں کیا تھا۔

ایملی برانٹی کے ناول ویدرنگ ہائیٹس میں ناول کا مرکزی کردار یا پروٹوگونسٹ، ہیت کلف ایک لاوارث ہے جو لندن کی گلیوں کا حصہ ہے جسے مسٹر ارن شاہ اُٹھا کر ایک جگہ

ویدرنگ ہائیٹس لے آتے ہیں جہاں اُسے وہ اپنے بچوں کیتھرین اور ہنڈلی کے ساتھ بڑا کرتے ہیں۔شروع میں کیتھرین کا ایک گہرا تعلق ہیت کلف سے بن جاتا ہے مگر اُس کا بھائی اس تعلق کو ناپسند کرتا ہے اور نتیجے میں ہیت کلف کو اپنی بچپن کی محبت سے ہاتھ دھونے پڑتے ہیں۔اُسے اس بات کا دکھ خاص طور پر ہوتا ہے جب وہ کیتھرین سے سنتا ہے کہ اُس کے لیے یہ ایک بے عزتی کی بات ہے کہ وہ اُس لاوارث سے رشتہ قائم کرے۔کئی برسوں کے بعد ہیت کلف ناجائز طریقوں سے پیسے کما کر بہت دولت مند ہو جاتا ہے اور کیتھرین اور اُس کے شوہر سے بدلا لینے کی خاطر واپس آتا ہے۔وہ کوشش کرتا ہے کہ کسی بھی طرح کیتھرین کی بیٹی کی شادی اُس کے بیمار بیٹے سے ہو جائے جس کا نام لنٹن ہوتا ہے۔ہیت کلف کا یہ انتقام دو جنریشنز کی تباہی کا سبب بنتا ہے۔

ولیم میک پیس تھیکرے (William Makepeace Thackeray)، کلکتہ کی ایک امیر کاروباری فیملی میں 1811 میں پیدا ہوا تھا جو چھ سال کی عمر میں اپنے والد کے انتقال کی وجہ انگلستان منتقل ہو گیا تھا۔اُس نے چھ سال کیمبرج میں قانون کی تعلیم حاصل کی اور پھر پیرس میں تین سال گزارے تا کہ ایک اچھا آرٹسٹ یا پینٹر بن سکے۔1836 میں اُس کی شادی اسابیلا شاہ سے ہوگئی اور یوں وہ پیرس سے انگلستان منتقل ہو گیا اور ایک رائٹر بن کر لکھنے لگا۔تھیکرے نے پہلے پہل میگزین کے لیے اسکیچز بنائے اور سیتائرز (Satires) لکھے مگر اُس پر کامیابی کے دروازے اُس کے مشہور ناولوں دی بک آف اسنوبس (The Book of Snobs) اور وینیٹی فیئر (Vanity Fair) نے 1848 میں کھول دیے۔اُس کے بعد وہ مسلسل نہ صرف ناولز، کرسمس بکس اور آرٹیکلز لکھتا رہا بلکہ امریکہ اور برطانیہ میں لیکچرز بھی دیتا رہا۔وہ چارلس ڈکنز کے جیسے لٹریری انداز پر لکھنے اور ناول کو سوشل تنقید کے لیے اُسے ایک انسٹرومنٹ کے طور پر استعمال کرنے کو اپنی تحریر اور لیکچرز میں مستقل نشانہ بھی بناتا رہا مگر اپنی

موت سے قبل وہ ڈکسن کے ساتھ خاصی مفاہمت کر چکا تھا۔

تھیکرے کا ماسٹر پیس ناول وینیٹی فیئر (Vanity Fair) تھا جو اُس نے 1848 میں لکھا تھا۔ اسے ناول بنا ہیرو کے کہا جاتا ہے کیونکہ اس ناول میں کوئی ہیرو نہیں ہے مگر دو ہیروئین ہیں۔ ایک کا نام بیکی شارپ اور دوسری کا نام ایمیلیا سیڈ لی تھا اور دونوں کی شخصیتیں ایک دورے سے مکمل مخالف تھیں۔ بیکی کا کردار ایک چالاک لڑکی کا ہے جو اپنی ملنسار سی دوست ایمیلیا کے بھائی کو بیوقوف بنا کر اُس کی دولت ہتھیانے کی کوشش کرتی ہے۔ جب وہ اس میں ناکام ہو جاتی ہے تو چپکے سے سر پٹ کرالی کے بیٹے راوڈن سے شادی رچا لیتی ہے اور پھر راوڈن کی امیر آنٹی کا دل جیتنے کی کوششوں میں لگ جاتی ہے۔ اس کے ساتھ ہی وہ دونوجوان بچیوں کی گورنینس کا بھی کام کرتی ہے، بعد میں جب امیلیا کی شادی جارج اوسبورن نامی شخص سے ہو جاتی ہے اور اُس کی زندگی میں یکے بعد دیگرے کئی ایک دکھی کر دینے والے واقعات ہوتے چلے جاتے ہیں تو بیکی شارپ اپنی شوق طبیعت کے سہارے برسلز، لندن، پیرس اور جرمنی میں ایک کے بعد دوسرے دولت مند مردوں کے ساتھ تعلقات قائم کرتی چلی جاتی ہے۔ بالآخر ایک وقت ایسا آجاتا ہے جب اُسے ایک امیر دوست کے مر جانے پر انشورنس کمپنی سے بڑی مقدار میں دولت مل جاتی ہے اور یوں اُس کی باقی زندگی ایک بہت ہی فیاض عورت کی صورت میں گزر جاتی ہے۔

میری این ایوانس (Mary Ann Evans) قلمی نام جارج ایلوٹ (George Eliot) کے نام سے لکھتی تھیں۔ شروع میں انہوں نے افسانے لکھے مگر پھر 1859 میں ان کا پہلا ناول Adam Bede کے نام سے پبلش ہوا۔ اس کے بعد دو اور ناول دی ملز آن دی فلوز (The Mill on the Floss) اور سلاس مارنر (Silas Marner) کے ناموں سے پبلش ہوئے۔ ان کا سب سے شاندار ناول مڈل مارچ (Middlemarch) ان کے فلورنس

کے سفر کے بعد سامنے آیا جب وہ اٹلی میں روشن خیالی کی تحریک پر ریسرچ کے سلسلے میں وہاں تشریف لے گئی تھیں۔ جارج ایلیٹ زندگی کا محض مشاہدہ کرنے والی خاتون نہیں تھیں بلکہ وہ ایک سائکولوجسٹ تھیں جو پس منظر سے مطالعہ کر کے ہی رائے قائم کرتی تھیں۔ وہ ایک ماہر اخلاقیات (Moralist) بھی تھیں جو دنیا کا تجزیہ اخلاقی اصولوں کی بنیاد پر کرتی تھیں۔ اُس کے ناول آدم بیڈی (Adam Bede) کا ٹائٹل ہیرو ایک کارپینٹر ہے جو اپنے کام میں ماہر اور ذمہ دار ہے۔ وہ ایک سطحی سی لڑکی سے پیار کرتا ہے اور اُس سے شادی کی کوشش کرتا ہے جس کا نام ہیٹی سورل ہے۔ یہ لڑکی ایک دل پھینک آوارہ شخص آرتھر کے ساتھ جنسی تعلق اور زیادتیوں کا شکار ہوتی ہے۔ جس کے نتیجے میں وہ حاملہ ہو جاتی ہے اور پھر نومولود بچے کو مارنے کے جرم میں زندگی بھر کے لیے جیل چلی جاتی ہے۔ دی مل آن دی فلاس (The Mill on the Floss) کی میگی ٹلیور (Maggie Tulliver) اور اُس کا بھائی ٹام (Tom Tulliver) دونوں مخالف مزاج کے بہن بھائی ہوتے ہیں مگر ایک دوسرے کے بہت ہی قریب ہوتے ہیں۔ ٹام کو میگی کے بوائے فرینڈ، فلیپ ویکم (Philip Wakem) سے پرابلم رہتا ہے کیونکہ اُس کے باپ نے ان کے باپ کے بزنس میں خاصا نقصان کر دیا تھا، بعد میں ٹام کو میگی کی ایک اور محبت پر شبہ ہوتا ہے جو وہ اُس کی اپنی کزن لوسی ڈین کے منگیتر سے کر رہی ہوتی ہے جس پر وہ اُسے برا بھلا کہتا ہے کیونکہ لوسی کے باپ نے ٹام کی بزنس میں مدد پر وعدہ کیا ہوا ہوتا ہے۔ نتیجے میں ٹام اور میگی جو ابتدا میں بہت قریب ہوتے ہیں، ایک دوسرے کے مخالف ہو جاتے ہیں اور آخر میں فلاس میں آنے والا ایک بڑا سیلاب ہی انہیں ملا پاتا ہے مگر وہ اُن کی زندگی کا آخری لمحہ ہوتا ہے۔

اس کہانی، سلاس مارنر (Silas Marner) کا مرکزی کردار، سلاس چوری کے ایک جھوٹے الزام کا شکار ہو کر بدنام ہو جاتا ہے اور اپنا شہر چھوڑ کر ایک چھوٹے سے گاؤں (Raveloe) میں آ کر بس جاتا ہے۔ اس دوران اُسے اپنے سونے سے بھی ہاتھ دھونا پڑتا

ہے مگر ایک چھوٹی سی بچی، ایپی (Eppie) اُسے کہیں سے مل جاتی ہے جسے گاؤں میں کوئی بھی نہیں جانتا تھا جس پر وہ اسے بہت پیار و محبت سے بڑا کرتا ہے۔ اُس کا ایپی سے والہانہ پیار اُسے ایک بار پھر نارمل زندگی کی طرف لے آتا ہے۔ آخر کار 16 برسوں کے بعد سلاس کو اپنا کھویا ہوا سونا مل جاتا ہے اور اسے پتہ چلتا ہے کہ ایپی دراصل ایک عورت گوڈفرے کاس (Godfrey Cass) کی بیٹی ہے۔ گوڈفرے چاہتی ہے کہ ایپی اُس کے پاس واپس آجائے مگر ایپی سلاس کے پاس ہی رہنا چاہتی ہے۔

مڈل مارچ: ایک صوبائی زندگی (Middlemarch: A Study of Provincial Life) میں جارج ایلوٹ کا مرکزی کردار ڈورتھیہ بروک ہے۔ اس ناول کو اُس نے 1871-1872 کے دوران لکھا تھا۔ ڈورتھیہ اور اُس کی چھوٹی بہن سیلیا اپنے غیر شادی شدہ انکل کے ساتھ مڈل مارچ کے قرب و جوار کے ایک گاؤں میں رہتے ہیں جہاں کی زندگی ایک عمومی سی چھوٹے صوبے جیسی ہوتی ہے۔ ڈورتھیہ کو ایک اُس سے زیادہ عمر کے اسکالر مسٹر کاسوبون (Casaubon) سے پیار ہو جاتا ہے اور وہ اُس سے شادی کرنا چاہتی ہے۔ اس دوران اُس کی ملاقات کاسابون کی ایک سیکنڈ کزن، ول لیڈزلا سے ہو جاتی ہے۔ ول لیڈزلا ایک طویل عرصے سے اپنے شوہر کے کردار کی وجہ سے خاصی مایوس زندگی گزار رہی ہوتی ہے۔ اچانک ایک دن مسٹر کاسوبون کی موت ہو جاتی ہے مگر مرنے سے قبل وہ ایک عجیب وصیت کر جاتا ہے کہ ڈورتھیہ کو اُس کی ساری جائیداد کا حق اس صورت میں مل جائے گا اگر وہ مسٹر لیڈزلا سے شادی کرلے۔ ڈورتھیہ آخر میں اپنے تمام خاندان کی مخالفت کے باوجود مسٹر لیڈزلا سے شادی کر لیتی ہے جو اُس سے یوں بھی پیار سے متوجہ تھا۔

تھامس ہارڈی (Hardy Thomas) انگلینڈ کے شہر ڈوسٹ شائر (Dorsetshire) میں 1840 میں پیدا ہوا جسے اُس نے اپنے ناولوں میں اکثر و بیشتر ویسیکس (Wessex) کا

نام دیا تھا۔ وہ اپنے پیشہ کے لحاظ سے ایک آرکیٹیٹ تھا مگر پھر ایک وقت آیا کہ اُس نے اپنی زندگی کا سارا وقت رائٹنگ کیریر کے حوالے کر دیا۔گو کہ اُسے کافی عرصے تک اُس میں کسی قسم کی کامیابی ہی نہیں ملی تھی۔ اُس نے بڑی تعداد میں شاعری اور ناولز قلم بند کیے تھے۔ اُس کی نظموں میں دی ڈارکنگ تھرش (The Darkling Thrush)، بیلیڈز (ballads) اور نپولین بوناپارٹ پر ایک طویل ترین رمزیہ ڈرامٹیکل نظم دی ڈائناسٹس (The Dynasts) شامل ہے۔ اُس کے مشہور ترین ناولوں میں دی ریٹرن آف نیٹو (The Return of the Native، اسٹر برج کا میئر (The Mayor of Casterbridge)، ٹیس آف دی ڈی اربرولز (Tess of the D'Urbervilles) اور جیوڈ دی اسکیر (Jude the Obscure) شامل ہیں۔ مرڈیتھ کے مقابلے میں جہاں ایک شخص کی سب سے زیادہ اہمیت ہے ہمیں ہارڈی کے یہاں بالکل مختلف آدمی کا تصور ملتا ہے کہ شخص ایک غیر اہم سی شے ہے۔ انیسویں صدی کے مشینی اور مادیت پرستانہ دور میں اُسے کے لیے ایک فرد کی حیثیت بالکل ختم ہو چکی ہے۔ سوسائٹی کی فزیکل اور سوشل طاقتیں کسی بھی شخص کو توڑ مروڑ دیتی ہیں اور اسے ناکارہ اور بے کار بنا دیتی ہیں۔ اُس کے ناولوں میں صرف کچھ ایسے اتفاقات ہی ہوتے ہیں جو کائناتی قوانین سے کسی فرد کی زندگی میں خوش آئند تبدیلی کا سبب بن پاتے ہیں۔

تھامس ہارڈی کے ناول 'دی رٹرن آف دی نیٹو' (The Return of the Native) کا مرکزی کردار کلم یوبرائٹ (Clym Yeobright) پیرس سے اپنے آبائی وطن ایگڈن ہیتھ (Egdon Heath) لوٹتا ہے۔ یہاں آ کر وہ ایک اسکول کھولتا ہے اور ایک لڑکی ایسٹریشیا وائی (Eustacia Vye) سے شادی کرلیتا ہے۔ ایسٹریشیا کی خواہش ہوتی ہے کہ وہ اُسے یہاں سے پیرس لیجائے کیونکہ اس جگہ کی زندگی روایتی اور بیزار کر دینے والی سی تھی مگر کلم یوبرائٹ کا دل اپنے آبائی شہر میں ہی بسنے کا تھا۔ کلم یوبرائٹ کی ماں مسز یوبرائٹ اُس سے ملنے کاٹج آتی ہے جس سے اُس کو گھر سے باہر جانا پڑتا ہے۔ دوسری طرف

ایسٹر ریشیا کو اپنے پرانے محبوب والڈیف (Wildeve) سے ملنے کا موقع مل جاتا ہے۔اس دوران وہ دروازہ بند رکھتی ہے اور جب کوئی کھٹکھٹاتا ہے تو دروازہ نہیں کھولتی ہے، نتیجے میں مسز یوبرائٹ واپس چلے جاتی ہے اور پھر اُس کی لاش ملتی ہے۔خیال یہ کیا جاتا ہے، کہ جیسے اُس کو کسی سانپ نے جھاڑیوں میں کاٹ لیا تھا مگر ایسٹر یشیا پر الزام آتا ہے۔ایسٹر یشیا اس دوران کسی تالاب میں جان بوجھ کر اپنے بوائے فرینڈ والڈویف کے ساتھ کود جاتی ہے۔ والڈویف اُس سے وعدہ کرتا ہے کہ وہ اسے پانی میں سے نکال لے گا مگر اُس سے ممکن نہیں ہو پاتا ہے اور بالآخر دونوں ہی پانی میں ڈوب کر مر جاتے ہیں۔یوں ایسٹر یشیا بھی اپنے آبائی علاقے میں ہی مر کر دفن ہو جاتی ہے اور اُس کا پیرس جانے کا خواب ادھورا ہی رہ جاتا ہے۔

ٹیس آف دی ڈی اوبرویلز (Tess of the D'Urbervilles) کی ٹیس ایک بہت ہی بکھرے ہوئے یا منتشر شخص جیک ڈوبری فیلڈ (Jack Durbeyfield) کی بیٹی ہوتی ہے جو اپنی غریب سی فیملی کو ایک امیر ترین شخص ڈی اوبرویلز (D'Urbervilles) کے تعلق سے اردگرد کے لوگوں کو بتاتی ہے۔اتفاق سے اُسے ڈی اوبرویلز ہی کی خدمت کی خاطر نوکری مل جاتی ہے جہاں اُسے خاص طور پر اُس کے غیر ذمہ دار سے بیٹے ایلک سے جنسی تعلقات کی طرف دھکیل دیا جاتا ہے اور یوں وہ اُس کے ایک بچے کی ماں بن جاتی ہے، بدقسمتی سے وہ بچہ پیدا ہونے کے کچھ دنوں بعد ہی مر جاتا ہے۔ٹیس اس کے بعد کھیت پر کام کرنے والی کے طور پر ملازم ہو جاتی ہے جہاں اُسے ایک اور لڑکے، اینگل کیئر سے پیار ہو جاتا ہے۔بالآخر ایک دن اینگل ٹیس سے شادی کی فرمائش کر دیتا ہے گو کہ ٹیس خود کو اس کے لائق نہیں سمجھتی ہے۔شادی سے قبل ٹیس اینگل کو ایک خط لکھ کر اپنے ماضی کے بارے میں بتانے کی کوشش کرتی ہے مگر اینگل کی نظروں سے وہ خط نہیں گزر پاتا ہے۔شادی کی رات جوڑا اپنے اپنے ماضی کے قصے بتاتے ہیں، مگر ٹیس کا قصہ سن کر اینگل ٹیس کو معافی نہیں دیتا ہے بلکہ وہ اسے چھوڑ کر برازیل چلا جاتا ہے۔کچھ عرصے کے بعد

ایلک کی گزارش کے بعد ٹیس بالآخر لوٹ کر آجاتی ہے۔ اِدھر اینگل بھی توبہ وغیرہ کر کے واپس آجاتا ہے۔ ٹیس آخر میں ایلک کو چھری مار کر اُسے ختم کر دیتی ہے مگر اس قتل کو ایک طویل عرصے تک چھپا کر رکھتی ہے مگر پھر ایک دن اس راز سے پردہ گر جاتا ہے اور وہ پھر گرفتار کر لی جاتی ہے اور موت کی سزا پاتی ہے۔

لارڈ ٹینائی سن (Lord Tennyson) کا اصلی نام ایلفرڈ ٹینائی سن تھا۔ وہ لنکن شائیر کی ایک انتہائی قدامت پسند فیملی میں 1809 میں پیدا ہوا تھا۔ بعد میں اُس کی تعلیم کیمبرج میں مکمل ہوئی تھی۔ 1850 میں اُن کا ایک انعام یافتہ شاعر یا (Poet Laureate) کے طور پر تقرر ہوا تھا۔ آج انہیں برٹش وکٹورین عہد کا نمائندہ شاعر تسلیم کیا جاتا ہے۔ ان کی شاعری آج اُس عہد کی حساسیت اور اُس دور کی سوسائٹی کی اخلاقی اور دانشمندانہ قدروں کی عکاسی کرتی ہے۔ اُنہوں نے طویل اور مختصر دونوں طرح کی نظمیں لکھیں اور اپنی نظموں میں سائنس کی مذہبی نظریات پر تعمیر ہونے والی نئی طرز کی تجاوزات پر ایک شاعرانہ انداز میں تشویش کا بھی اظہار کیا۔ اُن کی طویل نظم لوکسلی ہال (Locksley Hall) جو انہوں نے 1842 میں لکھی تھی۔ اُس نظم کا ہیرو اپنے عہد میں ہونے والی کرپشن پر ناگواری کا اظہار کرتا ہے۔ انہوں نے ماوڈ (Maud) 1855 میں لکھی تھی جس میں ایک ڈرامائی خود کلامی ہے اور ایک نوجوان ماوڈ سے بے تحاشہ محبت ہے جس کے باپ نے اُسے تباہ و برباد کر دیا ہے۔ دی پرنسسز (The Princess) انہوں نے 1866 میں لکھی تھی جو کہ اُس عہد کی نئی عورت کا قصہ ہے۔ آئڈلز آف دی کنگ (Idylls of the King) 1859-1885 کے دوران لکھی ہوئی اُن کی وہ طویل نظم ہے جو دس والیمز میں سمائی ہوئی ہے اُس میں آرتھر کنگ کے دور کا تجزیہ اور زنا کاری وغیرہ کے گناہوں کا بھی ذکر ہے۔ ان میموریم (In Memoriam) اُن کی سترہ برسوں (1833-1850) میں لکھی گئی نظم ہے جس میں اُس کے دوست آرتھر ہیلم کی یاد داشتیں ہیں۔

اس نظم میں انہوں نے خدا اور انسان اور پھر فطرت سے تعلق کا تجزیہ کیا ہے اور اسی پس منظر میں جو مذہب کے لیے ایک مستقل چیلنجز اور وکٹورین عہد میں مادیت پسندی اور مذہبی تصورات پر پیدا ہونے والی شکوک وشبہات (Skepticism) فکر کا طویل تجزیہ ہے۔

آج کے عہد میں لارڈ ٹینائی سن کی تخلیقات خصوصاً طویل ترین نظموں کو اُس کی مجموعی فکر اور کسی حد تک ایک مخصوص سطحیت کی تکرار کی وجہ سے تنقید کا بھی سامنا ہے مگر اُن کی مختصر نظمیں اپنی ترکیب، تصوراتی تخلیق اور مخصوص موسیقیت کی وجہ سے پسند بھی کی جاتی ہیں۔مثلاً اُن کی نظمیں دی ایگل، بریک بریکب بریک، دی لوٹس ایٹرز، یولائیسس، دی اسپلنڈر فالس، ٹیرز، آئیڈیل ٹیرز اور کراسنگ دی بار کے ذکر کے بغیر وکٹورین عہد کے دور کی تخلیقات کا ذکر ادھورا ہے۔

رابرٹ براوننگ (Browning Robert) لندن کے ایک بینک کلرک کا بیٹا تھا۔وہ 1812 میں پیدا ہوا تھا۔اُس نے اپنی ابتدائی شاعری کو شیلے سے منسوب کیا۔براوننگ ایک طویل عرصہ تک ناکام شعرا میں شامل رہا بلکہ اُسے صرف اُس کی بیوی ہی کے نام سے یا مسز براوننگ کے شوہر کے نام سے ہی پہچانا جاتا تھا کیونکہ اُس کی شاعرہ بیوی الزبتھ بیرٹ براوننگ کی شہرت اور عظمت کے سب ہی قائل تھے مگر پھر وہ وقت آگیا جب براوننگ خود ہی سارے انگلستان میں نظر آنے لگا حتیٰ کہ اُس کی بیوی کو لوگ بھولتے چلے گئے۔اُس کی شاعری میں خصوصاً جو ڈرامیٹک خود کلامی تھی وہ بلا کی تخلیق تھیں جس کی چند مثالیں پورفائریا لور (Porphyria's Lover)، سویلیکی ان اے اسپینش کلواسٹر (Soliloquy in a Spanish Cloister)، فرا لیپو لیپی (FraLippo Lippi)، اینڈریا ڈل سارٹو (Andrea Del Sarto) اور سب سے معروف مائی لاسٹ ڈیوکس (My Last Duchess) شامل ہے جس میں ڈیوک آف فرار ایک پورٹریٹ دکھاتے ہوئے اپنے میرج ایجنٹ کو بتاتی ہے کہ وہ

اُس کا قتل اس لیے کرے گی کیونکہ اُس نے اُس کے لحاظ سے اُس کی آن بان شان کا خیال نہیں رکھا۔

انگلستان کے شہر لاہیم میں 1822 میں پیدا ہونے والا میتھو آرنلڈ (Matthew Arnold) اپنے شہر کے ایک مشہور رگبی کے کھلاڑی تھامس آرنلڈ کا بیٹا تھا۔ وہ اپنے عہد کا ایک مشہور شاعر اور تنقید نگار بنا جسے انگلستان میں عمومی فکر کی تبدیلی نے خصوصاً متاثر کیا۔ جس دور میں وہ آکسفورڈ یونیورسٹی کا طالب علم تھا، اُس وقت یونیورسٹی میں آکسفورڈ موومنٹ کا سلسلہ چل رہا تھا۔ وہ ایک طویل عرصے تک تعلیمی نظام کا نگراں بھی رہا اور آکسفورڈ میں ہونے والی شاعری کے لیے پروفیسر بھی تعینات رہا۔ اُس کی شاعری میں وکٹورین عہد کے دونوں ادوار کی نمائندگی ملتی ہے جو پرانی اور نئی جنریشن کے درمیان فرق پر مشتمل ہے اُس کی مشہور ومعروف نظم دی اسکالر جپسی (The Scholar Gipsy) اُس نے 1853 میں لکھی تھی ایک ایسے آکسفورڈ طالب علم کا قصہ ہے جو جپسی روایتوں کو سیکھنے کے لیے آوارہ پھر رہا ہے۔ اسٹینزا فرام دی گرانوڈ چارٹیوز (Stanzas from the Grande Chartreuse) اُس نے 1855 میں لکھی تھی جس میں اُس نے ایمان یا مذہب کے ضائع ہونے پر ماتم کیا تھا۔ اُس کی تھارسز (Thyrsis) 1866 میں شائع ہوئی تھی جس کا شمار ملٹن کی لائسڈ اس (Lycidas) شیلے کی اڈونایس (Adonais) اور ٹینی سن کی ان میموریم (InMemoriam) کے ساتھ کیا جاتا ہے۔ اُس کی سب سے زیادہ پڑھی جانے والی نظم ڈوور بیچ (Dover Beach) ہے جس میں اُس نے ایمان کی سمندری موجوں کو سائینٹفک یا ماڈرن دنیا کے سامنے بے معنی ہوتے ہوئے دکھایا ہے۔

آرنلڈ نے زیادہ تر لیکچرز اپنی پروفیسر شپ کے دوران دیے جو بعد میں کئی سیریز کی شکل میں تنقیدی مضامین (Essays in Criticism) کی شکل میں 1865 اور 1888 میں

پبلش ہوئے۔اُس کی کتابیں کلچر اور انارکی (Culture and Anarchy) 1869 میں شائع ہوئی تھیں جبکہ لٹریچر اور ڈوگمہ (Literature and Dogma) 1873 میں پبلش ہوئی تھیں۔اُس نے برٹش مڈل کلاس کی عامیانہ ذہنیت (Philistinism) کو خصوصاً تنقید کا نشانہ بنایا تھا کہ اس کلاس کی ذہنیت بہت ہی سطحی، کس قدر محدود اور خود اطمینانی کے جذبات سے بھری پڑی ہے۔اس کلاس نے برطانوی تہذیب کو پسماندہ اور رطوبت زدہ کر دیا ہے۔اُس نے ٹچ اسٹون تھیوری (Touchstone Theory) پر بحث کی کہ کس طرح شاعری کے بڑے اساتذہ اپنے ماسٹر پیسز میں مخصوص طرز کے توازن کا خیال رکھتے ہیں جو اوروں کی شاعری کے لیے ٹچ اسٹون کا سبب بنتے ہیں۔اُس نے اکثر شاعری کے اظہار میں آگ اور طاقت، ضمیر کی توانائی اور اُس کے ڈسپلن، روشنی کی مٹھاس، شعور کا بے تکان اظہار اور اور ہیلنزم کا استعمال کیا۔اُس نے تنقیدی رویے کو کائناتی علم و شعور تک پہنچنے کی بنیاد قرار دیا۔

حقیقت پسندی کا دور۔آئر لینڈ میں

جارج برنارڈ شاہ (George Bernard Shaw) ڈبلن میں 1856 پیدا ہوئے تھے۔اُن کے باپ شرابی اور ماں غیر گھریلوی خاتون تھیں۔وہ ادب، میوزک اور گرافک آرٹ میں دلچسپی رکھتے تھے۔جب چھوٹے تھے تو نو برسوں تک ڈبلن اسٹیٹ ایجنٹ کے یہاں ایک آفس بوائے کی طرح کام کرتے رہے۔وہ ایک ناقابل اصلاح اور بے روزگار سے شخص تھے جو اپنا گزارا لکھ کر ہی کرتے تھے۔1879 سے 1883 تک انہوں نے پانچ ناولز لکھے مگر کسی بھی ناول کو کامیابی نصیب نہ ہوئی۔1884 میں ولیم آرچر نے انہیں ناروئین ڈرامہ نگار ہینرک ابسن کی طرح ماڈرن ڈرامہ لکھنے کا مشورہ دیا اور میوزک پر تنقید کے لیے کہا۔1898 میں انہوں نے کئی ڈراموں کا مجموعہ Plays Pleasant and Unpleasant پبلش کیا جس میں آرمس اینڈ دی مین (Arms and the Man)، کینڈڈا (Candida) اور مسز

وارن پروفیشن (Mrs. Warren's Profession) شامل ہیں۔ جلد ہی برنارڈ شاہ کی شہرت ساری دنیا میں پھیلتی چلی گئی ،خصوصاً پہلی جنگ عظیم سے پہلے دوران اور بعد میں لکھے گئے ڈرامے ساری دنیا میں دیکھے اور پڑھے گئے ۔اُس کے سب سے عمدہ ڈراموں میں مین اور سپر مین (Man and Superman)، میجر باربرا (Major Barbara) اور پگمیلیون (Pygmalion) کو 1925 میں نوبل پرائز سے نوازا گیا۔ جارج برنارڈ شاہ 94 برس کی عمر تک زندہ رہے ۔جس طرح ابسن کے ڈرامے سوشل مسائل کے موضوعات پر تھے، اُس کا آرمس اینڈ دی مین بھی بلغاریہ کے حوالے سے ایک ڈرامہ تھا جسے رمزیہ انداز میں لکھا گیا تھا۔اس ڈرامے میں جنگ کے حوالے سے جو رومانٹک انداز سے سوچنے کا ہے اُس پر حملہ کیا گیا تھا۔اس کے ٹائٹل میں ورجل کی اینائڈ (Aeneid) کا پہلا جملہ استعمال گیا تھا:

"I sing of arms and the man."

کینڈیڈا (Candida) شادی کے بارے میں ہے۔ یہ ابسن کے ڈرامے اے ڈول ہاوس (House A Doll's) سے متاثر ہو کر لکھا گیا ہے مگر ابسن کی کہانی میں نورا کے مقابلے میں کینڈیڈا اپنے شوہر کے علاوہ کسی اور سے محبت کرتی ہے مگر اپنے شوہر کو اُس کی خاطر چھوڑنے کے بجائے اُس کے ساتھ ہی رہنے کا فیصلہ کرتی ہے ۔مسز ویرن پروفیشن (Mrs. Warren's Profession) 'پروفیشن' کے ہی بارے میں ایک ڈرامہ ہے۔ اس ڈرامے میں مسز ویرن اپنی بائیس سالہ بیٹی سے اپنا طوائف کا پروفیشن چھپا کر رکھتی ہے مگر پھر ایک دن جب اُس کی بیٹی کو اپنی ماں کے پروفیشن کا پتہ لگتا ہے کہ وہ نہ صرف پہلے طوائف تھی بلکہ آج بھی کسی کی میڈم ہے،تو وہ اُس کو چھوڑ دیتی ہے ۔انہوں نے مین اینڈ سپر مین (Man and Superman) 1903 میں لکھا تھا۔اس کامیڈی ڈرامے میں جارج برنارڈ شاہ ایک مین اور سپر مین کے درمیان کا فرق پر مزاح انداز میں بتاتے ہیں ۔اس کھیل میں مین یعنی جون ٹینر کا تعاقب ایک لڑکی این وائیٹ فیلڈ کر رہی ہوتی ہے ۔جون اس قابل نہیں ہوتا ہے کہ

اپنی مرضی چلا سکے چہ جائیکہ کہ کائنات کی منزل کا اُسے پتہ مل سکے۔ ڈرامے 'میجر باربرا' کا مرکزی کردار باربرا انڈرشافٹ فوج کی میجر ہے جسے اس بات کی ناراضگی ہے کہ اُس کا باپ ایک ہتھیاروں کی کمپنی کا لکھ پتی مالک ہے مگر پھر آخر میں اس بات کو سمجھتی ہے کہ دولت انسانوں سے اچھے کام بھی کرواتی ہے اور برائی غربت سے بھی پھیلتی ہے۔ پائیگ میلون بھی برنارڈ شا کا مشہور ڈرامہ ہے جس میں پائیگ میلون کا ٹائٹل اُس دیومالائی کہانی سے مستعار ہے جس کے مطابق قبرص کا ایک بادشاہ تھا جس نے ہاتھی دانت سے ایک خوبصورت عورت کا مجسمہ بنایا اور پھر اُس مجسمے کی محبت میں اس قدر گرفتار ہوا کہ اُس کی زندگی کی دعائیں مانگنے لگا۔ اُس کی دعاؤں کے جواب میں ایفرو یت (حسن اور محبت کی دیوی) اُس مورتی میں جان ڈال دیتی ہے۔ برنارڈ شا کی پائیگ میلون کا کردار پروفیسر ہیری ہیگن، ایک لڑکی پر محنت کر کے اُسے ایک بہت ہی حسین پروقار عورت بنا دیتا ہے۔ یہ ڈرامہ مائی فیر لیڈی کے نام سے ایک کامیاب ترین میوزیکل پلے تھا۔

ادب کا حقیقت پسندی کا دور۔ روس میں

نکولائی ویسیلوچ گوگول (Nikolai Vasilyevich Gogol) ایک ناولسٹ اور شارٹ اسٹوری رائٹر تھا جو یوکرین کے شہر پولٹاوا میں 1802 میں پیدا ہوا تھا۔ وہ ایک زمانے میں سینٹ پیٹرس برگ میں گورنمنٹ آفس کا ایک کلرک تھا اور بارہ برسوں تک یورپ میں صرف آوارگی ہی کرتا رہا تھا۔ 1831 میں اُس کی ملاقات پشکن سے ہوئی جو اُس کی فطرت اور لوگوں پر چند داستانوں سے بہت ہی متاثر ہوا تھا۔ 1836 میں اُس کی کامیڈین ستائرز پر مشتمل کتاب دی انسپیکٹر جنرل (The Inspector General) چھپ کر آئی۔ اُس کا ناول ڈیڈ سولز (Dead Souls) روم میں چھپا اور اسی دوران اُس کی مشہور ترین کہانی دی اوورکوٹ (The Overcoat) بھی اُس کے چار والیم ایڈیشن والی کتاب کی زینت بنی، جس نے

ساری ادبی دنیا میں دھوم مچادی ۔اُس کا ارادہ تھا کہ وہ اپنے ناول ڈید سولز کا دوسرا والیم بھی پبلش کرے گا مگر پھر مرنے سے چند دن قبل اُس نے اپنے ناول کے مین اسکرپٹ کو جلا دیا۔

نکولائی ویسیلوچ گوگول کا ڈیڈ سول (Dead Souls) اور (The Overcoat) 1842 میں لکھا گیا ناول ہے ۔ یہ کہانی ایک دھوکہ دینے والے شخص شیکوف کی ہے جو لینڈ اونرز سے ایک الگ ہی طرح کا رئیل اسٹیٹ بزنس کرتا ہے ۔وہ لینڈ اونرز سے زمین اُن غلاموں کے نام پر خریدتا ہے جو مر چکے ہوتے ہیں ۔ وہ ان کے پچھلی مردم شماری سے نام نکالتا ہے جن میں وہ اب تک زندہ ہوتے ہیں مگر نئی مردم شماری میں بھی اُن کا نام ابھی مرے ہوئے لوگوں میں نہیں ہوتا ہے اور یوں وہ کئی جائیدادوں پر منافع کماتا ہے ۔اس ناول میں اُس کا رئیل اسٹیٹ اور لینڈ اونرز کے ساتھ انٹرایکشن بہت ہی حقیقی انداز میں محسوس ہوتا ہے ۔ 1842 میں ہی دی اورکوٹ (The Overcoat) بھی بہت مشہور ہوئی ۔ یہ شارٹ اسٹوری ایک غریب کلرک کی ہے جس کا نام اکاکیاوچ ہے اور جو سینٹ پیٹرز برگ میں رہتا ہے ۔وہ ایک اچھا سا اوورکوٹ اپنے لیے سلواتا ہے مگر ایک شام جب وہ ایک پارٹی سے واپس آتا ہے تو وہ چوری ہو جاتا ہے ۔وہ بیچارہ ٹوٹے ہوئے دل کے ساتھ مر جاتا ہے مگر ہائیر اتھارٹی اُس اوورکوٹ کو ڈھونڈنے میں کوئی دلچسپی نہیں دکھاتے ہیں ۔ بالآخر اُس کے مرنے کے بعد اُس کا بھوت اُس اوورکوٹ کو ڈھونڈنے کے لیے شہر بھر میں تلاش کرتا ہے اور چور کو اُس کے انجام تک پہنچاتا ہے ۔

سرگیووچ (Ivan Sergeyevich Turgenev) رشیا میں 1818 میں پیدا ہوا تھا مگر تعلیم برلن اور پیٹرز برگ میں حاصل کی تھی ۔اُس نے فلاسفر بننے کا سوچا تھا اور ادیب بن کر زندگی گزارنے کا خواب دیکھا تھا۔ سرگیووچ اور دوستووسکی دونوں ایک زمانے میں نوجوان رائٹرز تھے اور بیلینسکی ،جو کہ ایک تنقید نگار تھا، کے ساتھ وقت گزارتے تھے ۔ 1843 میں اُسے

ایک فرنچ رائٹر کی بیوی، پالین گارشیا(Pauline Viardot-Garcia) سے پیار ہوگیا تھا جو ایک گلوکارہ تھی۔ 1847-1851 میں اُس کی شارٹ اسٹوریز کی کتاب اے اسپورٹس مین اسکیچز (A Sportsman's Sketches) پبلش ہوکر آئی تو وہ ایک ادیب کے طور پر اسٹیبلش ہوگیا۔اپنی کہانیوں میں اُس نے کسانوں کے مسائل پرلکھا تھا۔اُس کا ناول فادرز اینڈ سنز(and Sons Fathers) نے نہ صرف کنزرویٹو بلکہ ریڈیکل طبقے کو بھی اُس سے اس قدر ناراض کردیا کہ اُسے رشیا تک چھوڑنا پڑ گیا۔اپنی زندگی کے آخری بیس برسوں میں کچھ ہی بار اُسے پھر رشیا واپس آنے کا موقع ملا۔اُس کی موت فرانس میں ہوئی جب اُس کے سرہانے پالین گارشیا موجود تھی۔

'فادرز اینڈ سنز' یا 'فادرز اینڈ چلڈرنز' (Fathers and Sons or Fathers and Children) رشیا کی دو جنریشن کی کہانی ہے۔ ایک جنریشن پرانی روایتی اشرافیہ (Aristocratic) کی ہے جبکہ دوسری جمہوریت پسند نئی جنریشن ہے۔کہانی کا مرکزی کردار ایک نہیلسٹ بائیولوجسٹ بازاروف (Bazarov) ہے۔وہ پولیٹیکل انارکسزم پر یقین رکھتا ہے اور سائنس کو انسانیت کے لیے نجات دہندہ سمجھتا ہے۔کہانی کی ابتدا میں ناول نگار یہی امپریشن دیتا ہے کہ جیسے وہ اور اُس کا ایک دوست آرکیڈی ایک نوجوان بیوہ مادام اوڈنٹ زووف کی وجہ سے رقابت میں مبتلا ہیں مگر بعد میں آرکیڈی ثابت کرتا ہے کہ وہ دراصل اُس بیوہ کی چھوٹی بہن کاٹیا میں دلچسپی رکھتا ہے۔دونوں دوستوں کے لیے اُن کے باپ کی طرف سے مخالفت آتی ہے مگر پھر بزاروف کے لیے سب سے زیادہ مخالفت آرکیڈی کا انکل بنتا ہے جو بزاروف کو آرکیڈی کے باپ کی مسٹرس، فینکا (Fenichka) کو پیار کرتے ہوئے دیکھ لیتا ہے اور اُسے مقابلے (duel) کے لیے چیلنج دے دیتا ہے۔کہانی کے آخر میں بزاروف کی کسی ٹائفس (Typhus) کے مریض سے کانٹکٹ میں آجانے کی وجہ سے موت ہو جاتی ہے یعنی بالآخر وہ سائنس ہی کی وجہ سے موت کا نشانہ بنتا ہے۔

ماسکو کے ایک ڈاکٹر کا بیٹا، فیدرڈ وستووسکی (Fyodor Dostoevsky) 1821 میں پیدا ہوا تھا۔ اُس نے ابتدا میں سینٹ پیٹرز برگ کے ملٹری انجینئرنگ کالج میں داخلہ لیا تھا مگر پھر اُسے اندازہ ہوا کہ اُسے لٹریچر میں دلچسپی ہے۔ اُس نے لٹریچر کی خاطر انجینئرنگ کو خیر آباد کہہ دیا۔ دوستووسکی کے پہلے ناول پور فوک (Poor Folk) کی بیلنسکی (Belinsky) نے بہت تعریف کی تھی مگر کئی ایک تنقید نگاروں نے بیلنسکی کے تجزیے سے اتفاق نہیں کیا تھا۔ اُسے زندگی بھر سخت تنقید کا نشانہ بننا پڑا۔ 1839 میں سرفس (Serfs) نے اُس کے والد کا خون کر دیا تھا، اس واقعہ کے بعد سے اُسے مرگی (Epileptic) کے دورے بھی پڑنے شروع ہو گئے تھے۔ 1849 میں اُسے ایک سوشلسٹ سرکل (Petrashevsky Circle) جوائن کرنے پر گرفتار کر لیا گیا تھا جس کے دوران اُسے سزائے موت سنا دی گئی تھی۔ آخری لمحے میں جب وہ فائرنگ اسکواڈ کے سامنے کھڑا موت کا نشانہ بننے ہی والا تھا کہ اچانک قسمت اُس پر مہربان ہو گئی اور اُس کی سزائے موت معاف کر کے اُسے چار سالوں کے لیے سائبریا کے لیبر کیمپ میں بھجوا دیا گیا تھا۔ ان چار برسوں کے بعد اُسے آرمی میں بھی چار برس سروس کے لیے حکم دیا گیا تھا۔ 1857 میں اُس نے ایک بیوہ سے شادی کر لی اور پھر 1859 میں اُس نے آرمی چھوڑ دی اور یوروپین رشیا منتقل ہو گیا۔ اس دوران کئی ایک بار وہ رشیا سے باہر بھی وزٹ کرنے گیا، اس دوران اُس کے ساتھ اُس کی بیوی پولینا بھی تھی جسے وہ اپنے لیے جہنمی عورت سمجھتا تھا۔ جرمنی آ کر وہ جوئے کی لت میں مبتلا ہو گیا۔ 1864 میں جب وہ اپوک (Epoch) کی ایڈیٹنگ کر رہا تھا، اسی دوران اُس کا پہلا اہم کام نوٹس فرام انڈر گراونڈ (Notes from Underground) چھپ کر آیا۔ اُس کے فوراً بعد اُس کی بیوی اور بھائی، مائی کیل کی اچانک موت ہو گئی اور وہ بے انتہا غم زدہ ہو گیا تھا۔ 1866 میں اُس کا ماسٹر پیس ناول کرائم اینڈ پنشمنٹ (Crime and

Punishment) چھپ کر آ گیا اور پھر فوراً ہی ایک چھوٹا سا ناول دی گیمبلر (The Gambler) بھی پبلش ہوا۔ اگلے برس 1867 میں اُس نے اپنی اسٹینو گرافر اینا سے شادی کر لی۔ اُس کے بعد تک وہ دونوں ویسٹرن رشیا میں سیر و تفریح کرنے نکل گئے۔ 1871 میں وہ واپس رشیا لوٹ گئے۔ دوستووسکی کے آخری دس برس لٹریچر کے لحاظ سے کامیاب ترین سال تھے۔ اسی دوران اس کا دی برادرز کراما زوف (The Brothers Karamazov) چھپ کر آیا جس نے ادبی دنیا میں ایک بار پھر دھوم مچا دی۔ اسی دوران اُس نے پشکن سیلبریشن (Pushkin celebration) کے دوران ماسکو میں بہت ہی پر مغز تقریر کی جس سے اُس کی عزت و مان میں بہت اضافہ ہوا۔ 1881 میں اُس کی پیٹرز برگ میں موت کے بعد بھی عزت و تکریم کا سلسلہ جاری رہا۔ آج دنیا کے چند عظیم ترین ناول نگاروں میں دوستووسکی کا نام سرفہرست ہے۔ ادبی اسکالرز کے لیے اُس کے تخلیقی کرداروں کی نفسیاتی توجہات اس قدر فلسافیکل بن چکے ہیں کہ حقیقی زندگی کے وہ جیتے جاگتے کردار بن کر زندگی کے ہر دور میں ملتے ہیں۔

دوستووسکی کے پانچ بڑے ناول ہیں۔ نوٹس فرام انڈر گراونڈ (Notes from Underground) انہوں نے 1864 میں لکھا تھا۔ اُس کا رشین زبان میں نام Zapiski iz Podpol'ya تھا۔ انڈر گراونڈ میں، جو کہانی خود کلامی کے انداز میں اپنی کہانی سنا رہا ہے، وہ دراصل انسانوں کی کرپٹ فطرت کا اظہار کبھی ہنس کر، کبھی طنزیہ اور کبھی سنجیدگی سے کرتا ہے اور اپنے فلسافیکل آئیڈیا کو اس کے پس منظر میں بیان کرتا ہے۔ اس کہانی میں ایک کال گرل سے اُس کا افیر بھی چل رہا ہوتا ہے جو خود کلامی بیانیہ کا حصہ ہوتا ہے۔ دی ایڈیٹ (The Idiot) انہوں نے 1868 میں لکھا تھا۔ اس کہانی کا مرکزی کردار ایک مرگی کا مریض، پرنس مشکن (Myshkin) ہوتا ہے۔ اُس کا نک نام ایڈیٹ ہوتا ہے۔ وہ ایک چھوٹے بچے کا سا دماغ رکھتا ہے اور ایک معصوم انسان ہوتا ہے۔ اُس کا انجام بہت ہی رنجیدہ کر دینے والا

ہوتا ہے۔ دی پوسسٹ (The Possessed) انہوں نے 1871-1872 میں لکھا تھا۔ یہ کہانی اُن زیرِتسلط لوگوں کی ہے جو نہیلسٹ انقلابی فکر کے حامل ہوتے ہیں۔

کرائم اینڈ پنشمنٹ 1866 میں دوستووسکی نے Prestupleniye i nakazaniye، کے ٹائٹل سے لکھا تھا۔ اس کہانی میں ایک غریب طالبعلم، راشکولن خوف پیسے کی خاطر ایک سود پر قرض دینے والی عورت اور اُس کی بہن کا خون کر دیتا ہے۔ اس قتل پر وہ شرمندہ ہونے کے بجائے بظاہر درست سمجھتا ہے۔ وہ سوچتا ہے جس طرح نپولین بونا پارٹ ہزاروں لوگوں کو مار کر دنیا میں ایک عظیم فاتح بن گیا ہے، بالکل اسی طرح اُس نے بھی غریبوں کو لوٹنے والی عورت کا خون کر کے انسانیت کو فائدہ پہنچایا ہے۔ اُس کا کردار بھی نپولین کی طرح انسانی معاشرے میں ایک عام آدمی سے سپر مین جیسا ہوگیا ہے کیونکہ نپولین بھی دیے گئے قوانین کی حد سے تجاوز کر کے وہ بھی سپر مین بن گیا ہے۔ مگر بہت جلد اُس کا ضمیر اُسے کہتا ہے کہ یہ سب جھوٹی وضاحتیں ہیں، حقیقت میں تو اُس نے ایک بہت بڑا گناہ کر دیا ہے۔ اس بات کا ذکر جب وہ اپنی کال گرل فرینڈ سونیا سے کرتا ہے تو وہ اسے کہتی ہے کہ بہتر ہے کہ وہ اپنا جرم پولیس انسپکٹر کو بتادے جو یوں بھی انتظار کر رہا ہے اور جانتا ہی ہے کہ شواہد کے مطابق وہ ہی قاتل ہے۔ بالآخر اپنی ضمیر کی عدالت سے مجبور ہو کر ایک دن وہ ساری بات انسپکٹر کو بتا دیتا ہے اور یوں سات برسوں کی سائبریا میں قید کی سزا اُسے مل جاتی ہے۔ اُس کی فرینڈ سونیا جو اُس سے محبت کرنے لگتی ہے، اُس کے پیچھے پیچھے سائبریا تک پہنچ جاتی ہے اور اس مشکل مرحلے میں ہر ممکن اُس کی مدد کرتی ہے اور یوں اُس ذہنی سکون یا راحتِ قلب نصیب ہو جاتی ہے۔

کرائم اینڈ پنشمنٹ کی طرح دی برادرز کرامازوف (The Brothers Karamazov) بھی دوستووسکی کا ماسٹر پیس ناول سمجھا جاتا ہے۔ یہ ناول بیک وقت اپنے پس منظر میں کئی بڑے معنی سمیٹے ہوئے ہیں۔ یہ نہ صرف ادب، مذہب، سوشل، نفسیات بلکہ

اخلاقیات کے بھی کئی ایک مختلف سے ڈائمنشن واضح کرتا ہے۔ یہ کہانی ایک باپ اور اُس کے چار مختلف مزاجوں والوں بیٹوں کی ہے۔کہانی کا مرکزی کردار ایک محرومیوں کا حامل باپ فائدر کرامازوف (Fyodor Karamazov) ہے جس کا ایک بیٹا ،دمیتری (Dmitri) ہی پر جوش اور بے چین طبیعت کا مالک ہے۔دوسرا،ایوان (Ivan) ہے جو بہت ہی ذہین،فطین اور دلائل سے بھر پور شخص ہے، تیسرا،ایلوشیا (Alyosha) ہے جو ایک بہت ہی مذہبی ذہن کا ڈسپلنڈ انسان ہے اور چوتھا آوارہ اور خود غرض مرگی کا مریض ہے جس کا نام اسمرڈاخوف (Smerdyakov) ہے۔کہانی میں مختلف قسم کے واقعات کچھ اس طرح ترتیب پاتے چلے جاتے ہیں کہ بالآخر کہانی میں باپ یعنی فائدر کرامازوف کا خون ہو جاتا ہے۔فائدر کا قتل اسمرڈاکوف کرتا ہے اور اُسے اپنے تئیں یہ یقین ہوتا ہے کہ دراصل ایوان ہے جس نے باپ کے مرنے کی خواہش اُس کے ذہن میں کچھ پراسرار طریقوں سے منتقل کی تھی۔قتل کا شبہ دمیتری پر جاتا ہے جو ماضی میں باپ سے کسی بات پر ناراض ہو کر اُسے مارنے کی دھمکی دے چکا ہوتا ہے۔دمیتری اپنا دفاع کرنے سے قاصر رہتا ہے حتیٰ کہ اُس کی منگیتر،کترینہ بھی اُس کے خلاف گواہی دے دیتی ہے اور یوں وہ بنا قتل کیے جرم کی سزا پاتا ہے اور سائبریا قید میں بھیج دیا جاتا ہے۔کہانی کے آخر میں ایون پاگل ہو جاتا ہے اور اسمرڈاخوف خود کو پھانسی دے دیتا ہے۔

لیوٹالسٹائی (Count Leo Tolstoy)، ایک نوبل گھرانے میں 1828 میں پیدا ہوئے تھے مگر ابھی وہ دس برس کے بھی نہیں ہوئے کہ اُن کے ماں باپ کی موت ہو گئی۔وہ یونیورسٹی آف کازان میں گریجویشن کی نیت سے داخل ہوئے مگر اُنہوں نے ڈگری لیے بغیر ہی یونیورسٹی کو خیر آباد کر دیا۔ایک زمانے میں کسانوں کے حالات بہتر کرنے کی نیت سے اُنہوں نے اپنی فیملی کے رئیل اسٹیٹس کے بزنس میں بھی کوشش کی تھی۔1851 میں

اُنہوں نے آرمی جوائن کی اور 1854 میں کریمین وار کے دوران سیوسٹا پول کو بچانے کی خاطر جنگ میں حصہ بھی لیا۔ بعد میں وہ جرمنی ،انگلینڈ ،سوئٹزرلینڈ اور اٹلی کا بھی وزٹ کرتے رہے۔ 1862 میں اُنہوں نے ایک لڑکی صوفیہ بحرز (Sophya Behrs) سے شادی کرلی۔ 1901 میں اُن کے مذہبی نظریات کی وجہ سے اُنہیں رشین آرتھوڈکس چرچ سے فارغ کردیا گیا۔اُن کی رُوحانی ٹرانسفارمیشن' کی وجہ سے اُنہوں نے حضرت عیسیٰؑ کے روایتی تصورمذہب سے انکارکردیا اور صرف عیسائیت کے اخلاقی پہلوؤں کی پابندی پر ہی اکتفا کرلیا۔زندگی کے آخری دور میں اُن کی چھوٹی بیٹی کے علاوہ پوری فیملی نے اُن سے قطع تعلق کرلیا۔1910 میں اُس کی آستاپووا (Astapovo) میں خانقاہ (Monastery) جاتے ہوئے موت ہوگئی۔

لیوٹالسٹائی نے شارٹ اسٹوریز ،ناولز ،ڈرامے ،بایوگرافیز اور تھیولوجیکل ٹریٹیز لکھیں مگر اُن کا نام ایک بڑے ناول نگار اور مورل فلاسفر کے طور پر ہوا۔اُن کی تحریروں میں تمام تر انسانیت کے لیے بھلائی ،محبت ،بھائی چارگی ،اصول پسندی ،برائی پر تنقید ،سادہ ترین زندگی ، سرمایہ داری ،پرائیویٹ پراپرٹی حتیٰ کہ موجودہ تہذیب کی اس عمومی شکل کی مخالفت شامل ہے۔آج دوستووسکی اور لیوٹالسٹائی کا شمار رشیا کے اُن عظیم ناول نگاروں میں کیا جاتا ہے جنہیں پوری ذمہ داری کے ساتھ رومن ادوار میں لکھی گئی ٹریجڈیز اور ایلزبتھین ڈرامے کے مقابلے پر پیش کیا جاسکتا ہے۔ لیوٹالسٹائی کے عظیم ناولوں میں وار اینڈ پیس (War and Peace) اور اینا کارنینا (Anna Karenina) شامل ہیں۔اُن کی ایک مشہور کہانی 'The Death of Ivan Ilyich' بھی ہے جس کی ادبی دنیا میں دھوم ہے۔

ٹالسٹائی کا وار اینڈ پیس (War and Peace) جو انہوں نے Voina i mir کے عنوان سے پانچ برسوں (1864-1869) میں تخلیق کیا تھا۔یہ ایک طویل ترین ناول تھا جو پانچ سو سے زیادہ کرداروں پر محیط کہانی تھی جس کا پس منظر نپولین بوناپارٹ کی رشیا پر حملے کا ہے۔ یہ ناول بادشاہوں سے کسانوں تک ،ہر سطح پر سوسائٹی کی سوشل قدروں کی نمائندگی کرتا

ہوا ملتا ہے۔ناول کی کہانی رائٹر کی فلسفہ کی تاریخ اور فکر کے محور پر گھومتی ہوئی جنگ اور امن کے مجموعی اثر کو قائم رکھتی ہے اور اس دوران کئی ایک مرکزی کرداروں، نتاشہ (Natasha Rostova)، پرنس اینڈری (Andrei) اور پییئر (Pierre Bezukhov) وغیرہ کی زندگیوں کا احاطہ کرتی ہوئی ملتی ہے۔ یہ کہانی پوری دنیا کی تہذیبی تاریخ کا تجزیہ بھی کر دیتی ہے کیونکہ کردار ناول کی کہانی کے ساتھ ساتھ بچپن سے جوانی اور بڑھاپے کی طرف سفر کرتے ہوئے ملتے ہیں۔جیسا کہ نتاشہ ایک چھوٹی بچی سے نوجوان لڑکی اور پھر ایک محبوبہ، جنسی زیادتیوں کا شکار لڑکی، پھر ایک بیوی اور ماں بھی بنتی ہے۔ بالکل اسی طرح پرنس اینڈری بھی جیسے جیسے بڑا ہوتا جاتا ہے اُس کے لیے زندگی کے معنی اتنے ہی زیادہ کھلتے جاتے ہیں۔مثلاً وہ نتاشہ کے پیار کے کھونے سے زندگی کے معنی کھونے کے برابر لیتا ہے مگر اس جگہ وہ محبت کے مقابلے میں وطن کے لیے جنگ کو زیادہ اہم سمجھتا ہے۔جنگ میں شدید زخمی ہو کر زندگی سے گزرنے والے لمحوں کے قریب اُسے زندگی کی معنویت کچھ نئے معنی عطا کرتے ہیں۔ پییئر نتاشہ کا شوہر بن کر ایک آسان، پرسکون اور لطف اندوز زندگی گزارتے ہوئے وہ کسانوں سے مل کر یہ فیصلہ کرتا ہے کہ وہ نپولین بوناپارٹ کا خون کر دے مگر اس کوشش سے پہلے ہی وہ پکڑا جاتا ہے۔

لیو ٹالسٹائی کا دوسرا شاہکار ناول اینا کارنینا (Anna Karenina) ہے جسے انہوں نے 1873-1876 کے دوران لکھا تھا۔کہانی کا مرکزی کردار اینا کارنینا ہے جو ایک ہیروئن ہے اور یہ ناول اس کی ایک ٹریجک کہانی ہے۔اینا، کارنینا کی بیوی ہے جو ایک سیاسی لیڈر ہے جس کے لیے اُس کی پبلک شہرت، فیملی کی ذمہ داریوں سے زیادہ ہے۔کارنینا سے شادی کے بعد اینا کا ایک بچہ ہوتا ہے مگر پھر اینا کی زندگی میں ایک نوجوان ہینڈسم لڑکا، کاونٹ ورنسکی (Vronsky) آجاتا ہے اور اینا کو اس سے عشق ہو جاتا ہے۔اینا چاہتی ہے کہ کسی طرح بھی اُس کی کارنینا سے طلاق ہو جائے مگر اُس کا شوہر کسی طور راضی نہیں ہوتا ہے۔وہ

کاونٹ ورنسکی کے ساتھ ناجائز تعلقات قائم کرلیتی ہے جس کے نتیجے میں اُس کے یہاں ایک بچے کی ولادت ہوجاتی ہے ۔ان سب باتوں کا کارنینا کو علم ہوجاتا ہے مگر پھر بھی وہ طلاق دینے پر راضی نہیں ہوتا ہے ۔ایناوقت کے ساتھ اور بھی ڈیمانڈنگ ہوتی چلی جاتی ہے حتیٰکہ اُس کی روز روز کی ضدوں سے تنگ آ کر کاؤنٹ ورنسکی اُس کو چھوڑ کر چلا جاتا ہے ۔ایناد ل برداشتہ ہوکرٹرین کے سامنے آ کر جان دینے کی کوشش کرتی ہے ۔اس ناول میں ایک سب پلاٹ کٹی (Kitty)اور لیون (Levin) کا بھی ساتھ ساتھ چل رہا ہوتا جواینااور ورنسکی کی طرح ہی آپس میں پیار کرتے ہیں مگران کی زندگی اینا کارنینا کی طرح پیچیدہ نہیں ہوتی ہے ۔

لیوٹالسٹائی نے ایوان ایلوچ کی موت(The Death of Ivan Ilyich) 1886 میں Smert`Ivana Ilyicha کے عنوان سے تخلیق کیا تھا۔اس ناول میں ٹالسٹائی ایوان ایلوچ کی ناصرف احتیاط سے موت کاذکر کرتے ہیں بلکہ اُس کی زندگی سے موت کی طرف کے سفر کا حال احوال بیان کرتے ہیں ۔ایوان اورلوگوں کی طرح ایک عام سا شخص ہے ۔وہ اسکول ختم کرتا ہے تو اُسے ایک اچھی جاب مل جاتی ہے ۔وہ شادی کرتا ہے، بچے پیدا کرتا ہے، فیملی لائف شروع کرتا ہے، سوشل لائف گزارتا ہے، مجسٹریٹ بنتا ہے، بڑے گھر میں رہنے لگتا ہے، بیمار پڑتا ہے، بہتر ہوتا ہے، پھر مزید بیمار ہوتا ہے بالآخر ٹھیک نہیں ہو پاتا ہے، خاصی تکلیف میں آجاتا ہے اور پھر مرجاتا ہے ۔اس حصے میں لے دے کر اُس کا ایک نوکر بچ پاتا ہے جو اُس کی دل جوئی کرتا رہتا ہے اور اُس کی موت تک ساتھ دیتا ہے ۔اُس کی بیوی اُسے کبھی ایک اور کبھی دوسری وجہ کے لیے الزامات دیتی رہتی ہے، دوست موت کا انتظار کرتے ہیں اور وہ خود بھی زندگی اور موت کے معاملات کو قبول کرلیتا ہے ۔

چیخوف (Anton Chekhov) ایک مرچنٹ کے بیٹے تھے ۔وہ 1860 میں پیدا ہوئے تھے ۔اُن کے دادا جنوبی رشیا کے شہر ٹاگنروگ (Taganrog) کے ایکس سرف

(غلام) تھے۔ابتدائی تعلیم کے بعد چیخوف نے میڈیسن میں گریجویشن کی غرض سے یونیورسٹی آف ماسکو جوائن کی مگر پھر ڈاکٹر بننے کا خیال ترک کر کے پلے اور شارٹ اسٹوری رائیٹنگ شروع کر دی۔اُنہوں نے اسکیچز اور شارٹ اسٹوری رائٹنگ، میڈیکل یونیورسٹی کے زمانے میں ہی شروع کر دی تھی مگر پھر یہ سلسلہ پوری زندگی چلتا ہی رہا۔اپنی نوجوانی میں ہی اُنہیں ٹی بی ہوگئی تھی چنانچہ 1898 میں مجبوراً اُسے کریمیا (Crimea) کے ایک شہر یالٹا (Yalta) منتقل ہونا پڑا جس کی آب و ہوا اُن کی صحت کے لحاظ سے بہتر تھی۔یہیں اُن کی ملاقات میکسم گورکی اور لیوٹالسٹائی سے بھی ہوتی تھی۔اس طرح یوں وہ ڈرامہ لکھنے کی طرف راغب ہوئے۔1901 میں اُن کی ملاقات ماسکو آرٹ اینڈ تھیٹر کی اداکارہ، اولگا نپر (Olga Knipper) سے ہوئی جس سے بعد میں اُنہوں نے شادی کر لی۔1904 میں جرمنی میں صحت کی خرابیوں کے سبب اُن کی موت ہوگئی۔

چیخوف، کی ابتدا میں لکھی گئیں مزاحیہ کہانیاں، ستائر اور کومک اس قدر متاثر کن نہیں تھے جس قدر اُس کی ٹریجڈیز اور سنجیدہ کہانیوں نے دھوم مچائی۔اُس کے ڈرامے، زندگی کی دلسوزیوں اور رقت انگیز کیفیتوں کو مزاح اور موسیقیت کے ساتھ سمیٹے ہوئے ملتے ہیں، یہی نہیں اُن کے اکثر ڈراموں میں پلاٹ اور ڈائیلاگز کی بے ربطی زندگی کی حقیقی بے ربطی کی تصویر بن کر ملتے ہیں۔اُس کی ڈرامائی خاصیت (Dramaturgical traits) اس قدر بھرپور اور سمبلز سے رچی ہوئی ہوتی ہے کہ زندگی کی حقیقی تصویر نظروں کے سامنے اترتی چلی جاتی ہے۔1892 میں چیخوف نے وارڈ نمبر 6. کے نام سے مشہور سیریل ڈرامہ لکھا تھا جس کا مرکزی کردار ڈاکٹر ریگن ایک دماغی امراض کے ہسپتال کا ہیڈ ہوتا ہے۔وہ آہستہ آہستہ خود بھی ذہنی طور پر منتشر ہوتا چلا جاتا ہے بالآخر وہ اس قدر سنکی ہو جاتا ہے کہ اُسے خود بھی اسی وارڈ میں ڈال دیا جاتا ہے جہاں وہ اپنے مریضوں کا بُری طرح سے علاج کر رہا تھا۔چیخوف کے چار ڈرامے بہت مشہور ہوئے تھے۔دی سی گل (The Sea Gull) اُنہوں نے 1896 میں

لکھا تھا جس کی مرکزی کردار نینا اپنی قسمت کو ایک سمندری بگلے سے مقابلہ کرکے سوچتی ہے۔ نینا ایک ایکٹریس بننا چاہتی ہے اور ایک خبطی رائٹر سے محبت کرتی ہے جو ایک بار کسی بات سے بیزار ہو کر ایک خوبصورت سے سمندری بگلے کو مار دیتا ہے۔ 1899 میں اُن کا ڈرامہ انکل وانیا (Uncle Vanya) کے نام سے آیا تھا جس کا مرکزی کردار ایوان وانیا کو خود سے دھوکے کا احساس ہوا تھا جب اُس کا دانشور برادران لا اُس کے 'اسکالر اسٹیٹ' پر دن رات کام کو کسی بھی لائق نہیں سمجھتا ہے اور پھر وہ اُس بات سے شرمندگی بھی محسوس کرتا ہے جب اُسے برادران لا کی دوسری نوجوان خوبصورت بیوی سے پیار ہو جاتا ہے۔ 1901 میں چیخوف کا سسٹرز (The Three Sisters) نام کا پلے بہت مشہور ہوا جس کی مرکزی کردار تین پروزورف لڑکیاں (Prozorov sisters) اولگا، ماشا اور ارینا (Olga, Masha, and Irina) ہیں جو ایک بہت ہی بوریت والے ملٹری گاؤں میں رہتی ہیں اور ہر وقت ماسکو جانے کے خواب دیکھتی ہیں۔ اس کی خاطر وہ وہاں موجود رجمنٹ سے بھی تعلق رکھتی ہیں مگر رجمنٹ کچھ عرصے بعد چلے جاتی ہے اور ان لڑکیوں کے خواب بکھر جاتے ہیں۔

انیسویں صدی کے اواخر میں رشیا میں آنے والی سوشل تبدیلیوں پر چیخوف کا لکھا ہوا ڈرامہ (The Cherry Orchard) بہت اثر انگیز تھا جس نے سوچ کی نئی جہتوں کو راہیں دی۔ اس کھیل کا مرکزی کردار مادام ران وسکیا (Madame Ranevskaya) ہے جو قرضوں کے بوجھ تلے دب گئی ہے اور جلد ہی بینک کرپٹ ہونے والی ہے اور اب ان حالات میں اُسے ایک بڑے خاندان کو پالنا بھی ہے۔ فیملی کا پہلے خیال رکھنے والے ایک صاحب، لوفین (Lopahin) جو اب ایک بڑے بزنس مین بھی بن چکے ہیں، مادام ران وسکیا کو مشورہ دیتے ہیں کہ گھر کے پیچھے کا حصہ (Vast orchard) جو چیری کے درختوں سے بھرا ہوا ہے وہاں کے درخت کاٹ کر زمین کو پلاٹوں میں تقسیم کر دیں اور کنسٹرکشن وغیرہ کا بزنس کریں۔ مادام ران وسکیا اس مشورے کو ماننے پر قطعی طور راضی نہیں ہوتی ہیں حتیٰ کہ اُن کے

حالات بالکل خراب ہو جاتے ہیں اور گھر کا یہ حصہ لوفین صاحب ہی خرید لیتے ہیں۔ ڈرامے کے آخری حصے میں کلہاڑے کے چلنے کی آوازیں گونجتی ہیں اور استعارہ بن جاتی ہیں کہ رشیا کی ارسٹو کریسی اور جاگیرداری کا دور ختم ہو رہا ہے۔ وہ جنریشن جو فطرت کی خوبصورتی اور آرٹ کی تو دلدادہ ہے مگر زمینی مسائل کے حل کی بھی اہل نہیں ہے، یہی وجہ ہے کہ مڈل کلاس اب اُس کی جگہ لیتی جا رہی ہے جس کے پاس ان مسائل کا حل تو موجود ہے مگر وہ فطرت کی خوبصورتی اور آرٹ کو سنبھالنے کے لائق نہیں ہے۔

Maxim Gorky(1936-1868)

میکسم گورکی کا اصل نام Aleksey Maximovich Pyeshkov تھا۔ وہ گورکی کے نام سے لکھتے تھے جس کا مطلب کسیلا یا کڑوا ترین (The bitter one) تھا۔ وہ نزہانی نووگورڈ (Novgorod Nizhni) کے رہنے والے تھے، بچپن میں ہی یتیم ہو گئے تھے اور لڑکپن میں زندگی کے مسائل سے دو چار ہو گئے تھے۔ اُن کی زندگی موچی، خط لکھنے والا، ریسٹورنٹ میں برتن دھونے والا، بیکریوں میں کام کرنے والا، قلی، مزدور، پھل بیچنے والا، وکیل کے کلرک سے ہوتے ہوئے بالآخر رائٹر بننے پر تکمیل پائی۔ زندگی کے مشکل ترین مراحل میں ایک وقت ایسا بھی آیا جب انہوں نے خودکشی کی بھی کوشش کی مگر بچ گئے۔ اُنہوں نے رشیا کے مزدور طبقے، پرولٹیرین (Proletarian) کلاس کے لیے لکھنا شروع کیا اور یوں وہ رائٹر کے طور پر اپنی جگہ بناتے چلے گئے۔ ٹوئنٹی سکس مین اینڈ اے گرل (and a Girl Twenty Six Men) نے اُنہیں ادبی دنیا میں پہچان دی پھر اُنہوں نے سوشل ڈیموکریٹک پارٹی جوائن کی اور مارکسسٹ فکر کا ساتھ دیا اور سوشلسٹ انقلاب میں شامل ہوئے۔ وہ سیاست میں شامل ہونے کی وجہ سے تین بار گرفتار بھی ہوئے اور ایک بار رشین اکیڈمی آف سائنسز کی طرف سے ایک پروقار ممبر ہونے کا اعزاز بھی حاصل

کیا۔ اُنہوں نے کمیونسٹ انقلاب کی خاطر بولشیوکز (Bolsheviks) کے لیے امریکہ سے فنڈز بھی اکٹھے کیے مگر پھر بولشیوکز سے دل برداشتہ بھی ہوئے جب رشین سوسائٹی میں کلچرل اور سوسائٹی کی تباہی و بربادی بھی دیکھی۔ اُنہوں نے اپنے طور پر رشیا کے پرانے اور نئے کلچر کو ملانے کی کوشش کی۔ اُن کا ڈرامہ دی لوئر ڈیپتھس (The Lower Depths) رشیا کے غریب ترین طبقے پر ہونے والے ظلم پر ایک طنزیہ کھیل ہے جو سوسائٹی کی حقیقی ترین تصویر ہے۔

میکسم گورکی کا مقبول ڈرامہ 'دی لوئر ڈیپتھس' ایک شخص جس کا نام کوسٹیلوف (Kostilyoff)، کے بدترین سرائے خانے کی کہانی ہے جس میں اُس نے بیک وقت بہت سے لوگوں کو رہنے کی جگہ دے رکھی ہے۔ یہاں مختلف کردار ہیں جن میں ایک نوجوان چور واسکا، ایک تالے بنانے والا اور اس کی بیوی اینا، ایک آوارہ گلیوں میں پھرنے والا، ایک ضعیف سا شخص جو پہلے سوسائٹی میں بہت عزت رکھتا تھا، ایک تاش کھیلنے والا اور ایک شرابی ایکٹر شامل ہے۔ سرائے خانے میں مستقل کچھ نہ کچھ جھگڑا ہوتا رہتا ہے اور اُس کی صفائی کا انتظام انتہائی ناقص ہے۔ کبھی کبھار وہاں ایک پولیس مین بھی چکر لگاتا ہے مگر اُس کا کوئی فائدہ نہیں ہوتا ہے۔ ایک بار ایک آوارہ سا بدنام شخص، لیوکا یہاں گھس جاتا ہے اور طویل عرصے تک پڑا رہتا ہے اور ایک جھوٹا مشورے دینے والا شخص بن جاتا ہے۔ کہانی کا سب سے بڑا ٹرن جب آتا ہے جب نوجوان چور کا واسکا کو سرائے خانے کی بیوی، واسلیسا (Vassilisa) سے افیر شروع ہوجاتا ہے۔ کچھ عرصے میں واسکا کا دل واسلیسا سے بھر جاتا ہے اور وہ اُس ہی کی چھوٹی بہن نتاشا میں دلچسپی لینا شروع کردیتا ہے۔ واسلیسا، واسکا کو تین سو روبل اور نتاشا سے شادی کی آفر کرتی ہے مگر اس کے بدلے میں اُسے واسلیسا کے شکی شوہر کو ہلاک کرنا پڑے گا۔ واسکا مان جاتا ہے اور کوسٹیلوف کو ہلاک کردیتا ہے۔ واسلیسا اس واقعہ کے بعد واسکا کو قتل میں پھنساتی ہے مگر نتاشا دونوں پر کوسٹیلوف کے قتل کا الزام لگادیتی ہے۔ سرائے خانے میں دو اور واقعات بھی ہوتے ہیں مثلاً تالہ بنانے والے کی بیوی

ایناز یادہ شراب کے استعمال سے مرجاتی ہے اور شرابی ایکٹر خود کو لٹکا کر خودکشی کر لیتا ہے۔

حقیقت پسندی کا دور۔جرمنی میں

جہارٹ ہپٹمین (Gerhart Hauptmann) پہلے پہل ایک مجسمہ ساز بننا چاہتے تھے مگر پھر اُنہوں نے لکھنا شروع کیا اور ایک دن جرمنی کے مشہور و معروف ادیب بن گئے۔آپ ابسن سے بہت متاثر تھے۔آپ کے ڈرامے رئیل ازم اور نیچرل ازم کے اسٹائل اور رائٹنگ مٹیریل سے بھرے پڑے ہیں۔ان کے پہلے ڈرامے کا نام دی ویورز (The Weavers) تھا جو انہوں نے 1892 میں تحریر کیا تھا۔اس ڈرامے کو جرمن لٹریچر کے پہلے پرولیٹیریَن انقلابی ڈرامے کی حیثیت حاصل ہے۔یہ ڈرامہ 1844 کے ان واقعات سے متاثر ہو کر لکھا گیا جس دوران سائیلسین ویورز (Silesian weavers) نے اُن بزنس مینوں کے خلاف ایک انقلابی موومنٹ چلائی تھی جو انہیں ٹیکسٹائل مشینوں اور فیکٹریوں کے لیے خام مٹیریل دیتے تھے مگر انہیں کم از کم معاوضہ ادا کرتے تھے۔1892 میں جب اس ڈرامے کو برلن میں پرفارم کیا گیا تو جرمنی کی لٹریری تاریخ میں بدنام ترین سنسر شپ کی مثال بنا اور دیکھتے ہی دیکھتے نیشنل سے انٹرنیشنل نوٹس ہوگیا۔ڈرامے کو لینن کی بہن نے رشین زبان میں ترجمہ کیا، اس لحاظ سے دیکھا جائے تو جرمنی میں انقلابی خیالات پر لکھے گئے اس ڈرامے نے بھی رشیا میں سوشلسٹ انقلابی فکر کے لیے راہیں ہموار کی۔

حقیقت پسندی کا دور۔اسکینڈے نیویا میں

ہنرک ابسن (Henrik Ibsen)، ناروے کے شہر اسکائین میں ایک مرچنٹ کے گھر 1828 میں پیدا ہوئے تھے۔1836 میں وہ بزنس میں گھاٹے کے سبب کنگال ہوگیا تو ابسن نے ایک دوا فروش کے یہاں نوکری کر لی تھی مگر پھر جلد ہی اُسے تھیٹر میں دلچسپی پیدا

ہوتی چلی گئی۔ 1849-1848 میں اُنہوں نے پہلا ڈرامہ لکھا۔ 1851 میں برگین کے نیشنل تھیٹر میں ڈرامہ رائٹر اور مینیجر کی پوسٹ آفر ہوگئی جہاں وہ 1857 تک کام کرتے رہے مگر پھر انہیں نورسکے تھیٹر (Norske Theater) میں ڈائریکٹر کی جاب آفر ہوگئی، یہ تھیٹر کریسچانیہ شہر میں تھا جسے ہم آج کل اوسلو کہتے ہیں۔ 1858 میں ابسن نے سیوسنا تھورسین نامی لڑکی سے شادی کرلی۔ 1862 میں فنانس کے مسائل کی وجہ سے یہ تھیٹر بند ہوگیا۔ ابسن اُسی سال پیرس اور روم منتقل ہوگیا اور خود ساختہ جلاوطنی کی زندگی گزارنے لگے۔ اس دوران اُن کا زیادہ تر وقت ڈریسڈن، میونخ اور روم میں گزرا مگر پھر 1891 میں وہ ناروے لوٹ گئے اور باقی زندگی کریسچیانیہ میں ہی گزاردی۔

ابسن کو بلاشبہ بابائے ماڈرن ڈرامہ کہا جاسکتا ہے۔ وہ ڈرامے نظمیہ اور نثر کے انداز میں تخلیق کرتا تھا۔ اُس کے ڈراموں کی مختلف اقسام تھیں مگر سب سے زیادہ پاپولر اور اہم ڈرامے وہ تھے جو اُس دور کے سوشل اور انفرادی مسائل سے براہ راست جڑے ہوئے تھے اور سامعین کے لیے ڈائیلاگز کا سبب بنتے تھے۔ یہ ڈرامے نفسیاتی گتھیوں کو سمیٹے ہوتے تھے اور ڈرامے کے بعد گفتگو کے محتاج رہتے تھے۔ اُن کے ڈراموں میں ٹائٹل سے اَبجیکٹس تک سمبلز کی شکل میں استعمال ہوتی تھیں حتیٰ کہ ڈائیلاگ کے الفاظ اور کرداروں کے تھیم بھی 'کیو ورڈز' کہلاتے تھے جن کے معنی استعاروں میں چھپے ہوتے تھے۔ اُن کے مشہور زمانہ ڈراموں میں برانڈ (Brand)، دی وائلڈ ڈک (The Wild Duck) روزمرلشوم (Rosemersholm)، ہیڈا گیبلر (Gabler Hedda)، دی پلرز آف سوسائٹی (The Pillars of Society)، پیر جنٹ (Peer Gynt)، اے ڈول ہاوس (House A Doll's)، گھوسٹس (Ghosts)، اور وین وی ڈیڈ اویکین (When We Dead Awaken) شامل ہیں۔

ابسن نے ڈرامہ A Doll's House 1879 میں لکھا تھا جو ایک گھریلو وائف پر تھا۔ اس کہانی کی مرکزی کردار نورا ہیلمر (Nora Helmer) ہے جو یہ سمجھتی ہے کہ اُس کا میاں

ٹوروالڈ (Torvald)، اُس کی قربانیوں کو قبول نہیں کرتا ہے۔ وہ بجائے اس کے، اُس کی جعلسازی سے حاصل کیے گئے پیسے کی وجہ بھی نہیں سمجھ پا رہا ہے جو اُس نے صرف اپنے شوہر کی خاطر کی تھی۔ وہ اُس کو بچانے کے بجائے الٹا ڈرا دھمکا رہا ہے۔ اس صورت حال سے دل برداشتہ ہو کر وہ سمجھتی ہے کہ اُس کے شوہر کے ہاتھوں میں وہ ایک محض پلاسٹک کی گڑیا ہے اور ہمیشہ کے لیے اپنا گھر چھوڑ دیتی ہے۔

ابسن نے گھوسٹ (Ghosts) نامی ڈرامہ 1881 میں لکھا تھا۔ اس ڈرامے میں اُس نے سوشل مجالس، میل ملاپ اور ملنے جلنے کے دوران اخلاقیات کے مسائل کو کسی بھوت سے تشبیہ دی تھی کیونکہ ڈرامے کے مرکزی کردار 'اوسوالڈ' کو پیدائشی طور پر سیکچویل ٹرانسمٹڈ بیماری، آتشک (Syphilis) اپنی ماں سے منتقل ہوئی تھی جو اُسے ساری عمر برداشت کرنی پڑی تھی۔

ابسن نے ڈرامہ دی وائلڈ ڈک (The Wild Duck) 1877 میں لکھا تھا۔ یہ ڈرامہ فریب نظر (Illusion) اور حقیقت (Reality) کے موضوع پر تھا۔ اس کھیل کا کردار گریگرز ورلے (Werle Gregers) کسی شکاری کتے کا سا انسان ہے جو زخمی بطخوں کا شکار کرتا ہے۔ وہ اپنے ایک بچپن کے دوست 'ہجالمار ایکڈال' (Hjalmar Ekdal) کو بتاتا ہے کہ اُس کے دوست کی پیاری بیٹی 'ہیڈوگ' (Hedvig) درحقیقت اُس کی اپنی بیٹی نہیں ہے بلکہ وہ ایک بوڑھے شخص 'ورلے' (Werle) کی بیٹی ہے۔ اس بات کو جان کر اُس کا بچپن کا دوست اپنی بیٹی سے ملنا چھوڑ دیتا ہے جس کی وجہ سے اُس کی بیٹی ہیڈوگ اس قدر دل برداشتہ ہوتی ہے کہ اپنے سینے میں گولی مار لیتی ہے۔ ڈرامہ مختلف سوشل اور سائکولوجیکل مسائل سے گزرتا ہے مگر تھیم یہی رہتا ہے کہ بعض اوقات کچھ جھوٹ کچھ سچائیوں سے کہیں بہتر رہتے ہیں اور کچھ دھوکے حقیقی زندگیوں میں خوشیوں کا بھی سبب بنتے ہیں۔

ابسن نے ڈرامہ 'ہیڈا گیبلر' Hedda Gabler، 1890 میں تخلیق کیا تھا۔ یہ ڈرامہ خاندان کی عزت کے حوالے سے تھا جس میں ایک مرے ہوئے جنرل کی بیٹی ہیڈا کو اپنے

اسکول کے زمانے کے پیار، لوبورگ (Lövborg) سے شادی کرنے میں مشکلات جھیلنی پڑتی ہیں اور یوں وہ ناکام ہوجاتی ہے۔ ہیڈا کو نا چاہتے ہوئے بھی محض سوشل اسٹیٹس کی خاطر ایک بہت ہی بورنگ پروفیسر، ٹیس مین (Tesman) سے شادی رچانی پڑ جاتی ہے۔ اس سارے معاملے سے وہ ایک جیلس عورت بن جاتی ہے اور دوسرے لوگوں کی زندگیوں میں دخل اندازی شروع کر دیتی ہے مثلاً جب اُسے تھیا (Thea) کا پتہ چلتا ہے جو اسکول کی دوست تھی اور اب ہیڈا کے پرانے بوائے فرینڈ کے قریب آنے لگی ہے تا کہ اُس کے زخموں کا مرحم بن سکے تو ہیڈا اِن دونوں کی دشمن بن جاتی ہے۔ ہیڈا کا پرانا بوائے فرینڈ 'لو بورگ' جوں جوں زندگی میں کامیاب ہوتا جاتا ہے تو وہ اُس سے بھی جیلس ہوتی چلی جاتی ہے اور پھر ایک وقت ایسا آتا ہے کہ لوبورگ اپنی ایک بہت ہی اچھی کتاب پبلش کرنے کے مرحلے میں آجاتا ہے۔ ہیڈا چپکے سے لوبورگ کی کتاب کے اسکرپٹ کو جلا دیتی ہے جس کے نتیجے میں کتاب وقت پر نہیں چھپ پاتی ہے۔ یہاں ہیڈا کوشش کرتی ہے کہ لوبورگ دل برداشتہ ہو کر خودکشی کرلے مگر لوبورگ اپنی بیوی تھیا کے ذریعے اس سارے معاملے کو سمجھ جاتا ہے اور خودکشی نہیں کرتا ہے۔ ہیڈا کو اندازہ ہوجاتا ہے کہ اُس کی تمام باتیں کھل کر سامنے آگئیں ہیں تو وہ اپنے باپ کی پستول سے خود کو مار لیتی ہے۔ اس ڈرامے میں ابسن نے تھیا کے بہت سارے بال اور ہیڈا کے سر پر بہت کم بال دکھائے ہیں جو افزائش نسل اور بانجھ کی طرف بالترتیب استعارے ہیں۔ کھیل میں ہیڈا کو مستقل دو بندوقوں سے کھیلتا ہوا دکھایا جاتا ہے جو دو آدمیوں یعنی اُس کے شوہر، پروفیسر ٹیس مین اور پرانے عاشق، لوبورگ کی طرف اشارہ ہے، جس سے وہ جیلس ہو چکی ہے اور مارنے کی کوشش کرتی ہے۔ مصنوعی قسم کے خاندانی وقار اور مرتبہ کی فکر اور اپنے حوالے سے خوبصورتی کا خام و خیال بالآخر ہیڈا کی تباہی کا سبب بن جاتا ہے۔

آگسٹا سٹرن برگ (Strindberg August) اسٹاک ہوم کی ایک بہت ہی غریب فیملی سے تعلق رکھتا تھا۔ وہ ایک گھروں میں کام کرنے والی عورت کا بیٹا تھا۔ وہ 1849 میں پیدا ہوا تھا، اُس نے سویڈیش یونیورسٹی سے تعلیم حاصل کی اور دورانِ تعلیم ٹیویشنز پڑھا کر گزارا کرتا رہا۔ اپنی پہلی لٹریری کامیابی تک وہ ایک لائبریرین کی نوکری کرتا رہا۔ اُس کو پہلی کامیابی اپنے ناول 'دی ریڈ روم' (The Red Room) سے 1879 میں نصیب ہوئی جو حقیقت نگاری سے بھرپور ایک ناول تھا اور ستائر کے انداز میں تخلیق کیا گیا تھا۔ سٹرن برگ نے اپنی زندگی میں اپنا ٹیلنٹ نا صرف رائٹر کے طور پر بلکہ ایک پینٹر، فوٹوگرافر اور کیمسٹ کے طور پر بھی ثابت کیا تاہم وہ ایک ڈرامہ رائٹر کے طور پر بہت مشہور ہوا۔ اُس کے رائٹنگ کے کیریئر کو دو مراحل میں تقسیم کر کے سمجھا جا سکتا ہے۔ پہلے مرحلے میں ہمیں اُس کی رائٹنگ میں رئیل ازم اور نیچرل ازم ملتے ہیں جبکہ دوسرے مرحلے میں ایکسپریشن ازم (Expressionism) اور سریلزم (Surrealism) ملتا ہے۔ اُس نے تین شادیاں کی، دو بار دو اداکاروں سے اور ایک کسی صحافی سے۔ اُس کے رئیل ازم اور نیچرل ازم پر محیط ڈرامے دو جنسوں کے درمیان تصادم پر لکھے گئے ہیں۔ 1896 میں اسٹرن برگ ایک بہت بڑے نفسیاتی دباؤ سے گزرا اور تقریباً پاگل ہو گیا تھا۔ تاہم اس نفسیاتی دباؤ کے اس عالم میں بھی اُس نے ڈریمز پلیز لکھے تھے۔ سٹرن برگ کی زیادہ تر زندگی سوئٹزرلینڈ، جرمنی، آسٹریا، ڈنمارک اور فرانس میں گزری تھی۔ اُس نے اپنے بہترین تخلیقی کام سے مغربی دنیا کو نوازا جن میں اُس کی شاعری، نثری اسکیچز، شارٹ اسٹوریز، ناولز اور بائیوگرافی شامل ہیں۔

آگسٹ سٹرن برگ کا سب سے مشہور ڈرامہ دی گھوسٹ سوناٹا (Sonata The Ghost) تھا جو اُس نے 1907 میں لکھا تھا۔ یہ ڈرامہ بنیادی طور پر 'ایکسپریشنسٹک یا سرئیلسٹک' نوعیت کا تھا۔ سٹرن برگ کا ایک اور ڈرامہ مس جولی (Miss Julie) جو 1888 میں اُس نے لکھا تھا۔ یہ ڈرامہ ایک لونگ ایکٹ پلے تھا جس میں نیچرلسٹک ٹریجڈی

تھی۔اس میں جنسی مسائل اور کلاس ایشوز تھے۔مس جولی ایک بڑے آدمی (A count) کی بیٹی تھی جس کی بیوی کو آج کے دور کے لحاظ سے ایک فیمینسٹ مزاج کی عورت کہا جا سکتا ہے مِس جولی کو اُس کی ماں نے مردانہ تربیت کی تھی تاکہ معاشرے میں اُس کے خلاف کوئی جنسی بنیادوں پر امتیاز نہ کر سکے۔بدقسمتی سے اُس کی حاکمانہ یا کنٹرولنگ طبیعت کی وجہ اُس کی منگنی ٹوٹ جاتی ہے۔ایک بار جب اُس کے والد گھر سے کہیں گئے ہوئے ہوتے ہیں اور وہ کچھ عرصے کے لیے اکیلی رہتی ہے تو اُس پر جنسی پاگل پن کے دورے پڑتے ہیں اور وہ ملازمین کی پارٹی جوائن کر لیتی ہے جہاں جا کر وہ ایک ساتھ کئی لوگوں کے ساتھ جنسی تعلق قائم کرتی ہے جن میں ایک شخص جین بھی ہوتا ہے۔مس جولی ،جنسی عمل کے بعد جین کو اپنے باپ کی واپسی اور اس واقعے کی وجہ سے اُس کی سخت ناراضگی اور ممکنہ ردِعمل کے اندیشوں کا بتاتی ہے۔اُس کو بُری طرح سے خوفزدہ دیکھ کر جین ،مس جولی کو قائل کرتا ہے کہ وہ اُس کے ساتھ اٹلی بھاگ جائے مگر جانے سے قبل مس جولی کا دل چاہتا ہے کہ وہ اپنی خوبصورت چڑیا کے پنجرے کو بھی اپنے ساتھ لیجائے مگر جین جب چڑیا کو دیکھتا ہے تو اُسے ایک ریزر یا بلیڈ سے اُسے مار دیتا ہے۔مس جولی جب اُس چڑیا کو مرا ہوا دیکھتی ہے اور اُسے پتہ چلتا ہے کہ اُس کا باپ واپس گھر آ گیا ہے تو وہ غمزدہ اور خوفزدہ ہو کر اُسی ریزر سے خود کو بھی مار لیتی ہے۔

حقیقت پسندی کا دور۔امریکہ میں

ایملی ڈکنزسن (Emily Dickinson)، ماسچیوسٹ کے شہر امہرسٹ میں ایک وکیل کے گھر میں 1830 میں پیدا ہوئی تھی جو ایک زمانے میں کانگریس میں بھی رہ چکے تھے۔وہ ایک بہت ہی شائستہ،مہذب اور مذہبی ماحول میں نظم وضبط کے ساتھ پلی بڑی تھی۔وہ عموماً سفید کپڑے پہنتی تھی اور مہمانوں سے کم کم ہی ملتی تھی۔ایک بار وہ ایک شادی شدہ پادری کے عشق میں گرفتار ہو گئی تھی اور پھر انھوں نے ساری عمر شادی نہیں کی۔اُن کی زندگی کا

زیادہ تر وقت شاعری اور خطوط لکھنے میں گزرا۔انہوں نے تقریباً دو ہزار نظمیں لکھیں مگر اُن کی زندگی میں صرف دو ہی نظمیں پبلش ہوئی تھیں ۔انہوں نے وصیت کی تھی کہ مرنے کے بعد اُن کی تمام نظموں کو جلا دیا جائے مگر خوش قسمتی سے اُن کے خاندان نے اُن کی وصیت پر عمل نہیں کیا ورنہ انگریزی ادب ایک بہت نایاب ورثہ سے محروم رہ جاتا۔ایملی کی نظمیں مختصر ترین اور عموماً چار سطروں پر ہی مشتمل ہوتی تھیں ۔ان کی نظمیں ایفورازم (Aphorism) کی ایک خوبصورت اور مکمل شکل ہوتی تھیں ۔اُن کی شاعری کو حقیقت نگاری کہنا مشکل تھا مگر وہ اس قدر رئیل یا حقیقی ضرور تھی کہ وہ اُن کے دل کے احساسات کی پوری سچائی سے عکاسی کرتی تھی۔اُن کی روح پوری طرح سے اپنی نیچر کا اظہار شاعری کی زبان میں کرتی تھی۔اُن کی شاعری پڑھ کر اندازہ ہوتا ہے کہ وہ دل کے ارمان و جذبات کی مکمل آزادی کے ساتھ اظہار پر ایمان رکھتی ہیں۔اُن کی ایک مشہور نظم Success is counted sweetest کا بار بار حوالہ ملتا ہے بالکل اِسی طرح اُن کی کچھ اور نظموں کے مصرعے یہ ہیں:

I taste a liquor never brewed
The soul selects her own society
A bird came down the walk
I like to see it lap the miles
A narrow fellow in the grass
Because I could not stop for death
I heard a fly buzz when i died
My life closed twice before its close
There is no frigate like a book

مارک ٹوئین (Mark Twain) کا اصلی نام Samuel Langhorne Clemens تھا۔وہ 1835 میں فلوریڈا میں پیدا ہوا تھا،اُس نے اسکول کی تعلیم حاصل کرتے ہی ایک پینٹر کا کام شروع کر دیا تھا۔ 1857 میں اُس نے مسی سپی کی جھیل میں بوٹ چلانے کا کام کرنے لگا اور پھر ایک پروفیشنل لیکچرز دینے کی ٹریننگ بھی حاصل کرنے لگا۔اسی دوران وہ

نواڈا میں مائننگ کیمپس میں بھی نوکری کی تلاش میں لگ گیا۔ اُس کی لیکچر میں مہارت اس قدر اچھی ہوگئی تھی کہ اُسے باضابطہ یورپ اور امریکہ بھر میں لیکچرز دینے کے لیے دعوت دی جانے لگی مگر ساری زندگی اُسے ایک نیوز پیپر مین اور رائٹر کے نام سے ہی پہچانا گیا۔ 1865 میں اُس کا نام ایک ہیومرسٹ اور شارٹ اسٹوری رائٹر کے طور پر اُس وقت اسٹیبلش ہوا جب اُس کی کتاب Celebrated Jumping Frog of Calaveras County چھپ کر سامنے آئی۔ ناول نگار کے طور پر وہ ٹام سیویر اور ہک فن (Tom Sawyer and Huck Finn) سے بہت متاثر تھا۔ اپنی زندگی کے آخری عشرے میں وہ خاصا ناامید اور طنزیہ اور کڑواہٹ سے بھرے ستائر لکھنے لگا تھا جن سے یوں لگنے لگا تھا کہ جیسے وہ انسانی نسل سے قطعی طور پر مایوس ہو چلا ہے۔ مارک ٹوئین کا زیادہ تر کام ہیولر، اسکیچز، لیکچرز، سفرناموں، شارٹ اسٹوریز، تاریخی رومانسز اور آٹو بائیوگرافک فکشن پر مشتمل ہے۔ 1889 میں اُس نے اپنی مشہور ترین ستائر A Connecticut Yankee in King Arthur's Court لکھی تھی جو ایک رومانٹک تاریخی واقعہ تھا۔ اسی طرح 1876 میں اُس کی The Adventures of Tom Sawyer آ گئی 1884 میں اُس نے The Adventures of Huckleberry Finn لکھی۔ اِن دونوں کا شمار اُس کے آٹو بائیوگرافیکل فکشنز میں ہوتا ہے جن میں اُس نے اپنی یادوں کو مختلف کہانیوں کی شکل دے کر فطرت اور کرداروں کو ایک حقیقی ماحول میں ڈھال کر لکھا تھا۔

مارک ٹوئین کی دلچسپ سی کہانی The Adventures of Tom Sawyer میں ٹام کو ایک بہت ہی ہوشیار اور ایڈوینچرز لڑکا دکھایا گیا ہے جو اپنے ایک دوست کے ساتھ ایک قبرستان میں چلا جاتا ہے تاکہ وہاں پر ایک مری ہوئی بلی کی مدد سے اپنے جنسی مرض سے پیدا ہونے والے دانوں (warts) کا علاج کر سکے۔ اُس کا دوست، ہک فن جو کہ ایک خود انحصار کرنے والا یعنی سیلف میڈ اور بنا ماں باپ کا ایک یتیم لڑکا ہے۔ قبرستان میں یہ

دونوں دوست ایک شخص، انجوئین جو کے ہاتھوں کسی کا خون ہوتے ہوئے دیکھ لیتے ہیں اور پھر خوفزدہ ہو کر قبرستان سے بھاگتے ہیں۔ وہ دونوں ایک انجانی سی جگہ جیکسن آئی لینڈ پہنچتے ہیں اور وہیں چھپ جاتے ہیں۔ اِس جگہ پر وہ کچھ دنوں تک تو خوفزدہ سے رہتے ہیں مگر پھر وہ سب کچھ بھول کر خوب ہی سگریٹیں وغیرہ پیتے ہیں اور اپنے دن وہاں انجوائے کرتے ہیں مگر دوسری طرف اُن کی غیر موجودگی کی وجہ سے اُن کے علاقے میں یہ بات مشہور ہو جاتی ہے کہ وہ اصل میں مر گئے ہیں اور اب کبھی بھی واپس نہیں آئیں گے۔ پھر جب وہ ایک دن جیکسن آئی لینڈ سے واپس اپنے علاقے میں آتے ہیں تو یہ دیکھ کر حیران ہو جاتے ہیں کہ اتفاق سے اُسی دن اُن کی غائبانہ تدفین چل رہی ہوتی ہے اور ان کی یاد میں لوگ انہیں اچھے اچھے لفظوں سے یاد کر رہے ہیں۔ یوں زندہ سلامت دیکھ کر لوگ انہیں ہیرو بنا دیتے ہیں مگر انہیں ایسا بنانے کی ایک وجہ یہ بھی ہوتی ہے کہ وہ اصلی قاتل، انجوئین جو کے بارے میں لوگوں کو بتا دیتے ہیں اور یوں بے گناہ قاتل، مف پوٹر کو عدالت سے ملنے والی سزا سے بچا لیتے ہیں۔ بعد میں ٹام اور اس کی گرل فرینڈ بیکی تھیچر، ایک غار میں جاتے ہیں جہاں پر انہیں اصل قاتل بھی چھپا ہوا مل جاتا ہے۔ یہ اصلی قاتل انجوئین جو مر جاتا ہے تو ٹوم اور ہک گن ایک بار پھر غار میں جاتے ہیں جہاں انہیں انجوئین جو کا چھپایا ہوا خزانہ بھی ہاتھ لگتا ہے۔

مارک ٹوئین نے یہ کہانی 'The Adventures of Huckleberry Finn' 1884 میں لکھی تھی۔ اِس کہانی کا مرکزی کردار، ہک، اپنے ظالم شرابی باپ سے بچ کر بھاگتا ہے اور جیکسن آئی لینڈ پہنچ جاتا ہے جہاں اُس کی ملاقات ایک بھاگے ہوئے غلام، جم سے ملاقات ہو جاتی ہے۔ یہ دونوں مل کر مسی سپی کے ایک بحری بیڑے کے ساتھ جھیل کے راستے نکلتے ہیں جس دوران وہ کئی ایک کناروں پر رکتے ہیں۔ ایک جگہ انہیں گرینجر فورڈز اور شیپرڈسنز (دو فیملیز) کے درمیان جھگڑا بھی دیکھنے کو ملتا ہے۔ ایک بار انہیں دو دھوکے بازوں سے بھی سابقہ پڑتا ہے جو خود کو انگلش ڈیوک اور فرانسیسی بادشاہ ظاہر کرتے ہیں مگر

ہک ان کی اصلیت کھول دیتا ہے کہ وہ دراصل تین بہنوں کا نقلی انکل ہے۔کہانی میں جم کو بھاگے ہوئے غلام کے طور پر جان کر مسز فیلپ کے حوالے کر دیا جاتا ہے جو اصل میں ٹام سیور کی آنٹی سیلی ہوتی ہیں۔مگر پھر کچھ مراحل کے بعد ہک اور ٹام دوبارہ سے مل جاتے ہیں۔وہ دونوں مل کر ایک من گھڑت پلاٹ تیار کرتے ہیں تاکہ جم کو آزاد کرایا جاسکے۔جب جم کی مالک مسز واٹسن کی موت ہو جاتی ہے تو جم آزاد ہو جاتا ہے۔آنٹی سیلی ہک کو اپنے پاس رکھنا چاہتی ہیں مگر ہک ایک بار پھر بھاگنے کو ترجیح دیتا ہے تاکہ 'مہذب' ہونے سے کسی بھی طرح بچ سکے۔

ولیم ڈین ہوویلز (William Dean Howells) اوہایو میں 1837 میں پیدا ہوئے تھے۔انہوں نے اسکول کی بہت کم تعلیم حاصل کی مگر وہ امریکہ کے ایک بہت اثر انگیز اور مشہور و معروف رائٹر اور ادبی تنقید نگار تھے۔وہ وینس، اٹلی میں امریکہ کے کونسل جنرل بھی رہ چکے تھے۔1871 میں انہوں نے 'دی اٹلانٹک منتھلی' (The Atlantic Monthly) کی ایڈیٹنگ بھی فرمائی۔اُن کے بڑے مداحوں میں ہنری جیمس کا نام شامل ہے، اِسی طرح مارک ٹوئین بھی اُن کے قریبی دوستوں میں شامل ہیں۔اُن کی ادبی شہرت اور عزت و احترام کی وجہ سے اُنہیں پہلے ڈین اور پھر امریکن اکیڈمی آف آرٹس اینڈ لیٹرز کا صدر بنادیا گیا تھا۔1891 میں اُن کی کتاب کریٹیسزم اور فکشن (Criticism and Fiction) پبلش ہوئی تھی۔اُن کا ایک مشہور جملہ تھا:

'Realism is "nothing more or less than the truthful treatment of material.'

انہوں نے 25 ناولوں کے علاوہ شاعری بھی کی اور کہانیاں، قصے بھی تخلیق کیے۔اُن کے دو شاہکار ناول 'اے ماڈرن انسٹنس' (A Modern Instance) اور دی رائز آف

سلاس لاپہیم (The Rise of Silas Lapham) ہیں۔

ولیم ڈین ہوویلز کے ناول 'اے ماڈرن انسٹنس (A Modern Instance) میں انہوں نے ماڈرن دور کی غیر مطمئن اور ناخوش شادی کو موضوع بنایا تھا۔ یہ ناول انہوں نے 1882 میں لکھا تھا۔ اس ناول میں ماریکا اپنے عاشق یا شوہر کے لیے ایک بہت ہی پر جوش اور اُس پر حق جتانے والی محبوبہ یا بیوی ہوتی ہے جس کا محبوب ایک بہت ہی ہوشیار جرنلسٹ ہوتا ہے۔ ماریکا اپنے ماں باپ کی خواہش کے خلاف اپنے محبوب، بارٹلی سے شادی کر لیتی ہے مگر بارٹلی شادی کے بعد اور عورتوں سے بھی افیئر کرتا رہتا ہے جس کے نتیجے میں اُن کے معاملات طلاق تک پہنچ جاتے ہیں۔ وہ ابھی عدالتی طلاق کے معاملات میں ہی رہتا ہے کہ اچانک کسی جھگڑے میں اُسے گولی ماردی جاتی ہے۔ ماریکا اس واقعہ کے بعد اخلاقی طور پر آزاد ہو جاتی ہے کہ وہ اپنے ایک ایسے چاہنے والے سے شادی کر لیتی ہے جو طلاق یافتہ عورت سے شادی کو اخلاقی ضرورت بھی سمجھتا ہے۔

ولیم ڈین ہوویلز کی کہانی 'رائز آف سلاس لیپہم' (The Rise of Silas Lapham) ایک ایسے شخص کا قصہ ہے جس نے محنت سے اپنی زندگی خود بنائی اور ہمیشہ سے خود پر ہی انحصار کیا۔ اُس کو نہ صرف زندگی دولت سے نوازتی ہے بلکہ اُس کی اخلاقی قدریں بھی بہت بلند ہو جاتی ہیں۔ کہانی میں لیپہم (Lapham) نامی کردار اپنے باپ سلاس (Silas) کے ساتھ بوسٹن کی ایک باعزت سوسائٹی میں اپنا بزنس بڑھاتا ہے۔ اُس کی اچھی ویلیوز کی وجہ سے اُسے برہامن سوسائٹی میں بہت عزت و وقار نصیب ہوتا ہے مگر پھر کہانی میں ٹویسٹ آتا ہے اور اُن سے بزنس میں غلطیاں ہوتی چلی جاتی ہیں۔ کہانی کا ایک کردار اُس کی چھوٹی بیٹی آئرین کا بھی ہے جو یہ سمجھنے لگتی ہے کہ ایک اور مرکزی کردار ٹام کوری جو اُس کے باپ، لیپہم کا بزنس پارٹنر ہے، جو اُس میں دلچسپی رکھتا ہے حالانکہ ٹام حقیقت میں آئرین کی بڑی بہن پین لوپ کو پسند کرتا ہے۔ اس دوران سلاس اور لیپہم کا بزنس بہت

مشکلات کا شکار ہو جاتا ہے حتیٰ کہ وہ معاشی طور پر برے ترین حالات تک پہنچ جاتے ہیں مگر مواقع حاصل ہونے کے باوجود وہ کسی انگلش مین کو دھوکہ دے کر اپنی مل فروخت نہیں کرتے ہیں کیونکہ وہ اسے بزنس کی اخلاقی ویلیوز کے سراسر خلاف سمجھتے ہیں۔کہانی کے آخر میں سلاس اور لیپہم ،دیوالیہ ہو جاتے ہیں مگر اُن کا امیر بزنس پارٹنر پیچھے نہیں ہٹتا ہے اور تمام تر مسائل کے باوجود پین لوپ سے ہی شادی کرتا ہے۔

ہنری جیمز (Henry James) نیویارک کے ایک دولت منداور دانشور خاندان کا چشم و چراغ تھا۔اُن کے والد ہنری جیمز سینئر ایک بہت بڑے فلاسفر اور بھائی ولیم جیمز، ماہر نفسیات تھے۔وہ 1843 میں پیدا ہوئے تھے۔اُن کا بچپن نیویارک میں مگر بعد کی زندگی زیادہ تر یورپ میں گزری۔ 1862 میں وہ ہارورڈ اسکول سے وکالت پڑھنے کے لیے داخل ہوئے مگر پھر ایک سال کے بعد ہارورڈ چھوڑ دیا۔ولیم ڈین ہاویل نے انہیں ادب میں کیریر بنانے کی ترغیب دی۔ 1868 میں پہلے وہ لندن چلے گئے اور پھر پیرس آگئے۔انگلینڈ، فرانس اور پھر اٹلی کی زندگی انہیں اس قدر دلکش لگی کہ وہ پھر امریکہ میں رہنے کے بجائے وہ پھر ہمیشہ کے لیے یورپ میں ہی بس گئے۔ 1890 کی دہائی کے دوران انہوں نے کئی ایک ڈرامے تخلیق کیے تاہم وہ ساری زندگی ناولز اور شارٹ اسٹوریز لکھتے رہے۔امریکن اور یورپین تہذیب کے مابین فرق اور تضادات پر اُن کی ایک تنقیدانہ نظر تھی جسے انہوں نے ان تہذیبوں کے ٹکراؤ کے طور پر اپنا موضوع بنایا۔آج ادبی دنیا میں ہنری جیمز کا نام سائکولوجیکل حقیقت نگاری کی دنیا میں ایک بڑے تجزیہ اور تنقید نگار کے طور پر لیا جاتا ہے۔اُن کے تخلیقی فکشنز میں ناولوں کے پلاٹ سے زیادہ کردار پر فوکس کیا جاتا ہے۔اُن کی اس ٹیکنیک کی وجہ سے ناول نگاری کی ایک نئی شکل بنتی ہوئی دکھائی دیتی ہے کہ وہ کرداروں کے خیالات اور اُن کے امیجز کو اس قدر تبدیلی و ترمیم سے بارہا گزارتے ہیں کہ اُن کے جملے ازخود

کرداروں کی شکل میں ہی ڈھل جاتے ہیں۔ 1934 میں اُن کے رائٹنگ آئیڈیاز پر ایک قابل ذکر کتاب 'دی آرٹ آف ناول' (The Art of the Novel) بھی آئی تھی۔اُن کے مشہور ترین ناولز میں 'دی پورٹریٹ آف اے لیڈی' (Portrait of a Lady)، 'دی ونگ آف دی ڈو' (The Wings of the Dove)، 'دی ایمبیڈرز' (The Ambassadors) اور 'دی گولڈن بول' (The Golden Bowl) شامل ہیں۔اُن کے دو ناولٹ بہت زیادہ پڑھے گئے ہیں، اُن میں ایک ڈیزی ملر (Daisy Miller) اور دوسرا دی ٹرتھ آف دی اسکرو (The Turn of the Screw) ہے۔اُن کی کہانیوں کا مجموعہ 'دی بیسٹ ان دی جنگل' (The Beast in the Jungle) کو ادبی دنیا میں بہت قدر کی نگاہ سے دیکھا گیا ہے۔

ہنری جیمز (Henry James) کے ناولٹ 'دی ٹرتھ آف دی اسکرو' (The Turn of the Screw) کی کہانی کا مرکزی کردار ایک گورنینس کا ہے جو دو خوبصورت اور پیارے بچوں کی دیکھ بھال کا چارج سنبھالتی ہے۔اُس کا خیال ہوتا ہے کہ وہ اپنے مالک سے محبت میں مبتلا ہے۔ناولٹ میں پتہ چلتا ہے کہ اصل میں دونوں بچوں پر پچھلی کسی گورنینس کے بھوت کا اثر ہے جس کے نتیجے میں اس نئی گورنینس کے مسائل اِن دونوں بچوں کے ساتھ شروع ہو جاتے ہیں اور بالآخر کہانی کا انجام ایک بچے کی موت پر ہوتا ہے۔اس کہانی میں گورنینس کے بارے میں بھی کئی ایک شبہات پس منظر میں رہتے ہیں جو مجموعی طور پر کہانی کو مختلف عنوانات سے دلچسپ بناتے ہیں۔

ہنری جیمز کا ناول 'دی پورٹریٹ آف اے لیڈی' (The Portrait of a Lady) ایک ماسٹر پیس تھا جسے ادبی دنیا میں بھی شاہکار ناول سمجھا گیا۔اس ناول کی ہیروئین کا نام ایزابل آرچر ہے جو نیو انگلینڈ میں رہتی ہے۔وہ ایک بہت ہی خوش قسمت عورت ہے جس سے کئی مرد شادی کے خواہش مند ہوتے ہیں۔وہ کئی بڑے انگلش مین اور امریکنز کو ٹھکرا کر ایک شخص گلبرٹ آسمونڈ سے شادی کرتی ہے۔جو اپنی بیٹی پینسی کے ساتھ اٹلی میں رہتا ہے

۔ایزابل کو اوسمنڈ کی پرسنیلیٹی اور اُس کے چارمنگ اسٹائل کی بنا پر اُس سے پیار ہو جاتا ہے۔جوں جوں وہ زندگی ساتھ گزارتے ہیں اُسے اندازہ ہوتا ہے کہ اوسمنڈ کی تمام تر چارمنگ کے پیچھے اُس کی ایک مغرور،خود پسندیدہ اور انا پرست شخصیت چھپی ہوئی ہے۔ایزابل آرچر کو دکھ ہوتا ہے جب اُسے پتہ چلتا ہے کہ اوسمنڈ کی بیٹی پینسی کوئی اور نہیں بلکہ اُس خاتون،میڈم مرلے کی ہی اوسمنڈ سے بیٹی ہے جس نے اندرون خانہ اُسے اور اوسمنڈ سے ملانے اور اُن کی شادی کا بندوبست کیا تھا۔اس حقیقت کو جاننے کے بعد ایزبل فوراً تو اپنے تعلقات اوسمنڈ سے نہیں توڑتی ہے مگر پھر فیصلہ کرتی ہے کہ وہ اپنا گھر بیچ کر اٹلی واپس چلی جائے۔

شروو ڈ اینڈرسن (Sherwood Anderson)،اوہایو میں 1876 میں پیدا ہوئے تھے۔وہ ابتدا میں مختلف پیشوں میں مصروف رہے اور پھر جب اُن کی ملاقات تھیوڈور ڈرائزر (Theodore Dreiser) اور ایسے ہی دوسرے رائٹرز سے بھی ہوئی جو شکاگو لٹریری رینائسنز (renaissance Chicago literary) سے جڑے ہوئے تھے تو انہوں نے لکھنا شروع کیا۔اُن کی تیسری کتاب وینز برگ،اوہایو(Winesburg, Ohio) جس میں اُن کی 23 لاجواب کہانیاں تھیں،نے انہیں ادبی دنیا میں ایک اعتبار عطا کر دیا۔یہ کتاب 1902 میں چھپی تھی اور اس کی زیادہ تر کہانیاں ایک تصوراتی شہر وینز برگ اوہایو میں آباد لوگوں کی زندگیوں،اُن کے مسائل اور تکالیف پر تھیں۔یہ کہانیاں عورتوں کے بانجھ پن اور جنسی مسائل پر منفی و مثبت احساسات پر بھی تھی مثلاً ایک کہانی 'ہینڈز'(Hands) ایک ایسے اسکول ٹیچر کی تھی جو معصومیت سے بچوں کا خیال رکھتا ہے اور اُس کے بچوں کو پیار و محبت سے چھونے کو جنسی رغبت سمجھ کر غیر اخلاقی بنا دیا جاتا ہے۔

تھیوڈور ڈرائزر (Theodore Dreiser)،انڈیانا میں 1871 میں پیدا ہوئے تھے

اور بدقسمتی سے بچپن میں ہی غربت کا مطلب سمجھ گئے تھے۔ وہ ایک ادیب بننے سے پہلے ایک نیوز پیپر مین تھے جو گھر گھر اخبار پھینکتے تھے۔ 1910 میں انہوں نے ادب میں اپنا کیریئر بنانے کا خیال کیا اور پھر اپنی تمام زندگی تخلیقی ادب کے تجربات کے ساتھ گزار دی۔ آج امریکی نیچرل ازم کی تاریخ اُن کے نام کے بغیر ممکن نہیں سمجھی جاتی ہے۔ اُن کا پہلا ناول سسٹر کیری (Sister Carrie) تھا جس پر پابندی اس لیے لگی تھی کیونکہ اس میں انہوں نے کھل کر پورا سچ پوری توانائیوں کے ساتھ لکھ دیا تھا۔ اس ناول کے بعد انہیں ایک طویل عرصے تک انتظار کرنا پڑا اور پھر پندرہ برس بعد یعنی 1925 میں اُن کا مشہور ترین ناول امریکن ٹریجڈی (An American Tragedy) چھپا جس نے انہیں امریکن نیچرلسٹک موومنٹ میں بلند ترین مقام تک پہنچا دیا۔

تھیوڈور ڈرائزر کا ناول سسٹر کیری (Sister Carrie) ایک معصوم سی دیہاتی لڑکی کی کہانی تھی جو کام کی تلاش میں شکاگو آتی ہے اور اپنے شادی شدہ بہن کے یہاں آ کر ٹھہرتی ہے۔ شکاگو آ کر اُسے اپنی خوبصورت اور معصوم سی ظاہری شکل کا اندازہ ہو جاتا ہے اور وہ اسے اپنے کاموں کو سیدھا کرنے میں استعمال کرنا شروع کرتی ہے۔ وہ اس سارے ہنر سے اس قدر واقف ہو جاتی ہے کہ دنیاوی کامیابیوں کی خاطر تمام قدریں پیچھے چھوڑتی چلی جاتی ہے۔ وہ اپنے عاشق کو بھی چھوڑ دیتی ہے حتیٰ کہ کامیابیوں کے زینے چڑھتے ہوئے وہ نیویارک میں ایکٹریس بن جاتی ہے۔ یہ کہانی مختلف مراحل سے گزرتی ہے اور بالآخر اس کا ایک ٹریجڈی سے خاتمہ ہو جاتا ہے۔

جان اسٹائین بیک (John Steinbeck) کیلیفورنیا میں 1902 میں پیدا ہوئے تھے، وہ ایک مشہور و معروف ناول نگار اور افسانے نگار تھے۔ انہوں نے 1940 میں Pulitzer اور پھر 1962 میں ادب کا نوبل پرائز حاصل کیا تھا۔ اُن کی ساری تخلیقی صلاحیتیں

حقیقت اور فطرت نگاری (رئیل ازم اور نیچرل ازم) پر ہی صرف ہوئیں ۔اُن کا ماسٹر پیس ناول دی گریپس آف ریتھ (The Grapes of Wrath) تھا جو انہوں نے 1939 میں لکھا تھا۔ یہ ناول پرولیٹیرین لٹریچر (proletarian) میں ایک شاہکار سمجھا گیا تھا۔اس ناول میں امریکہ کے غریب ترین طبقے کی معاشی وسماجی بدحالیوں کا تذکرہ پوری سچائیوں کے ساتھ ملتا ہے۔ یہ جوائنٹ فیملی کی تین جنریشنز کی کہانی ہے جو 1930 کے گریٹ ڈپریشن کے دور میں اوکلاہاما سے نکل کر کیلی فورنیا آجاتے ہیں اور پھلوں کی فیکٹریوں میں کام کرنے لگتے ہیں ۔اُن کے ساتھ گورنمنٹ آفیشلز ،کارخانے دار، بینکس اور دیگر ادارے جس طرح کا سلوک کرتے ہیں کہ اُن کی شکل بقول کیسے 'غصیلے انگوروں' جیسی ہوجاتی ہے ۔اس ناول کا نام طنزیہ طور پر اسی لیے Grapes of wrath رکھا گیا تھا۔اس بات کا مطلب یہی تھا کہ وہ شراب بنانے کے لیے انگور چنتے تھے مگر اُن کا انجام بھی ان انگوروں سے مختلف نہیں تھا جو شراب کے لیے استعمال ہوجاتے تھے جس کے بعد انگوروں کے حصے میں تو ضائع ہونے کا غصیلہ احساس بچ جاتا ہے اور شراب پینے سے لوگوں کو بچا ہوا سرور اور اطمینان مل جاتا ہے۔

جب کبھی بھی ہم نیچرل ازم اور رئیل ازم کی بات کرتے ہیں تو اس کا مطلب یہی نکلتا ہے کہ یا تو یہ 'سوشل رئیل ازم' ہے یا 'سائکولوجیکل رئیل ازم' ہے ۔مثلاً نیکلس ،اوورکوٹ، وار اینڈ پیس، دی وے ورز، دی گریپس آف ریتھ میں مادیت ،تاریخی پس منظر، سماجی یا اقتصادی گردوپیش اور ان سے منسوب زندگی کے واقعات، یہ سب عناصر کسی فرد کی نفسیات پر پڑنے والے سوشل فیکٹرز کی شکل میں ملتے ہیں جبکہ دوسری طرف دی مل آن دی فلوس (The Mill on the Floss)، دی برادر کرامازوف (Karamazov The Brothers)، سسٹر کیریز (Sister Carrie) اور دی پورٹیریٹ آف اے لیڈی (The Portrait of a Lady) میں ہمیں وہ کردار نظر آتے ہیں جن کی نفسیات سوشل عوامل کی وجہ سے اثر انداز ہوتی ہوئی ملتی ہے ۔اس تمام فرق کے باوجود رئیل ازم کو آسانی سے سوشل اور سائکولوجیکل

حصوں میں تقسیم کرنا کوئی عملی بات نہیں ہے۔کئی ایک صورتوں میں یہ طے کرنا قطعی طور مشکل ہو جاتا ہے کہ لٹریچر میں کونسا حصہ زیادہ سائکولوجیکل ہے اور کونسا سوشل؟

یہ بات طے ہے کہ حقیقت نگاری اور فطرت پسندی یعنی رئیل ازم اور نیچرل ازم زیادہ تر فکشن (ناولز، ناولٹ، شارٹ اسٹوریز) اور ڈراموں میں برتا گیا۔اُس دور میں بہت زیادہ فکشن اور ناولز ہی لکھا گیا جن کی چیدہ چیدہ مثالیں ہم نے پچھلے چند صفحات میں دیکھیں۔رئیل ازم اور نیچرل ازم کے دور میں شاعری کے تجربات نسبتاً کم ہوئے ہیں، اِس لیے یہ کہنا مشکل ہے کہ کونسا شاعر یا نظم رئیل ازم کے ٹائٹل میں رکھا جاسکتا ہے۔کیا آرنلڈ (Arnold) یا اُس کی 'ڈور بیچ' ("Dover Beach") واقعتاً حقیقت نگاری کے زمرے میں آتی ہے؟ کیا ٹینائیسن (Tennyson) یا 'ان میموریم (In Memoriam)' حقیقت نگاری کی تصویر ہے؟ کیا براوننگ (Browning) یا 'مائی لاسٹ ڈیوکس (My Last Duchess)' مکمل رئیل ازم کا شاہکار ہیں؟ کیا ایملی ڈکنزسن (Emily Dickinson) یا اُس کی 'Because I could not stop for death' سچ میں حقیقت پسندی ہے؟ اصل حقیقت تو یہی ہے کہ کوئی بھی ادبی تحریک ہمیشہ سے اپنے وقت کے تقاضوں کے ساتھ نئی نویلی دلہن کی طرح آتی ہے اور پھر جوں جوں وقت کے تقاضے بدل جاتے ہیں تو نئی لٹریری مومنٹ اُس کی جگہ لے لیتی ہے مگر اس کا یہ مطلب ہرگز نہیں ہوتا ہے کہ پرانی مومنٹ ختم ہو جاتی ہے یا محض ماضی کی تاریخ کے صفحات کا حصہ بن گئی ہے بلکہ یہ کہا جاسکتا ہے کہ وہ ہائبرنیشن فیز میں چلی جاتی ہے یا یہ کہ وہ غیر فعال ہو جاتی ہے جیسا کہ رومانس ازم کے ساتھ ہوا کہ وہ رئیل ازم اور نیچرل ازم کی موجودگی میں سست پڑتی چلی گئی اور پھر یہ ہی رئیل ازم اور نیچرل ازم کے ساتھ ہوا جب لٹریری ماڈرن ازم نے اُس کو پیچھے کی طرف دھکیل کر اُس کی جگہ لے لی۔

۞۞

نواں دَور

بیسویں صدی میں جغرافیائی و نظریاتی تقسیم
اور مغربی ادب ماڈرن ازم کے دَور میں

O

بیسویں صدی کا آغاز یورپ کی ادبی دنیا میں 'ازم' کی دنیا کے آغاز سے تعبیر کیا جاتا ہے کیونکہ انیسویں صدی کے آخر میں یکے بعد دیگر کئی ایک ادبی تحریکوں یا ازم کا یورپین ادب میں تعارف ہوا جنھوں نے ریئلزم اور نیچرل ازم کے زیر اثر ادبی تخلیقات کو روایتی اور فرسودہ قرار دے دیا۔ ان تحریکوں میں سمبل ازم، ایکسپریشن ازم، فیوچر ازم، سرئیلزم، دادا ازم اور ایگزسٹینشل ازم شامل تھیں جو ماڈرن ازم (جدیدیت) کی چھتری میں جمع ہو کر تمام تر مغربی ادب کو ایک نئے دور میں دھکیلتی چلی گئی اور یوں مغربی ادب ریل ازم اور نیچرل ازم (حقیقت اور فطرت پسندی) کے دور سے نکل کر ماڈرن ازم کے عہد میں شامل ہو گیا۔ اس دور میں ہونے والی سیاسی، سماجی، نفسیاتی اور فلسفیانہ تبدیلیاں بھی اپنی شدت اور رفتار کی وجہ سے شاید اندرون خانہ کئی ایک نئے ادبی نظریات کا تقاضا رکھتی تھیں اسی لیے ادب کا یہ دور کئی اعتبار سے انقلابی ثابت ہوا۔ ماڈرن ازم کے اس عہد میں شعوری رو یعنی 'اسٹریم آف کانشسنس' کے تحت تخلیقی ٹیکنیک کا بھی ادبی تجربہ کیا گیا اور کئی ایک انقلابی سماجی نظریات کو ادب کی زینت بنا دیا گیا۔

بیسویں صدی کے آغاز میں ہی کئی ایک یورپین ممالک یعنی فرانس، اسپین، پرتگال، اٹلی، ہالینڈ، جرمنی، بیلجیم، آسٹریا، ڈنمارک، رشیا حتی کہ برطانیہ بھی امریکہ کے ساتھ مل کر سامراجی قوت یعنی امپیریل پاور کا حصہ بن گئے اور انہوں نے کئی ایک افریقی، ایشیائی ممالک اور بحر الکاہل کے جزائر پر حملہ کر کے انہیں کنٹرول کر لیا۔ اس امپیریل ازم کے نتیجے میں خصوصاً نو

آبادیاتی (کولونیل) علاقوں میں ایک مخالف امپیریل ازم بھی پیدا ہوتا چلا گیا اور پھر سیاسی محور کے بدل جانے سے دنیا دو بڑی جنگوں کی لپیٹ میں آ گئی۔ پہلی بڑی جنگ جو 1914 سے 1918 کے درمیان ہوئی تھی وہ سراسر یورپین جنگ ثابت ہوئی کیونکہ وہ یورپ کے ہی علاقوں میں لڑی گئی جس میں ایک طرف جرمنی، آسٹریا۔ہنگری، ترکی اور بلغاریہ تھے تو دوسری جانب برطانیہ، فرانس، اٹلی، رشیا اور امریکہ جیسی طاقتیں تھیں۔ البتہ دوسری بڑی جنگ بلاشبہ گلوبل جنگ ثابت ہوئی کیونکہ اس جنگ کا میدان بیک وقت ایشیا، افریقہ، یورپ، آسٹریلیا، مڈل ایسٹ، بحرہند اور بحراوقیانوس بنا اور اس کا اختتام بھی ہیروشیما پر ایٹم بم کے گرنے سے ہی ہوا۔ یہ جنگ 1939 سے 1945 کے درمیان ہوئی جس میں ایک جانب جرمنی، اٹلی اور جاپان جیسی طاقتیں تو دوسری طرف برطانیہ، امریکہ، سویت یونین اور چین کی الائیڈ فورسز شامل تھیں۔ ان ہولناک جنگوں کی تباہ کاریوں اور پھر اس کے بعد چلنے والی طویل سرد جنگ (کولڈ وار) کے نتیجے میں کم وبیش پوری دنیا ہی نظریاتی اور جغرافیائی تقسیم کا شکار ہوتی چلی گئی۔

بیسویں صدی میں وقوع پذیر ہونے والے ان سیاسی واقعات نے جہاں اسے 'انسانی تاریخ کی بدترین تہذیب' کا عنوان دیا تو دوسری طرف صنعتی سماج کے تیز رفتار پھیلاؤ کے نتیجے میں سائنس اور ٹیکنالوجی کی دنیا میں ایک کے بعد ایک انقلابات بھی آتے چلے گئے جنہوں نے ایک دوسرے رخ سے انسانی تہذیب کو سمیٹنا بھی شروع کر دیا۔ اسی صدی میں ٹیلی فون، ٹیلی گراف، الیکٹرک لائٹ، وائرلیس، آٹو موبائل، جہاز، سب میرین کی ایجاد سے ٹرانسپورٹیشن اور کمیونیکیشن میں اضافہ ہوا۔ 1920 میں ریڈیو اور پھر 1940 میں ٹیلی وژن ہر گھر کی ضرورت بن گیا۔ 1950 سے 1960 کے دوران کمپیوٹر مشین بنانے کے تجربات شروع ہو گئے اور پھر میڈیکل سائنس میں نت نئی ریسرچ، دواؤں اور ویکسینیشن کی ایجاد نے مشکل بیماریوں کا علاج دریافت کیا اور انسانی زندگی کو طوالت عطا کی۔ سائنس اور ٹیکنالوجی کی اس ترقی نے براہ راست انسانی زندگی کی فہم اور روحانی فکر پر خاطر خواہ اثرات مرتب کیے۔

گیسٹالٹ (Gestalt) سائیکالوجی کا ٹکڑوں کے بجائے ایک مکمل خیال سے معنویت کے حصول کا آئیڈیا، لیوائی اسٹارس (Lévi-Strauss) کا انسانی سوسائٹی کو 'کوڈز' کی شکل میں سمجھنے کا خیال، فرائیڈ (Freud) کا انسانی شعور کے اڈ (id)، ایگو (ego) اور سپر ایگو (Super ego) میں تقسیم کرنے کی سمجھ، کارل ینگ (Jung) کا 'اجتماعی لاشعور' کو جاننے کا عمل، برگوسن (Bergson) کا حقیقت یا رئیلٹی کو مائع قوت کی صورت میں انسانی شعور میں شامل ہونے والا فلسفیانہ آئیڈیا، ہائی ڈگر (Heidegger) کا فلسفہ وجودیت، آئین اسٹائن کا نظریہ اضافیت اور کارل مارکس کی سماجی طبقات کو حل کرنے والی اقتصادی فکر نے مغربی ادب اور ادیبوں کو کئی ایک جدید فکری جہتوں سے روشناس کرایا بلکہ اقتصادی قوتوں کو بنیادی عنصر قرار دیتے ہوئے انسانی سوسائٹی کا تاریخ کے پس منظر میں کچھ اس قدر حقیقت پسندانہ انداز سے تجزیہ کیا کہ سوسائٹی صاف طور پر طبقاتی وجوہات کی وجہ سے تین بڑی کلاسز میں تقسیم نظر آتی ہے، اشرافیہ (Aristocrates)، متوسط (Bourgeoisie) اور ادنی طبقہ (Proletariat)۔

بیسویں صدی کے آغاز تک نیچرل ازم اپنی بلند ترین صورت میں مغربی ادب میں موجود تھا اور اس ادب کے قاری ماڈرن ازم (جدیدیت) کے مقابلے میں کہیں زیادہ تھے مگر پھر سماجی، سیاسی، سائنسی اور فلسفیانہ فکر کے دھاروں نے دیکھتے ہی دیکھتے کئی ایک فکری اسکولوں اور تحریکوں کی صورت میں سر اٹھانا شروع کر دیا اور حقیقت اور فطرت نگاری (ریل ازم اور نیچرل ازم) ایک فرسودہ ادبی روایت کی طرح برتی جانے لگی۔ جوں جوں انتھروپولوجی، سوشیالوجی، سائیکالوجی، فنامنالوجی، ریلیٹو ازم اور فلسفہ وجودیت جیسے فلسفیانہ نظریات ادب کا حصہ بنتے چلے گئے تو مغربی ادب کے قاری ایک نئی لغت سے آشنا ہو گئے جسے 'لٹریچر آف آئیڈیا' کا نام دیا گیا۔ پہلی اور دوسری بڑی جنگوں کی تباہ کاریوں نے جس نئی سماجی دنیا کو تخلیق کیا اس نے انسانی زندگی کی بقائی حیثیت اور مذہبی و سیکولر اخلاقیات پر پیچیدہ فلسفیانہ سوالات

اٹھائے اور زندگی کی معنویت کو ادبی دنیا میں ایک نئے انداز سے پیش کیا۔

ماڈرن ازم میں علامت نگاری یا سمبل ازم خصوصاً شاعری مگر دیگر آرٹ کی اصناف میں نمائندگی کرتی ہوئی ملتی ہے ۔انیسویں صدی کے آخری عشرے میں حقیقت نگاری یا نیچرل ازم کے مقابل علامت نگاری یا سمبل ازم کے تجربات پہلے پہل فرانس میں ملتے ہیں۔ اس دور میں ادیبوں اور شاعروں میں ادیبوں اور شاعروں میں آئرش شاعر ولیم ییٹس (Yeats)، فرانسیسی شاعر بوڈولیر (Baudelaire)، اسٹیفن ملامے (Stéphane Mallarmé)، ورلین (Verlaine) اور آرتھر ریمباڈ (Arthur Rimbaud) شامل ہیں جن کی تخلیقات پر شاپنہاور (Schopenhauer) اور سوئیڈن برگ (Swedenborg) کے فلسفیانہ تصورات کے گہرے اثرات ملتے ہیں۔امیج ازم میں ازرا پاونڈ (Ezra Pound) اور ایمی لیول (Amy Lowell) جبکہ ایکسپریشن ازم میں کافکا (Franz Kafka) کے ناول اور اونیل (Eugene O'Neil) کے ڈرامے کسی بھی تعارف کے محتاج نہیں ہیں ۔ڈینش فلاسفر سورن کریکیارڈ (Søren Kierkegaard) اور پھر نطشے (Nietzsche)، ہائڈگر (Heidegger) اور جاسپرز (Jaspers) سے منسوب فلسفہ وجودیت کو ژان پل سارتر (Jean-Paul Sartre)، کاموز (Albert Camus) اور ہیمنگ وے (Ernest Hemingway) نے اپنے افسانوں اور ناولوں میں پیش کیا۔لوئیگی پیر ینڈیلو (Luigi Pirandello) کے ڈرامے، ناول اور افسانوں نے ریلیٹو ازم کے تصور کو اپنا حصہ بنایا اور جیمس جوائس (James Joyce) کی پیچیدہ خود کلامی، مارسل پراسٹ (Proust Marcel) کی یادداشت اور ورجینا وولف (Virginia Woolf) کی شعوری رو میں لکھی گئی ادبی تخلیقات نے اس مغربی ادبی دنیا کے عہد کو ماڈرن ازم کی فکر سے مالا مال کر دیا جس نے پھر بیسویں صدی کے درمیانی عشرے کے بعد پوسٹ ماڈرن ازم کی صورت میں اپنا ارتقائی سفر جاری کیا۔

سمبل ازم یا علامت نگاری۔ نمائندہ شاعر و ادیب اور تخلیقات

چارلس بوڈلیر (Charles Baudelaire)، فرانس کا پہلا علامت نگار شاعر تھا جس کی شخصیت کی کمزوریوں کی وجہ سے زندگی ہنگاموں سے بھرپور اور موت انتہائی تکلیف دہ رہی۔ بوڈلیر نے ہی امریکی ادیب ایڈگار ایلن پو (Edgar Allan Poe) کو یورپ میں متعارف کیا جن سے وہ بہت متاثر تھا۔ اُس نے اپنی پوری زندگی میں ایک ہی کتاب 1857 میں پبلش کی، جس کا نام The Flowers of Evil تھا جس میں اُس نے اچھائی اور خوبصورتی کا تکلیف دہ جذبات سے گہرے تعلق کا شاعرانہ علامتوں میں اظہار کیا تھا۔ اس کتاب کی ایک نمائندہ نظم کا عنوان Spleen LXXVIII تھا جس میں انسانی اعضا اسپلین کو امیجز کے جھرمٹ سے تشبیہ دی گئی تھی مثلاً اولڈ پلوویس (بارش کا دیوتا) مردہ جسموں پر اداسی چھڑک رہا ہے، ایک بلی اپنے کھدرے جسم کے ساتھ ٹھنڈے پتھروں پر پڑے کوڑے کو ڈھونڈ رہی ہے اور ایک غریب بوڑھے شاعر کی روح بارش کے قطروں میں بھیگتی ہوئی رو رہی ہے، تاش کے دو کارڈ، ملکہ اور جیک آف ہارٹ اپنے کھوئے ہوئے ماضی اور مردہ محبت کرنے والوں کو یاد کر رہے ہیں، وغیرہ۔

فرانس سے اُٹھنے والی علامت نگاری کی اس پہلی پہل تحریک کا اثر ہمیں آئرش شاعر ولیم بٹلر ییٹس (William Butler Yeats) کی شاعری میں پورے امکانات کے ساتھ ملتا ہے۔ 20 ویں صدی کے اس عظیم انگلش شاعر، ییٹس کو آئرلینڈ میں چلنے والی روشن خیالی (Irish Renaissance) کا اگر ادبی رہنما کہا جائے تو قطعی غلط نہ ہوگا۔ اُسے 1923 میں ادب کے نوبل پرائز سے نوازا گیا تھا۔ ییٹس کے والد، جان بٹلر ییٹس (John Butler Yeats) وکیل اور ایک مشہور و معروف پینٹرز بھی تھے۔ 1867 میں اُس کے والدین آئرلینڈ سے لندن آ گئے تھے مگر ییٹس کا بچپن اپنے دادا دادی کے پاس آئرلینڈ کے گاؤں سلگو میں ہی

گزرا۔ اس گاؤں کے رنگ اُس کی نظموں سے اکثر چھلکتے ہیں۔ 1880 میں جب اُس کے والدین دوبارہ ڈبلن آ گئے تو وہ بھی سلگو سے ڈبلن آ کر اُن کے ساتھ رہنے لگا۔ ڈبلن میں ہی اُس نے ہائی اسکول کیا اور پھر میٹرو پولیٹن اسکول آف آرٹ، ڈبلن سے اُس نے تعلیم حاصل کی مگر اس اسکول میں ہی اُس کی ملاقات کئی ایک شاعروں، ادیبوں اور فنکاروں سے ہوئی۔ 1885 میں ڈبلن یونیورسٹی ری ویو میں ییٹس کی پہلی پبلیکیشن نظر آئی اور جب 1887 میں اُس کی فیملی دوبارہ لندن آ گئی تو اُس نے باضابطہ طور پر ایک پروفیشنل رائٹر کے طور پر لکھنا شروع کر دیا۔ اُس نے ایک مذہبی سوسائٹی (Theosophical Society) جوائن کی جس کے تصوف کے تصورات (Mysticism) سے وہ خاصا متاثر تھا۔ سائنسی دنیا کے مقابلے میں تصوراتی آرٹسٹک دنیا کا وہ شہری تھا۔ 1889 میں اُس کی ابتدائی نظمیں خصوصاً The Wanderings of Oisin خاصی چونکا دینے والی ثابت ہوئی۔ لندن کی ادبی دنیا میں وہ بہت جلد مصروف ہو گیا، اُس نے رائمرز کلب کی بنیاد رکھی۔ اُس کے ادبی دوستوں میں ولیم مورس اور ولیم ارنسٹ ہینلی (William Ernest Henley) شامل تھے۔ اُس کا کہنا تھا اسی دور میں اُس کی زندگی میں مشکلات آتی چلی گئی کیونکہ وہ ایک آئرش فیمینسٹ رائٹر اور ایکٹریس، Maud Gonne کی محبت میں گرفتار ہو گیا تھا جو سراسر یک طرفہ ثابت ہوا۔ آئرش نیشنلسٹ موومنٹ میں ییٹس کی شمولیت کی وجہ بھی نظریاتی سے زیادہ اُس کا ماڈ گونے سے عشق تھا کیونکہ وہ ایک نظریاتی آئرش وطن پرست تھی۔ 1902 میں ییٹس کا ڈرامہ، Cathleen ni Houlihan جب ڈبلن میں اسٹیج ہوا تو ماڈ گو اُس کے ٹائٹل کردار میں تھی۔ 1893 میں اُس کے آرٹیکلز کا مجموعہ The Celtic Twilight پبلش ہوا۔ ییٹس نے آئرش لٹریری تھیٹر کی بنیاد رکھی۔ 1904 تک وہ اس کا ڈائریکٹر رہا۔ اسی تھیٹر کا نام بعد میں ایبی تھیٹر (Abbey Theater) ہو گیا۔ اسی تھیٹر سے اُس کے مشہور ڈرامے، دی لینڈ آف ہارٹس ڈیزائر (The Land of Heart's Desire)، کیتھلین نی ہولیھان (Cathleen ni Houlihan)، دی

آور گلاس (The Hour Glass)، دی کنگ تھرشولڈ (King's Threshold)، اُن بیلے اسٹینڈ (On Baile's Strand) اور ڈائرڈر (Deirdre) شامل ہیں۔ییٹس کا بڑا تخلیقی کام اُس کے پچاس اور پچھتر برسوں کے دوران ملتا ہے۔ 1917 میں اُس کی The Wild Swans at Coole پبلش ہوئی اور پھر اُس کے بعد وہ اپنی تخلیقی سرگرمیوں کی بلندیوں پر ملتا ہے۔ 1928 میں دی ٹاور اور 1929 میں The Winding Stair میں تخلیق ہونے والی نظمیں، آئرش سول وار جیسے موضوعات پر علامتی نظموں کا نمونہ ہے۔ 1925 میں چھپنے والی کتاب وژن (Vision) کے آرٹیکلز سے اُس کی اپنی فلاسفی کا اندازہ ہوتا ہے۔ 1936 میں آکسفورڈ بک آف ماڈرن ورس (Oxford Book of Modern Verse) سے اُس کی پسندیدہ نظموں کا مجموعہ شایع ہوا۔ 1938 میں اُس نے اپنے آخری ڈرامے The Herne's Egg کے نام سے پبلش کیے اور اُس کی آخری دو شاعری کے مجموعے نیو پویمز (New poem) اور لاسٹ پوئمز اور ٹو پلیز (Two Plays) بھی اسی برس اور 1939 میں چھپے تھے۔ییٹس کی موت آئرلینڈ سے باہر ہوگئی تھی، اس دوران دوسری عالمگیر جنگ شروع ہوگئی تھی اس لیے اُس کی پہلی تدفین فرانس میں ہوئی مگر پھر جنگ کے چند برسوں کے بعد 1948 میں اُسے فرانس سے واپس اُس کے آبائی گاؤں سلیگو میں لاکر ڈرم کلف چرچ کے ایک حصے میں ہی دفن کردیا گیا۔ییٹس کی پوری زندگی آرٹ خصوصاً شاعری اور ڈرامے کے لیے وقف ہوئی۔ خصوصاً شاعری میں اُس نے علامت نگاری کے وسیع تجربات کیے۔اُس کی شاعری اور ڈراموں کا ارتقائی سفر بتدریج ابتدائی رومانوی دور کی نظموں سے شروع ہو کر دیومالائی موضوعات، تصوف اور روحانیت سے سیاسی مسائل اور آئرش نیشنل ازم کی طرف سفر کرتا ہوا ملتا ہے۔

اسٹیفن ملارمے (Stéphane Mallarmé) ایک اہم فرانسیسی علامتی شاعر اور تنقید نگار تھے۔اُن کے تخلیقی کام میں کیوبزم (Cubism) فیوچرازم (Futurism)، دادائزم

(Dadaism) اور سریلزم (Surrealism) کے فکری رویے ملتے ہیں۔ وہ پیرس میں 1842 میں پیدا ہوئے تھے۔ وہ پو اور باڈلیر سے متاثر تھے اور اپنے دور میں ورلین (Paul Verlaine)، ییٹس (Yeats)، رینر ماریا رلائک (Rainer Maria Rilke)، اسٹیفن جارج (Stefan George) اور پال والرے (Paul Valéry) کے ساتھ مل کر پیرس کی فکری دنیا میں شامل تھے۔ ہر ہفتے منگل کے دن یہ اور بہت سارے دانشمند اُن کے گھر پر جمع ہوتے تھے اور شہر کو ایک ادبی فضا عطا کرتے تھے۔ اس گروپ کو منگل (فرانسیسی میں Mardi) کے دن کی وجہ سے لیس مارڈسٹس (les Mardistes) کہا جاتا تھا۔ اُن کی شاعری کو فرانسیسی زبان کی انگریزی میں ترجمے کے لیے سب سے مشکل شاعری سمجھا گیا کیونکہ وہ تہہ دار، پیچیدہ، لفظوں کی آواز اور علامت نگاری سے بھرپور جن کے لیے انگریزی میں متبادل لفظوں، جملوں، مثالوں اور محاوروں کا ملنا ممکن نہیں تو مشکل ضرور تھا۔

انیسویں صدی کے آخری عشرے میں ویسٹرن یورپ میں جن آرٹسٹک اور لٹریری تحریکوں کا چرچا رہا اُن میں ایک مشہور زمانہ ڈیکارڈنٹ موومنٹ (Decadent movement) بھی تھی۔ یہ تحریک فرانس سے شروع ہوئی تھی اور پھر سارے یورپ سے ہوتی ہوئی نارتھ امریکہ کے ادبی حلقوں میں پھیل گئی تھی۔ اس ادبی تحریک میں انسانی تصورات یا فینٹیسی اور ایستھیٹک ہیڈونزم (Aesthetic hedonism) کو دلائل اور فطری دنیا سے زیادہ ترغیب دی گئی تھی۔ فرانسیسی شاعر پال میری ورلین (Paul Verlaine) کا شمار اُن بڑے فرانسیسی علامت نگار ادیبوں اور شاعروں میں ہوتا ہے جو ڈیکارڈنٹ موومنٹ سے جڑے ہوئے تھے۔ وہ فرانس کے شہر میٹز (Metz) میں 1844 میں پیدا ہوئے تھے۔ انہوں نے شاعری بہت کم عمری میں شروع کر دی تھی۔ اُن کا پہلا پبلش کام 1863 میں La Revue du progrès کے نام سے ملتا ہے۔ 1870 میں انہوں نے میتھلڈا ماٹے (Mathilde

Mauté) نامی لڑکی سے شادی کر لی تھی۔ یہ شادی دو سال میں ختم ہوگئی جب پال ورلین کی جنسی دوستی آرتھر ریمباڈ (Arthur Rimbaud) کے ساتھ ہوگئی۔ کچھ عرصے بعد یہ دونوں پیرس سے لندن آگئے جہاں نشے کے عالم میں جھگڑے کے دوران ورلین نے ریماڈ پر گولیوں سے حملہ کر دیا جس کے نتیجے میں ریمبارڈ معمولی زخمی ہوگیا اور ورلین کو جیل ہوگئی۔ اس واقعہ کے بعد ورلین رومن کیتھولک ہو گئے جس نے اُس کے کام پر بھی خاصا اثر کیا۔ 1874 میں شائع ہونے والی اُس کی نظموں کا مجموعہ Romances sans paroles ان کے تجربات غمازی کرتا ہے۔ اس کتاب کے بعد وہ انگلینڈ میں کئی جگہوں پر ٹیچر کے طور پر فرانسیسی، لاطینی اور یونانی زبان پڑھاتا رہا۔ 1877 میں اُس کی ایک اور شاعری کا مجموعہ 'Sagesse' کے نام سے آیا۔ اسی برس وہ فرانس واپس آگیا اور فرانس کے شہر رتیتھل کے ایک اسکول میں انگریزی پڑھانے لگا جہاں اُسے اپنے ایک پسندیدہ طالب علم لڑکے Lucien Létinois سے محبت ہوگئی جس کی 1883 میں اچانک موت نے اسے خاصا ڈپریشن میں مبتلا کر دیا۔ ورلین کی زندگی کے آخری برس ڈرگز، الکوحل اور غربت میں گزرے۔ اُس کے ان تمام مسائل کے باوجود اُس کی شاعری کی وجہ سے اُس کے چاہنے والوں کا ایک بڑا طبقہ موجود تھا جو اُس کی کسی نا کسی طرح معاشی مدد کر دیتا تھا۔ اُس کے اعلیٰ ادبی کام کی وجہ سے 1894 میں اُسے Prince of Poets کا خطاب دیا گیا۔

آرتھر ریمباڈ (Arthur Rimbaud) فرانس کا مشہور شاعر تھا جس نے اپنے تخلیقی کام کی ٹرانس گریسو (Transgressive) اور سریل تھیمز (Surreal themes) کی فطرت سے یورپ کے ماڈرن لٹریچر اور آرٹ پر خاصا اثر ڈالا۔ فرانس کے ایک شہر شارلیول (1854) میں پیدا ہوئے اور بہت ہی کم عمری میں شاعری شروع کر دی اور کافی کچھ بیس سال کی عمر سے پہلے ہی لکھ دیا۔ انہوں نے لڑکپن میں ہی اپنی اسکول کی تعلیم چھوڑ دی

اور پیرس آ گئے۔ 1886 میں اُن کی نظموں کا مجموعہ 'Illuminations' کے نام سے پبلش ہو گیا تھا۔ بیس برس کی عمر میں ہی انہوں نے شاعری کرنا چھوڑ دی اور پال ورلین کے ساتھ جنسی تعلقات قائم کر لیے۔ یہ سلسلہ دو تین سالوں بعد ختم ہو گیا اور وہ کئی ملکوں کے سفر پر نکل گئے۔ وہ صرف 37 برس کے ہی تھے کہ اُن کی موت کینسر سے ہو گئی۔

ریمباڈ کی شاعری سمبل ازم کا بہترین نمونہ تھی۔ اُن کی نظموں کا مجموعہ A Season in Hell نثری نظموں کا واحد مجموعہ تھا جو انہوں نے خود شائع کیا تھا۔ یہ نظمیں 9 مختلف حصوں میں تقسیم تھیں۔ بیڈ بلڈ (Bad Blood) میں اخلاقیات اور خوشیوں کے حوالے سے نظمیں ہیں، نائیٹ آف ہیل (Night of hell) میں نظم کہنے والا اپنی موت اور جہنم میں جانے کا ذکر نظمیہ انداز سے کرتا ہے۔ Delirium I میں ایک شخص (ورلین) کی کہانی ہے جو ایک لڑکے (ریمباڈ) کے عشق میں گرفتار ہو جاتا ہے اور جس کے خواب اور وعدے ٹوٹ جاتے ہیں۔ Delirium II میں ریمباڈ ایک بار پھر خوابوں اور امیدوں کے ٹوٹنے کا تذکرہ کرتا ہے۔ اس میں اُس کی شاعری کی تھیوری کا اظہار Letters of the Seer سے بھی کیا گیا ہے۔ The Impossible والا حصہ خاصا مبہم سا ہے جس میں جہنم سے بھاگنے کا تجربہ ہے۔ Lightning بھی مبہم ہے اور شکست کھانے اور سرنگوں ہو جانے کا احساس ہے، Morning میں جہنم کے عرصے کے ختم ہونے کا امکان ہے اور Farewell آخری حصہ ہے جس میں شاعر جہنم میں وقت گزار کر مضبوط اور پر اعتماد ہونے کی منزل پر ملتا ہے اور جسم اور روح میں سچائی کی آخری منزل تک پہنچنے کا اعلان کرتا ہے۔

تخیل نگاری (Imagism)

وکٹورین اخلاقی تصورات اور جارجیائی نظموں (Georgian verse) کی فارمز اور ڈکشن کے ری ایکشن میں بیسویں صدی کے ابتدائی عشرے سے تخیل نگاری کے تجربات

شاعری میں شامل ہوتے چلے گئے ۔ یہ سلسلہ امریکہ میں باضابطہ ایک تحریک کی شکل میں شروع ہوا جو برگسن کی ایستھیٹک تھیوری سے متاثر ہوا تھا اور وقت کے ساتھ جس میں جاپان کی ہائیکو اور چین کی آئڈیو گرافک شاعری کے تجربات بھی شامل ہوتے جا رہے تھے ۔خصوصاً اس میں ازرا پاونڈ (Ezra Pound) ، اور ایمی لوول (Amy Lowell)، کارل سینڈ برگ (Carl Sandburg)، ولیم کارلوز ولیمز (Carlos Williams William) اور ہیلڈا ڈولاٹل (Hilda Doolittle) کے نام شامل ہیں جنہوں نے اس تحریک کو آگے بڑھانے میں مرکزی کردار ادا کیا۔ امیج ازم یا تخیل نگاری میں کسی فرد کے صرف اور صرف تخیل ہی کو تخلیق کی زینت بنایا جاتا ہے کسی بھی قسم کی شاعرانہ بندش سے آزادی شرط ہوتی ہے جس میں ایک موسیقیت ہوتی ہے جو نظم کی معنویت یا تھیم کا ایک فطری سا تعین کرتی ہے جیسا کہ ازرا پاونڈ کی In a Station of the Metro یا ہیلڈا ڈولالیٹل کی Oread اور ولیم کی Red Wheelbarrow The، مشہور ترین تصوراتی نظمیں ہیں ۔

اظہاریت یا باطن نگاری: Expressionism

تاثریت یا اثریت (Impressionism) کی طرح اظہاریت یا باطن نگاری (Expressionism) بھی ایک بیسویں صدی کی ادبی تحریک تھی جو رئیل ازم یا حقیقت نگاری اور نیچرل ازم یا فطرت پرستی کے مقابلے پر پیدا ہوئی اور دیکھتے ہی دیکھتے سارے یورپ اور امریکہ میں پھیلتی چلی گئی ۔تاثریت یا اثریت میں کسی بھی فرد کے اُس تاثر کا تذکرہ ہوتا ہے جس کا تجربہ سراسر بیرونی دنیا میں ہوتا ہے جبکہ اظہاریت یا باطن نگاری میں یہ تجربہ فرد کے باطن کا ہوتا ہے اور اکثر و بیشتر کسی ڈراونے خواب کی صورت میں مسخ شدہ ملتا ہے ۔ ایکسپریشن ازم نہ صرف شاعری اور فکشن بلکہ ڈرامہ نگاری میں بھی بہت کامیاب تجربوں کی شکل میں ملتے ہیں ۔ایک ایکسپریشنسٹ ڈرامے میں عمومی طور ہر ایک عنصر تھیم کے لحاظ سے تخفیف

شدہ شکل میں ہی پیش کیا جاتا ہے، پلاٹ کی تفصیل ہو یا کرداروں کی اقسام یا ڈرامے کے مختلف سین کے اسکیچز ہوں، ہر ایک شے کرداروں کے ایکشنز کے تسلسل کے بجائے ڈرامے کے آئیڈیا یا تھیمز کے لحاظ سے بنتے یا بگڑتے ہیں ۔ایکسپریشن اور سمبل ازم کے معیار کے لحاظ سے شارٹ اسٹوری اور ناول نگاری میں فرانز کافکا (Franz Kafka) اور ڈرامہ نگاری میں یوجینونیل (Eugene O'Nei) کا نام سرفہرست ہے ۔

فرانز کافکا (Franz Kafka) جرمن چیک، پراگ میں 1883 میں پیدا ہوا تھا ۔اُس کا سارا کام جرمن زبان میں تھا ۔اُسے بلاشبہ ایک علامت نگار یا استعارہ نگار (Allegorist) ناولسٹ کہا جاسکتا ہے ۔زندگی کی بھدی ،بگڑی ہوئی ،مضحکہ خیز شکل کو اُس نے بے انتہا باریک بینی کے ساتھ اپنے ناولوں میں پورٹریٹ کیا تھا۔کافکا اپنے باطنی وژن کو حقیقت نگاری میں ڈھالنے کی خاطر ایسی علامتیں اور استعارے استعمال کرتا تھا کہ زندگی کی حقیقتیں، اُس کی سچائیاں بھیانک خوابوں کی صورت میں ناول کے کرداروں میں ڈھل جاتے تھے ۔ایک ایسی مثال 'میٹا مارفسس' کی ہے جو اُس نے 1915 میں تخلیق کیا تھا جس کا مرکزی کردار 'گریگر سمسا'، ایک صبح سو کر اُٹھتا ہے تو اچانک ایک بدشکل کیڑے میں بدل جاتا ہے ۔ یہ میٹا مارفوسس اُس کی ذات کا زندگی میں سفر کا عکس ہوتا ہے ۔ یہ تبدیلی کا سلسلہ صرف اُس کی ذات تک ہی محدود نہیں رہتا ہے بلکہ اُس کے خاندان اور چاروں اطراف پھیلے ہوئے سماج کی بھی بدصورت شکل میں میٹا مارفوسس کو ظاہر کرتا ہے ۔کافکا نے جس طرح سے اس سارے تعلق اور تبدیلی کے عمل کو احتیاط سے برتا ہے اُس نے ممکنہ طور پر سوسائٹی کے بدلتے ہوئے رجحانات کی تصویرکشی کر دی ہے ۔

جس طرح فرانز کافکا کا نام ناول نگاری میں علامت نگاری کی دنیا میں نظرانداز نہیں کیا

جا سکتا، بالکل اُسی طرح یوگین اونیل (Eugene O'Neil) کا نام ڈرامہ نگاری میں علامتوں اور استعاروں کے استعمال میں سرفہرست ہے۔ وہ بلاشبہ ایک عظیم امریکی ڈرامہ نگار تھے جنہیں 1936 میں ادب کا نوبل پرائز ملا تھا۔ وہ اسٹائین برگ کی علامت نگاری اور فرائڈ اور نطشے کے فلسفیانہ اور نفسیاتی نظریات سے بہت متاثر تھے۔ اُن کے مشہور و معروف ڈراموں میں ایمپرر جونز (Emperor Jones) جو انہوں نے 1920 میں لکھا تھا اور 1922 میں تخلیق کیا ہوا 'دی ہیری ایپ' (The Hairy Ape) شامل ہے۔ ان دونوں میں انہوں نے ایکسپریشنسٹک کی تمام تر تکنیک سے فائدہ اٹھایا تھا۔ ایمپرر جونز میں تہذیبوں کی پسپائی کو علامتوں سے ظاہر کیا گیا ہے۔ اُس میں ایک جانب تو ٹام ٹومز کا کردار ہے جو ہمیشہ کی طرح ایک ظالم حکومت کرنے والا کردار ہے تو دوسری جانب ایک غریب مزدور بروٹس جونز ہے جو اپنے قبائل سے نکل کر جنگلوں کی طرف بھاگ جاتا ہے، وہاں مختلف طرح کے فریب نظر (Hallucinations) کا شکار رہوتا ہے اور بالآخر اپنے ہی جیسے انسانوں یا قبائل کے نا کردہ گناہوں کی پاداش کو سچ سمجھ کر سلور کی گولیوں سے مارا جاتا ہے۔ اس ڈرامہ میں اونیل نے تہذیبی پسپائی (Retrogression) کے سارے عمل کو سمبلز اور ایکسپریشنز کے ذریعے پلاٹ اور کرداروں کی شکل میں بیان کیا ہے۔

جس طرح اس پسپائی یا واپسی کے عمل کو یوگین اونیل نے 'دی ایمپرر جونز' میں باریک بینی سے ڈرامائی تخلیق کیا ہے اُسی طرح تہذیبوں کے آگے بڑھنے یا ترقی کے عمل کو اُس نے سمبلز اور ایکسپریشنز کے ذریعے 'دی ہیری ایپ' (The Hairy Ape) میں بھی خوب ہی متاثر کن انداز میں معنویت عطا کی ہے اور یہ پیغام بھی درون خانہ دے دیا ہے کہ جسمانی طاقت آج کے تہذیبی دور سے کوئی تعلق نہیں رکھتی ہے۔ اس ناول کا مرکزی کردار ینک (Yank) ہے جو سیاہ رنگ کا بالوں سے بھرے بدن کا ایک مضبوط انسان ہے جو صبح شام پانی کے جہاز میں ایندھن بھرنے کا سخت محنتی کام کرتا ہے۔ اُسی جہاز کے مالک

کی ایک خوبصورت، نازک اندام، سفیدی مائل رنگت کی بیٹی بھی ہے۔ یہ دونوں جب پہلے پہل ایک دوسرے کو دیکھتے ہیں تو ایک دوسرے کے لیے نفرت سے بھرے ہوئے جذبات ہی پاتے ہیں۔ ینک کا پانی کے جہاز کے ساتھ ایک جذباتی سا تعلق ہوتا ہے مگر جہاز کے مالک کی بیٹی کو دیکھنے کے بعد اُس میں رنگ و نسل کے فرق کا شعور پیدا ہو جاتا ہے اور وہ نفرت انگیز خیالات کے ساتھ جہاز چھوڑ دیتا ہے اور نیویارک آجاتا ہے۔ اپنی جھگڑالو طبیعت اور غصیلے مزاج کی وجہ سے وہ جلد ہی نیویارک کی جیلوں میں خود کو پاتا ہے۔ ناول کے آخر میں جب اُسے جیل سے آزادی ملتی ہے تو وہ ایک چڑیا گھر چلے جاتا ہے اور ایک خونخوار سے بن مانس کا پنجرہ کھول کر خود کو اُس کے حوالے کر دیتا ہے۔

دادا ازم (Dadaism) اور سریلزم (Surrealism)

جس طرح ایکسپریشن ازم ہمیں بیسویں صدی کی مغربی ادبی دنیا میں تجربوں کے نذر ہوتا ہوا ملتا ہے بالکل اسی طرح دادا زم (Dadaism) اور سریلزم (Surrealism) بھی ایک ادبی تحریک کی شکل میں جا بجا دکھائی دیتا ہے۔ اس تحریک کے تانے بانے ہمیں ایک زیورچ ادیب ٹریستان زارا (Tzara Tristan) کے پاس سے آتے ہوئے ملتے ہیں گو کہ اُن کے ساتھ اور بھی کئی ادیب ہیں جنہوں نے دادا ازم اور سریلزم کو اپنے تخلیقی تجربات کی زینت بنایا ہے۔ دادا ازم ایک نیہلسٹک (Nihilist) یا مجموعی طور پر انکاریہ ادبی تحریک تھی جس نے اس دور تک کے تمام تر ادبی اور فلسفیانہ نظریات کے بجائے نئے اخلاقی زاویوں اور تجربات کو برتنے کا مطالبہ کیا تھا۔ یہ نئے تجربات پہلی عالمی جنگ کی وجہ سے پھیلنے والی اموات اور تباہی و بربادیوں کے ریکشن میں پیدا ہوئے تھے جس نے انسانی تہذیب اور قدروں پر ایک زوردار دھچکا لگا دیا تھا۔ 'دادا' فرینچ بچوں میں کھیلنے والے گھوڑے کے لیے ایک لفظ استعمال کیا جاتا ہے۔ دادا ازم میں بے معنی اور نامعقول سمبلز کو دلائل اور منطقی لفظوں

کی جگہ استعمال کیا جانے لگا۔ اس تحریک میں کچھ عرصے کے لیے کئی ایک اینٹی آرٹسٹ جیسا کہ مارسل ڈیو کیمپ (Marcel Duchamp) اور رائٹر آندرے بریٹن (André Breton) وغیرہ بھی شامل ہوئے تھے مگر پھر 1920 تک آتے آتے دادا ازم کا زور ختم ہوتا چلا گیا۔

دادا ازم کی تحریک کو سہارا سریلزم سے ملا تھا۔ یہ تحریک 1924 میں فرینچ لیڈر کے 'مینی فیسٹو آف سریلزم' سے منسوب ہے۔ اس تحریک میں اُن کے علاوہ بھی کئی ایک رائٹرز ملتے ہیں جیسا کہ فرانس کے لوئی ایراگون (Louis Aragon)، پال الارڈ (Paul Eluard)، فلپ سوپالٹ (Soupault Philippe) اور انگلینڈ کے ڈیوڈ گیسکوائین (David Gascoyne) اور ہیوج ڈیوس (Hugh Davies) شامل ہیں۔ دادا ازم کی طرح سریلزم کے تحت تخلیق کی گئی شاعری یا ادب کو سمجھنا بہت مشکل ثابت ہوا کیونکہ تخلیق کار کا باطنی وژن اور ظاہری اظہار کئی ایک صورتوں میں پڑھنے والے کے شعور سے مطابقت نہیں رکھ پاتا تھا۔ اس میں تخلیق کار اپنے تحت الشعور کی کیفیات کو خواب آور کیفیتوں میں اداری اور غیر ارادی تجربات اور احساسات کو قلم بند کرتے ہیں اور اُن کے لیے جو استعارے اور علامتیں استعمال کرتے ہیں وہ یکتا، منفرد اور مختلف ہونے کی وجہ سے بجائے ایک تہہ در تہہ دنیا کا سراغ دیتے ہیں۔ دادا ازم اور سریلزم جیسے تجربات نے معنویت یا غیر معنویت کے سفر کو لاتعلق اور ابسرڈ قسم کی ایک نئی ادبی دنیا میں پہنچا دیا جس کے تجربات ہمیں سیموئل بیکیٹ (Samuel Beckett) اور یوگین لینیسکو (Eugene Ionesco) کی تحریروں میں ملتے ہیں۔

فلسفہ وجودیت (Existentialism)

دوسری عالمی جنگ کے بعد یعنی 1940 کے آس پاس ہمیں فرانس میں ایک نئی تحریک 'فلسفہ وجودیت' (Existentialism) سے سابقہ پڑتا ہوا ملتا ہے۔ یہ تحریک صرف فلسفے میں ہی نہیں ادبی دنیا میں بھی یکا یک پھیل جاتی ہے۔ اس تحریک کے بانی ادیبوں

میں ڈنمارک کے فلاسفر کرک گارڈ (Kierkegaard) کا نام سرفہرست اور اُن کے کے ساتھ ہی تین بڑے جرمنی کے فلاسفرز، ادیب نطشے (Nietzsche)، ہائڈیگر (Heidegger) اور جاسپرز (Jaspers) بھی فلسفہ وجودیت پر اہم کام کرتے ہوئے نظر آتے ہیں۔ فلسفہ وجودیت کا بنیادی نقطہ یہی ہے کہ انسان کی مادی حقیقت ہی اُس کی معنویت کا سبب بنتی ہے یعنی Existence precedes essence یا دوسرے لفظوں میں انسان اپنے معنی خود پیدا کرتا ہے، اُس کے معنی یا اُس کی روح اُس کے بدن سے پہلے نہیں بلکہ بعد میں وجود پاتی ہے۔ یہ روح کچھ اور نہیں اُس کا عطر ہے جو اُس کی محنت، لیاقت اور زندگی کی جدوجہد سے اپنی شکل پاتی ہے۔ فلسفہ وجودیت کے مطابق انسانی وجود اپنے تئیں ایک مضحکہ خیز سی شے ہے جس کے یوں تو کوئی بھی لوجیکل معنی نہیں ہیں یا اسے کسی وجہ یا دلیل کے تحت جنم نہیں ملتا ہے۔ یہ زندگی میں دھکیل دیا جاتا ہے اور دوسرے جانداروں کی طرح بنا کسی معنویت کے وجود میں آجاتا ہے۔ اس کی مثال ریاضی کے ایکزوم اسکوائر روٹ دو یا تین (v2 or v3) کی طرح بیان کیے جاسکتے ہیں۔ یہ غیر منطقی سے نمبرز ہیں جنہیں اسی طرح سے ہی لکھا جاسکتا ہے۔ اس طرح سے لکھنے میں کوئی دلیل یا بحث نہیں ہے۔ وجودیت کا تیسرا اہم ترین نقطہ یہی ہے کہ وجود سے پیدا ہونے والی معنویت سراسر فری چوائس (Free choice) ہی سے ممکن ہے۔ ہر ایک وجود اپنی چوائسز میں مکمل طور پر فری رہ کر ہی اپنی حقیقی معنویت کا سبب بن سکتا ہے۔

کرک گارڈ کے مطابق یہ دنیا کسی بھی قسم کی سچائیوں، ویلیوز، اخلاقیات کے اصولوں پر نہیں بنی ہے۔ اُس کے مطابق سچائی سوائے انسانوں کے خود سے عہد و پیماں کے اور کچھ نہیں ہے۔ اس کا تعلق خود کی داخلی کیفیت سے ہے یعنی یہ محض خود سے کیے گئے وعدوں اور اُس پر خود سے واجب کی گئی وفاداری سے ہے۔ کرکگارڈ کا ایک مشہور جملہ ہے:

'Subjectivity is truth, and truth is subjectivity'

اُس کے مطابق اس دنیا کا سامنا کرنے کے دوران عموماً وفادار قسم کے لوگ جمالیاتی اور اخلاقیاتی قدروں سے بھری ہوئی زندگی گزارنے کو چن لیتے ہیں۔ خدا کا تصور اس وعدے اور عہد و پیمان کے لیے روحانی سہارا بنتا ہے اور ایک ابدی حقیقت کی معنویت دے کر اُسے مستحکم کرنے کی کوشش کرتا ہے۔ کرکے کگارڈ کے لیے خدا پر ایمان دو ہی صورتوں میں سفر کرتا ہوا ملتا ہے یا تو یہ ایمان یا وفاداری کے لیے چھلانگ (Leap to faith) ہوتی ہے یا پھر خود ایمان یا وفاداری کی ایک چھلانگ (Leap of faith) ہوتی ہے۔ ایک ایمان رکھنے والا شخص، اپنے تمام تر فیصلوں کے لیے خود کو خدا کے حوالے کر دیتا ہے۔

کرکے کگارڈ کے مقابلے میں فریڈک نطشے کا کہنا تھا کہ خدا مر چکا ہے 'God is dead'۔ اب انسانوں کو خدا کے تصور سے دی گئی اخلاقیات کی جگہ خود اخلاقیات پیدا کرنی ہوگی یہ اخلاقیات صرف ہیومنز ہی نہیں بلکہ سپر مین بھی بنانے میں مددگار ہوگی۔ مارٹن ہائڈ گر نے وجودیت کے لیے ایک نیا لفظ ڈیزائن (Dasein) استعمال کیا تھا جس کا مطلب being there ہے یا ہم کہہ سکتے ہیں کہ وجود کو دنیا میں پھینک دیا گیا ہے۔ یہ وجود مخصوص وقفے کے لیے اور عارضی ہے اس لیے یہ مرنے اور زندگی کی بے معنویت کا خیال انسانوں کو بے چینی اور گھبراہٹ سی پیدا کر دیتا ہے۔ اس نیھیل ازم یا Nothingness سے لڑنے کے لیے انسان کو زندگی میں بھرپور حصہ لینا چاہیے اور اپنی موجودگی کا فائدہ اٹھا کر اپنا عطریا معنی پیدا کرنے کی بھرپور کوشش کرنی چاہیے۔ جاسپرز کے مطابق انسان، زندگی کی بے معنویت یا مضحکہ خیز معنی کے ریکشن میں دنیاوی تھیوریز بناتا ہے۔ انسانوں کو سائنسی علوم، فطرت سے، وجودی سچائیاں، گفتگو سے اور میٹا فزیکل سچائیاں 'The one being' سے ملتے ہیں۔

ژین پال سارتر (Jean-Paul Sartre) 1905 میں فرانس کے شہر پیرس میں پیدا ہوئے اور وہیں تعلیم حاصل کی۔ دنیا بھر میں اُن کی شہرت ایک فلاسفر اور ادیب کے طور پر

ہوئی جن کا موضوع فلسفۂ وجودیت تھا۔ وہ ایڈمنڈ ہسلر (Husserl) اور مارٹن ہائڈ گر کے فلسفیانہ تصورات سے بہت متاثر تھے۔ 1964 میں انہیں ادب کا نوبل پرائز دیا گیا تھا جو انہوں نے لینے سے انکار کر دیا تھا۔ 1943 میں سارتر نے اپنی کتاب بینگ اور نتھنگ نس (Nothingness Being and) میں انہوں نے یہ فلسفیانہ تصور دیا کہ ایک آدمی کا وجود اُس کی معنویت یا اُس کے جوہر سے قبل ہے اور وجود کا خود میں ہونا (Being-in-itself) ایک قطعی طور پر آبجیکٹو فنامنا ہے جبکہ وجودیت، وجود کے لیے (Being-for-itself) ہے جو ایک سراسر سبجیکٹو کو الٹی ہے۔ 1943 میں سارتر اپنے ڈرامے 'دی فلائیز' (The Flies) میں آریسٹیس (Orestes)، ایگستھس (Aegisthus) کو مار دیتا ہے اور اُس کے لوگوں کو یہ سبق دیتا ہے کہ وہ آزاد ہو جائیں اور اپنے ایکشنز کے خود ہی ذمہ دار بن جائیں۔ اس کے نتیجے میں وہ اُن مکروہ فلائز (Flies Repulsive) کے ہجوم کو اپنے ساتھ لے جاتا ہے جو درحقیقت نتائج کا استعارہ ہوتی ہیں۔ 1938 میں سارتر نے نازیہ (Nausea) تخلیق کیا تھا جس کا مرکزی کردار روکینٹین (Roquentin) جب تاریخ پر اپنے مشاہدے و تجربات لکھنے کے لیے لائبریری پہنچتا ہے تو اس بات سے متلاہٹ جیسے احساس سے گزرتا ہے کہ انسانوں اور چیزوں کا وجود اپنے تئیں کسی معنویت کے بغیر ہے اور اس احساس کو جاننے کے لیے وجودیت کی ساخت کو سمجھنا ضروری ہے چناچہ وہ تاریخ پر لکھنے کے بجائے وجودیت پر کتاب لکھنے کو فوقیت دے دیتا ہے۔

1944 میں سارتر نے ایک ایکٹ کا ڈرامہ نوایگزٹ (No Exit) تخلیق کیا تھا جس کے کرداروں میں ایک آدمی اور دو عورتیں ہی شامل تھے۔ مرد کا نام گارسین (Garcin) جبکہ عورتوں کے نام آئنیز (Inez) اور اسٹیلی (Estelle) تھا۔ یہ تینوں جو مرنے کے بعد خود کو ایک بند کمرے میں پاتے ہیں جہاں سے باہر جانے کا کوئی راستہ نہیں ہے یعنی وہ ایک جہنم ہے۔ وہ وہاں لامتناہی وقت کے لیے بند ہیں جو اپنی زندگی کے تجربات اور شخصیت کی

کمزوریوں کی وجہ سے ایک دوسرے کو برداشت کرنے کی خاطر بند کردیے گئے ہیں۔ وہ مکمل طور پر بے یار و مددگار ہیں اور اُن کا کوئی مستقبل نہیں ہے۔ یہاں آکر انہیں احساس ہوتا ہے کہ زندگی کے کوئی معنی یا مطلب نہیں تھے اور وہ بس ایک مستقل ایک جیسا سا دہرانے والا مضحکہ خیز (Absurd) سا عمل تھا۔ فلسفے و ادب کی دنیا میں اس ڈرامے کے دو جملے خصوصاً مشہور ہوئے تھے: Hell is other people یعنی دوسرے لوگ جو ہمیں دیکھتے ہیں وہی اصل میں ہماری سزائیں ہیں اور Well, well, let's get on with it ٹھیک، ٹھیک ہاں اسی پر گزارا کرتے ہیں۔ یعنی یہی آخری جملہ معنویت کو نا جاننے کی سزا بن جاتا ہے۔

ژین پال سارتر کے ساتھ جو نام فلسفہ وجودیت کے حوالے اہم فکری شعور کے ساتھ ملتا ہے وہ البرٹ کاموز ہے۔ البرٹ کاموز 1913 میں الجیریا میں پیدا ہوئے۔ وہ 1941 تک فرینچ نارتھ افریقہ میں تھے، یہی وہ سال تھا جب جرمنی نے فرانس پر قبضہ کرلیا تھا۔ کاموز اُس مزاحمتی سیاسی جماعت کے لیڈر تھے جو جرمنی کی فرانس کے کنٹرول کے خلاف تھی۔ وہ ایک جنرلسٹ اور رائٹر تھے جنہیں ان کی عمدہ فلسفیانہ تحریروں اور ناولز کی وجہ سے 1957 میں ادب کے نوبل پرائز سے نوازا گیا تھا۔ سارتر کی طرح کاموز کا موضوع بھی ابسرڈ زندگی اور اُس کی بے معنویت تھی۔ سارتر کے مقابلے میں کاموز کے خیالات نسبتاً مختلف تھے، اُن کے پاس انسانی آزادی کا تصور اُس کی عزت اور وقار سے براہ راست جڑا ہوا تھا جو اُس کے جواز اور جوہر کا سبب تھا۔ کاموز نے 1942 میں اپنا مشہور ناول اجنبی یا دی اسٹرینجر (The Stranger) تخلیق کیا تھا۔ مرسالٹ (Meursault) ایک عرب کے قتل میں عدالتی ٹرائل کو بھگتا ہے اور سزائے موت کا سزاوار ٹھہرایا جاتا ہے۔ اُس کے خلاف جرح میں اُن باتوں کو ڈسکس کیا جاتا ہے جو اُس کے نزدیک قطعی غیر اہم ہوتی ہیں۔ مثلاً اُس کے اپنی ماں کے مرنے پر غم نا منانے پر اُسے سخت دل، ظالمانہ اور خود غرض رویے کا آدمی کہا جاتا ہے یا سزائے

موت کے وقت مذہبی دعائیں مانگنے یا گناہوں کی بخشش وغیرہ کو یا ان تمام باتوں کا اُس کے مضحکہ خیز کہنے پر اُسے روایتی اچھے انسان کی تعریف سے باہر سمجھا جاتا ہے۔مذہبی اخلاقیات کی بنیادوں پر قائم عمومی معاشرے میں وہ خود کو ایک اجنبی انسان کی طرح سے لیتا ہے۔یہ ناول وجودیت کی تعریف دیتا ہوا ملتا ہے کہ تم ہی تمہاری زندگی ہو(you are your life)۔1942 میں البرٹ کاموز نے دی متھ آف سسفس (The Myth of Sisyphus) لکھ دی جس میں دیومالائی کردار سسفس البرٹ کاموز کے فلسفہِ ابسرٹ کا(Absurd) کا ہیرو تھا۔سسفس روزانہ ایک بھاری چٹان کو کندھوں پر اٹھا کر پہاڑ کے کونے تک لے کر جاتا اور جونہی اُسے پہاڑ سے دھکیلتا،اُس کے کندھوں پر ایک اور بھاری چٹان چڑھ جاتی اور وہ پھر پہاڑ سر کرنے میں جت جاتا۔یہ مستقل سا بے معنی سا عمل جس کے بدلے میں کچھ نہ ملنے کا عمل زندگی کی بے معنویت سے ماخوذ تھا مگر جس لمحے سسفس اس عمل کے دوران مسکرا کر سزا دینے والے کو دیکھتا ہے وہیں ابسٹرازم کے معنی (Essence) اور احترام(Dignity) پیدا ہو جاتے ہیں کہ بے معنویت کا تجربہ ہی اصل میں اُس کی معنویت ہے۔

البرٹ کاموز نے طاعون یا دی پلیگ (The Plague)1947 میں لکھا تھا۔ناول کا مرکزی کردار ڈاکٹر ریکس (Doctor Rieux) آٹھ مہینوں کے لیے الجیریا کے ایک علاقے اوران (Oran) میں رہنے پہنچتا ہے جہاں اُس کا مقصد لوگوں کو پلیگ سے بچانا ہوتا ہے۔شہر کو قرنطینہ (Quarantines) کی خاطر بند کر دیا جاتا ہے اور لوگوں کو مجبور کیا جاتا ہے کہ وہ اپنے کرداروں سے باہر نکل کر کچھ اہم فیصلے کریں۔ڈاکٹر ریکس لوگوں میں امید دلانے کی خاطر اپنی جان داو پر لگا کر اُس شہر میں ٹھہرتا ہے مگر اُسے جلد ہی اندازہ ہو جاتا ہے کہ ہر ایک شے کو ابتدا سے شروع کرنا ہوگا۔زندگی کی مضحکہ خیز یکسانیت،زندگی کے بارے میں کسی بھی قسم کے فیصلے کرنے اور نئے تجربات کرنے سے لوگ قاصر رہتے ہیں مگر ایک شخص کی انقلابی محنت اور فکر ہی بالآخر رنگ لاتی ہے جو نئے سرے سے فیصلے کرتا ہے۔

کاموز کی 1957 میں لکھی ہوئی کہانی دی گیسٹ (The Guest) کا اسکول ماسٹر دارو (Daru) کو حکم ملتا ہے کہ وہ ایک عرب قاتل کو عدالتی کارروائی کے لیے شہر بھیجنے کا انتظام کرے۔ دارو اُس عرب کی مدد واسطے اُسے بھاگنے میں مدد کرنے کی پیشکش کرتا ہے مگر عرب انکار کر دیتا ہے۔ عرب کا یہ اعلیٰ اخلاقی عمل اُس کا مثبت کردار بن کر سامنے آتا ہے جسے اُس کے گورے آقا بھی خراج تحسین کی نظر سے دیکھتے ہیں۔

ارنسٹ ہیمنگ وے (Ernest Hemingway)، امریکن ناول نگار اور شارٹ اسٹوری رائٹر، 1899 میں اوک پارک، شکاگو میں پیدا ہوئے تھے۔ اُن کے موضوعات وجودیت اور فلسفہ انکار (Nihilism) کی تفہیم تھے جو انہوں نے ایک فکشن رائٹر کے طور پر بہت ہی عمدہ طریقے سے نبھائے اور اپنے اعلیٰ تخلیقات پر 1954 میں ادب کا نوبل پرائز حاصل کیا۔ انہوں نے اپنے ناولوں میں سادہ ترین رائٹنگ کا اسٹائل اپنایا جس میں وہ عموماً ڈائیلاگ اور ڈرامہ نگاری کی تکنیک کا استعمال کرتے تھے۔ اُن کی کہانیوں میں فطری معاشرتی صورت حال کی خاطر اکثر و بیشتر جھگڑے اور مارکٹائی، درد، تکالیف، سیکس، شکار اور اموات وغیرہ بھی ملتی تھیں۔

ارنسٹ ہیمنگ وے نے 1926 میں 'دی سن آلسو رائزز' (The Sun Also Rises) لکھا تھا۔ جیک بیرنز (Jake Barnes) اُس امریکی جنریشن کی بات کرتا ہے جو پہلی عالمی جنگ کے بعد یورپ میں ضائع ہوگئی تھی۔ اُس میں امریکی تارکین وطن جو یورپ میں رہ جاتے ہیں اور اس نتیجے پر پہنچ جاتے ہیں کہ زندگی میں ایسا کوئی فکس پوائنٹ نہیں آتا ہے جہاں سے نئے سرے سے اُس کا آغاز کیا جاسکے مگر اُن کا فریبِ خیال اُس وقت ٹوٹتا ہے جب وہ جانتے ہیں کہ چیزیں ضرور لوٹ کر اُس مقام پر پہنچ جاتی ہیں جہاں سے وہ دوبارہ اوریجنل شکل میں پہنچ جاتی ہیں جیسا کہ دی سن آل سو رائزز (The Sun Also Rises)

ہے۔ 1929 میں ہیمنگ وے نے مشہور ناول 'اے فیر ویل ٹو آرمز' (A Farewell to Arms) لکھا۔ جس کی کہانی کچھ یوں ہے کہ ایک امریکی لیفٹیننٹ، فریڈرک ہنری پہلی عالمی جنگ کے دوران اٹلی میں ایمبولنس یونٹ میں کام کرتا ہے۔ اس دوران اسے ایک انگلش نرس کیتھرین بارکلے سے پیار ہو جاتا ہے۔ وہ دونوں اٹلی سے سوئٹزرلینڈ چلے جاتے ہیں جہاں بچے کی پیدائش کے دوران اُس نرس کی موت ہو جاتی ہے۔ کہانی میں اہم بات یہی ہے کہ وہ پہلی عالمی جنگ میں انسانیت کی خدمت کے لیے خود کو وقف کر دیتے ہیں اور پھر محبت کی تکمیل میں ختم ہو جاتے ہیں۔ اسی لیے اُن کی الوداعی 'دو آرمز' سے ہوتی ہیں ایک کوچ کرنے یعنی (armor) اور دوسری بار محبت کے لیے ایموزر (Amours)۔ ہیمنگ وے کا ایک اور ناول 'فار ہوم دی بیل ٹولز' (For Whom the Bell Tolls) 1940 میں پبلش ہوا تھا۔ ناول کا ہیرو، رابرٹ جورڈن، ایک آئیڈلسٹ امریکی پروفیسر، اسپینش سول وار کے دوران اسپینش قوم پرستوں کے ساتھ مل کر فاشسٹ قوتوں کے خلاف لڑتا ہے اور اس دوران ایک اہم پل کو اڑانے کے دوران بری طرح زخمی ہو جاتا ہے۔ اُسے مرنے کے لیے ایک ہل سائیڈ پر چھوڑ دیا جاتا ہے۔ اس دوران اُس کی محبوبہ ماریا بھی جدا ہو جاتی ہے۔ اس کہانی کا ٹریجڈک اینڈ ہوتا ہے مگر اُس کی کامیابی، انہدام اور ٹوٹ پھوٹ سے ہی منسوب ہوتی ہے۔

1952 میں ہیمنگ وے نے 'دی اولڈ مین اینڈ دی سی' (The Old Man and the Sea) جیسا ناول تخلیق کیا تھا جس نے امریکہ بھر میں دھوم مچا دی تھی۔ ایک بوڑھا کیوبن مچھیرا 84 دن تک ایک بڑی مچھلی کو شکار کرنے کے لیے سمندر میں گزارتا ہے اور انتھک محنت سے ایک بڑی شارک کا شکار کرنے میں کامیاب ہو جاتا ہے مگر جب واپس پہنچتا ہے تو اُس کے ساتھ مچھلی کا صرف ایک ڈھانچہ سا ہی بچتا ہے۔ یہ دیکھ کر وہ بوڑھا شخص، اُس سسفس کی طرح ہمت نہیں ہارتا ہے جو چٹان لے کر ہر صبح پہاڑ پر چڑھ جاتا ہے۔ اُسے دوسری طرف پھینکتا ہے اور اگلی صبح پھر نئے سرے سے اسی کام کے لیے تیار ہو جاتا ہے

بالکل اسی طرح وہ بوڑھا مچھیرا ایک بار پھر سمندر میں جانے کی تیاری شروع کر دیتا ہے کہ مچھلی کو پکڑنا ہی اُس کی زندگی کا ایسنس یا جوہر ہے۔

دوسری عالمی جنگ کے بعد جس طرح سے ابسرڈ فلاسفی پر ناول اور ڈرامہ نگاری کے مستقل تجربات ہوئے بالکل اسی طرح کئی ایک عمدہ ادیبوں کے ڈرامے بھی بیسویں صدی کے دوران تھیٹرز میں پرفارم کیے گئے۔ اس دوران وجودیت کے نظریے پر خصوصاً زور دیا گیا مگر ایکسپریشن ازم اور سریلزم کی تیکنیک استعمال کی گئی۔ اس دوران جن ادیبوں کے ڈرامے ہمیں تھیٹرز پر عمومی نظر آئے اُن میں بیکیٹ (Beckett)، جینیٹ (Genet)، پنٹر (Pinter)، آئنوسکو (Ionesco) اور ایلبی (Albee) شامل ہیں۔ سیموئل بیکٹ 1906 میں آئرلینڈ میں پیدا ہوئے تھے مگر اُن کی زیادہ تر زندگی فرانس میں گزری۔ وہ یوں تو ایک ٹیچر اور ٹرانسلیٹر تھے مگر انہوں نے زیادہ تر وقت ناولوں اور ڈراموں کی تخلیقات میں گزارا۔ اُنہوں نے فرانسیسی زبان میں ہی لکھا مگر کئی ایک ناولز اور ڈرامے فرانسیسی سے انگریزی میں بھی ترجمے کیے۔ انہیں 1969 میں ادب کا نوبل پرائز ملا۔ اُن کے دو ڈرامے، ویٹنگ فار گوڈوٹ (Waiting for Godot) اور اینڈ گیم (Endgame) خصوصاً تھیٹرز کے لیے کسی ماسٹر پیسز کا درجہ رکھتے ہیں۔ گوڈوٹ کے لیے انتظار ایک ٹریجکٹک کامیڈی ہے جس میں انسانوں کی 'ابسرڈ لائف' کی تصویر تھیٹر پر کھینچی گئی ہے۔ یہ ڈرامہ دو ایکٹ پر پرفارم کیا گیا ہے۔ اس میں پلاٹ اور کہانی عمومی ڈراموں سے قطعی مختلف ہے۔ پہلے ایکٹ میں دو کردار ولیدیمر اور اسٹراگن کو ایک درخت کے پاس کھڑے ہوئے کسی گاڈوٹ (Godot) کے انتظار میں دکھایا گیا ہے۔ یہ گاڈوٹ کیا ہے، اس کے بارے میں کسی کو کچھ نہیں پتہ۔ شاید وہ کوئی مسیحا ہے، یا دیوتا ہے، یا کوئی عظیم انسان یا روح ہے؟ خود ولیدیمر اور اسٹراگن کو بھی نہیں خبر کہ وہ کیا ہے اور کون ہے۔ انہیں یہ بھی نہیں پتہ کہ اُس نے کب اور کہاں آنا ہے۔ وہ اس خشک

اور پتھریلی جگہ پر برسوں کھڑے رہتے ہیں، عامیانہ سی حرکات کرتے رہتے ہیں، فضول موضوعات پر باتیں کرتے رہتے ہیں کبھی خودکشی، کبھی گاجر، مولیوں اور دیگر سبزیوں کے بارے میں۔کبھی وہ مُردوں کی آوازیں نکالتے ہیں، کبھی بائبل کا تذکرہ کرنے لگتے ہیں۔ اس دوران کچھ اور عجیب وغریب قسم کے اشخاص بھی اسٹیج پر آتے ہیں مثلاً ایک شخص کا نام 'پوزؤ' ہے اسی طرح دوسرے کا نام 'لکی' ہے۔ پوزو نے لکی کے گلے میں ایک رسی باندھی ہوئی ہے وہ پوزو کے احکامات کی پیروی کرتا رہتا ہے۔اس دوران ولیدیمر اور اسٹراگن کی اوٹ پٹانگ گفتگو اور حرکات کا سلسلہ بھی جاری رہتا ہے پھر ایک لڑکا اسٹیج پر آتا ہے اور انہیں بتاتا ہے کہ گوڈوٹ آج نہیں آرہا مگر ہاں، کل ضرور آئے گا۔ دونوں کردار اس بات کو سن کر مایوس ہوجاتے ہیں اور خودکشی کا سوچنے لگتے ہیں مگر انہیں خیال آتا ہے کہ ابھی رات ہوچکی ہے، انہیں بھی کہیں جانا ہے اور یوں پردہ گر جاتا ہے۔ دوسرے ایکٹ میں پھر سے وہی انتظار دکھاتے ہیں مگر وقت گزر چکا ہوتا ہے۔ پوزو اور لکی پھر اسٹیج پر دکھائی دیتے ہیں مگر اب پوزو اندھا اور لکی بہرہ ہوچکا ہوتا ہے۔ولیدیمر بوڑھا ہوچکا ہے۔وہ کہتا ہے' زندگی گزرتی جارہی ہے اور عادتیں زندگی کو مردہ کردیتی ہیں'۔ پوزو اور لکی اسٹیج سے چلے جاتے ہیں۔لڑکا دوبارہ اسٹیج پر آتا ہے اور خبر دیتا ہے کہ گوڈوٹ آج نہیں آئے گا مگر ہاں، کل وہ ضرور آئے گا۔ ولیدیمر اور اسٹراگن پھر مایوس ہوجاتے ہیں اور درخت پر لٹک کر خودکشی کا سوچتے ہیں مگر رسی نہ ہونے کی وجہ سے ارادہ ملتوی کردیتے ہیں، اندھیرا پھیلنے لگتا ہے اور انہیں کہیں جانا بھی ہوتا ہے، دونوں درخت کے نیچے کھڑے گوڈوٹ کا انتظار کرنے لگتے ہیں اور وہی عامیانہ گفتگو بڑبڑانے لگتے ہیں، پردہ گرجاتا ہے۔

سیمول بیکٹ کا اینڈ گیم (Endgame) دو گھنٹے دس منٹ کا ایک ایکٹ کا تھیٹر ڈرامہ ہے۔اسے انہوں نے فرانسیسی میں partie Fin de کے نام سے لکھا تھا اور انگریزی میں ترجمہ بھی کیا تھا۔ یہ 1957 میں پبلش اور پرفارم ہوا تھا۔اس ڈرامے میں چار کردار ہیم

(Hamm)، کلوو (Clov) اور ہیم کے بوڑھے اور اپاہج ماں باپ نیگ اور نیل (Nagg and Nell) شامل تھے۔ ہیم ایک امیر شخص ہے جو اندھا ہے، وہیل چیر پر بیٹھا ہے اور خاصا مطالبے کرنے والا سا شخص ہے جبکہ کلوو، ہیم کا نوکر ہے مگر خود اس لائق نہیں ہے کہ بیٹھ سکے۔ یہ سب ایک کمرے میں رہتے ہیں جس کی دو کھڑکیاں ہیں۔ کہانی کا پلاٹ یہی ہے کہ اس ختم ہوتی ہوئی دنیا میں ہر شے ختم ہوتی جا رہی ہے۔ اُس کے ماں باپ نیگ اور نیل بھی گاربیج کین (garbageCans) پر پڑے ہیں۔ ہیم ہر کچھ لمحے کے بعد کلوو کو ایک نیا حکم دے دیتا ہے لیکن یہ عمل ہتھوڑے کی طرح کیل کے سروں پر پڑنے والی آوازوں کی طرح دہرانے والا ہی ہوتا ہے۔ تین کرداروں کے ناموں کے معنی بھی مختلف زبانوں میں کیل کے ہی ہیں جیسا کہ کلوو فرانسیسی میں، نیگ، جرمن زبان میں اور نیل کو اٹلی میں کیل کہا جاتا ہے جبکہ ہیم کی آواز ہیمر یا ہتھوڑے کی جیسی ہے۔ ہیم کی مستقل ڈیمانڈ کے باوجود اُس کا ملازم کلوو، کبھی بھی اُس کا بستر کمرے کے بیچ میں نہیں رکھ پاتا ہے۔ زندگی کے کوئی معنی نہیں ہیں یہ محض ایک جیسی بیکار سی حرکتوں کا مجموعہ ہے۔

یوگین اِئنوسکو (Eugene Ionesco) ایک رومانین فرینچ ڈرامٹسٹ تھے جو 1909 میں پیدا ہوئے تھے۔ انہوں نے ڈراؤنے خوابوں کو بھی ڈراموں میں اسٹیج کیا اور 'دنیا اور زندگی کی ابسرڈنس' کو اپنا موضوع بنایا۔ 1951 میں انہوں نے ابسرڈازم پر 'دی چیئرز' (The Chairs) لکھا تھا جس کا تھیم 'نتھنگ نس' (Nothingness) تھا۔ چیئرز سے مراد ایک امید ہے کہ شائد کوئی واپس آئے گا 'چیئر' تنہائی کا استعارہ بھی ہے۔ اس ڈرامے میں ایک بوڑھا جوڑا اپنے نہ نظر آنے والے مہمانوں کے لیے کرسیوں کی قطاریں بناتے ہیں جو اُن کے خیال میں وہاں پہنچ کر اُس بوڑھے شخص کا پیغام سنیں گے۔ 95 برس کے بوڑھے شخص نے اپنی ساری زندگی کسی آئرلینڈ پر ایک ہینڈی مین کے طور پر گزاردی اور چالیس برسوں سے

اپنے پیغام کو لوگوں تک پہنچانے کا خواب دیکھتا رہا۔اُس کی 94 برس کی بیوی اپنے شوہر کو ہمیشہ سے ایک خاص دانشور ہی سمجھتی رہی جو ایک ہینڈی مین سے بڑھ کر تھا اور جسے ایک دن اپنا خاص میسج دنیا بھر کو دینا تھا۔

ڈرامے میں وہی دن آج آچکا تھا، بوڑھا بار بار کھڑکی کی طرف جاتا تھا اور لوگوں کی راہ تکتا تھا اُس کی بیوی اُسے پکڑ کر چیئر کی طرف لاتی تھی کیونکہ اُسے خوف تھا کہ وہ کھڑکی سے گر کر مر سکتا ہے۔وہ دونوں مرنے سے قبل اُن تمام لوگوں سے ملنا چاہتے تھے اور کرسیاں لگا رہے تھے۔اسٹیج پر جلد ہی 'نہ نظر آنے والے لوگ' آنا شروع ہوجاتے ہیں۔ بوڑھا بہت بے چین ہے اور آگے بڑھ کر ہر ایک کو چیئر پر بٹھانے کی کوشش کرتا ہے، بڑھیا مہمانوں کے بارے میں اوٹ پٹانگ باتیں بھی کرتی جاتی ہے۔اس عرصے میں جب لوگوں کی دلچسپی کم ہوتی ہوئی نظر آتی ہے تو بوڑھا جوڑا مختلف کھانے پینے کی چیزوں کی لالچ بھی دیتے ہیں۔ اس دوران ایک بڑی سماجی شخصیت بھی وہاں آجاتی ہے جسے خاص جگہ پر بٹھایا جاتا ہے۔ بوڑھا اپنا پیغام سناتا ہے جسے وہاں موجود کوئی بھی شخص سمجھ نہیں پاتا ہے۔ڈرامے کے آخر میں ڈرامے کا اوریٹر (Orator) نمودار ہوتا ہے جو بوڑھے کے پیغام کو لوگوں تک پہنچانے کا ذکر کرتا ہے۔ یہ سن کر دونوں بوڑھا اور بڑھیا کھڑکی سے کود کر جان دے دیتے ہیں۔اسٹیج پر اوریٹر پیغام دینا شروع کرتا ہے مگر اُس کے منہ سے کچھ عجیب وغریب آوازیں ہی نکل پاتی ہیں جن کا کچھ بھی مطلب نہیں ہوتا ہے۔اوریٹر کی آوازیں اس بات کا تعین کر دیتی ہیں کہ وہ اصل میں تو بہرا اور گونگا انسان تھا۔

یوگین اینوسکو کا ایک اور استعاراتی (Allegorical) ڈرامہ گینڈے Rhinoceros تھا۔ یہ ڈرامہ انہوں نے جرمنی میں 1959 میں پروڈیوس کیا تھا اور پھر اسی برس فرانسیسی زبان میں Le Rhinocéros کے نام سے پبلش کیا تھا۔اس ڈرامے کے مرکزی کردار برینگر (Bérenger) اور جین (Jean) ایک چھوٹے سے کیفے میں بیٹھے ہوئے ہوتے ہیں اور

اچانک دیکھتے ہیں کہ ایک گینڈا اُن کے اطراف سے گزر کر جاتا ہے۔ اگلے دن گاؤں بھر کے لوگ چہ مہ گوئیاں کرتے ہوئے ملتے ہیں کہ سارے گاؤں میں گینڈے ہی گینڈے نظر آرہے ہیں۔ برینگر ہر شخص کو وارننگ دیتا ہے کہ گاؤں کے لوگ میٹا مارفوسس کے ذریعے گینڈوں سے بدلتے جارہے ہیں مگر اُس کی کوئی نہیں سنتا۔ ایک دن اُس کی دوست جین بھی گینڈے سے بدل جاتی ہے اور برینگر ایک تنہا انسان کی طرح دنیا میں بچ جاتا ہے۔

بیسویں صدی میں جہاں علامت نگاری (سمبل ازم)، اظہاریت یا باطن نگاری (ایکسپریشن ازم)، تاثریت یا اثریت (امپریشن ازم) مستقبل پرستی (فیوچر ازم)، فلسفہ وجودیت (ایگزسٹینشل ازم)، سریلزم اور دادا ازم وغیرہ پر طبع آزمائی ہوئی وہیں ایک اور صنف ریلیٹو ازم (Relativism) پر بھی کچھ ادیبوں نے تخلیقات دیں مگر اور ادبی تحاریک کی طرح ریلٹو ازم کو وہ نمائندگی نصیب نہ ہوئی جو خصوصاً فلسفہ وجودیت، فلسفہ انکار (Nihilism) اور ابسٹرڈ ازم (Absurdism) کے حصے میں آئیں تاہم اس کے پس منظر میں یہی آئیڈیا تھا کہ انسانوں کا مادی وجود ہی اُن کے جوہر یا معنوی روح کا سبب ہے۔ ریلٹو ازم کا مطلب یہی تھا کہ کوئی بھی شے یا سچائی مکمل یا مطلق (Absolute) نہیں ہے۔ نوبل لارئیٹس، پرانڈیلو (Luigi Pirandello) اور آندرے جیڈ (André Gide) نے ریلیٹو ازم کو اپنے ادبی تجربات کی زینت بنایا تھا۔

پرانڈیلو (Luigi Pirandello) سسلی کے قریب ایک چھوٹے سے گاؤں میں پیدا ہوئے تھے۔ جرمنی آنے سے قبل وہ روم منتقل ہو گئے تھے۔ اسٹڈیز کے بعد جب روم پہنچے تو ایک گرلز اسکول میں ٹیچنگ کرنے لگے، اسی دوران انہوں نے فکشن رائٹنگ اور ڈرامہ نگاری شروع کردی تھی۔ اُنہوں نے زندگی کے حقائق کے بارے میں نئے زاویوں سے لکھنا شروع کیا۔ اُن کے عمدہ تخلیقی کاموں کی وجہ سے انہیں 1934 میں لٹریچر کے نوبل

پرائز سے نوازا گیا۔ پرانڈیلو کی تخلیقات 'ریلیٹوازم' کے تجربات پر مشتمل تھیں۔ انہوں نے زندگی کی اُن سچائیوں اور حقیقتوں پر لکھا جن کے لیے پرسنل تجزیے کے بنا سچ یا حقیقی بات کہنا یا سمجھنا دشوار تھا۔ اُن کا مشہور ڈرامہ 'رائیٹ یو آر اِف یو تھنک سوُ' (Right You Are If You Think So) جو انہوں نے 1916 میں لکھا تھا، بے انتہا دلچسپ ڈرامہ تھا۔ اِس ڈرامے کے مرکزی کردار 'سنگور پونزا' (Signor Ponza) اور اُس کی بیوی 'سنگورا فلورا' (Signora Frola) کی مستقل بات چیت میں یہ کہنا مشکل تھا کہ سنگورا فلورا کا کونسا بیان سچ ہے؟ کیونکہ یہ ممکن تھا کہ وہ دونوں ہی خبطی تھے۔ اُن کی گفتگو میں بار ہا یہ جملہ سننے کو ملتا تھا کہ 'تم ٹھیک ہو، اگر تم سمجھتے ہو تو'۔ اسی طرح پرانڈیلو کا ایک اور ڈرامہ 'سکس کیریکٹرز اِن سرچ آف این آتھر' (Six Characters in Search of an Author) انہوں نے 1921 میں لکھا تھا۔ اس ڈرامے میں وہ دکھاتے ہیں کہ پانچ لوگوں کی ایک فیملی اچانک اسٹیج پر اداکاروں کے گروپ سے ملتی ہے جو پہلے ہی کسی اسٹیج پلے کی پریکٹس میں مشغول تھے۔ وہ بضد تھے کہ وہ ہی اس ڈرامے کے فکشنل کردار ہیں اور ڈائریکٹر کو انہیں ڈرامے میں شامل ہی کرنا ہوگا۔ ڈرامہ ڈائریکٹر بہت مشکل سے اسٹوری سننے کو راضی ہوتا ہے اور پھر کسی رائٹر سے بات کرتا ہے تاکہ وہ اُن کے لیے ویسا ہی پلاٹ بنا دے۔ اس کے بعد وہ افراد اُس پلاٹ کے مختلف حصوں کی تیاری میں لگ جاتے ہیں۔ جونہی اداکار اُس پلاٹ کے لحاظ سے اداکاری کرنا شروع کرتے ہیں، وہ چھ کردار اداکاروں پر اعتراض کرنا شروع کر دیتے ہیں۔ اُن کے خیال میں اُن کی سچائیوں یا حقیقی کردار کو مسخ کیا جا رہا ہے۔ مطلب یہی نکلتا ہے کہ کسی کو نہیں معلوم اصل سچائی کیا ہے کیونکہ ہر سچائی یا حقیقت دراصل تقابلی (Relative) ہوتی ہے۔

آندرے جیڈ (André Gide) کا تعلق پیرس کے ایک بورژوا پروٹسٹنٹ خاندان سے تھا۔ وہ 1869 میں پیدا ہوئے اور بڑے ہو کر ایک بہت ہی با اثر ادیب بنے۔ انہیں

1947 میں لٹریچر کے نوبل پرائز سے نوازا گیا۔اُن کا یقین تھا کہ دنیا میں کوئی بھی سچائی مطلق یا مکمل نہیں ہو سکتی بلکہ یہ ہمیشہ سبجیکٹو اور ریلیٹو (Subjective & Relative) یعنی اور حقائق کے لحاظ سے تقابلی اور لوگوں کے جذبات، تجربات، امکانات اور رائے کے لحاظ سے ہی متعین ہو پاتی ہے۔اُن کا ماسٹر پیس اسٹیج پلے'کاونٹر فیٹرز'(Counterfeiters) تھا جو انہوں نے 1926 میں لکھا تھا۔اس ڈرامے کا مرکزی کردار ایک ناولسٹ،ایڈ وارڈ حقائق کے تھیم پر ایک ناول لکھنے کے لیے واقعات کی ترتیب لکھتا رہتا ہے۔اس دوران اُس پر یہ حقیقت منکشف ہوتی ہے کہ اُس کے اور کرداروں کے درمیان حقائق یکساں نہیں ہیں کیونکہ دنیا 'کاونٹر فیٹرز'یعنی جعل سازوں سے بھری ہوئی ہے جو منافقانہ زندگی گزارتے ہیں اور خود کو اور دوسروں کو مستقل دھوکہ دیتے رہتے ہیں۔ڈرامے کا تھیم یہی ہے کہ جعل سازوں اور جینوئن لوگوں کو علیحدہ کرنا ناممکن ہے۔

شعور کی رو(Stream of consciousness)

بیسویں صدی میں مغربی ادب کا ایک عظیم سرمایہ شعور کی رو (Stream of consciousness) میں تخلیق کیا ہوا ادب ہے۔شعور کی رو انسانی مائنڈ کا ایک استعارہ ہے یا یہ کہ انسانی دماغ کو ایک بہتی ہوئی رو سے تشبیہ دی جا سکتی ہے۔انسانی شعور جہاں بیرونی حسیات (Sensory Perceptions)، تحت الشعور اور یادوں کے مستقل انضمام کی وجہ سے کسی دریا کے مانند مستقل خیالات کی رو سے بہہ جا رہا ہوتا ہے وہیں لاشعور کی فری ایسوسی ایشن سے بھی تہہ در تہہ جڑا ہوا ہوتا ہے۔انسانی 'شعور کی رو' کا مواد اپنی روانی میں باہر کے محرکات (جن میں حسی اعضا کے ساتھ ساتھ عقلی دلائل اور ماحولیاتی مسائل بھی شامل ہیں) سے زیادہ اندرونی نفسیاتی محرکات سے زیادہ متاثر ہو رہا ہوتا ہے۔اس لیے شعور کی رو کے تحت لکھنے کے دوران اندرونی نفسیات،جس میں حقیقی جذباتی کیفیات کے ساتھ ساتھ تحت الشعور

اور لاشعور کے خیالات کی روانی ہوتی ہے،کو تخلیقی تحریر میں جگہ دی جاتی ہے۔کہانی کا پلاٹ، کردار، ماحول، مزاج ہر ایک شے زندگی کے تجربات کی طرح فطری انداز میں لکھ دی جاتی ہے تا کہ رائٹر کا پورا امینٹل پراسس پڑھنے والے کے سامنے کسی فلم کے اسکرین کی طرح اُبھر آئے۔اس تمام تخلیقی عمل میں کوئی شے مبالغہ آمیز نہیں ہوتی ہے،اُس میں نا تو کچھ کم ہوتا ہے اور نا ہی کچھ بھی زیادہ،کہانی کا راوی عام طور پر تھرڈ پرسن ہوتا ہے جو اکثر اندرونی خود کلامی میں مبتلا ہوتا ہے اور یوں فرسٹ پرسن کو اپنا حصہ بنالیتا ہے۔شعور کی رو کے تجربات زیادہ تر ناول نگاری میں ہوئے مگر کچھ شاعروں نے بھی اسے اپنی تخلیق کا حصہ بنانے کی کوشش کی۔ناول نگاروں میں مارسل پروسٹ (Marcel Proust)، جیمز جوائیس (James Joyce)، ورجینیا وولف (Virginia Woolf) اور ولیم فاکنر (Faulkner William) جبکہ شاعروں میں ٹی ایس ایلیٹ (T. S. Eliot)، ای ای کمنگس (Edward Estlin Cummings) اور جان بیری مین (John Berryman) شامل ہیں۔

مارسل پروسٹ (Proust Marcel) پیرس کے ایک معروف فزیشن کے بیٹے تھے۔وہ پیرس کے قریبی علاقے آٹیول (Auteuil) میں پیدا ہوئے اور ابتدائی تعلیم پیرس میں حاصل کی۔وہ فرینچ فلاسفر ہنری برگوسن (Henri Bergson) سے بہت متاثر تھے۔وہ زندگی بھر مختلف امراض میں گھرے رہے،مختصر عمر (51 برس) پائی مگر ادبی دنیا سے مستقل اپنا رشتہ جوڑے رکھا۔انہوں نے پیرس کی اعلیٰ ادبی کلاس میں اپنے وقت گزارا۔اُن کی پیرس میں زندگی، تجربات، مختلف جگہوں کے وزٹ اور زندگی کے مسائل وغیرہ کو انہوں نے اپنے ادبی پلاٹس کے لیے ٹرانسفارم کر کے استعمال کیا اور'ماضی کی یادداشتیں' (Remembrance of Things Past) نام کا ایک طویل ناول لکھا جو انہوں نے 1908 میں لکھنا شروع کیا،اُس کے پلاٹ کو انہوں نے پہلی عالمی جنگ تک پھیلا دیا تھا۔وہ اس ناول کے آخری تین والیم

اپنی زندگی میں دیکھ نہیں پائے کیونکہ 1922 میں ان کی نیمونیا سے موت ہوگئی۔

پروسٹ شعور کی رو کی تیکنیک کے تحت لکھنے والوں میں پیش رو کی حیثیت رکھتے ہیں۔اُن کا انداز اس قدر انتہا پسند نہیں تھا جیسا کہ جیمز جوائس کا انداز تحریر تھا۔انہوں نے زیادہ تر اپنی یاد داشتوں کو'فری ایسوسی ایشن' کے انداز میں لکھا تھا مگر اُس میں ہر ایک موضوع جن میں محبت، 'ہیٹرو اور ہوموسیکس' (ہم جنس پرستی) ، امارت پرستی (Snobbism) ، جیلسی ،دھوکہ یا عیاری غرض یہ کہ جو کچھ بھی تجربے میں شامل ہوا وہی ناول کا موضوع بن گیا۔ ماضی کی یاد داشتیں (Remembrance of Things Past) گیارہ برسوں کی 1913 سے 1927 تک کی تحریروں کا مجموعہ ہے جو حقیقت میں تو ایک ناول کے بجائے کئی ناولوں کا مرکب ہے۔ یہ فرانسیسی زبان میں 7 ناولوں کی مربوط سیریز ہے جس کے 16 والیمز ہیں۔فرنچ زبان میں اس کا ٹائٹل 'Á la Recherche du Temps perdu' ہے جس کا انگلش ٹائٹل In Search of Lost Time اور اردو میں 'کھوئے ہوئے وقت کی تلاش میں' بنتا ہے۔اس ناول کو پڑھتے ہوئے یہ خیال ملتا ہے کہ پروسٹ کے نزدیک کسی بھی واقعہ کا سچا قلبی اطمینان اُس فوراً لمحاتی تجربے کے بجائے بعد میں اُس واقعہ کی یاد میں ہے۔کسی بھی جذبے کی یاد اُس کی توقع سے زیادہ سکون کا سبب بنتی ہے۔کئی حالات میں کسی بھی واقعہ کے بہتر معنی اُس واقعے کو یاد کرنے سے زیادہ بہتر سمجھ میں آتے ہیں۔مثلاً اُن کے پہلے ناول دی سوان وے (Swann's Way The) کے میڈیلین (Madeleine) والے حصے میں ناول میں نیریٹر (راوی) ایک چھوٹے سے کیک کو چائے میں ڈبو کر منہ میں رکھتا ہے اور پھر اُس کے ذہن میں خیالات کی ایک رو چلتی چلی جاتی ہے اور وہ احساس کرتا ہے کہ یہ ذائقہ بچپن سے اُس کے تحت الشعور میں ہے جب کومبرے میں اُس کی آنٹی لیونی (Léonie) اُسے اسی طرح سے کیک چائے میں ڈبو کر کھلاتی تھی۔

جیمز جوائس (james joyce) کے ذکر کے بغیر ماڈرن ازم اور پوسٹ ماڈرن

ازم کی ادبی تخلیقات کا مطالعہ ناممکن ہے۔اُن کا اپنے ناولوں میں وسیع تر خود کلامی کا استعمال، اُن کی منفرد زبان جس میں نت نئے الفاظ، استعارے، اشارے اور کنایے ناول کی خیالی و حقیقی دنیا کو ایک الگ رنگ اور علیحدہ ذائقہ عطا کرتے ہیں جو ہمیں اُن کے عہد کے ناول نگاروں میں نہیں دکھائی دیتا ہے۔جیمز جوائس ڈبلن میں ایک سول سرونٹ کے گھر میں 1882 میں پیدا ہوئے تھے۔ابتدائی تعلیم کے دوران ہی کئی ایک زبانوں پر انہیں عبور حاصل ہو چکا تھا پھر جوں جوں بڑے ہوئے مغربی ادب کیتھولک اور اسکولیسٹک فکر میں اُن کی دلچسپی بڑھتی چلی گئی مگر پھر خاندان اور سوسائٹی کی کتھولک روایتوں اور آئرش وطن پرستی کے طرز فکر سے اختلافات بھی اس قدر بڑھتے چلے گئے کہ بغاوت کی حد تک ان سب باتوں کے خلاف ہو گئے۔ 1902 میں ڈبلن چھوڑ کر پیرس اور دوسرے یورپین ممالک میں خود ساختہ جلاوطنی اختیار کر لی۔ 1904 میں جب نورا بارنیکل (Nora Barnacle) سے ملاقات ہوئی تو اُس کے ساتھ میاں بیوی کی طرح رہنے لگے گو کہ باضابطہ شادی کافی برسوں کے بعد کی۔جیمز جوائس کی ساری زندگی معاشی مسائل کے ساتھ گزری۔اُن کے لٹریری کاموں کو نظر انداز کیا گیا۔اکثر و بیشتر انہیں پبلشر ہی نصیب نہیں ہوتے تھے جو اُن کی کتابوں کو چھاپنے کی طرف مائل ہو۔اُن کی کتابیں اکثر سنسر اور بین کر دی جاتی تھیں۔اُن کی مشکل تحریروں اور مختلف طرز تحریر کی وجہ سے اُن کے بارے میں ایک منفی رویہ اور تاثر پھیل گیا تھا۔عمر کے آخری حصے میں اُن کی نظر اس حد تک خراب ہو چکی تھی کہ انہیں کم و بیش نظر ہی نہیں آتا تھا۔

جیمز جوائس (james joyce) کی تخلیقی زندگی کو تین واضح حصوں میں تقسیم کیا جا سکتا ہے۔ پہلے حصے کو حقیقت نگاری کا دور کہا جا سکتا ہے جس دوران شارٹ فکشن اسٹوریز کا مجموعہ دی ڈبلینرز (The Dubliners) آیا تھا۔ یہ تمام کہانیاں ڈبلن، آئرلینڈ میں لکھی گئی ہیں جن میں لوگوں کے درمیان تعلقات کے مسائل، مذہبی تنازعات یا اختلافات سے پیدا ہونے والا تناؤ اور بیسویں صدی کے اوائل کے سیاسی مسائل شامل ہیں۔جیمز جوائس کا اگلا تخلیقی دور ایک

ماڈرنسٹ کا ہے۔اس دور میں اُن کی مشہور تخلیق یولاسس (Ulysses) چھپی اور تیسری اسٹیج میں وہ پوسٹ ماڈرنسٹ کے طور پر ملتے ہیں،اس دور کی مثال فنگینس ویک (Finnegans Wake.) ہے۔'اے پورٹریٹ آف دی آرٹسٹ ایز اے ینگ مین'(A Portrait of the Artist as a Young Man) اُن کا آٹو بائیو گرافیکل ناول تھا۔اس ناول کا مرکزی کردار اسٹیفن ڈیڈلیس (Stephen Dedalus) اپنی ذات سے آشنائی رکھنے والا شخص تھا جسے پتہ تھا کہ وہ ایک آرٹسٹ کے طور پر پیدا ہوا ہے۔وہ ایک دن خاندانی روایتوں، مذہبی عقائد اور وطن پرستانہ تصورات کے خلاف اپنے باغیانہ خیالات کی وجہ سے اپنے خاندان اور ڈبلن کو چھوڑ دیتا ہے۔اس حقیقت پسندانہ ناول میں شعور کی رو کی تیکنیک ہی استعمال کی گئی ہے۔

شعور کی رو کا متاثر کن استعمال ہمیں جیمز جوائس کے ناول یولائسس (Ulysses) میں ملتا ہے جو انہوں نے 1922 میں تخلیق کیا تھا۔یہ ناول دراصل ہومر کی اوڈائسس آف یولائسس (Odysseus) کی نثر میں ایک پیروڈی ہے۔اس میں ایک ہیرو کے بجائے جو ٹروجن وار کے بعد دس برسوں تک مسائل جھیل کر گھر پہنچتا ہے، جیمز جوائس کے ناول ہولائسس کا ہیرو'لیو پولڈ بلوم'(Leopold Bloom) جو اصل میں زندگی کا ہیرو نہیں ہے، ایک دن ڈبلن میں آوارہ پھر رہا ہوتا ہے مگر اُس کا ذہن مستقل اپنی بیوی 'مولی بلوم' (Molly Bloom) جو اُس کی طرح اینٹی ہیروئن ہی ہے اور ایک روحانی بیٹے اسٹیفن ڈیڈلس (Stephen Dedalus) کے بارے میں الجھا ہوا رہتا ہے۔پورے ناول کا وہ ایک دن 16 جون 1904 تھا جو ایک بہت ہی عام اور بے لطف سا دن تھا (گو کہ جیمز جوائس اپنی بیوی سے پہلی بار اسی تاریخ کو ملا تھا)، پوری کہانی اُس دن کی روداد پر مشتمل ہے کہ ماڈرن لوگ جیسے کہ لیو پولڈ،مولی اور اسٹیفن کی زندگی کس قدر کشیدگی اور بیگانگی کے ساتھ گزر رہی ہے۔اس پورے دن کی حالت اور تمام دنوں کی طرح بے ربط،تنہا،سُن اور فالج زدہ سی ہے جس کا کوئی معنی کوئی مطلب نہیں ہے۔ہر ایک کردار اندرون خانہ خود سے گفتگو میں مشغول

ہے۔لیو پولڈ ایک انجان سی کیفیت کا شکار ہے جو جانتا ہے مگر وقت ایسے ہی گزار رہا ہے جیسے کچھ نہیں جانتا ہے یا مولی ایک نیم خوابیدہ عالم میں پڑی زندگی کے لمحے اپنے اندر سے گزار رہی ہے۔ یہ پورا ناول طویل خود کلامیوں پر مشتمل ہے جس میں کسی قسم کا وقفہ نہیں ملتا ہے حتیٰ کہ چالیس صفحات میں اوقاف یعنی (Punctuation) تک کا جیمز جوائس نے استعمال نہیں کیا ہے۔ یہ ناول ہاں (Yes) سے شروع ہوا ہے اور ہاں پر ہی ختم ہوا ہے جیسے کہ زندگی کی بیزارگی اور غیر معنویت کے سامنے ایک شکست خوردگی کو قبول کرنے اور ہار مان لینے میں ہی عافیت ہے مگر ناول کی کہانی میں ایک مستقل تناؤ کی سی کیفیت ہے جس کو برداشت کرنا ناممکن ہے۔

جیمز جوائس کے دور کا ہی ایک اور اہم ترین نام ورجینیا وولف (Virginia Woolf) کا ہے جن کے ناول شعوری رو کے تحت تخلیق کیے گئے شاہکار فن پارے ہیں۔ ورجینیا وولف ایک دانشور سر لیز لے اسٹیفن (Sir Leslie Stephen) کی بیوی اور لیونارڈ وولف (Leonard Woolf) کی بیوی تھی۔ورجینا خوش قسمتی سے ایک ایسے ماحول میں پلی اور بڑھی جہاں انہیں عظیم شاعروں اور ادیبوں کی کتابیں بچپن میں ہی پڑھنے کا موقع مل گیا جس کی وجہ اُن کے والد کی ذاتی لائبریری تھی۔وہ اور اُن کی بہن ونیسا (Vanessa) نوجوانی میں بلومسبری گروپ کا حصہ تھیں جس میں ٹی ایس ایلیٹ (T. S. Eliot)، برٹرنڈ رسل (Bertrand Russell)، ای۔ ایم فوسٹر (E. M. Forster)، لائیٹن اسٹرپچی (Lytton Strachey)، جان کائینز (John Keynes) اور کیتھرین مینسفیلڈ (Katherine Mansfield) بھی شامل تھے۔ہوگارتھ پریس (Hogarth Press) بھی اُن کے ساتھ تھے جنہوں نے فرائڈ کے کام کو انگریزی پڑھنے والوں تک پہنچایا تھا۔ 1941 میں وہ دوسری عالمی جنگ کی تباہ کاریوں کی وجہ سے بے انتہا ڈپریس رہی، اُن کے اندرونی نفسیاتی خلفشار اس قدر بڑھ گئے تھے کہ وہ خود پر قابو نہ کر سکی اور ڈوب کر خودکشی کر لی۔

ورجینیا وولف کو شعور کی رو میں لکھنے والوں میں ایک اعلیٰ ترین مقام حاصل ہے۔ اُنہوں نے باریک بینی سے تخلیقی کام کیا اور اپنے اسٹائل سے وہ تحریری نزاکتیں پیدا کی کہ نفسیاتی الجھنیں اور سماجی حقیقتیں پرت در پرت پڑھنے والے کے شعور کا حصہ بن گئیں۔ 1925 کا مسز ڈالووے (Mrs. Dalloway) جوائس کے یولیسز (Ulysses) کے مقابلے کا شاہکار ناول تھا۔ کلیرسا ڈالووے (Clarissa Dalloway) جن کا تعلق لندن کی ہائیر سوشل کلاس سے ہے، اپنے گھر پارٹی کا اہتمام کر رہی ہیں۔ وہ ایک اچھا دن ہے اُن کے لیے، جس دوران انہیں اپنا ماضی بھی کبھی کبھار یاد آتا ہے۔ خاص طور پر جب وہ بورٹن میں تھیں اور اپنے مستقبل کے ہم سفر کے بارے میں سوچتی تھیں۔ انہوں نے رچرڈ ڈالووے (Richard Dalloway) کو پیٹر والش کے مقابلے میں فوقیت دی تھی جن کا مستقبل اوروں سے زیادہ بہتر اور روشن تھا۔ پیٹر نے کافی عرصہ گزرنے کے باوجود اب بھی اس درد کو سینے میں سنبھال کر رکھا ہے۔ وہ اچانک اُس دن انڈیا سے آجاتا ہے اور غیر متوقع طور پر پارٹی میں شرکت کرتا ہے۔ اُس دن وہ بارہا اس بات کو اپنی گفتگو کا موضوع بھی بناتا ہے۔ پہلی عالمی جنگ کا ایک فوجی بھی اس دوران گفتگو کا حصہ بنتا ہے جس کا نام سیپٹیمس وارن اسمتھ (Septimus Warren Smith) ہے جو جنگ کے بعد کے ذہنی دھچکے کا شکار ہے اور ایک نفسیاتی مریض بن گیا ہے۔ وہ اپنی بیوی لیوسریزا (Lucrezia) کے ساتھ ایک پارک میں دن گزارتا ہے۔ اُس پر مستقل سائکوسس کے حملے ہو رہے ہیں اور وہ بار بار جنگ میں مارے گئے اپنے دوست ایوان کو دیکھتا ہے۔ اُسی دن شام میں وہ کھڑکی سے کود کر خودکشی کرلیتا ہے۔ کلیرسا کی پارٹی معمولی سی کامیاب پارٹی ہی ثابت ہوتی ہے۔ اس میں کئی ایک مہمان شامل ہوتے ہیں جن میں اُس کا ماضی کا بوائے فرینڈ پیٹر بھی شامل ہے۔ اس دوران اسے سیپٹیمس کی موت کا بھی پتہ چلتا ہے۔ اسے یہ بھی گمان ہوتا ہے کہ اس اندوہناک حادثے سے پارٹی کا رنگ مختلف ہوگیا جسے وہ ایک طرح سے خوشی کی ایک پاکیزہ سی شکل کہہ

سکتی ہے۔ حیران کن خیالات اور اُن کی بے ترتیبی اور واقعات کی غیر ارادی سی شکل ناول کی حقیقی دنیا کی تصویر ہے جس نے اس کو ایک اعلیٰ درجے کی تخلیق بنا دیا ہے۔

ورجینا وولف نے اپنا مشہور ترین ناول 'ٹو دی لائٹ ہاوس' (To the Lighthouse) 1927 میں لکھا تھا۔ یہ اُن کا پانچواں ناول تھا جس میں سے دو ناول جیکب روم (Jacob's Room) اور مسز ڈالووے (Mrs. Dalloway) میں وہ شعوری رو کے انداز میں کامیاب تخلیقی تجربے کر چکی تھیں۔ اس ناول میں بھی شعوری رو ایک کردار سے دوسرے کردار اور بیرونی دنیا کے ادراک سے باطنی دنیا میں مستقل سفر کی شکل میں کبھی حال تو کبھی ماضی کی یادداشتوں میں ملتی ہے۔ اس ناول کے ذریعے انہوں نے دکھایا ہے کہ ایک عام دن میں ایک عام انسان کا ذہن کس طرح بے تحاشہ خیالات کی آماجگاہ بنتا ہے۔ اس ناول کی کہانی ایک دن پر محیط ہے جس میں انسانوں کا ایک گروپ ایک چھوٹی سے کشتی میں لائٹ ہاوس کی طرف گھومنے جانے کا پلان کرتا ہے۔ یہ بیرونی دنیا کا ایک خام سا مٹیریل لگتا ہے مگر اِس کے باطن میں ایک بہت ہی باریک بینی سے منظم کیا ہوا کرداروں کی شعوری سطحوں کی پیچیدہ سی نفسیاتی ساخت ہے۔ کہانی کے تین بالترتیب حصے، دی ونڈو (The Window)، ٹائم پاسس (Time Passes) اور دی لائٹ ہاوس (The Lighthouse) ہیں۔ پہلے حصے دی ونڈو میں ایک سہ پہر میں پروفیسر ریمزے (Professor Ramsay) کا سمندر کے کنارے چھٹیاں گزارنے والے گھر کا منظر ہے جہاں اُن کی بیوی مسز ریمزے ایک پارٹی کا بندوبست کرنے میں مشغول ہیں اور اگلے روز صبح ایک بوٹ سے لائٹ ہاوس کی طرف جانے کا پلان کر رہی ہیں۔ اس فیملی میں ایک چھ سال کا بچہ جیمس بوٹ پر جانے کے لیے سب سے زیادہ پر جوش ہے۔ للی بریسکو (Lily Briscoe) بھی ایک مہمان ہے جو ایک پینٹر ہے اور گھر کے باہر لینڈ ایسل پر اپنی کوئی نامکمل پینٹنگ مکمل کرنے میں مصروف ہے۔ موسم طوفانی ہونے کی پیشین گوئی ہے اور مسٹر ریمزے اس مہم جوئی کے بارے میں خاصے تذبذب کا شکار

ہیں ۔جیمز موسم کی پیشین گوئی پر مسٹر ریمزے سے دل ہی دل میں نفرت محسوس کرتا ہے ۔ناول کے دوسرے سیکشن میں دس برس کا وقت گزرنے کا تذکرہ ہے ۔اس دوران کئی ایک واقعات ہوتے چلے جاتے ہیں ۔پہلی عالمی جنگ ہوتی ہے، گھر کی دیواروں کے رنگ پپڑیاں بن کر اُتر جاتے ہیں، کتابوں پر پھپھوندی چڑھ جاتی ہے، مسز ریمزے کی نیند کے عالم میں موت ہوجاتی ہے اور چھوٹا بچہ جیمس بڑا ہوجاتا ہے ۔اگلی صبح ناول کا تیسرا سیکشن ہے جس میں پروفیسر ریمزے، جیمز اور اُس کی بہن کامیلا کے ساتھ دس برس پہلے کے کینسل شدہ بوٹ ٹرپ پر نکلتے ہیں ۔پروفیسر ریمزے جیمز کی پرفیکٹ طریقے سے بوٹ چلانے پر تعریف کرتے ہیں اور جیمز اپنے باپ سے اپنی دس برس پرانی ناراضگی کا تذکرہ کرتا ہے ۔للی بریسکو اپنی پینٹنگ کے مکمل ہونے کا ذکر کرتی ہے ۔ناول کے اختتام تک خود کلامی اور خیالات کے آزادانہ بہاؤ کی فضا مستقل قائم رہتی ہے ۔

بیسویں صدی کے دیگر ناول نگاروں کی طرح ولیم فاکنر (William Faulkner) کا شمار بھی اُن تخلیق کاروں میں ہوتا ہے جنہوں نے شعور کی رو سے ماڈرن دور کی انسانی زندگی کے نفسیاتی مسائل، اُس کی بیگانگی اور تنہایوں کے بارے میں بھرپور انداز سے لکھا ۔اُنہیں اپنی ادبی خدمات کی وجہ سے 1949 میں نوبل پرائز سے نوازا گیا ۔وہ 1897 میں امریکن ریاست مسیسپی کے شہر نیو البنی (New Albany) میں پیدا ہوئے تھے ۔پہلی عالمی جنگ کے دوران انہوں نے ابتدائی تعلیم وتربیت کے بعد کینیڈین ایئر فورس جوائن کی تھی، جنگ کے بعد کئی ایک دوسری نوکریوں میں مصروف رہے حتیٰ کہ نیو آرلین آ کر بس گئے اور پھر اپنی ادبی زندگی کا آغاز کر دیا ۔1930 کے عشرے سے ذرا قبل اور اس دوران اُن کا زیادہ تر وقت آکسفورڈ میں گزرا ۔اس عرصے میں وہ مستقل کہانیاں اور ناولوں کی تخلیق میں مصروف رہے ۔1929 میں اُن کا ناول سارٹورس (Sartoris) ادبی دنیا میں اُن کی پہچان

بنا۔اس ناول میں انہوں نے ایک فکشنل ملک یوکناپاٹوفوا(Yoknapatawpha) تشکیل دیا تھا جس میں انہوں نے امریکہ کے جنوبی خطہ کی اخلاقی بربادی اور معاشی بدحالی کے تعلق کا تجزیہ کیا۔ولیم فاکنر کو امریکن ماڈرنسٹ رائٹرز میں سب سے متاثر کن ناول نگار سمجھا گیا ہے خصوصاً امریکہ کی جنوبی ریاستوں میں مارک ٹوائن(Mark Twain) اور ٹینیسی ولیمز (Tennessee Williams) کے ساتھ اُن کا ادبی مقام بہت مستحکم ہے۔وہ اپنے پڑھنے والوں کو جنوبی ریاست کے کلچر میں چپکے سے شامل کرتے چلے جاتے ہیں۔جنوبی اور شمالی ریاستوں کے درمیان کی تناؤ کی فضا اُن کے ناول کا حصہ ہے۔تخلیقی ادب کے حوالے سے اُن کے خیالات مختلف تھے۔اپنے ایک انٹرویو میں جو انہوں نے 1956 میں دی پیرس ری ویو(The Paris Review) میں دیا تھا،ایک جگہ کہتے ہیں کہ:

> 'اگر کوئی تخلیق کار اپنے تجربے کے دوران سرجری کرنا چاہتا ہے یا بقول کیسے اینٹ سے اینٹ بجانے کا تجربہ کرنا چاہتا ہے تو اُسے اس تجربے سے گزرنا چاہیے۔تخلیق کا کوئی میکانی اصول یا ضابطہ نہیں ہوا کرتا ہے اور نا ہی کوئی شارٹ کٹ۔وہ نوجوان رائٹرز احمق ہوں گے جو اصول یا تھیوری کے لحاظ سے تخلیقات کرنے کی کوشش کریں۔سوائے اپنی غلطیوں کے علاوہ کوئی اور سیکھنے کا طریقہ نہیں ہے۔ایک اچھے آرٹسٹ کو خیال رہنا چاہیے کہ اُس کے ارد گرد کوئی اتنا عظیم نہیں جو اُس کو مشورے دے سکے،اُس کے ارد گرد کوئی کتنا ہی اعلیٰ رائٹر ہو،اُسے انہیں شکست دینا ہی ہوگا۔'

فاکنر نے اپنے مشورے پر خود بھی توجہ دی اور اپنے دور کے ماڈرنسٹ رائٹرز پروسٹ اور جیمز جوائس وغیرہ جن سے وہ بہت متاثر تھے،مگر اُن کے مقابلے پر اپنی تخلیقات کے تجربوں سے گزرتے رہے۔وہ جوزیف کونارڈ سے بھی بہت متاثر تھے۔فکشن میں تہہ در تہہ لکھنے کا یہ انداز ہمیں جوزیف کونارڈ کے ناولوں ہارٹ آف ڈارک نیس (Heart of

(Darkness) اور اِن وکٹری (In Victory) میں نظر آتا ہے جسے فاکنر اپنے ناولوں میں جابجا برتتے ہیں۔ ولیم فاکنر کے سب سے زیادہ مشہور ناولوں میں 'دی ساونڈ اینڈ دی فیوری' (The Sound and the Fury)، 'ایز آئی لے ڈائنگ' (As I Lay Dying)، 'لائیٹ اِن آگسٹ' (Light in August)، 'دی ان وینکیشڈ' (The Unvanquished) اور 'ابیسلوم ابیسلوم' (Absalom, Absalom!) شامل ہیں۔ 1931 میں انہوں نے پیسے بنانے کی خاطر پلپ فکشن کا بھی تجربہ کیا تھا اور 'سینکچیوری' (Sanctuary) نام کا ناول لکھا تھا۔ 'اے فیبل' (A Fable) پر انہیں پلٹزر پرائز (Pulitzer Prize) ملا تھا بعد میں اسی ناول پر نیشنل بک ایوارڈز سے بھی نوازا گیا تھا۔ ولیم فاکنر نے اپنی زندگی کے کچھ برس ہالی وڈ میں بھی گزارے تھے جس دوران انہوں نے ریمنڈ شینڈلر (Raymond Chandler) کی 'دی بگ سلیپ' (The Big Sleep) اور ارنسٹ ہیمنگ وے کی 'ٹو ہیو اینڈ ہیو ناٹ' (To Have and Have Not) کے لیے اسکرین رائٹنگ بھی کی تھی۔

دی ساونڈ اینڈ دی فیوری (The Sound and the Fury) ولیم فاکنر کا ماسٹر پیس ناول ہے۔ اس ناول کے ذریعے انہوں نے شمالی مسیسپی کے ایک فکشنل ملک 'یوکنا پاٹو فوا' کی اشرافیائی 'کامپسن فیملی' کے مسائل اور زوال کی کہانی شعوری رو کی تیکنیک استعمال کر کے تخلیق کی ہے۔ چار حصوں میں تقسیم یہ ناول تین کامپسن بھائیوں کے بیان اور آخری بیان ناول کے راوی یعنی نیریٹر (Omniscient narrator) پر مشتمل ہے۔ اس ناول کا پہلا حصہ اپریل 7، 1928 کا ہے جس دوران ایک ذہنی معذور بھائی بینجمن جس کا نام ماری (Maury) سے بینجو (Benjy) کر دیا گیا تھا، آٹھ مختلف یادداشتوں کا تذکرہ کرتا ہے۔ پہلی یادداشت 1898 کی ہے جب وہ محض تین سال کا تھا اور اپنی بہن کیڈی (Caddy) کا تذکرہ کرتا ہے جو فیملی میں اُس کا سب سے زیادہ خیال رکھتی ہے۔ اُن یادداشتوں سے کیڈی کا کردار ابھرتا ہے۔ اُسے یاد آتا ہے کہ کس طرح کیڈی ایک ناشپاتی کے درخت پر چڑھ کر کھڑکی سے گھر

میں آئے ہوئے مہمانوں کو دیکھ رہی تھی جو شاید اُس کی دادی کی تدفین کی بنا پر جمع ہو رہے تھے۔ایسے میں اُسے کیڈی کی گیلی انڈر ویر نظر آتی ہے جو کھاڑی میں کھیلنے کی بنا پر مٹی سے گندی ہوگئی تھی، اُسے 1905 کا ایک منظر یاد آتا ہے جب کیڈی پر فیوم کپڑوں پر لگاتی ہے، اُسے 1909 کا وہ وقت بھی یاد آتا ہے جب کیڈی کا کنوار پن ختم ہوتا ہے اور پھر 1910 میں اُس کی شادی کا سین، 1900 کا وہ منظر جب اُس کا نام ماری سے بینجو بدلا جاتا ہے اور 1910 کا وہ لمحہ یاد آتا ہے، جب اُس کا بھائی کیونٹین (Quentin) خودکشی کرتا ہے حتیٰ کہ اُسی سال کا وہ تکلیف دہ وقت جب اُس کی پوری ختنہ کر دی جاتی ہے تاکہ وہ کبھی بھی کسی معذور اولاد کا باپ نہ بن سکے۔ناول کے دوسرے حصہ میں کیونٹین کے ذہن کا ذکر ہے یعنی یہ 2 جون 1910 کا ہی وہ لمحہ ہے جب وہ خود کو پانی میں ڈبو دیتا ہے۔کیونٹین کی موت کے اسباب میں کیڈی کا غیر شادی شدہ ہو کر کنوار پن کو ضائع کرنے والی یاد داشت بھی شامل ہوتی ہے۔

دی ساونڈ اینڈ دی فیوری (The Sound and the Fury) میں 'کیونٹین' امریکن سول وار سے قبل کی تہذیبی ساخت کی علامت ہے جہاں جنوبی اسٹیٹس میں عورت کی آبرو، عزت اور احترام کا تعلق کنوار پن سے تھا۔وہ اپنی نوجوان بہن کی عمر کے ساتھ ساتھ بدلتی ہوئی جنسی شکل کو سماجی روایتوں کی نظر سے دیکھ رہا ہے اور قبول کرنے میں مشکلات کا شکار ہے۔ وہ اپنے باپ کے اس جملے کو بھی قابل قبول نہیں سمجھتا ہے جب وہ کہتا ہے کہ 'کنوار پن مردوں کا ایجاد کیا ہوا محض ایک لفظ ہے اور اس کے سوا کچھ نہیں'۔کنونٹین کا یہ یقین کہ کامسن فیملی بالآخر جنوبی روایتوں کی حامل فیملی ہی رہے گی اور اُس کی ہارورڈ سے تعلیم بھی اُسے اپنی فیملی میں کسی بھی قسم کے موثر جگہ دینے سے قاصر رہی۔ناول کا تیسرا حصہ 6 اپریل 1928 کا ہے جب تیسرے بھائی جیسن کی یاد داشتوں کا ذکر ہوتا ہے۔جیسن والے حصے کا آغاز ہی اُس کے ایک جملے 'Once a bitch always a bitch, what I say.' سے ہوتا ہے۔ایک اذیت پسند، ریڈ نیک جو اپنی فیملی کی زبوں حالی پر مستقل غصے میں ہے اور شکایت کرتا رہتا

ہے۔ناول کے اسی حصے میں کیڈی کی بیٹی کا تذکرہ بھی ہے جو اپنے جنسی مزاج میں اپنی ماں کیڈی کی طرح ہے اور جس طرح کیونٹین، کیڈی کے معاملے میں پریشان تھا بالکل اسی طرح جیسن اپنی بھانجی کی طرف سے پیشگی فکرمند ہے۔اسی سیکشن میں کیڈی کی طلاق اور گھر سے نکال دیے جانے کا پتہ چلتا ہے اور یہ کہ وہ کسی قریبی اسٹیٹ میں رہ رہی ہے اور وہاں سے مستقل پیسے بھیج رہی ہے تاکہ گھر کے خرچے پورے ہوسکیں۔مسز کامپسن اُن پیسوں کو ہاتھ لگانا بھی گناہ سمجھتی ہیں کیونکہ وہ کیڈی کو نہ صرف گھر سے نکال چکی ہیں بلکہ اُس کا نام بھی فیملی کے نام سے ہٹا چکی ہیں مگر جیسن مستقل جعل سازی سے اُن چیک کو استعمال کر رہا ہے اور اپنی بھانجی کو کچھ نہیں دے رہا ہے۔آخری سیکشن میں ناول کا راوی یا رائٹر ہمیں ملتا ہے جو موجودہ دور یعنی 8اپریل 1928 ہے جس دوران ہمیں پتہ چلتا ہے کہ کیڈی اور اُس سے متعلق ہر شے حتیٰ کہ اُس کی بیٹی کا نام بھی فیملی سے صاف کر دیا گیا ہے۔اس دوران کیڈی کی بیٹی کو ماں کی طرف سے آنے والی رقوم میں سے $7,000 جیسن کے پاس ملتے ہیں جو اُس کی ہی دیکھ بھال کے لیے کیڈی نے بھیجے تھے۔وہ یہ پیسے جیسن کے پاس سے چُرا لیتی ہے۔جیسن اس اُمید سے کیڈی کی بیٹی کا پتہ ڈھونڈنے میں لگا ہوا ہے تاکہ کسی طرح سے بھی وہ رقم واپس حاصل کر سکے۔اسی حصے کو کبھی کبھار ڈل سے سیکشن (Dilsey's Section) بھی کہا گیا ہے جب ڈل سے گبسن جو فیملی کی کیئر میں ساری زندگی ساتھ ساتھ رہی ہے۔

ٹی ایس ایلیٹ (T. S. Eliot) کے تذکرے کے بغیر امریکی ماڈرن لٹریچر کی تفصیل نامکمل ہے۔وہ 1888 میں سینٹ لوئیس میسوری میں ایک انگلش فیملی میں پیدا ہوئے۔انہوں نے ہارورڈ اور مرٹن کالج آکسفورڈ سے فلاسفی میں گریجویشن کیا، اُن کی زندگی انگلینڈ میں گزری جہاں کچھ عرصے وہ اسکول میں پڑھاتے رہے اور بینک میں کام کرتے رہے مگر پھر ایک پبلشنگ ہاوس فیبر اینڈ فیبر کے لٹریری ایڈیٹر بن گئے، بعد میں انہیں

ادارے کا ڈائریکٹر بنا دیا گیا۔ 1927 میں انہوں نے برٹش سٹیزن شپ لے لی اور کم و بیش اُسی دوران وہ اینگلیکن چرچ میں بھی شامل ہو گئے۔

ٹی ایس ایلٹ کا شمار بیسویں صدی کے اُن لکھنے والوں میں ہوتا ہے جنہوں نے اپنے تخلیقی معیار پر کسی بھی قسم کا عوامی یا لسانی سمجھوتہ کرنے سے گریز کیا۔ اُن کے خیال میں شاعری ماڈرن تہذیب کی پیچیدگیوں کی نمائندگی کرنے کی خاطر پیچیدہ زبان میں پیش کی جانی چاہیے۔ 1917 کی اُن کی تخلیق 'پروفروک' (Prufrock) سے 1943 کی 'فور کوارٹیٹس' (Four Quartets) تک اُن میں ایک کرسچن رائٹر کی نشوونما ہوتی ہوئی ملتی ہے۔ 1922 کی 'دی ویسٹ لینڈ' (The Waste Land) سے اُن منفی تصورات کا اندازہ ہوتا ہے کہ انسانی فکر کی اعلیٰ ترین فکری دنیا کی تلاش، ایک وحشت زدہ سا عمل ہے' مگر پھر 1930 کی 'ایش ویڈنس ڈے' (Ash Wednesday) اور 1943 کی 'فور کوارٹیٹس' تک آتے آتے وہ وحشت گویا ختم ہوتی چلی گئی اور ایک نئی دنیا کے آثار نمایاں ہونے لگے۔ ٹی ایس ایلٹ نے اپنے طور پر ہمیشہ کوشش کی کہ وہ کسی بھی طرح ایک مذہبی شاعر کے طور پر نا پہچانے جائیں بلکہ شاعری کی طاقت کے پیچھے کسی بھی مذہبی قوت کو ہمیشہ حقیر سمجھا یا جتایا مگر پھر بھی اُن کے ڈرامے 'مرڈر اِن دی کیتھڈرال' (Murder in the Cathedral) اور 'دی فیملی ری یونین' (The Family Reunion) جو انہوں نے بالترتیب 1935 اور 1939 میں تخلیق کیے تھے، کرسچن اپالوجیز کی طرز پر ہی لکھے گئے تھے۔ ایلٹ کے دیگر اہم ڈراموں میں 'دی کاک ٹیل پارٹی' (The Cocktail Party)، 'دی کونفیڈینشیل کلرک' (Confidential Clerk The) اور 'دی ایلڈر اسٹیٹس مین' (The Elder Statesman) شامل ہیں۔ اُن کی شاعری کا مجموعہ جو انہوں نے 1909-62 کے دوران لکھا تھا، 1963 میں 'کلکٹڈ پوئمز' (Collected Poems) کے نام سے شائع ہوا تھا۔ 1948 میں ٹی ایس ایلٹ کو اُن کی ادبی خدمات پر نوبل لٹریری پرائز سے نوازا گیا۔

❁❁

دسواں دور

پوسٹ ماڈرن ازم کے دور کی ورچوئل
دُنیا اور مغربی ادب میں میٹا فکشن کی تشکیل

O

دوسری عالمی جنگ کے بعد کی بیسویں صدی سے آج کا عہد پوسٹ ماڈرن ازم کا دور ہے۔ یوں تو 1946 کے بعد سے دوسری عالمی جنگ جیسی بڑے پھیلاؤ کی جنگ دنیا کے حصے میں نہیں آئی مگر اُس کے بعد بھی کئی ایک بڑے متنازعہ مسائل چھوٹی بڑی جنگوں کی شکل میں مستقل طور پر دنیا میں موجود رہے۔ یونیورسٹی آف سویڈن کے ایک ڈیٹا کے لحاظ سے کئی قوموں کے درمیان 285 فوجی، نیم فوجی اور غیر فوجی جھڑپیں 1946 کے بعد سے اب تک ہو چکی ہیں۔اور ولیم لینڈ کے مطابق اس عرصے میں چوتھی سے پانچویں جنریشن وار فیر کی طرف ارتقا ہو چکا ہے۔آج کا دور جنگی طیاروں، میزائل اور ایٹمی دھماکوں سے بھی آگے نکلتا جا رہا ہے۔اس کی سب سے زیادہ خطرناک ترین صورت حال یہ ہے کہ جنگ اور امن کے درمیان کی سرحد ہٹادی گئی ہے۔اس وقت ایک عام آدمی اور ملٹری مین کے درمیان تمیز کرنا ناممکن ہوگیا ہے۔اس عہد میں حلیف ممالک فوج اور ٹینکوں کے بجائے'سیاسی اور اقتصادی مدد' کے ذریعے سے کنٹرول کرتے ہیں۔ نان اسٹیٹ ایکٹ کے لیے گلوبلائزیشن اور ٹیکنالوجیکل انوویشن جیسے 'تعمیری حربے' تخریب کے لیے استعمال کیے جارہے ہیں۔ انفارمیشن اور مس انفارمیشن کے درمیان کا فرق مٹادیا گیا ہے تاکہ دماغوں کو بدلنے (Brainwashing) اور افراتفری اور ابتری (chaos) پھیلانے میں کنفیوژن کا استعمال نان۔کنفیوژ طریقے سے ممکن ہوتا رہے۔سوشل اور الیکٹرانک میڈیا کے پروپیگنڈوں اور

آرٹیفیشیل انٹیلی جنس کی مدد سے روبوٹیکس(Robotics) ڈرونز(Drones)، سائبر وار فیر(Cyber warfare)اور دیگر کمپیوٹرائز ٹیکنیک کچھ اس حُسن کے ساتھ زندگی کے مختلف میدانوں میں شامل کر دیے گئے ہیں کہ انسانیت اور بھلائی کی شکل 360 ڈگری بدل دی گئی ہے اور جنگ کی معنویت امن کے پیچھے چھپ کر اپنا وار کرتی ہے۔ پوسٹ ماڈرن دور میں جنگ کے سائرن اور دھماکوں کی چنگھاڑتی ہوئی دل خراش آوازیں خاموشی کی سنسناہٹ میں اُتر گئی ہیں، لڑائی ہارڈ پاور سے نکال کر 'سافٹ پاورز' کے حوالے کر دی گئی ہے۔اس کی تباہ کن صورت حال یہ ہے کہ یہ ہاتھوں کے بجائے دماغوں سے لڑی جاتی ہے اور اس میں دوست اور دشمن کا فرق پتہ نہیں ہوتا ہے۔ یہ جنگ ایک دوسرے کے دوبدو نہیں بلکہ فاصلوں سے لڑی جاتی ہے۔انسانیت اور حیوانیت کے درمیان اس معنویت کے مٹ جانے کی وجہ سے پوری تہذیب کی تعارفی شکل ہی بدل گئی ہے اور انسانی اور حیوانی سماج ایک مختلف اور المناک عہد سے روشناس ہو گئے ہیں۔

دوسری عالمی جنگ کے بعد ویسٹرن بلاک (USA اُس کے الائنس اور NATO) اور ایسٹرن بلاک (USSR اور Warsaw Pact یعنی البانیہ، بلغاریہ، چیکوسلواکیہ، ہنگری، پولینڈ، رومانیہ اور مشرقی جرمنی،) کی طویل جنگ اور کولڈ وار کے بعد دونوں اطراف کے ممالک اور تیسری دنیا پر اُس کے اثرات نے سیاسی و سماجی منظر کو یکسر طور پر بدل دیا تھا۔اس تمام عرصے میں دنیا مستقل طور پر ایک جنگ کی فضا میں مبتلا ہے۔ یہ سلسلہ 1950 سے 1953 کے درمیان کورین جنگ سے شروع ہوا اور پھر 1959 سے 1975 کے دوران ویتنام کی جنگ اس کے بعد 1965 کی امریکہ کی ڈومینیکن ریپبلک پر فوجی دھمکیاں، لاطینی امریکہ میں 70 کی دہائی میں انقلاب اور ردِ انقلاب کے نام پر امریکیوں نے جو قتل و خون کا بازار گرم کیا اس کی دو بڑی مثالیں چلی اور نکارا گوا ہیں۔ 1982 کی لبنان، 1983 میں گریناڈا اور 1989 میں پاناما پر امریکی افواج کی بالواسطہ اور براہ راست

چڑھائی، 1990 سے 1991 کی عراق اور کویت اور امریکن الائنس کے درمیان فرسٹ گلف وار اور پھر 2003 سے 2010 کے دوران مریکہ، برطانیہ اور عراق کی سیکنڈ گلف وار، 1992 سے 1995 کی بوسنین جنگ، 1998 سے 1999 کی سیکنڈ کونگو اور کوسوو وار، 2001 سے 2021 کی طویل امریکی افغان وار، 2011 کی لیبیا اور 2012 سے 2019 کے دوران امریکہ اور ناٹو ممالک کی عراق اور سیریا اور 2014 سے رشین یوکرین اور 7 اکتوبر 2023 سے فلسطین اور اسرائیل کی جنگ کی شکل میں آج بھی جاری وساری ہے۔

پوسٹ ماڈرن ازم کی اس 'نئی ترقی یافتہ ٹیکنالوجیکل دنیا' میں بیسویں صدی کی ہر دہائی پر دنیا کی آبادی میں بھرپور اضافہ بھی ہوا ہے۔ انٹرنیشنل ٹرانسپورٹیشن اور کمیونیکشن میں تیزی آتی چلی گئی ہے۔ اقتصادی طور پر دنیا 'لیٹ کیپیٹیل ازم' تک پہنچ گئی ہے۔ انسان، بیالوجیکل مٹیریل سے زیادہ صارف یا 'کنزیومر مٹیریل' (material Consumer) اور انسانی معاشرہ صارفی یا 'کنزیومر سوسائٹی' (Consumer society) سے بدل گئی۔ سروس انڈسٹریز کی متعارف شدہ نئی اصطلاحوں نے صارفین کو سپر مارکیٹ سے 'ڈیجیٹیل مارکیٹ' میں پہنچا دیا۔ گلوبل سوسائٹی میں بیالوجیکل تھریٹ بڑھا دیا گیا اور مختلف اقسام کے وائرسز کے حملوں نے انسانوں کو ایک نئی اجنبی دنیا میں لا کھڑا کیا جس نے انسانی مخلوق کو نفسیاتی مسائل کے اندھے کنویں میں پھینک دیا ہے۔ اٹامک، اسپیس، انفارمشن اور کمپیوٹر یا ڈیجیٹیل ایج کے اس نئے دور میں سائنس اور ٹیکنالوجی ہی انسانوں کے سب سے بڑے حریف سے حلیف بن گئے ہیں اور انہوں نے معاشی اور سماجی توازن کو توڑ مروڑ کر رکھ دیا ہے۔ اس نئی دنیا میں 'انسانوں کی عظمت' کی ایک نئی معنوی شکل بھی پیدا ہوگئی ہے کیونکہ وہ تمام 'سستی اشیا' (Cheap things) جن کی کسی انسانی عہد یا معاشرے میں کبھی بھی کوئی گہرائی یا گیرائی نہیں سمجھی جاتی تھیں اب وہی سطحیت، بقول شخصے 'ابدی خوشی' کا سبب بن گئی ہیں۔ جمہوریت کا مقصد انسانوں، اُن کی سوشل کلاسز، نسل اور جنس کے درمیان توازن اور مساوات پیدا اور قائم

رکھنے کی بجائے 'مصنوعی مساوات کا یکساں ذائقہ' پہچان بن گیا ہے۔ اس پوسٹ ماڈرن ازم کے دور میں اشیائے تجارت کی پیداوار میں اس قدر زیادتی آچکی ہے کہ اب اُن کے تنوع، تغیر، اقسام، مصنوعیت، نقل، ڈھونگ اور نمونوں سے انسان مکمل طور پر سیر شدہ ہو چکا ہے، وہ اب حقیقی دنیا کے بجائے ایک ورچوئل دنیا کا مصنوعی شہری بن چکا ہے۔

ماڈرن ازم سے پوسٹ ماڈرن ازم کے سفر میں ساختیات سے پس ساختیات یعنی پوسٹ اسٹرکچرل ازم کا ردِعمل سے بننا ایک فطری عمل تھا۔ 1950 اور 1970 کی دہایوں کے دوران نشوونما پانے والی ساختیات یا اسٹرکچرل ازم کے سخت لسانی اصولوں کی مخالفت میں پروان چڑھنے والی پس ساختیات یا پوسٹ اسٹرکچرل ازم کی تحریک فلسفہ اور لٹریچر کے ساتھ دیگر فنون لطیفہ کے اظہار کا بھی سبب بنی۔ اُس نے پوسٹ ماڈرن ازم سے قبل کی اُس زبان اور متن کی مرکزی ساخت کے نظریات یعنی اصولوں اور درجہ بندی وغیرہ کو چیلنج کر دیا جو اُس سے پہلے معشیتوں اور ثقافتوں کے مطالعے پر اثرانداز تھے۔ جرمن فلاسفر، لڈوگ کلیگس (Ludwig Klages) نے لسانی اظہار کے لیے جس سائنسی اور فلسفیانہ پیرائے کو 'لوگو سینٹر ازم (Logo centrism) کہہ کر متعارف کرایا تھا، اُس کی جگہ غیر مرکزیت یا 'ڈی سینٹرڈ' (De centered) یا 'اے سینٹرک ورلڈ' (Acentric world) کہہ کر متعارف کرایا جس میں متنازعہ اور مخالف ومختلف فکری رویے کو موضوع کے بیان یا اظہار کا ذریعہ بنا دیا گیا۔ اس طریقہ اظہار کو لفظ کی مرکزیت کی جگہ اُس معنوی دنیا سے تشبیہ دی گئی جس کا مقصد تقسیم در تقسیم سے ایک نیا جہاں آباد کرنا تھا کیونکہ اس طرح کرنے سے نہ صرف مصنف کی فکر کا ادراک زبان کے نظریے سے آزاد (Decode) ہو جاتا ہے بلکہ موضوعات سے مزید موضوعات کی پیدائش بھی ممکن ہو جاتی ہے یعنی تخلیق کا احاطہ اور بھی وسیع ہو جاتا ہے۔

ان تمام تہذیبی، ثقافتی اور لسانی عوامل کے اثرات سے پوسٹ ماڈرن ازم کے دور میں نہ صرف ایک مختلف طرز کا جمالیاتی اور تنقیدی تخلیقی اسٹائل وجود میں آگیا بلکہ ایک منفرد

سماجی، ثقافتی اور سیاسی رویے کی بھی تشکیل نو ہوئی ہے۔ ادب میں اس عرصے میں کیے جانے والے سارے تجربات پوسٹ ماڈرن ازم کے زمرے میں نہیں آتے ہیں بلکہ اس دوران بھی رومانس ازم، نیچرل ازم، رئیل ازم اور ماڈرن ازم کے تحت تخلیقات کا سلسلہ جاری رہا ہے۔

پوسٹ ماڈرن ازم کے دوران کی اس 'تشکیل نو' کو ہم مثبت یا مہذب لفظوں میں 'ری فریمڈ' (Reframed) تخلیق کا نام اور منفی تنقیدانہ رویے میں نقل (Parodying) یا سرقہ کہہ سکتے ہیں۔ یہ 'نقل یا تشکیل نو' کسی مخصوص تہذیب کی نمائندگی یا مصرف بتانا ہرگز نہیں ہے بلکہ نئے دور کے صارفین کے لیے کنزیومنگ پروڈکٹ کی وہ شکل ہے جو اُس کے لیے آسان یا 'چیپ' بنا کر پیش کر دی گئی ہے۔ ظاہر ہے اُس کے لیے جان جوکھوں کا تخلیقی کارنامہ جیسا کہ یولائسس کا معیار تو پیدا کرنا ممکن نہیں تھا مگر اس کی نقل یا پیروڈی کر کے ایک ایلیٹ تخلیقی کلاس اور باشعور صارف کی موجودگی یا ضرورت پیدا کرنا لازم تھا۔ پوسٹ ماڈرن ازم کی تخلیقات میں دو مختلف اقسام اور ادوار کی جینیٹکس سے پیدا ہونے والی ایک تیسری طرز کی ادبی صنف کی مثال بھی نظر آتی ہیں جس کی ساخت، لہجہ اور اسٹائل منفرد اور ایک منفرد سطح کا ملتا ہے۔ یہ تخلیق کا عمل کچھ ایسا ہی ہے جیسا کہ کئی تصویری عناصر کو یکجا کر کے ایک نئے عکس کو پیدا کر دیا جائے یا جو بھی مختلف دستیاب اشیا ہیں انہیں ترتیب دے کر ایک نئے خوشنما طریقے سے لگا دیا جائے یعنی پوسٹ ماڈرن ازم عمومی طور پر 'میٹالٹریچر' کی ایک شکل ہے یعنی یہ فکشن سے زیادہ 'میٹافکشن' (Metafiction) کے نمونے ہیں۔ اِن کی زبان اور متن کی ساخت غیر متعین اور مبہم ہے مگر یہ طے شدہ ہے کہ اِن کے موضوعات میں حقوق نسواں (Feminism)، انسانیت (Humanity)، مذہبی، نسلی اور جنسی اقلیتوں اور نو آبادیاتی معاشروں کے لیے دردمندی، ہمدردی اور غم گساری اور سارے عالم کے لیے جمہوریت اور اظہار و فکر کی آزادی وغیرہ کثیر تعداد میں ہمیں ملتے ہیں۔

پوسٹ ماڈرن ازم ناول نگاری کی ایک عمدہ مثال تھامس پنچون (Thomas Pynchon) کے ناول وی (V) اور دی کرائینگ آف لاٹ 49(The Crying of Lot 49) ہیں۔ V ایک مخلوط النسل ہے کیونکہ وہ جہاں ایک جاسوسی کہانی کا احساس دیتی ہے جس میں ایک برطانوی سیاح کسی پراسرار V کی تلاش میں ہے جو اُس کے ڈپلومیٹ باپ نے کہیں چھپایا ہوا تھا تو دوسری طرف ایک یو ایس نیوی سیلر کی زندگی کی بھی داستان ہے جو نیوی سے نکل کر دوبارہ نیویارک کی آرٹسٹک دنیا (Bohemian lifestyle) میں رہنے لگتا ہے۔تھامس پنچون نے یہ ناول 1963 میں شائع کیا تھا جسے انہوں نے 1958 میں لکھنا شروع کیا تھا جب وہ 21 سال کے تھے، یوں اس پہلے ناول پر انہوں نے پانچ برس خرچ کیے تھے۔تھامس پینچون کا ناول 'دی کرائنگ آف لاٹ 49' بھی ایک قابل ذکر مابعد جدیدیت کا نمونہ ہے۔ یہ ناول انہوں نے 1966 میں لکھا تھا اور اس کی کہانی بھی کثیر الجہاتی تھی اور خاصی پیچیدہ بھی، کہ اسے ایک بار پڑھ کر کسی بھی نتیجے پر پہنچنا عام قاری کے لیے مشکل عمل ہے۔عام طور پر پنچون طویل ناولز لکھتے ہیں مگر دی کرائنگ آف لاٹ 49، اُن کا مختصر ترین ناول ہے جو محض 140 صفحات پر مشتمل ہے۔ ناول کی پروٹوگونسٹ 'اوڈیپا ماس' (Oedipa Maas) ہے جو اپنے ایکس بوائے فرینڈ کی موت کے بعد اُس کی ایک رئیل اسٹیٹ کی شریک عملدار بن جاتی ہے اور یوں مستقل انکشافات، اچنبھوں اور کنفیوژن کا شکار ہوتی چلی جاتی ہے۔'اوڈیپا ماس' دو ڈسٹری بیوشن کمپنیوں کے درمیان تنازعہ کی داستان ہے جس میں ایک کی حقیقی تاریخی حیثیت ہے جبکہ دوسری سراسر فکشنل ہے۔اس چھوٹے سے ناولٹ میں پنچون نے بیک وقت انگلش پوپ بینڈ، کیلیفورنیا کاونٹر کلچر، جیکوبین ڈرامے، امریکہ کے دائیں بازو کی فکر، کارپوریٹ کلچر، الیکٹرانک اور میزائل اور جاسوسی کہانیوں وغیرہ کی پیروڈی بھی استعمال کی ہے جس نے اُس کو ایک طویل موضوع کو ایک چھوٹی کہانی کے

ساتھ ملا کر ایک لانگ شارٹ اسٹوری ناول کی شکل دے دی ہے۔اس لیے اس کا پلاٹ اور کرداروں کی بھرمار بہت زیادہ اور پیچیدہ ہے۔ ناول کی انکشافات کی دنیا میں موجود استعارے بھی دلچسپ ہیں مثلاً میل کے لیے استعمال ہونے والے اسٹیمپ، رنگ برنگی کھڑکیاں ہیں جو وقت اور جگہ کی انجانی دنیا میں کھلتی ہیں اور یوں اپنے باطن میں ایک 'کرائنگ میسیج' ہی ہیں۔

پنچون کی عمر اس وقت 86 برس ہے اور وہ نیویارک کے ایک اپارٹمنٹ میں رہتے ہیں۔وہ 8 مئی 1937 میں نیویارک لونگ آئی لینڈ میں پیدا ہوئے۔ انہوں نے کارنیل یونیورسٹی سے انجینئرنگ کی تعلیم حاصل کی، اس دوران انہوں نے دوسالوں کے لیے نیوی کے لیے بھی کام کیا تھا۔انجینئرنگ کی ڈگری لینے کے بعد وہ کچھ عرصے کے لیے آرٹسٹک کمیونٹی میں رہ کر اپنے ناولز اور شارٹ اسٹوریز پر توجہ دیتے رہے مگر پھر شیٹل واشنگٹن میں ایک بوئنگ کمپنی میں ملازمت کی خاطر رہنے لگے۔ 1963 میں انہوں نے بوئنگ کمپنی کی ملازمت چھوڑ دی اور اپنا پورا وقت رائٹنگ کے لیے صرف کر دیا۔اسی سال اُن کا ناول V پبلش ہوا جسے ولیم فاکنر فاونڈیشن نے بیسٹ فرسٹ ناول پرائز سے نوازا۔اُن کا دوسرا ناول 1965 میں دی کرائنگ آف لاٹ 49 کی شکل میں سامنے آیا۔اس ناول کا مرکزی کردار، اوڈیپا ماس جنوبی کیلیفورنیا کے علاقے میں پریشان گھوم رہی ہوتی ہے کیونکہ اُس کے بوائے فرینڈ کی موت کے بعد اُس پر کچھ انکشافات ہوتے ہیں۔ اُن میں ایک آرگینائزیشن 'ٹرِیس ٹیرو'(Tristero) بھی ہے جو آخر تک اپنے بارے میں ایک پُراسرار شکل رکھتی ہے کہ آیا کہ وہ واقعی اپنا وجود رکھتی ہے یا محض اوڈیپا ماس کے ذہن کی اختراع ہے۔ 1973 میں پنچون کا ناول 'گرویوٹی رین بو'(Gravity's Rainbow) چھپ کر آیا۔اس ناول میں اُن کے پہلے دو ناولوں کے تھیمز اور اسٹائل کے اثرات ملتے ہیں مگر اس کا پلاٹ دوسری عالمی جنگ کے فوراً بعد کا ہے۔ یہ اُن کا ایک اور کامیاب ناول ثابت ہوا جس پر انہیں 1974 میں نیشنل

بک ایوارڈ سے نوازا گیا۔اس ناول کو پلٹزر پرائز (Pulitzer Prize) کے لیے بھی منتخب کیا گیا تھا مگر آخری لمحات میں ججز کا فیصلہ اس کے حق میں نہیں بن پایا کیونکہ اُن کے خیال میں ناول بہت پیچیدہ اور پڑھنے کے لیے مشکل تحریر ہے یعنی اسے unreadable ، overwrittenاور obscene قرار دے کر اُس سال کے پلٹزر پرائز کے لائق نہیں سمجھا گیا۔ان تین ناولوں کے تقریباً سولہ برس بعد 1990 میں پنچون کا اگلا ناول وائن لینڈ چھپ کر آیا مگر اسے پہلے ناولوں جیسا استقبال نصیب نہ ہوا۔اس کے سات برس بعد انہوں نے 'میسن اینڈ ڈکسن' (Dixon Mason &) لکھا جو اٹھارویں صدی کے طرز کی کہانی تھی۔'اگینسٹ دی ڈے'(Against the Day) اُنھوں نے 2006 میں لکھا جس کا بیسویں صدی کا مرکزی کردار انارکسٹ اقدار کی پیروی کرتا ہے ۔ 2009 میں پنچون نے 'انھیرنٹ وائس'(Inherent Vice) لکھا اور 2013 میں اُن کا ناول 'بلیڈنگ ایج' (Bleeding Edge) ستمبر 11 کے واقعہ کے بعد 'کمپیوٹر انڈسٹری' پر شائع ہوا۔تھامس پنچون کے ناولز مابعد جدیت پسند ڈیوڈ فوسٹر والیس' (David Foster Wallace)،'ڈان ڈی لیلو' (Don De Lillo) اور رچرڈ پاورز' (Richard Powers) جیسے ناول نگاروں کے لیے متاثر کن ثابت ہوئے ۔اُن کا ناول' گریوٹی رین بو' کی میکینیکل اور نیورولوجیکل دنیا بیک وقت سائنس فکشن اور آرٹسٹک میٹا فکشن کے درمیان رابطہ بن کر ولیم گبسن' (William Gibson) اور 'نیل اسٹیفینسن' (Neal Stephenson) جیسے ناول نگاروں کو بھی متاثر کرتی ہے ۔'مائیکل ووڈ' (Michael Wood) جیسے تنقید نگار اُن کے طرزِ تحریر کو Hysterical realism کا نام دیتے ہیں ۔گو کہ تھامس پنچون سوشل زندگی کے کچھ خاص گرویدہ نہیں ہیں اور میڈیا کے سامنے آنے سے ہمیشہ کتراتے ہیں مگر اُن کے ناولز ،اُن کے قدردانوں کی بڑی تعداد کو ہمیشہ اپنے ارد گرد رکھتے ہیں ۔

ٹونی موریسن (Toni Morrison) جن کا اصلی نام 'کولی انتھونی وفورڈ' تھا، 1931 میں اوہایو میں پیدا ہوئی تھیں۔ انہوں نے 1953 میں ہارورڈ سے گریجویشن کیا اور 1955 میں کورنیل یونیورسٹی سے ماسٹرز کیا تھا۔ بعد میں ٹیکساس یونیورسٹی میں دو برس پڑھانے کے بعد وہ دوبارہ ہارورڈ یونیورسٹی میں 1957 سے 1964 تک پڑھاتی رہیں۔ 1965 میں وہ رینڈم ہاوس میں فکشن ایڈیٹر بن گئیں جہاں کئی سال کام کرنے کے بعد دوبارہ 1984 میں اسٹیٹ یونیورسٹی آف نیویارک جوائن کرلیا اور پانچ برس وہاں پڑھانے کے بعد پرنسٹن یونیورسٹی آ گئی جہاں سے وہ پھر 2006 میں ریٹائر ہوئی۔

ٹونی موریسن کا پہلا ناول 'دی بلویسٹ آئی' (The Bluest Eye)1970 میں چھپا، جو ایک سیاہ لڑکی کے نفسیاتی مسائل پر تھا جو خوبصورتی کے لیے سفید کلچر کے معیارات سے متاثر تھی، جس کے لیے خوبصورت ہونے کے لیے نیلی آنکھوں کا ہونا ضروری تھا۔ اُن کا دوسرا ناول 'سُلا' (Sula)1973 میں پبلش ہوا تھا۔ یہ کہانی دو سیاہ خواتین کی دوستی اور اُن کی نسل پرست کمیونٹی کے ردعمل پر تھی۔ 1977 میں اُن کا تیسرا ناول 'سانگ آف سولومن' (Songof Solomon) کے نام سے آیا تھا جو ایک شخص کی اپنی شناخت کی تلاش پر تھا۔ یہی ناول موریسن کے لیے بھی امریکہ میں ایک شناخت کا سبب بنا تھا۔ 1981 میں انہوں نے کیریبین جزیرہ پر رنگ نسل جنس اور کلاس کے مسائل پر 'ٹار بے بی' (Tar Baby) لکھا تھا۔ ٹونی موریسن کو ناول 'بی لوڈ' (Beloved) پر پلٹزر پرائز (Pulitzer Prize) ملا تھا۔ یہ ناول انہوں نے 1987 میں لکھا تھا۔ اس ناول کی کہانی ایک سچے قصے سے ماخوذ تھی جس میں ایک سیاہ فام بھاگی ہوئی غلام عورت اپنے پکڑے جانے سے قبل اپنی دو برس کی بیٹی کا قتل کر دیتی ہے تا کہ اُسے اُس کی طرح غلامی کی زندگی نصیب نہ ہو۔ 1998 میں اس ناول پر فلم بنی تھی جس میں ٹائٹل کردار مشہور امریکن ٹیلی وژن ٹاک شو پرسنیلیٹی اور ایکٹریس اوپرا ونفری (Oprah Winfrey) نے کیا تھا۔ 1992 میں انہوں نے جاز (Jazz) اور 1998

میں پیراڈائز (Paradise) لکھا تھا۔ پیراڈائز میں انہوں نے اوکلوہاما میں ایک یوٹوپین بلیک کمیونٹی کا پورٹریٹ کھینچا تھا اور پھر 2003 میں 'لو' (Love) لکھا تھا جس کی پیچیدہ خاندانی کہانی محبت کے بے شمار پہلوؤں اور اُس کی ظاہری مخالفت کو بیان کرتی ہے۔ 2008 میں انہوں نے 'مرسی' (Mercy) لکھا تھا جو امریکہ کی 17 ویں صدی کی غلامی کے دور کی کہانی ہے۔ 2012 میں 'ہوم' (Home) تخلیق کیا جس میں کورین وار کے بعد کی ایک زخم خوردہ فیملی کی گھر واپسی کے بعد نسل پرستانہ کمیونٹی سے دوچار ہونے اور اُس پر قابو پانے کا قصہ ہے۔ 'گاڈ ہیلپ دی چائلڈ' (God Help the Child) انہوں نے 2015 میں لکھا تھا۔ اس ناول میں موریسن نے ایک سیاہ فام لڑکی کے ساتھ بدسلوکی (Child abuse) کو بیان کیا ہے۔ ٹونی موریسن کے ناولوں کا مرکزی موضوع سیاہ فام انسانوں کا امریکی تجربہ ہے۔ ٹونی موریسن کے ناولوں کے کردار ایک غیر منصفانہ معاشرے میں خودکی تلاش میں ملتے ہیں۔ وہ ایک مسلسل ثقافتی شناخت اور اپنے مقام کی جدوجہد میں مصروف نظر آتی ہیں۔ اس کام کے لیے موریسن فینٹیسی کا استعمال کرتی ہے، اُس کی نثر میں ایک شاعرانہ انداز ملتا ہے جو اُس کی کہانیوں کو توانا و تازہ رکھتا ہے۔ 2010 میں موریسن کو فرانسیسی لیجن آف آنر دیا گیا پھر دو برس بعد انہیں امریکی صدارتی تمغۂ آزادی سے نوازا گیا۔ ٹونی میریسن 'دی پیسز آئی ایم' (The Pieces I Am) ایک ڈاکومینٹری تھی جو اُن کی زندگی پر بنائی گئی تھی۔ 1993 میں انہیں ادبی خدمات پر لٹریچر کے نوبل پرائز سے نوازا گیا تھا۔

ٹونی موریسن کا ناول بیلوڈ (Beloved) 1987 میں شائع ہوا تھا اور 1988 میں اُسے پلٹزر (Pulitzer) پرائز کا حق دار سمجھا گیا۔ اس ناول میں غلامانہ زندگی کے اثرات کو بیان کیا گیا ہے۔ ناول میں ایک سیاہ فام عورت سیتھ کا مرکزی کردار ہے جو ماضی میں ایک غلام رہ چکی ہے، جس کی تکلیف دہ یادیں جب وہ خانہ جنگی سے قبل کین ٹکی (Kentucky)

میں تھی، آزاد ہونے کے باجود اُسے جکڑے ہوئے تھیں۔اس ناول کی کہانی ایک سیاہ فام عورت ، مارگریٹ گارنر کی حقیقی زندگی سے ماخوذ ہے۔مارگریٹ اپنے شوہر روبرٹ کے ساتھ اوہایو میں ایک غلام کے طور پر رہتی تھی جہان سے یہ فیملی وہاں سے بھاگنے کے دوران اپنے مالک اور قانون کے رکھوالوں سے پکڑی جاتی ہے، اس سے قبل کہ انہیں دوبارہ غلامانہ زندگی میں جھونکا جاتا، مارگریٹ اپنی بیٹی کو خود ہی مار دیتی ہے تاکہ وہ اُس کی طرح غلام ہونے سے بچ جائے۔ناول کا مرکزی کردار سیتھ بھی اپنے مالک 'اسکول ٹیچر' کی قید سے نکلنے کے دوران ناکام ہو جاتی ہے اور اپنے بچوں کو مارنے کی کوشش کرتی ہے جس دوران اُس کی دو سالہ بچی مرجاتی ہے۔اس واقعہ کے بعد اُس کا ظالم مالک یہ سمجھ کر اُسے لینے سے انکار کر دیتا ہے کہ شاید اُس کا ذہنی توازن ٹھیک نہیں ہے۔سیتھ بعد میں اپنی بیٹی کے کتبے پر بیلوڈ "Beloved" کندہ کروادیتی ہے گو کہ وہ چاہتی ہے کہ "Beloved Dearly" لکھوائے مگر اُس میں اس قدر توانائی نہیں بچتی ہے کیونکہ قبرستان کا گورکن ہر ایک لفظ کندا کرنے کے لیے دس منٹ تک اُس کے ساتھ زبردستی جنسی تعلق کا مطالبہ کر رہا تھا۔یہ ناول فلیش بیک میں لکھا گیا ہے جس کی کہانی میں سیتھ اپنی نوجوان بیٹی ڈینور کے ساتھ ایک جگہ 124 بلیو اسٹون پر رہتی ہے جہاں سیتھ کے خیال میں کچھ غصیلے سے بھوتوں کا ڈیرہ ہے۔ اس دوران سیتھ کی دوستی ایک شخص پال ڈی سے ہوتی ہے جس کا اپنا ماضی بھی غلامانہ زندگی کا ہے مگر وہ مستقبل تمباکو سے اپنی ماضی کی یادوں کو دل میں دفنا کر رکھتا ہے، سیتھ اور پال ڈی کے تعلقات ایک مختصر عرصے کے لیے سیتھ کی زندگی میں سکون لاتے ہیں مگر پھر جلد ہی ایک نوجوان عورت نمودار ہوتی ہے جو سیتھ کو اپنا نام بی لوڈ (Beloved) بتاتی ہے اور سیتھ کو یوں لگتا ہے کہ جیسے یہ نوجوان عورت اُس کی مری ہوئی بیٹی کا دوسرا جنم ہے۔ایک مقام پر بی لوڈ سیتھ کے دوست پال ڈی کے بھی قریب آنے کی کوشش کرتی ہے۔ پال ڈی کو جب پتہ چلتا ہے کہ سیتھ نے اپنی بیٹی کا قتل کر دیا تھا تو وہ اُسے چھوڑ کر چلے جاتا ہے۔ 124 بلیو

اسٹون کے حالات اس واقعہ کے بعد خراب سے خراب تر ہوتے چلے جاتے ہیں۔سیتھ کی نوکری جلد ہی ختم ہو جاتی ہے اور وہ اُس کے ساتھ رہنے والی نوجوان عورت بی لوڈ کے بارے میں ہی پریشان ہوتی رہتی ہے۔ایک دن بیولوڈ یہ بات سیتھ کے ساتھ شیئر کرتی ہے کہ وہ پیٹ سے ہے،سیتھ کی نوجون بیٹی ڈینور اس دوران پریشان ہو کر کمیونٹی میں نکل کر لوگوں سے مدد مانگتی ہے جس پر اُسے کھانا اور نوکری مل جاتی ہے۔ایک بار جب اُسے کام پر لے جانے کے لیے اُس کا ملازمت دینے والا اُسے لینے گھر پہنچتا ہے تو سیتھ اُس میں اپنے مالک 'اسکول ٹیچر' کو دیکھتی ہے اور اُس پر حملہ کر دیتی ہے۔کمیونٹی کی عورتیں ڈینور کے باس کو کسی طور بچا لیتی ہیں مگر اس سارے جھگڑے کے دوران بیولوڈ اچانک غائب ہو جاتی ہے۔ پال ڈی،اس ساری صورت حال کو دیکھ کر سیتھ کی غم زدہ صورت حال کو سمجھتے ہوئے اُس کے پاس ٹھہر جاتا ہے اور اُس کی دیکھ بھال کرتا ہے اور پھر سیتھ کی بیٹی ڈینور بھی اپنی ایک نارمل زندگی میں رہنا شروع کر دیتی ہے۔موریسن کا یہ ناول 'بیولوڈ' محض ایک پوسٹ ٹرامیٹک نفسیاتی مسئلہ کی فکشنل شکل ہی نہیں ہے بلکہ سیاہ فام سماجی دنیا کی اندروہناک تاریخ اور اُس کے بعد نئے زمانے کے انسانوں کی زندگیوں پر اس کے اثرات کی نمائندگی بھی کرتا ہے، یہ ناول ٹونی مارسین کی بہترین ادبی زبان اور تصویر کشی کی وجہ سے پوسٹ ماڈرن ازم کی لٹریری دنیا میں ایک کلاسک کی حیثیت رکھتا ہے۔

پوسٹ ماڈرن دنیا میں تہذیبی و ثقافتی اقدار کے بحران پر کئی ایک رائٹرز نے متاثر کن ادب دیا،اُن میں نائیجیریا کے ناولسٹ 'چینوا اچیبے' (Chinua Achebe) بھی شامل ہیں۔اُن کا پورا نام 'البرٹ چنولوموگو اچیبے' (Albert Chinualumogu Achebe) تھا۔وہ 16 نومبر 1930 میں نائیجیریا کے شہر اوگیڈی (Ogidi) میں پیدا ہوئے۔انہوں نے روایتی افریقی معاشرے پر مغربی رسوم و رواج اور اقدار کے اثرات کی وجہ سے پیدا ہونے والی

سماجی اور نفسیاتی صورت حال پر ناول قلم بند کیے۔ اُن کے موضوعات میں افریقی گاؤں کے لوگوں کا سفید فام شخص کے ساتھ پہلے پہل رابطہ، اور پھر اُس کے ریکشن میں بدلتے ہوئے افریقی اقدار، سماج کی ارتقائی تبدیلیاں اور مزاحمتی جدو جہد ہیں۔ چنیوا اچیبے نے ابتدائی تعلیم اوگیڈی میں حاصل کی پھر یونیورسٹی آف عبادان، نائیجیریا سے انگریزی اور ادب کی تعلیم کے بعد لیگوس میں قائم ایک نائیجرین براڈ کاسٹنگ کارپوریشن کو ایک ڈائریکٹر کے طور پر جوائن کر لیا۔ 1967 میں انہوں نے ایک اور افریقی ادیب و شاعر کرسٹوفر اوکی گوبو (Christopher Okigbo) کے ساتھ مل کر ایک پبلشنگ کمپنی کی بنیاد رکھی، کرسٹوفر اوکی گوبو جلد ہی نائجیرین خانہ جنگی میں مار دیے گئے۔ چنیوا اچیبے بھی اس خانہ جنگی کے حق میں تھا، 1969 میں اُنہوں نے اپنے ساتھی مصنیفین 'گیبریل اوکارا' (Gabriel Okara) اور 'سایپرین ایکونسی' (Cyprian Ekwensi) کے ساتھ ریاست ہائے متحدہ امریکہ کا دورہ کیا اور مختلف یونیورسٹیز میں لیکچرز دیے۔ نائجیریا واپسی پر انہیں نائجیریا یونیورسٹی میں ریسرچ فیلو بنا دیا گیا اور پھر بعد میں وہ اُسی یونیورسٹی میں 1976 سے 1981 تک انگریزی ادب کے پروفیسر کے طور پر خدمات دیتے رہے، پھر کچھ عرصے پبلشر کا کام کرنے کے بعد وہ امریکہ منتقل ہو گئے جہاں وہ پہلے بارڈ کالج نیویارک اور پھر براؤن یونیورسٹی روڈ آئی لینڈ میں بھی پڑھاتے رہے۔

'تھنگس فال اے پارڈ' (Things Fall Apart)، چنیوا اچیبے کا پہلا ناول تھا جو اُنہوں نے 1958 میں لکھا تھا۔ اس ناول کا پس منظر نائجیریا میں عیسائی تبلیغی جماعتوں اور نو آبادیاتی حکومتوں کے قائم ہونے سے پیدا ہونے والے مسائل پر ہے۔ جس طرح 'ییٹس' (Yeats) نے پہلی عالمی جنگ کے فوراً بعد 1919 میں لکھی گئی اپنی مشہور و معروف نظم 'دی سیکنڈ کمنگ' (The Second Coming) لکھی تھی اسی کم و بیش پس منظر میں بلکہ چنیوا نے ییٹس کی نظم کے مصرعے کو بھی ناول کے ٹائٹل (Things Fall Apart) کے طور پر

استعمال کیا ہے۔ 1960 میں لکھے گے دوسرے ناول 'نو لونگر ایٹ ایز' (No Longer at Ease) میں انہوں نے ایک نئے تعینات ہونے والے سرکاری ملازم کی تصویر کشی کی ہے جو انگلستان کی یونیورسٹی سے تعلیم حاصل کر کے نائیجریا واپس آ گیا ہے۔ ناول میں اپنی افریقی قدروں کو برقرار رکھنے کے لیے اُسے کئی آزمائشوں سے گزرنا پڑتا ہے۔ 1964 میں انہوں نے 'ایرو آف گاڈ' (Arrow of God) لکھا تھا جس کی کہانی کے مرکزی کردار ایک گاؤں کا پادری اور اُس کے بیٹے کے درمیان نو آبادیاتی حکومت کے کارکنوں اور قبیلے کے حریفوں کی وجہ سے ایک مستقل تناؤ کی صورت سامنے آتی ہے۔ 1966 کے 'اے مین آف دی پیوپل' (A Man of the People) اور 1987 کے ناول 'اینتھلز آف دی سیوانتھ' (Anthills of the Savannah) میں افریقہ کی پوسٹ نو آبادیاتی زندگی کے مختلف مسائل خصوصاً کرپشن وغیرہ کو موضوع بنایا گیا ہے۔ ناولز ہی نہیں، چینوا اچیبے نے شارٹ اسٹوریز کے مجموعے اور بچوں کے لیے بھی کتابیں پبلش کی تھیں۔ 1973 میں 'ہاو دی لیوپرڈ گاٹ ہز کلاز' (the Leopard Got His Claws)، 'بی ویر۔ سول برادر' (Beware, Soul-Brother) اور 'کرسمس ان بائی فرا' (Christmas in Biafra) بھی پبلش کی تھیں۔ اسی طرح شاعری کا مجموعہ 'اینودر افریقہ' (Another Africa) اور کئی ایک آرٹیکلز کی کتابیں بھی لکھیں تھیں۔ 2007 میں انہیں اپنی ادبی خدمات کی وجہ سے International Prize Booker سے نوازا گیا تھا۔

والا دی میر نبیا کوف (Vladimir Nabokov) ایک رشین اور امریکن رائٹر تھا جس کا 1955 میں لکھا ہوا مشہور ترین ناول لولیتا (Lolita) تھا جس میں ایک عمر رسیدہ پروفیسر ہمبرٹ (Humbert) ایک بارہ سالہ بچی کے ساتھ جنون کی حد تک جنسی کشش میں مبتلا ہو جاتا ہے۔ اس کہانی کا راوی خود ہمبرٹ ہے جو کبھی خود کو نفسیاتی مینیک (Maniac) کہتا ہے اور سمجھتا ہے کہ یہ سارا عمل دراصل انسیسٹ (Incest) کی ایک پیروڈی ہے کیونکہ اُس

بچی کا نام لولیتا اُس کے سوتیلے باپ کا دیا ہوا تھا۔ اس کے بیانیہ میں جیمز جوائس کے شعوری رو کا طرزِ تخلیق ملتا ہے۔ ہیمبرٹ کے پہلے پیار کا نام اینابل لیگ (Annabel Leigh) ہے جو ایڈ گر ایلن پو کی آخری نظم 'اینابل لی' (Lee Annabel) کی یاد دیتی ہے یہی نہیں بلکہ ناول میں کہیں کہیں پو کی نظم کی سطریں بھی ملتی ہیں یوں ناول میں کلاسیکل اور ماڈرن لٹریچر کا ملا جلا ذائقہ ملتا ہے جو اُس میں لاجواب سی کشش پیدا کر دیتا ہے۔

اٹالو کیلونو (Italo Calvino) ایک اور اہم پوسٹ ماڈرنسٹ رائٹر ہے جن کے سنسنی خیز اور تخیلاتی افسانوں اور ناولوں نے انہیں بیسویں صدی کے اہم ترین اطالوی رائٹرز میں سے ایک بنا دیا تھا۔ وہ 1923 میں کیوبا میں پیدا ہوئے تھے مگر نوجوانی میں ہی کیوبا سے اٹلی آ گئے تھے۔ بعد میں انہوں نے دوسری عالمگیر جنگ کے دوران اٹلی کی مزاحمت میں شمولیت اختیار کی مگر پھر جنگ کے بعد اٹلی کے شہر ٹیورن (Turin) میں آباد ہو گئے اور کمیونسٹ میگزین 'L'Unità' اور پبلشنگ ہاوس 'Einaudi' کے لیے کام کرتے رہے۔ اسی دوران انہوں نے لٹریچر میں گریجوشن بھی کیا اور پھر 1959 سے 1966 تک مشہور اطالوی ناول نگار 'ایلیو ویٹورنی' (Elio Vittorini) کے ساتھ Il Letteratura Menabò di کی تدوین کا کام کرتے رہے۔ اُن کے ابتدائی فکشنل کاموں میں 1947 میں اُن کا لکھا ہوا پہلا ناول 'دی پاتھ ٹو دی نیسٹ آف اسپائڈرز' (The Path to the Nest of Spiders) تھا جس کے پس منظر میں انہوں نے دوسری عالمگیر جنگ کے دوران اطالوی مزاحمت میں شامل لوگوں کی بے بسی دکھائی تھی جبکہ دوسرا کہانیوں کا مجموعہ آدم، ون آفٹرنون (Adam, One Afternoon) تھا جو انہوں نے 1949 میں لکھا تھا۔ 1950 کی دہائی کے دوران کیلونو نے ایک کے بعد ایک تین بہترین ناول پوسٹ ماڈرن لٹریری دنیا کو دیے اور عالمی ادبی دنیا میں ایک نمایاں مقام بنا لیا۔ پہلی کہانی انہوں نے 'دی کولون وسکونٹ' (Cloven Viscoun

The) کے نام سے 1952 میں لکھی تھی۔ یہ ایک ایسے شخص کی تمثیلی کہانی تھی جو ایک توپ کے نشانے پر آنے کی وجہ سے دو حصوں میں بٹ جاتا ہے۔ اُس کا آدھا حصہ نیک اور آدھا حصہ شیطان ہوتا ہے مگر پھر اُسے ایک کسان کی لڑکی سے پیار ہو جاتا ہے اور وہ اُس کی محبت کی طاقت سے پھر سے مکمل ہو جاتا ہے۔ دوسرا لاجواب ناول اٹالو کیلوینو نے 1957 میں 'دی بیرن اِن دی ٹریز' (The Baron in the Trees) کے نام سے لکھا تھا جو 19 ویں صدی کے ایک رئیس کی سنسنی خیز سی داستان ہے جو ایک دن درختوں پر چڑھنے اور ہمیشہ وہیں رہنے کا فیصلہ کر لیتا ہے۔ درختوں پر رہتے ہوئے وہ اپنے دوسرے دوستوں کی مدد کرتا رہتا ہے یوں یہ کہانی حقیقت اور تخلیل کے مابین رابطے اور تناؤ کو بیان کرتی ہے۔ 1959 میں اُن کا تیسرا مشہور ناول 'دی نان ایگزسٹنٹ نایٹ' شائع ہوا تھا۔ یہ ناول آٹھویں صدی کے یورپین حکمران شارلمن کے زمانے کی لکھی گئی ہے جس کی پروٹو گونسٹ ایک راہبہ ہے جو ایگیللف (Agilulf) کی کہانی سناتی ہے جو ایک چمکتا ہوا سفید لباس ہوتا ہے جس کے اندر کچھ بھی نہیں ہوتا ہے۔ اس لباس کو فرانس، انگلینڈ اور شمالی افریقہ بھیجا جاتا ہے تاکہ اُس کنواری لڑکی کی عزت و عصمت کی تصدیق کی جا سکے جسے اُس نے برسوں پہلے عصمت دری سے بچا لیا تھا۔ کہانی کا پلاٹ مختلف چونکا دینے والے موڑ سے گزر کر بالآخر ایک اختتامی اعترافی بیان پر ختم ہو جاتا ہے۔

ان ناولوں کے بعد کیلوینو نے 1965 میں کوسمیکومکس (Cosmicomics) لکھا جو شعور کی رو میں لکھا ہوا بیانیہ تھا جس میں کائنات کی تخلیق اور ارتقائی سفر کا حال احوال تھا۔ 1972 میں انہوں نے 'ان وزیبل سٹیز' (Invisible Cities) لکھا اور 1973 میں 'دی کیسل آف کراسڈ ڈسٹینیز' (The Castle of Crossed Destinies) اور 1979 میں 'اِف آن اے ونٹر نایٹ اے ٹریولر' (If on a Winter's Night a Traveler) جیسا ماسٹر پیس تخلیق کیا۔ اس ناول میں ایک قاری کا تذکرہ ہے جو ایک کتاب پڑھنا چاہتا ہے مگر کئی

ایک وجوہات کی وجہ سے اُسے کتاب پڑھنے میں مشکلات کا سامنا کرنا پڑتا ہے۔

بیسویں صدی کی سیاسی وسماجی ناہمواریوں پر اعلیٰ ترین ادب کی تخلیق میں جس پوسٹ ماڈرنسٹ برطانوی ادیبہ کا نام بھی ہمیں ملتا ہے، وہ ڈورس لیسنگ (Doris Lessing,) ہے۔اُن کا اصل نام ڈورس مے ٹیلر (Doris May Tayler) تھا[وہ 1919 میں پرشیا کے اُس حصے میں پیدا ہوئی تھی جو آج کل ایران میں ہے اور اُن کی موت چند سال قبل لندن میں ہوئی ہے۔ڈورس لیسنگ کو 2007 میں لٹریچر کے نوبل پرائز سے نوازا گیا تھا۔1950 میں اُن کا پہلا ناول ُدی گراس از سنگنگ ٗ(The Grass Is Singing) پبلش ہوا تھا جو ایک سفید فام کسان، اُس کی بیوی اور ایک افریقی ملازم کی کہانی تھی۔ڈورس لیسنگ کے کم وبیش پانچ آٹو بائیو گرافک ناولوں کی فکشنل پروٹوگونسٹ ُمارتھا کیوسٹ ٗتھیں۔یہ چلڈرن آف وائلنس (The Children of Violence) کے نام سے چھپنے والے پانچ ناولز کی سیریز تھے جو 1952 سے 1969 کے دورانیہ کی کہانی تھی۔دی گولڈن نوٹ بک (The Golden Notebook) 1962 میں پبلش ہونے والا اُن کا سب سے یادگار کام تھا جس میں ایک رائٹر عورت کی جدوجہد کی داستان تھی جو اپنے آرٹ کے بدولت زندگی کے پیچیدہ مسائل سے نمٹتی ہوئی ملتی ہے۔1975 میں انہوں نے دی میموریز آف اے سروائور (The Memoirs of a Survivor) تخلیق کیا تھا جو ایک نفسیاتی اور سماجی موضوع کا احاطہ کر رہا تھا۔لیسنگ شارٹ اسٹوریز لکھنے میں بھی مہارت رکھتی تھی۔اُن کے ایک مجموعہ کا نام ُدی اسٹوری آف اے نان میرنگ مین ٗ(The Story of a Non-Marrying Man) تھا جو 1972 میں پبلش ہوا تھا۔افریقی کہانیوں کا مجموعہ 1951 میں ُدس واز دی اولڈ چیف کنٹری ٗ(Chief's Country This Was the Old) کے نام سے چھپا تھا بالکل اسی طرح ُدی سن بٹوین دیر فیٹ ٗ(The Sun Between Their Feet) 1973 میں پبلش ہوا

تھا۔لیسنگ نے سائنس فکشن پر بھی کئی ایک ناول تخلیق کیے تھے جو پانچ ناولوں کی ایک سیریز میں 'کینپس ان آرگوس' (Canopus in Argos: Archives) کے نام سے چھپی تھی۔اُن کے آرٹیکلز کے مجموعے ٹائم بائیٹس (Time Bites) میں خواتین کے ایشوز، سیاست اور صوفی ازم جیسے چیدہ چیدہ موضوعات بھی ملتے ہیں۔ڈورس لیسنگ نے اپنی زندگی میں 50 سے زیادہ ناول تخلیق کیے تھے، آناوولف کی زندگی کے پس منظر پر لکھے گئے ناول دی گولڈن نوٹ بک (The Golden Notebook) کی تخلیق پر انہیں نوبل پرائز کا حق دار سمجھا گیا تھا۔

دی گولڈن نوٹ بک کی آنا ایک رائٹر ہے جو ایک بہت ہی کامیاب ناول کی مصنفہ تھی۔وہ چار نوٹ بکس کو سنبھا کر رکھتی ہے جن کے مختلف رنگ ہیں۔کالی جلد کی نوٹ بک میں اُس کی ابتدائی زندگی کے وہ تجربات ہیں جو افریقہ میں ہوئے تھے۔سُرخ رنگ کی جلد کی نوٹ بک میں اُس کے سیاسی زندگی کی یادداشتیں ہیں خصوصاً کمیونزم سے متعلق خوش فہمیاں ہیں جن کے پیچھے جواز حاصل کرنے کی جدوجہد اور قصے ہیں۔پیلی جلد والی میں اُس کا لکھا ہوا ناول ہے جس کی ہیروئین اپنے تجربات کے بہاؤ میں ہے اور مستقل ایک حصہ بنی ہوئی ہے اور نیلی جلد کی نوٹ بک میں اُس کی ذاتی زندگی کی باتیں ہیں جس دوران ایک انگریز رائٹر سے اُس کیپیار کا قصہ بھی ہے اور اُس کے پاگل پن تک پہنچنے کا تجربہ بھی۔اینا ان چاروں نوٹ بکس کو ایک دھاگے میں پرو کر ایک گولڈن نوٹ بک میں سمیٹ لیتی ہے۔ناول میں بیک وقت کئی سوالات اپنے پس منظر میں ملتے ہیں جن میں نسل پرستی پر سوال، استحقاق پر سوال، جنسی مسائل اور جنسی بنیادں پر ہونے والی غیر مساوی تقسیم پر سوال، طاقت کی غیر منصفانہ تقسیم پر سوال، عقیدہ کی تلقین پر سوال، فرمابرداریوں پر سوال، محبت، کمیونٹی، نفسیاتی مسائل، تنہایوں اور اکیلے پن پر سوال، زمہ داریوں، آزادی اور غلامی کے تصور پر سوال جیسی ایک طویل فہرست شامل ہیں۔

کرٹ وانا گٹ (Kurt Vonnegut) ایک اور اہم پوسٹ ماڈرنسٹ ناول نگار ہیں، جن کا تعلق امریکہ سے تھا۔ وہ 1922 میں انڈیانا پلس میں پیدا ہوئے تھے۔ اُن کے ناولوں کا طرزِ بیان اُن کی شہرت کا بڑا سبب بن گیا تھا کیونکہ وہ طنز و مزاح (humor with Satire) کو حقیقت اور فکشن کے ساتھ ملا کر تخلیق کرتے تھے جیسا کہ سلاٹر ہاوس۔ 5 (Slaughter house-Five) انہوں نے 1969 میں لکھا تھا جو کم و بیش 'سوانح حیاتی' ناول تھا جو سائنس فکشن کے ساتھ دوسری عالمی جنگ کے خون خرابے کے پس منظر میں لکھا گیا تھا۔ انہوں نے پوسٹ ماڈرن ازم کی تکنیک کو 20 ویں صدی کی تہذیب میں ہونے والی تباہ حالیوں پر کچھ نئے ادبی تصورات یعنی فینٹیسی اور سائنس فکشنز کے استعمال سے پیش کیے تھے۔ اُس کا پس منظر بہت ہی دل دہلا دینے والا اور ہولناک تھا مگر اُس کا پیش منظر میں طنز و مزاح بھرا ہوا تھا۔ اُن کے زیادہ تر تخلیقی کاموں نے ماڈرن انسانیت کے تصور پر جارحانہ سوالات پیدا کرنے میں اہم کردار ادا کیے ہیں۔

کرٹ وانا گٹ (Kurt Vonnegut) کا تعلق ایک اوسط فیملی سے تھا۔ اُن کے والد کہنے کو ایک آرکیٹیکٹ تھے مگر 'گریٹ ڈپریشن' کے حالات کی وجہ سے وہ بھی لاتعداد امریکیوں کی طرح عموماً بے روزگار ہی رہتے تھے۔ جب کرٹ وانا گٹ نوجوان تھے تو انہوں نے اسکول کے نیوز پیپر کے لیے لکھنا شروع کر دیا تھا۔ انہوں نے نیویارک کی اتھیکا یونیورسٹی (Cornell University in Ithaca) سے بایوکیمسٹری میں گریجویشن کیا اور پھر یو ایس آرمی جوائن کر لی۔ دوسری عالمی جنگ کے دوران وہ جرمن نازیوں کے ہاتھ بھی لگ گئے تھے مگر جب جنگ ختم ہوئی تو شکاگو آ گئے جہاں انہوں نے یونیورسٹی آف شکاگو سے انتھروپولوجی میں گریجویشن کیا اور ایک رپورٹر کے طور کام بھی کرتے رہے۔ بعد میں انہیں نیویارک اپ اسٹیٹ میں ہی ایک پبلک ریلیشن رائٹر کا بھی کام مل گیا مگر پھر جلد ہی انہوں نے پلان کیا کہ وہ اپنی تمام توانائی فکشن رائٹنگ پر ہی خرچ کریں، یوں وہ فل ٹائم ٹائم رائٹر

ہی بن گئے۔ 1950 کے آغاز میں انہوں نے شارٹ اسٹوریز لکھنا شروع کی جن میں زیادہ تر ٹیکنالوجی اور مستقبل کے موضوعات پر تھیں، اس لیے تنقید نگاروں نے انہیں سائنس فکشن رائٹر کے طور پر ہی لیا۔ 1952 میں شائع ہونے والا اُن کا پہلا ناول پلیر پیانو (Player Piano) اِن کی اسی قسمکے تھیم کی ترجمانی کر رہا ہے جس میں ایک مشینی خودکار معاشرے کا تصور تھا جس کے غیر انسانی اثرات کا نیویارک کے ایک ٹاؤن کی فیکٹری کے سائنسدانوں اور کارکنوں نے ناکامی سے مقابلہ کیا۔

1959 میں کرٹ وانا گٹ نے اپنے دوسرے ناول، دی سائرن آف ٹیٹان (The Sirens of Titan) میں انسانی نسل کو ایک سیارے پر کسی اسپیس شپ کے اسپیر پارٹ کی تلاش کے دوران ایک حادثاتی ارتقا کا حصہ بنایا۔ اسی طرح 1961 میں لکھے گئے ناول 'مادر نائٹ' میں (Night Mother) ایک امریکن ڈرامہ نگار کو مرکزی کردار بنایا تھا جو نازی جرمنی میں جاسوسی کرتا ہے جس پر 1996 میں فلم بھی بنی تھی۔ 1963 میں انہوں نے کیٹ کریڈلر (Cat's Cradle) لکھا تھا جو کسی کیریبین آئی لینڈ میں رہنے والے لوگوں کی بے ضرر سی مذہبی پریکٹس اور ایک ایٹمی سائنسدان کے بنائے ہوئے مٹیریل سے مل کر اُس آئر لینڈ کی تباہی و بربادی کا سبب بن جاتا ہے۔ 1963 میں یونیورسٹی آف شکاگو نے اس ناول پر لکھے گئے تھیسس پر ہی انہیں ماسٹرز کی ڈگری سے نوازا گیا۔ 1965 میں کرٹ وانا گٹ نے ایک ناول 'گاڈ بلیس یو' (God BlessYou) لکھا تھا جس کا مرکزی کردار مسٹر روز واٹر ایک نفسیاتی شخص یا سیلف سینٹرڈ فلانتھروپسٹ تھا تو دوسری طرف اُس کے مدمقابل ایک رائٹر کلگور ٹراوٹ (Trout Kilgore) کا بھی کردار تھا جس کی فکشنل انا یا ایگو کم وبیش کرٹ وانا گٹ کی طرح تھی۔ 1960 تک آتے آتے وانا گٹ کو پڑھنے والوں کی تعداد میں کثیر اضافہ ہو چلا تھا، پھر اُس کے ناول 'سلاٹر ہاؤس ۔ 5 دی چلڈرن کرسوڈ' (The Children's Crusade) پر فلم بنی اور اُس کا رائٹر کے طور پر نام اور بھی پھیل گیا۔ تنقید نگاروں کے لیے

سلاٹر ہاوس ۔ 5 ایک ماڈرن ڈے کلاسک کا درجہ رکھتا تھا۔ 1999 میں اُن کے ناول 'بریک فاسٹ آف چیمپینز' (Champions Breakfast of) یا 'گڈ بائی بلیو منڈے' (Goodbye Blue Monday) پر بھی فلم بنی تھی۔ یہ ناول انہوں نے 1973 میں لکھا تھا جس میں ایک مڈل ویسٹرن بزنس مین ٹراوٹ کی کتابوں کا دیوانہ ہوتا ہے اور امریکی سماجی اقدار پر اپنا تجزیہ دیتا ہے۔ یہ ناول تو اچھے اور کچھ برے تبصروں کے باوجود ایک بیسٹ سلیر بھی بن گیا تھا مگر اُن کے دو اگلے ناولز یعنی 'سلیپ اسٹک' (Slapstick) اور 'لون سوم نو مور' (More Lonesome No) زیادہ مقبول نہیں ہو سکے۔

جن دنوں وانیوگٹ اپنی تخلیقی سرگرمیوں میں مشغول تھے اسی دوران 1980 کی دہائی میں وہ سخت ڈپریشن سے بھی گزر رہے تھے حتیٰ کہ انہوں نے 1984 میں ایک بار تو خودکشی کی بھی کوشش کی تھی۔ 1982 میں اُن کا ناول 'ڈریڈی ڈک' (Deadeye Dick)، 1985 میں 'بریک فاسٹ آف چیمپینز' (Breakfast of Champions:)، 1987 میں 'بلیو بیئرڈ' (Bluebeard)، 1990 میں 'ہوکس پوکس' (Hocus Pocus) اور 1997 میں 'ٹائم کویک' (Timequake) لکھا۔ ناول نگاری کے علاوہ وانیوگٹ نے ڈرامہ نگاری بھی کی تھی۔ 1970 میں اُن کے ڈراموں 'ہیپی برتھ ڈے۔ وانڈا جون' (Happy Birthday, Wanda June) پر فلمیں بھی بنی تھیں۔ اسی طرح اُن کا نان فکشن کام بھی خاصا اہم تھا مثلاً ویم پیٹرز، فارما اینڈ گران فیلوز (Wampeters, Foma & Granfalloons) کا اپنی زندگی، اپنی اور دوسرے رائٹرز کی تحریروں، تخلیقی تجربوں اور سماجی مسائل اور دنیا کے بارے میں اُن کی اپنی آواز میں ریکارڈڈ مٹیریل ہے۔ اُن کی شارٹ اسٹوریز کے مجموعوں میں 'ویل کم ٹو دی منکی ہاوس' (Welcome to the Monkey House) سب سے زیادہ مشہور ہے۔ 'اے مین ودھ آوٹ کنٹری' (Country A Man Without a) 'اے ممیر آف لائف ان جارج ڈبلیو بش امریکہ' (A Memoir of Life in George W. Bush's America) اُن کے

ارٹیکلز کا مجموعہ ہے جو 2005 میں پبلش ہوا تھا۔ 2009 میں، وانوگٹ کی موت کے دو برسوں کے بعد بھی اُن کی 'لک ایٹ دی برڈل' (Look at the Birdie)، چار برسوں کے بعد 2011 میں 'وائیل مورٹیلز سلیپ' (Sleep While Mortals) اور پانچ سالوں کے بعد 2012 میں 'وی آر واٹ وی پری ٹینڈ ٹو بی' (We Are What We Pretend to Be) پبلش ہوئیں جن میں اُن کی غیر شایع شدہ شارٹ اسٹوریز اور ادھورے ناولز تھے۔ کرٹ وانوگٹ کے پچاس برسوں کے تخلیقی سفر میں اُن کی زندگی میں 14 ناولز، 3 شارٹ اسٹوریز کے مجموعے، 5 ڈرامے اور 5 ہی نان فکشن کتابیں شائع ہوئیں تھیں۔

سلاٹر ہاؤس۔ 5 (Slaughterhouse-Five)، وانوگرٹ کا اہم ترین تخلیقی کام تھا جسے پوسٹ ماڈرن لٹریچر میں ایک کلاسک سمجھا گیا۔ یہ ناول 1972 میں سینماؤں کی اسکرین کا بھی زینت بنا۔ ویت نام کی جنگ کے دوران اس ناول کی اشاعت کو مجموعی طور پر جنگوں کے خلاف ایک سخت ردعمل کے طور پر لیا گیا تھا۔ ناول کے ابتدائی باب میں وانوگرٹ نے اپنے جنگی قیدی ہونے اور جرمنی کے شہر ڈریسڈن (Dresden) سے واپسی کا تذکرہ کیا۔ اس حصے میں اُس نے ناول لکھنے کے فنی تقاضوں پر بھی اپنے خیالات کا اظہار کیا ہے۔ اگلے باب میں وانوگرٹ نے مرکزی کردار بلی پلگرم (Billy Pilgrim) کا تعارف کرایا جو وقت سے آزاد زندگی کے مختلف واقعات سے دو چار ہونے والا کردار ہے۔ اُس کی کہانی کا آغاز اُس کی پیدائش 1922 سے شروع ہوتا ہے۔ بعد میں وہ ایک 'ماہر چشم' بننے کی تعلیم حاصل کرتا ہے، پھر دوسری عالمی جنگ میں اُسے بھیجا جاتا ہے، وہاں وہ ایک پادری کے اسٹنٹ کے طور پر بھی کام کرتا ہے، دوسری عالمگیر جنگ کے دوران وہ بلیج کے محاز پر بھیج دیا جاتا ہے جہاں اُس کی ملاقات ایک اور سپاہی رولینڈ ویری (Weary Roland) سے ہوتی ہے جو کئی مواقع پر بلی پلگرم کی زندگی بچاتا ہے تاکہ بلی پلگم اُسے ایک ہیرو سمجھے مگر پھر دونوں جرمنز کی گرفت میں آجاتے ہیں جس دوران رولینڈ ویری بیمار ہو جاتا ہے مگر وہ مرنے

سے پہلے اپنی موت کا الزام بلی پلگم پر لگاتا ہے۔ بعد میں بلی پلگرم کو ڈریسڈن بھیج دیا جاتا ہے جہاں اُسے دوسرے جنگی قیدیوں کے ساتھ سلاٹر ہاؤس میں رکھا جاتا ہے۔ ڈریسڈن میں بموں کے حملے ہوتے ہیں مگر بلی پلگرم بچ جاتا ہے اور کسی طرح وہاں سے نکل کر یونائیٹڈ اسٹیٹس پہنچ جاتا ہے۔ امریکہ پہنچ کر اُسے سخت نروس بریک ڈاون ہوجاتا ہے۔ جب وہ بہتر ہوتا ہے تو ایک لڑکی سے شادی کرلیتا ہے جس سے اُس کے دو بچے ہوتے ہیں اور وہ ایک کامیاب ماہر چشم کی زندگی گزارنا شروع کرتا ہے۔ اس کے بعد بلی پلگرم کی بیٹی بڑی ہوجاتی ہے ، اُس کی شادی کے فوراً بعد بلی کو کسی اور سیارے ٹرالفیمو ڈورین (Tralfamadorian) کی مخلوق اغوا کرکے لیجاتی ہے اور ایک چڑیا گھر میں رکھتی ہے۔ اس سیارے میں بلی پلگرم کو پتہ چلتا ہے کہ ان کے یہاں وقت کا مفہوم زمین کی مخلوق کے مفہوم سے قطعی مختلف ہے۔ ٹرالفیمو ڈوریز کے یہاں ماضی ، حال اور مستقبل کا وقت بدلتا نہیں ہے۔ اُن کی مخلوق اپنی زندگی کے ہر دور کے وقت میں آتے جاتے رہتے ہیں ،موت کا بھی وقت سے کوئی تعلق نہیں ہوتا ہے کیونکہ وہ ماضی اور مستقبل میں ہمیشہ زندہ رہتے ہیں۔ اسی دوران ٹرالفیمو ڈورین میں اُس کی ملاقات ایک اور اغوا شدہ عورت سے ہوتی ہے جس کا نام مونٹانا ولڈ ہیک (Montana Wildhack) ہوتا ہے۔ اُس عورت سے اُسے پیار ہوجاتا ہے اور یوں اُن کا ایک بچہ بھی ہوجاتا ہے۔ جب بلی پلگرم واپس دنیا میں لوٹتا ہے تو ایک جہاز کا حادثہ ہوتا ہے جس دوران بلی پلگم تو بچ جاتا ہے مگر اُس کی بیوی مرجاتی ہے۔ بلی پلگم بعد میں ٹرالفیمو ڈوریز کے وقت والے فلسفے کی تبلیغ شروع کردیتا ہے جس کے مطابق کائنات سمیت ہر شے کے مستقبل سے وہ واقف ہوتے ہیں۔ بلی پلگم کے پیروکاروں کی تعداد بڑھتی چلی جاتی ہے مگر پھر ایک دن جب وہ اپنی تقریر کررہا ہوتا ہے تو اُس پر ایک ریٹائرڈ سپاہی پال لزارو (Paul Lazzaro) کرائے کے قاتل سے حملہ کرواتا ہے جس کی وجہ سے وہ مارا جاتا ہے۔ پال لزارو بھی جانتا تھا کہ رولینڈ ویری جب مررہا تھا تو اُس نے بلی پلگم پر ہی اپنی

موت کا الزام لگایا تھا تاہم اچھنبے کی بات یہ تھی کہ بلی پلگرم کو اپنی موت سے بہت پہلے ہی اس بات کی خبر تھی کہ وہ کہاں اور کیسے مارا جائے گا اس لیے وہ اس واقعہ سے خوفزدہ نہیں تھا کیونکہ وہ تو صرف وقت میں سفر کر کے اپنے زندگی کے آغاز کے لمحات میں پہنچا تھا۔

جان فالز (John Fowles) کا نام اُن ناول نگاروں میں آتا ہے جنہوں نے نفسیات اور فلاسفی کے پس منظر میں سماجی موضوعات پر ناولز کی تخلیق کے لیے تجربات کیے اور پوسٹ ماڈرن دور کی ادبی دنیا کو ایک سے بڑھ کر ایک نادر نسخے ناولز کی شکل میں دیے۔ 1950 میں انہوں نے یونیورسٹی آف آکسفورڈ سے گریجویشن کیا اور پھر فرانس، برطانیہ اور یونان میں پڑھاتے رہے۔ اُن کا پہلا ناول 'دی کلکٹر' (The Collector)1963 میں شائع ہوا جسے 1965 میں سینما کے پردے پر فلمایا بھی گیا تھا۔ یہ ایک شرمیلے شخص کی کہانی ہے جو ایک لڑکی کی محبت میں گرفتار ہو کر بے بسی میں اُسے اغوا کر لیتا ہے۔ 1964 میں اُن کی کتاب 'دی ارسٹوس' (The Aristos) منظرِ عام پر آئی، جس میں اُن کے آرٹیکلز کے موضوعات آرٹ، سیاست، ارتقا وغیرہ تھے۔ 1965 میں اُن کا ناول 'دی میگس' (The Magus) شائع ہوا جو بعد میں 1968 میں فلمایا بھی گیا تھا۔ یہ کہانی ایک یونانی جزیرے پر موجود ایک انگریزی اسکول کے استاد کی ہے جو ایک پراسرار مقامی آدمی سے دوستی کر لیتا ہے اور تخیلاتی اور حقیقی دنیا کے درمیان تمیز کرنے کی جدوجہد کرتا ہے۔

جان فاولز کا ماسٹر پیس ناول 'دی فرینچ لیفٹیننٹ وومن' (The French Lieutenant's Woman)1969 میں شائع ہوا تھا۔ یہ ایک تاریخی رومانٹک ناول تھا جس کی کہانی 1867 کے وکٹورین کرداروں کی تھی۔ ناول کا مرکزی کردار 'چارلس سمتھسن' ہے جو ایک پیلنٹولوجسٹ (paleontologist) ہے۔ اُس کی منگنی ایک روایتی دولت مند لڑکی 'ارنسٹینا فری مین' (Ernestina Freeman) سے ہوئی ہے لیکن پھر چارلس سمتھسن کو

ایک اور حسین لڑکی سارہ ووڈرف (Sarah Woodruff) سے پیار ہو جاتا ہے اور وہ ارنسٹینا سے منگنی توڑ دیتا ہے۔ کہانی میں رائٹر مسلسل بیانیے کے ساتھ تین مختلف اختتام کی طرف کہانی کو لے کر جاتا ہے اور کوشش کرتا ہے کہ قاری اپنے پسند کے اختتامیہ پر ناول کو مکمل کر دیں۔ یوں یہ ناول پوسٹ ماڈرن ازم کی ترجمانی کرتا ہے اور تخلیق کار کے کردار کو تخلیق میں متعین کرنے کی فرمائش کرتا ہوا ملتا ہے۔

جان بارتھ کا پورا نام جان سمنز بارتھ (John Simmons Barth) ہے۔ وہ ایک امریکی رائٹر ہیں جن کے ناولز میں فلسفیانہ پیچیدگیاں اور گہرائی ملتی ہے اور جن کے بیان اور انداز تحریر میں طنز و مزاح بھی ایک گھن گرج کے ساتھ ملتا ہے۔ اُن کی تحریروں میں اس بات سے خاص اشارہ ملتا ہے کہ ایک مطلق اقدار والی سماجی دنیا میں صحیح عمل کا انتخاب ناممکن ہے۔ بارتھ میری لینڈ میں پیدا ہوئے، جان ہاپکنز یونیورسٹی بالٹی مور (Johns Hopkins University) سے تعلیم حاصل کی، 1952 میں گریجویشن کیا اور پھر پنسلوانیا اسٹیٹ یونیورسٹی میں پڑھانا شروع کیا۔ 1965 میں نیویارک اسٹیٹ یونیورسٹی بفیلو کو انگریزی کے پروفیسر کے طور پر جوائن کیا اور کچھ عرصے بعد واپس جان ہاپکنز آ گئے جہاں انگریزی لٹریچر اور تخلیقی ادب کے پروفیسر کے طور پر مصروف رہے۔ جان بارتھ کے پہلے دو ناولز، 'دی فلوٹنگ اوپرا' (The Floating Opera) اور 'دی اینڈ آف دی روڈ' (The End of the Road) بالترتیب 1956 اور 1958 میں پبلش ہوئے، اِن دونوں ناولوں کے کردار بے حاصلی کے احساس سے بوجھل رہتے ہوئے حاصل کرنے کی تگ و دو میں اُن افراد پر اثر انداز ہوتے ہوئے ملتے ہیں جو بے شعور اور فعال سے بھرے پُرے ہیں۔ بارتھ کا ناول 'دی سوٹ ویڈ فیکٹر' (The Sot-Weed Factor) 1960 میں پبلش ہوا تھا جس کا ری ایڈیشن 1967 میں پھر سے پبلش ہوا، یہ ناول 1708 کے شاعر ابنزر کوک (Ebenezer Cooke)

کی طنزیہ نظم کی پیروڈی نثر میں ہے جسے انہوں نے میری لینڈ کی تاریخ کے پس منظر کے ساتھ تحریر کیا تھا۔اُن کی کہانیوں کا مجموعہ'لوسٹ اِن فن ہاوس'(Lost in the Funhouse)1968 میں شایع ہوئی جس کی نمایاں کہانیوں میں'نایٹ سی جرنی'(Night-Sea Journey)، 'کوسٹ اِن دی فن ہاوس'،'ٹائٹل'،'لائف اسٹوری' بھی اُن کے ناول'چیمیرا'(Chimera) کی طرح میٹافکشنل ہے مثلاً'چیمرا'کا ٹائٹل ہی ایک مخلوط النسل یا عجیب الخلقت شے کی نمائندگی کرتا ہے۔یہ ناول تین ناولٹ'دنیازادیاد'(Dunyazadiad)،'پرسیڈ'(Perseid) اور'بیلیروفونیاد'(Bellerophoniad) پر مشتمل ہے جس میں انہوں نے دیومالائی کرداروں دنیازاد، پرسیوس اور بیلر فون کو استعمال کیا ہے۔یہ کتاب پوسٹ ماڈرن ازم کا ایک مکمل نمونہ ہے جس میں فکشن کی ایک کثیر الجہاد شکل ملتی ہے جس کا روایتی ناول نگاری سے کسی طرح کا تعلق نظر نہیں آتا ہے۔جان باتھ کے ناول'گلس گوٹ بوائے'(Giles Goat-Boy) جو 1966 میں پبلش ہوا تھا، کی کہانی بھی خاصی انہونی سی تھی۔کہانی کا پروٹوگونسٹ،'بلی بوکفس' (Billy Bockfuss) جسے بکری بوائے کہا جاسکتا ہے جو یونیورسٹی کے کیمپس کے کمپیوٹر (WESCAC)میں پیدا ہوتا ہے اور پھر اُسی یونیورسٹی کے فارم ہاوس میں بکریوں کے ریوڑ کے ساتھ پرورش پاتا ہے۔WESCAC کا پلان ہوتا ہے کہ ایک مافوق الفطرت صلاحیتوں پر مشتمل'کنٹرولڈ سپر ہیومن'بنایا جائے مگر بلی بوکفس کا رضاعی باپ اُسے انسانیت کا نجات دہندہ بنانے اور WESCAC کے تسلط سے نکالنے کی کوشش کرتا ہے۔بارتھ نے افسانے نگاری اور ناول نگاری کے ساتھ فکشن کی تخلیق پر بھی سیر حاصل بحث کی ہیں۔اُن کا آرٹیکل'دی لٹریچر آف ایگزاسشن'(The Literature of Exhaustion)1967 میں کتابی شکل میں شائع ہوا تھا جسے رونالڈ باتھیس (Roland Barthes) کے آرٹیکل'رائٹر کی موت' کے مقابلے پر'ناول کی موت' کے طور پر رکھا جاسکتا ہے۔بعد میں 1980 میں انہوں نے ایک کتاب'The Literature of Replenishment' لکھی جس میں انہوں نے پوسٹ

ماڈرن ازم کے تقاضوں کے لحاظ سے ناول نگاری کے ارتقا اپنا نقطہ نظر بیان کیا۔

پوسٹ ماڈرن ازم کی ادبی دنیا سے متعلق ایک اور اہم نام فرانسیسی ادیب، جیکوس ڈیریڈا' (Jacques Derrida) کا بھی ہے جو 1930 میں الجیریا میں پیدا ہوئے تھے۔ بیسویں صدی کی اواخر کی فکری دنیا پر اُن کی متنازعہ نوعیت کی تنقید نے مغربی فلسفے، فکشن اور تخلیقی زبان، تحریر اور معنی کی نوعیت پر خاصے گہرے اثرات پیدا کیے۔ 1949 میں وہ فرانس آگئے تھے جہاں انہوں نے فلسفے میں اعلیٰ تعلیم حاصل کی اور پھر وہیں مختلف یونیورسٹیز میں 1960 سے 1999 تک فلسفے کے پروفیسر رہے۔ اس دوران اُن کی کئی ایک کتابیں پبلش ہوئیں، وہ دنیا کی کئی ایک بڑی یونیورسٹیز خصوصاً ییل یونیورسٹی (Yale University) اور یونیورسٹی آف کیلیفورنیا میں لیکچرز دیتے رہے۔ جیکوس ڈیریڈا کو 'تعمیر نو یا ڈی کنسٹرکشن' کی نمائندگی میں سب سے زیادہ پہچانا جاتا ہے۔ اس اصطلاح کو انہوں نے قدیم یونان کے زمانے سے فلسفے میں رائج تصورات کی تنقیدی جانچ کے لیے استعمال کیا تھا۔ اس اصطلاح میں 'بائنری درجہ بندی' کے اصول کو ترجیح دی گئی تھی یعنی ہر لفظ یا اُس کا متن ایک جوڑے پر محیط ہے جس کی درجہ بندی میں ایک رُکن یا حصہ بنیادی اور دوسرا ثانوی یا سیکنڈری ہے مثلاً نیچر اور کلچر یا بات چیت اور تحریر، مائنڈ اور باڈی، یا موجودگی اور غیر موجودگی یا اندر اور باہر، لٹرل (لغوی) اور استعاری یعنی میٹا فزیکل، فہم اور سمجھ یا شکل وصورت اور سیرت وغیرہ۔ جیکوس ڈیریڈا کے لیے ڈی کنسٹرکشن یا تعمیر نو سے مراد متن میں بیان کردہ بائنری درجہ بندی کو جان کر اُس کے دیگر پہلوؤں کے درمیان موجود تناؤ اور تضادات کو تلاش کرنا ہے۔ اس طرح کے تجزیے سے متن کی مخالفت مقصود نہیں تھی بلکہ فکشن میں نئے رویوں کی تعمیر یا پیداوار کا حصول تھا۔

جارج لوئس بورگیس (Jorge Luis Borges) ایک ارجنٹائن کے شارٹ اسٹوری رائٹر تھے۔ 1941 میں اُن کے افسانوں کا مجموعہ دی گارڈن آف فورکنگ پاتھس (the garden of forking paths) تھا۔ یہ 1944 میں دوبارہ فکشنز کے پارٹ ون کے نام سے ری پبلش بھی ہوئی تھی۔اس ناول کا پروٹوگونسٹ یوسن (Yu Tsun) نامی ایک چینی جاسوس یا ایجنٹ ہے جو اس کہانی کو بیان کرتا ہے، جس کے بارے میں سمجھا جاتا ہے کہ یہ اُس کا اعترافی بیان ہے جب وہ پہلی بار جنگ عظیم اول کے دوران جرمنوں کے لیے جاسوسی کرنے کے جرم میں پھانسی کا انتظار کر رہا ہوتا ہے۔ یوسن کہتا ہے کہ جس جاسوس گروپ کے ساتھ وہ کام کر رہا تھا، اُس گروپ میں کئی ایک جاسوس، دشمنوں سے ملے ہوئے تھے اس لیے وہ جرمنز کے ساتھ براہ راست یا روایتی طریقوں مثلاً فون وغیرہ سے بات نہیں کر سکتا تھا۔جس دوران وہ ایک شخص کیپٹن رچرڈ ماڈن (Richard Madden) سے بھاگ رہا تھا اُس دوران اُس کا جانا ایک ایسے شخص کے گھر بھی ہو جاتا ہے جس سے وہ اس سے قبل واقف نہیں ہوتا ہے۔اُس شخص کا نام وہ فون بک سے نکالتا ہے۔اُس کا نام وہی تھا جو فرانس میں کسی برٹش آرٹلری پارک والی جگہ کا نام تھا۔ یوسن جب اُس آدمی کے گھر پہنچتا ہے تو اُسے اپنے دادا یاد آتے ہیں جو ایک بار ناول لکھنے کے لیے دنیا مافیا سے علیحدہ زندگی گزار رہے تھے۔ یوسن کو جان کر یہ حیرت ہوتی ہے کہ وہ شخص، اسٹیفن البرٹ بھی اُس ہی کا انتظار کر رہا تھا۔وہ یوسن کو اپنے گھر کے باہر بنے ہوئے فورکنگ پاتھ کے باغ میں سیر کے لیے لے کر آجاتا ہے۔ باغ کی سیر کے بعد یوسن کو البرٹ گھر کے اندر آتا ہے اور پھر اُسے یہ بھی بتاتا ہے کے یوسن کے دادا، سائے پین (Ts'ui Pen) کبھی بھی اپنا ناول مکمل نہیں کر سکے تھے، مرنے کے بعد انہوں نے اپنے پیچھے اُس ناول کا مسودّہ چھوڑ دیا تھا جس میں ناول کا تمام ممکنہ پلاٹ ،لائینز اور رد کیے ہوئے خیالات تحریر کی شکل میں موجود تھے۔البرٹ نے ناول کو صرف اسی لیے پڑھا تھا کیونکہ اُسے اُس کو آنے والی نسلوں کے لیے محفوظ کرنے کی خاطر شائع بھی کرنا

تھا۔اُس ناول کے ساتھ سائے پین نے یہ نوٹ بھی چھوڑا تھا کہ انہوں نے یہ مسوّدہ آنے والی نسلوں کے لیے چھوڑ دیا ہے گو کہ یہ کانٹوں سے بھرا راستے والا باغ ہے۔البرٹ نے اندازہ لگایا کہ یہ ناول درحقیقت ایک بھول بھلیوں (labyrinth) کا سلسلہ ہے جسے سائے پین نے تعمیر کیا تھا۔اگرچہ یہ ناول ایک لاوارث مسودے کی طرح ملا تھا جس میں پلاٹ کی بھی بہت سی پیش رفت پر کئی بار غور کیا گیا تھا اور انہیں بار بار مسترد کر دیا گیا تھا مگر یہ سب بھی جان بوجھ کر کیا گیا تھا۔ناول میں راوی یا پروٹوگونسٹ ایک راستے کو اختیار کرتا ہے اور پھر دوسرے راستے کو ریجکٹ کرتا ہے۔اس کی وجہ یہی ہوتی ہے کہ پروٹوگونسٹ تمام راستوں کے ممکنہ راستوں کو اختیار کر کے کسی بہترین راستے کو اختیار کرے۔جوں ہی یوسن اس بات کو پوری طرح سے جان پاتا ہے کہ رچرڈ ماڈن اُسے ملے گا۔اسٹیفن البرٹ کو گولی مار کر ختم کر دیا جاتا ہے اور یوں یہ خبر جرمن تک پہنچ جاتی ہے کہ یوسن اصل میں اُنہیں البرٹ کے گاؤں کی لوکیشن بتا رہا ہے اور یہ لوکیشن فرانس میں کہیں ہے۔ناول میں یوسن کا بیانیہ اسی طرح سے ختم ہوتا ہے کہ فوراً ہی البرٹ کا گاؤں بم سے اُڑا دیا جاتا ہے۔

جارج لوئس بورگیس (Jorge Luis Borges) فکشن میں کئی ایک بڑے ادیبوں مثلاً ایڈگر ایلن پو (Edgar Allan Poe) اور گلبرٹ کیتھ چیسٹرڈن (G. K. Chesterton) جنہیں بلاشبہ جاسوسی ادب کے پیشوا ادیبوں میں گنا جا سکتا ہے، سے بہت متاثر تھے اس لیے اُن کی تحریر میں ہمیں ان ادیبوں کے اثرات بھی ملتے ہیں۔'دی گارڈن آف فوکنگ پاتھس' ایک پر اسرار سا جاسوسی ناول ہے جس کا بیانیہ آج کے دور کے کمپیوٹر یا وڈیو گیمز کے انداز جیسا ہے جس کے پس منظر میں ایک کیاوس تھیوری (Chaos theory) اور کوانٹم میکانکس (quantum Mechanics) کا استعمال موجود ہے۔کوانٹم تھیوری کا یہ استعمال ناول کے بیانیہ میں 'شروڈنگر کی بلی' (Schrödinger's Cat) کی جیسی بازگشت پیدا کرتا ہے یعنی ناول کے کردار بیک وقت زندہ بھی ہیں اور مردہ بھی یعنی ناول کے ایک

باب میں کردار مار دیے گئے مگر دوسرے ہی باب میں وہ دوبارہ زندہ ہو گئے تاکہ انہیں پھر سے مارا جائے] مطلب یہی ہے کہ ناول کا بیانیہ کچھ ایسا پیش ہو کہ اُس کی ساخت میں ہمیشہ سے لامحدود امکانات موجود رہیں۔ بورگیس کی اعلیٰ ترین تحریروں کے مجموعہ کا نام بھی بھول بھلیاں (Labyrinth) اسی لیے رکھا گیا تھا کیونکہ یہ استعارہ بھی جاسوسی کہانیوں کے لیے ایک موزوں ترین استعارا ہے کہ روایتی طور پر کسی بھی بھول بھلیوں میں سارے مشتبہ راستے بیک وقت ایک ہی صحیح راستے سے دور لے کر جاتے ہیں یا قریب سے لے کر جاتے ہیں۔ یہی وجہ ہے اُن کی تحریروں میں اکثر یہ لیبرنتھ کا استعمال کثرت سے ملتا ہے۔ بورگیس کی کہانی یہ خیال بھی دیتی ہے کہ نیو ہسٹو رین کا یہ آئیڈیا کہ 'تاریخ دراصل لٹریچر ہی کی ایک شکل ہے جو اپنے متن یا بیان کے لحاظ سے میٹا فکشن کی طرح پوری سچائی نہیں رکھتی ہے' اور یہ خیال بھی کہ پوسٹ ماڈرن یا ڈیجیٹل میڈیا کے دور میں ایک 'ہایپر ٹیکسٹ' لکھنے کی ہمیشہ گنجائش رہتی ہے کیونکہ 'گارڈن آف فورکنگ پاتھس' کے پڑھنے کے دوران ایک نیا یا ممکنہ راستہ پھر سے دستیاب ہو جاتا ہے جس پر سفر کر کے ایک نئی تخلیقی منزل کی طرف سفر کیا جاسکتا ہے۔

پوسٹ ماڈرن ازم کے دور میں پیدا ہونے والا تمام ادب واضح طور پر مابعد جدیدیت کے زمرے میں نہیں آتا ہے۔ مثلاً روسی ناول نگار، الیگزینڈر سولیزینٹسن (Aleksandr Solzhenitsyn) کہنے کو پوسٹ ماڈرن ازم کے دور کے ادیب ہیں مگر انہوں نے ٹالسٹائی اور دوستووسکی کی حقیقت پسندانہ روایتوں کو اپنی تحریر کا حصہ بنایا ہے۔ اُن کا اینٹی کمیونسٹ کام مثلاً 'دی گلاگ آرچی پیلاگو' (The Gulag Archipelago) اور 'ون ڈے ان دی لائف آف ایوان ڈینیسو وچ' (One Day in the Life of Ivan Denisovich) میں اخلاقی شعور کے نئے تصورات کو اجاگر کیا ہے اسی طرح 'ڈورس لیسنگ'، 'ٹونی موریسن' اور 'چینیوا اچیبے' پوسٹ ماڈرن ازم سے اپنے مٹیریل یعنی تحریک نسواں، نسل پرستی

کی مخالفت اور پوسٹ نو آبادیاتی نظام کے تجزیے کی وجہ تو جڑے ہوئے ملتے ہیں مگر تیکنیکلی وجہ سے نہیں۔ پوسٹ ماڈرن ازم رائٹر جان بارتھ اپنے ادبی کیریئر کا آغاز ہی ایک حقیقت نگار رائٹر کے طور پر کرتے ہوئے ملتے ہیں۔

جہاں یہ بات درست محسوس ہوتی ہے کہ پوسٹ ماڈرن دور میں لکھا جانے والا تمام لٹریچر پوسٹ ماڈرن لٹریچر نہیں ہے وہیں یہ بات بھی درست ہے کہ پوسٹ ماڈرن دور سے پہلے لکھا ہوا بھی کچھ ایسا لٹریچر موجود ہے جسے ہم بلا مبالغہ پوسٹ ماڈرنسٹ لٹریچر کے زمرے میں رکھ سکتے ہیں۔ مثلاً لارنس اسٹرن (Laurence Sterne) کا 'ٹرائسٹرم شینڈی' (Tristram Shandy) گو کہ اٹھارویں صدی کا کام ہے مگر اپنے تئیں ایک مکمل پوسٹ ماڈرن خصوصیات کا حامل ہے یا 'گسٹیو فلابرٹ' (Gustave Flaubert) کا 'ڈکشنری آف ریسیوڈ آئیڈیاز' (Received Ideas Dictionary of) کہنے کو رئیل ازم کے دور کا کیا ہوا کام ہے مگر اُس میں بھی پوسٹ ماڈرن ازم کے اثرات مل جاتے ہیں۔ بالکل اسی طرح اکثر و بیشتر ماڈرن ازم اور پوسٹ ماڈرن ازم کی بھی آسانی سے تفریق ممکن نہیں ہے۔ کولمبین رائٹر گیبریل گارسیا (Gabriel García) اپنے مابعد جدیت کے لیے بہت مشہور ہیں۔ اُن کے ناول ون ہنڈریٹ ایرز آف سولیچیوٹ (One Hundred Years of Solitude) میں میجک رئیل ازم کے اثرات پوری توانائیوں سے موجود ہیں بالکل اسی طرح کافکا (Franz Kafka) کے پاس حقیقت پسندی، تصوراتی، خوابیدہ اور جدیدیت کا مرکب سب کچھ ساتھ ساتھ ملتا ہے۔ اسی طرح کوئی ایک رائٹر صرف ماڈرنسٹ یا محض پوسٹ ماڈرنسٹ کے زمرے میں بھی نہیں رکھا جاسکتا مثلاً جیمس جوائس (James Joyce)، یولائسس (Ulysses) میں ماڈرنسٹ کے طور پر ملتا ہے اور فنگین ویک (Finnegans Wake) میں ایک پوسٹ ماڈرنسٹ کے طور پر دکھائی دیتا ہے۔

اگر ہم روایت کے خلاف بغاوت کر کے جدت طرازی کے لیے کرنے والی جدوجہد

کو رومانویت کہیں تو پوسٹ ماڈرن ازم میں وہ رومانوی جذبہ بھی ملتا ہے بلکہ کبھی کبھار تو ایک انتہا پسندانہ حد تک اس قسم کی رومانویت کا احساس ملتا ہے مثلاً 'الا روبے گرلے (Robbe-Grillet Alain) کے ناول 'نووہ' (Nouveau) میں 'اینٹی ناول ازم'، 'اینٹی پوئٹری ازم' اور 'اینٹی پلے ازم' اس قدر انقلابی ہے کہ ادبی صنف کی اصل شکل ہی غائب ہو جاتی ہے۔ 'رچرڈ کیرنی' (Richard Kearney) نے اپنی کتاب 'دی ویک آف امیجینیشن' (The Wake of Imagination) میں مغربی ثقافت کو تین بڑے ادوار میں تقسیم کیا ہے: یعنی 'پری ماڈرن ازم' یعنی بائیبیکل، کلاسیکل اور قرون وسطی کے دور کا ادب جسے تھیو سینٹرک (Theocentric) یا الہامی مرکز سے وابستہ ادب کہہ سکتے ہیں اسی طرح ماڈرن دور کا ادب جسے انتھروپوسینٹرک (Anthropocentric) یا انسانی مرکز سے وابستہ اور پوسٹ ماڈرن دور کا ادب جسے ایکس۔سینٹرک (ex-centric) یا منحرفِ مرکز سے وابستہ ادب کا نام جا سکتا ہے۔

پوسٹ ماڈرنسٹ آرٹسٹ یا ادیب کے بارے میں خیال کیا جاتا ہے کہ وہ کوئی 'کرافٹس مین' یا 'کاریگر' ہے یا کوئی تخلیق کے لیے مستقل مشق کرنے والا یا پھر نتیجہ حاصل کرنے کے لیے نت نئی تخیلاتی دنیا کی نمائندگی کرنے والا کوئی 'ہنرمند' ہے جو پری ماڈرن دنیا کے لیے 'آئینے' کی طرح، ماڈرن دنیا میں کسی 'لیمپ' کے مانند اور پوسٹ ماڈرن دنیا میں 'لیبرنتھ'

(labyrinth) میں جڑے گلاسز سے 'سیلف ریفلیکشن' کا سبب بن سکے۔ رچرڈ کیرنی کی دی گئی یہ ژرف سی تقسیم شدہ تعریف 'ایسی بے معنی بھی نہیں ہے کیونکہ اس سے اندازہ ہوتا ہے کہ پوسٹ ماڈرن دنیا میں آرٹسٹ کو تخلیق کے لیے زیادہ سے زیادہ ماڈلز یا زیادہ 'اسپیس' میسر ہو چکی ہے۔ پوسٹ ماڈرن دنیا میں سگمنٹ فرائڈ کی نفسیاتی دنیا کی 'اڈ' پوری طرح سے موجود ہے جسے 'سپر ایگو' اور 'ایگو' کے اخلاقی اور عملی قوانین کے بجائے شہوت (Libido) کے

پرنسپلسز میں شامل کر کے 'فن ہاوس میں لاسٹ (lost in the funhouse)' یا 'گارڈن آف فو کنگ پاتھس' (paths The garden of forking) میں بیان کیے گئے ہیں۔ ایلون کیرنن (Alvin Kernan) نے اپنی کتاب 'ڈیتھ آف لٹریچر' (The Death of Literature) میں 'زبانی یا اورل کلچر' کا 'پرنٹ یا طباعت شدہ سے الیکٹرانک کلچر تک کے سفر کو 'سرقہ، دُہرانہ، رپورٹنگ اور حوالہ جات کو مواد تیار کرنے کا طریقہ قرار دیا ہے۔ اس دوران یہ بھی انکشاف ہو چکا ہے کہ کتابیں پڑھنا اب کسی چیز کو جاننے کا وسیلہ نہیں رہا ہے بلکہ اب کتابوں کے قارئین 'اسکرین کے ناظرین' سے بدلتے جا رہے ہیں۔ ایسے میں لفظ پر مبنی ادب کی موت ناگزیز محسوس ہوتی ہے مگر پھر بھی میرا خیال ہے کہ 'پرانے ادب کی موت نئے ادب کی پیدائش ہے' جو ممکن ہے پوسٹ ماڈرن ازم کے بعد کی ایک نئی تخیلاتی دنیا ہوگی کیونکہ:

'ادب کے دور کی موت تو ممکن ہے مگر انسانی تخیل کی موت نہیں'۔

Bibliography

Greek Period

- Easterling, P. E., and Bernard M. W. Knox. The Cambridge History of Classical Literature. Vol. 1. Cambridge, Cambridgeshire: Cambridge University Press, 1989.
- Hamilton, Edith. The Greek Way. New York City, New York: W.W. Norton & Company, 2017.
- Spielvogel, Jackson J. Western Civilization. 9th ed. Vol. 1. Belmont, California: Wadsworth Publishing, 2014.
- West, M. L., trans. Theogony and Works and Days. Oxford, Oxfordshire: Oxford University Press, 1988.

Roman Period

- Rodgers, Nigel, and Hazel Dodge. Ancient Rome: A Complete History of the Rise and Fall of the Roman Empire. London, Greater England: Southwater Publishing, 2013.
- Boak, Arthur E. R., and William G. Sinnigen. A History of Rome to 565 A.D. Springfield, Ohio: Collier Macmillan, 1977.
- Albrecht, Michael Von. A History of Roman Literature: From Livius Andronicus to Boethius. 1st ed. Vol. 2. Leiden, South Holland: Brill, 1997.
- Cary, Max, and Theodore Johannes Haarhoff. Life and Thought in the Greek and Roman World. Westport, Connecticut: Greenwood Press,

1985.

- Dominik, William J. Roman Eloquence: Rhetoric in Society and Literature. London, Greater England: Routledge, 1998.
- Fantham, Elaine. Roman Literary Culture: From Plautus to Macrobius. Baltimore, Maryland: Johns Hopkins University Press, 2013.

Medieval Period

- Loyns, H. R. The Middle Ages: A Concise Encyclopedia. London, Greater England: Thames and Hudson, 1991.
- Trapp, J. B., Douglas Gray, Julia Boffey, and Frank Kermode. The Oxford Anthology of English Literature. New York City, New York: Oxford University Press, 2002.
- Hamel, Christopher De. A History of Illuminated Manuscripts. 2nd ed. London, Greater England: Phaidon Press, 1997.
- Jackson, W. T. H. The Literature of the Middle Ages. 1st ed. Berkeley, California: University of California Press, 1960.
- Simpson, James, and Alfred David. The Norton Anthology of English Literature: The Middle Ages. Edited by Stephen Greenblatt. 9th ed. Vol. A. New York City, New York: W.W. Norton & Company, 2012.
- Curtius, Ernst Robert, and Colin Burrow. European Literature and the Latin Middle Ages. Revised ed. of Bollingen. Princeton, New Jersey: Princeton University Press, 2013.

Renaissance Period

- Hattaway, Michael. A Companion to English Renaissance Literature and Culture. Malden, Massachusetts: Blackwell Publishing, 2003.
- Waller, Gary F. English Poetry of the Sixteenth Century. 2nd ed. London, Greater England: Longman, 1994.
- Davies, Norman. Europe: A History. New York City, New York:

Harper Perennial, 1998.

- Ribner, Irving. The English History Play in the Age of Shakespeare. London, Greater England: Psychology Press, 2005.

Neoclassical Period

- Jones, Thora Burnley, and Bernard de Bear Nicol. Neo-Classical Dramatic Criticism: 1560 - 1770. 1st ed. Cambridge, Cambridgeshire: Cambridge University Press, 1976.
- Palmer, Allison Lee. Historical Dictionary of Neoclassical Art and Architecture. Lanham, Maryland: Scarecrow Press, 2011.
- Canfield, John Douglas. The Baroque in English Neoclassical Literature. Newark, Delaware: University of Delaware Press, 2003.

Romantic Period

- Renwick, William Lindsay. The Rise of the Romantics, 1789 - 1815: Wordsworth, Coleridge, and Jane Austen. Firsted. Oxford, Oxfordshire: Oxford University Press, 1990.
- McGann, Jerome J. The Romantic Ideology: A Critical Investigation. Chicago, Illinois: University of Chicago Press, 1985.
- Hesmyr, Atle. From Enlightenment to Romanticism in 18th Century Europe. Ulefoss, Vestfold og Telemark: Independently Published, 2018.
- Cox, Jeffrey N. Poetry and Politics in the Cockney School: Keats, Shelley, Hunt and Their Circle. Cambridge, Cambridgeshire: Cambridge University Press, 1998.

Period of Realism and Naturalism

- Weinberg, Bernard. French Realism, The Critical Reaction: 1830 - 1870. New York City, New York: Kraus Reprint, 1971.
- Weisberg, Gabriel P. Beyond Impressionism: The Naturalist Impulse.

1st ed. New York City, New York: Abrams, 1992.

- Kvas, Kornelije, and Novica Petrovic?. The Boundaries of Realism in World Literature. Lanham, Maryland: Lexington Books, 2019.
- Luka?cs, György. The Meaning of Contemporary Realism. Translated by Cevat Çapan. London, Greater England: Merlin Press, 1979.
- Villanueva, Dari?o. Theories of Literary Realism. Translated by Mihai I. Spariosu and Santiago B. Castanon. Albany, New York: State University of New York Press, 1997.

Period of Modernism

- Butler, Christopher. Early Modernism: Literature, Music, and Painting in Europe, 1900 - 1916. Oxford, Oxfordshire: Oxford University Press, 1994.
- Gillies, Mary Ann, and Aurelea Denise Mahood. Modernist Literature: An Introduction. Montreal, Quebec: McGill-Queen's University Press, 2007.
- Everdell, William R. The First Moderns: Profiles in the Origins of Twentieth-Century Thought. 1st ed. Chicago, Illinois: University of Chicago Press, 1998.
- Levenson, Michael H. A Genealogy of Modernism: A Study of English Literary Doctrine, 1908 - 1922. Cambridge, Cambridgeshire: Cambridge University Press, 1983.
- Gillie, Christopher. Movements in English Literature, 1900 - 1940. 1st ed. Cambridge, Cambridgeshire: Cambridge University Press, 1975.

Period of Postmodernism

- Hassan, Ihab Habib. The Postmodern Turn: Essays in Postmodern Theory and Culture. Columbus, Ohio: Ohio State University Press, 1987.
- Hutcheon, Linda. A Poetics of Postmodernism: History, Theory,

Fiction. 1st ed. London, Greater England: Routledge, 1988.

- Best, Steven, and Douglas Kellner. Postmodern Theory: Critical Interrogations. New York City, New York: Guilford Press, 1991.
- McHale, Brian. Postmodernist Fiction. 1st ed. London, Greater England: Routledge, 1987.

- Bertens, Johannes Willem, and Joseph Natoli. Postmodernism: The Key Figures. 1st ed. Hoboken, New Jersey: Wiley-Blackwell, 2002.
- Woods, Tim. Beginning Postmodernism. 2nd ed. Manchester, Greater Manchester: Manchester University Press, 2010.

ضمیمہ

ڈاکٹر بلند اقبال کے والد محترم

حمایت علی شاعر کی تخلیقات

مطبوعہ کتب

1. آگ میں پھول (نظمیں، غزلیں، رباعیات) 1956ء
2. دود چراغِ محفل (یادگار مشاعرہ حیدرآباد کا انتخاب) 1959ء
3. مٹی کا قرض (ثلاثیاں، نظمیں، غزلیں) 1974ء
4. تشنگی کا سفر (طویل افسانوی اور تمثیلی نظمیں) 1981ء
5. ہارون کی آواز (نظمیں، غزلیں اور ہائیکو) 1985ء
6. حرف حرف روشنی (منتخب کلام اور ایک طویل نظم) 1986ء
7. عقیدت کا سفر (نعتیہ شاعری کے سات سو سال) حصہ اول 1999ء
8. آئینہ در آئینہ (منظوم خودنوشت سوانح حیات) تین ہزار سے زائد اشعار

   'اردو شاعری میں پہلا تجربہ' 2001ء
9. تجھ کو معلوم نہیں (فلمی نغمات) 2003ء
10. کلیاتِ شاعر 2008ء

(ان کتابوں کے ہندوستانی ایڈیشن بھی شائع ہو چکے ہیں)

نثری مجموعے

1 شیخ ایاز (جدید سندھی ادب کا عہد آفریں شاعر) 1978ء
2. شخص و عکس (تنقیدی مقالات اور مباحث) 1984ء

3. کھلتے کنول سے لوگ (دکن کے اہل قلم) حصہ اول 2000ء

4. حمایت علی شاعر کے ڈرامے (ریڈیو اور اسٹیج) 2005ء

تراجم

'بنگال سے کوریا تک' (1952ء تا1953ء)

(عالمی امن کے موضوع پر لکھی ہوئی طویل افسانوی نظم کے مختلف لسانی روپ)

1. Flower in Flames

مترجم: پروفیسر راجندر سنگھ ورما۔ پنجاب یونیورسٹی (پٹیالہ) انڈیا 1985ء

2. Flute and Bugle

مترجم: پرکاش چندر، ریزیڈنٹ ایڈیٹر، ٹائمز آف انڈیا (لکھنو) 1998ء

3. 'گل باہ مہ' (سندھی روپ) ترجمہ محفوظ ہے

مترجم: پروفیسر ایم ای عالمانی (حیدرآباد سندھ)

4. 'بنگال سے کوریا تک' (ہندی روپ) ترجمہ محفوظ ہے

پروفیسر جی این نداف، ابوالکلام آزاد کالج۔ اورنگ آباد (مہاراشٹر) انڈیا

'حرف حرف روشنی' (منتخب کلام اور ایک طویل نظم)

1. 'شبد شبد پرکاش' (ہندی روپ) 1992ء

مترجم: قاضی رئیس اورنگ آباد (مہاراشٹر) انڈیا

2. Every Word Aglow 1993ء

مترجم: پروفیسر راجندر سنگھ ورما (پٹیالہ) انڈیا

3. 'حرف حرف روشنی' (ہندی روپ) ترجمہ محفوظ ہے

مترجم: پروفیسر بھگتل، اورنگ آباد (مہاراشٹر) انڈیا

'حمایت علی شاعر جاڈرامہ' (ریڈیائی ڈراموں کے سندھی روپ) ترجمے محفوظ ہیں

1. 'مفاصلہ (فاصلے)' مترجم: رشید احمد لاشاری

2. 'دشمن آسمان پہنجو (دشمن آسماں اپنا)' مترجم: ایم بی انصاری

3۔ 'واچوڑو (بگولہ)' مترجم: ممتاز مرزا

4۔ 'برزخ (برزخ)' مترجم: محمد اسحاق سرہندی

(حمایت علی شاعر کا منتخب کلام دنیا کی مختلف زبانوں میں منتقل ہو چکا ہے)

تحقیقی مقالات

1۔ 'حمایت علی شاعر حیات اور شاعری' مقالہ برائے پی ایچ ڈی' ڈاکٹر قاضی نوید احمد صدیقی،
ڈاکٹر بابا صاحب امبیڈکر مرہٹواڑہ یونیورسٹی، اورنگ آباد 2006ء

2۔ 'حمایت علی شاعر کی ادبی خدمات کا تحقیقی اور تنقیدی جائزہ' مقالہ برائے پی ایچ ڈی
کراچی یونیورسٹی پروفیسر رعنا اقبال

3۔ 'حمایت علی شاعر فن اور شخصیت' مقالہ برائے ایم اے، رشید احمد رشید

اعترافات

1. 'حمایت علی شاعر نمبر' روزنامہ 'اورنگ آباد ٹائمز' (مہاراشٹر) انڈیا 2 جون 1985ء

2. 'گوشہ حمایت علی شاعر' روزنامہ 'کلیم' سکھر 10 اگست 1987ء

3. 'گوشہ حمایت علی شاعر' ماہنامہ 'طلوع افکار' کراچی جولائی 1995ء

4. 'گوشہ حمایت علی شاعر' سہ ماہی مجلہ 'عثمانیہ'، کراچی اکتوبر تا دسمبر 1995ء

5. 'حمایت علی شاعر نمبر' رسالہ 'شخصیت' (618 صفحات) کراچی 14 جولائی 1996ء

6. 'گوشہ حمایت علی شاعر' سہ ماہی 'لوحِ ادب' حیدرآباد سندھ اپریل تا جون 2000ء

7. 'گوشہ حمایت علی شاعر' ماہنامہ 'چہار سو' راولپنڈی ستمبر تا اکتوبر 2002ء

8. "The Scholar Poet" (مرتب) پروفیسر عبدالقوی ضیاء (کینیڈا)

اعزازات

1. صدارتی ایوارڈ (مجموعہ کلام) 'آگ میں پھول' 1959ء

2. نگار ایوارڈ (بہترین نغمہ نگار) فلم 'آنچل' 1962ء

3. نگار ایوارڈ (بہترین نغمہ نگار) فلم 'دامن' 1963ء
4. رائٹرز گلڈ آدم جی ادبی ایوارڈ (مجموعہ کلام) 'مٹی کا قرض' 1974ء
5. عثمانیہ گولڈ میڈل (بہادر یار جنگ کلب) کراچی 1987ء
6. نقوش ایوارڈ۔لاہور 1987ء
7. نگار ایوارڈ 'عقیدت کا سفر' (نعتیہ شاعری کا سات سوسالہ انتخاب) ٹی وی 1988ء
8. مخدوم محی الدین عالمی ایوارڈ (عالمی اردو کانفرنس، دہلی) خدمات کا اعتراف 1989ء
9. علامہ اقبال ایوارڈ (مجموعہ کلام) 'ہارون کی آواز' 1985ء
10. ساہتیہ اکیڈیمی ایوارڈ (لکھنو) خدمات کا اعتراف 1991ء
11. ایوارڈ برائے اعلیٰ کارکردگی (ریڈیو پاکستان) 1993ء
12. موجد 'ثلاثی' ایوارڈ (انجمن طلباء قدیم جامعہ عثمانیہ) شکاگو 1993ء
13. وثیقہ اعتراف (ہمدرد فاؤنڈیشن) 1994ء
14. لائف لانگ لٹریری اچیومنٹ ایوارڈ (نیوجرسی) 1994ء
15. امریکہ کی اعزازی شہریت (ادبی خدمات کے اعتراف میں) 1995ء
16. بہترین ڈرامہ نگار 'شکست کی آواز' (ریڈیو پاکستان کراچی) 1999ء
17. ٹاپ ٹین انٹرنیشنل حیدرآباد ایوارڈ (فلم میکر، شاعر، رائٹر) 1999ء
18. 'نشان اردو' (اردو سوسائٹی، آسٹریلیا) 2000ء
19. نیاز فتح پوری ایوارڈ (حلقہ نیاز و نگار پاکستان) 2000ء
20. نشانِ اعزاز (انجمن طلباء کے قدیم جامعہ عثمانیہ) پاکستان 2001ء
21. لائف اچیومنٹس ایوارڈ (ادبی مرکز، واشنگٹن) امریکہ 2001ء
22. ایوارڈ آف ریکگنیشن (ینگ ترنگ ریڈیو، ہیوسٹن) امریکہ 2001ء
23. ایوارڈ آف ریکگنیشن (گورنمنٹ آف آنٹوریو) کینیڈا 2001ء
24. صدارتی ایوارڈ برائے حسن کارکردگی 2001ء
25. اُردو مرکز انٹرنیشنل 'فخر اُردو ایوارڈ' (لاس اینجلس) امریکہ 2002ء

حمایت علی شاعرؔ کے
خانوادے میں

حمایت علی شاعرؔ کے چھوٹے بھائی

عنایت علی

نام عنایت علی ،حمایت علی شاعرؔ کے چھوٹے بھائی ہیں ۔ ۱۹۴۱ءکو مقام جالنہ ضلع اورنگ آباد میں پیدا ہوئے ۔ ۱۹۶۴ء میں اورنگ آباد کے گورنمنٹ انجینئرنگ کالج سے بی۔ای سول انجینئرنگ میں ڈگری حاصل کی اور محکمہ آبپاشی میں ملازمت شروع کی ۔ ۱۹۹۹ء میں اگزیکٹیو انجینئر کے عہدہ سے سبکدوش ہوئے ۔ابتداء میں سائنسی موضوعات پر مضامین لکھے ۔تین مقامی روزناموں ،روزنامہ سیاست (حیدرآباد) ریڈینس ویکلی (دہلی) اور تہذیب اخلاق (علی گڑھ) میں شایع ہوتے رہے ہیں ۔

۲۰۰۱ء ’’مٹی میرے دیار کی‘‘ عنوان کے تحت علاقہ مراٹھواڑہ (دکن) کے اُردو افسانے کی ایک انتھالوجی شایع کی جو ۱۹۲۹ء تا ۲۰۰۰ء تک مشتمل ہے ۔اِس کے بعد دسمبر ۲۰۰۱ء اورنگ آباد سے تعلق رکھنے والے اُردو کے مشہور شاعر سکندر علی وجدؔ کی شخصیت اور فن کے بارے میں ایک ضخیم کتاب ’’یادِ وجدؔ‘‘ مرتب کی ، ۲۰۰۳ء ممتاز طنز و مزاح نگار یوسف ناظم کے مضامین کا ایک جامع انتخاب بعنوان ’’دامن یوسف‘‘ اُردو ادب کے حوالے کیا،اور مارچ ۲۰۰۷ء اورنگ آباد کے مقبول شاعر ،اُستاد ، اقبال شناس مولوی اختر الزماں ناصرؔ کی شخصیت اور فن کے بارے میں ایک کتاب ’’آواز جب تم نے دی‘‘ شایع کی ۔

اورنگ آباد کے اُردو ، فارسی کے ایک قدیم شاعر میر عزیز اللہ ہمرنگ اورنگ آبادی کو دریافت کرنے کے ساتھ ہی ساتھ اُن کے خاندان اور اُن کی مشہور تصنیف جو کلام پاک کے سورۃ فاتحہ اور پارہ عم کی تفسیر پر مشتمل زبانِ اُردو اورنگ آبادی میں ۱۲۲۱ ہجری میں تحریر کی تھی ۔اس تفسیر کے صرف نو (۹) قلمی نسخے برِصغیر میں دستیاب ہیں ۔ ۲۰۱۶ء میں اس تفسیر کی تدوین کر کے ’’چراغِ ابدی‘‘ کے عنوان اس کی اشاعت عمل میں لائی ۔

اُردو زبان کے مشہور و ممتاز شاعر علامہ محمد اقبال جو ۲۴ مارچ ۱۹۱۰ء کو تیس (۳۰) گھنٹوں کے لیے اورنگ آباد آئے تھے۔ اس سفر کے تحت، قیامِ اورنگ آباد، رفقائے سفر، اس تعلق سے لکھے گئے خطوط، ذاتی بیاض میں اندراجات اورنگ زیب عالمگیر کے بارے میں اُن کی لکھی گئی، فارسی نظم، ایک انگریزی مضمون، ان سب کا احاطہ 'اقبال اور اورنگ آباد' اس مرتب شدہ کتاب میں کیا گیا ہے۔ نیز ۱۹۳۴ء سے لے کر ۲۰۱۰ء تک علامہ اقبال کے بارے میں اورنگ آباد کے شعراء اور ادیبوں نے جو لکھا اُن تمام نگارشات (نظم و نثر) کو یکجا کیا گیا ہے اور 'علامہ اقبال اور اورنگ آباد' کے عنوان سے کتاب میں شامل کیا گیا ہے۔ یہ ضخیم کتاب اقبالیات میں ایک اضافہ ہے۔ یہ کتاب جولائی ۲۰۱۸ء میں شایع ہوئی۔

''علامہ اقبال۔ کتابوں کے انبار میں'' اِس عنوان کے تحت ۱۹۰۱ء سے ۲۰۲۰ء تک اقبال پر لکھی گئی کامل اُردو کتابوں کا ایک جامع اشاریہ زیرِ اشاعت ہے۔ اس میں تقریباً (۱۷۰۰) اُردو کتابوں کا ایک جامع تعارف دیا گیا ہے۔ انشاءاللہ اپریل ۲۰۲۴ء تک یہ کتاب شائع ہو جائے گی۔

حمایت علی شاعرؔ کے ماموں زاد بھائی

نورالحسنین

افسانوں کے مجموعے

۱) سمٹتے دائرے ۱۹۸۵ء

۲) مور رقص اور تماشائی ۱۹۸۸ء

۳) گڑھی میں اُترتی شام ۱۹۹۹ء

۴) فقط بیان تک ۲۰۱۲ء

۵) بھور بھئی جاگو ۲۰۲۰ء

ناول

۶) آہنکار (مادیت اور انسانی رشتوں کے تصادم پر مبنی) ۲۰۰۵ء

۷) ایوانوں کے خوابیدہ چراغ ۲۰۱۳ء اشاعت دوم ۲۰۱۶ء

(۱۸۵۷ء کی جنگِ آزادی پر پہلا مکمل ناول)

۸) چاند ہم سے باتیں کرتا ہے ۲۰۱۵ء اشاعت دوم ۲۰۲۲ء

(۵۰۰ ق ۔م تا اکیسویں صدی تک پھیلی ہوئی داستان عشق)

۹) تلک الایام ۲۰۱۸ اشاعت دوم

(تصوف کی روشنی میں عصر حاضر کے حالات پر)

تنقید

۱۰) نیا افسانہ۔ نئے نام (۱۹۷۰ء کے بعد اُبھرنے والے افسانہ نگاروں پر مضامین) ۲۰۱۲ء

۱۱) نیا افسانہ نئے نام۔ جلد دوّم ۲۰۱۶ء

۱۲) اُردو ناول۔ کل اور آج ۲۰۱۷ء

۱۳) خوش بیانیاں (خاکے) ۲۰۰۳ء

۱۴) انسان امر ہے (اسٹیج ڈرامہ۔ ریڈیائی ڈرامہ اور فیچرز) ۲۰۰۹ء

۱۵) اقبال متین سے اُنسیت (شخصیت اور فن) ۲۰۱۲ء

۱۶) فلم فہمی۔ (اس موضوع پر یشونت راؤ چوہان او پن یونیورسٹی کے لیے نصابی کتاب لکھی)

بچوں کے لیے

۱۷) گڈو میاں (کہانیاں) ۱۹۸۸ء

۱۸) چوتھا شہزادہ (کہانیاں) ۲۰۰۹ء

۱۹) حضور کا اقبال بلند رہے (ڈرامے) ۲۰۰۸ء

جھ پر کتابیں اور گوشے

۱) نورالحسنین۔ اپنی ناولوں کے آئینے میں۔ مصنف۔ ڈاکٹر نازنین سلطانہ آصف علی ۲۰۲۰ء

۲) نورالحسنین کے افسانوں کے تجزیے۔ مرتب۔ ڈاکٹر قمر النساء بیگم ۲۰۲۱ء

۳) من شاہ جہانم (نورالحسنین کے فن اور شخصیت پر کتاب) ۲۰۲۱ء

مرتب۔ خالد سیف الدین۔ ابوبکر رہبر۔ سید امجد الدین قادری

۴) چہار سو۔ (دوماہی رسالہ۔ راولپنڈی) (گوشہ) مارچ تا اپریل ۲۰۲۱ء

۵) کتابی سلسلہ: عالمگیر ادب' نے ۵۵۰ صفحات پر مشتمل نمبر شائع کیا ۲۰۱۸ء

۶) کتاب 'قلم گوید' تنقیدی مضامین۔ مرتب: خالد سیف الدین۔ ابوبکر رہبر۔ ڈاکٹر سلیم محی الدین

۷) دربھنگہ ٹائمز سہ ماہی۔ گوشہ

اعزاز و انعام

۱) پانچ مرتبہ۔ مہاراشٹر اردو ساہتیہ اکادمی سے کتابوں پر انعام ملا۔

۲) مہاراشٹر اردو ساہتیہ اکادمی سے اسٹیٹ لیول کا انعام ''شاہ سراج اورنگ آبادی'' بھی عطا ہوا۔

۳) اُتر پردیش اردو اکادمی سے تین مرتبہ فکشن کا ایوارڈ

۴) کل ہند اردو پریشد سوسائٹی پونا کی جانب سے فکشن ایوارڈ ''عصمت جاوید ایوارڈ'' سے نوازا گیا۔

۵) چودھری چرن سنگھ یونیورسٹی میرٹھ کی جانب سے فکشن کا ''منظر کاظمی قومی ایوارڈ برائے ۲۰۱۷ء'' نوازا گیا۔

۶) بہار اُردو اکادمی سے بھی فکشن ایوارڈ سے نوازا گیا ۲۰۱۷ء

۷) بزم فروغ ادب دوحہ قطر عالمی ایوارڈ۔ ۲۰۲۰ء

۸) وارثان حرف وقلم۔ مجتبیٰ حسین ایوارڈ ۲۰۲۳ء

ملازمت

۱) معین العلوم ہائی اسکول اورنگ آباد

۲) سینئر اناؤنسر۔ آل انڈیا ریڈیو اورنگ آباد سے ریٹائرڈ۔

(ریڈیو کے لیے تقریباً کلاسیکی ادب کو تیرا تیرا ایپی سوڈ میں لکھا بھی اور پروڈیوز کے ساتھ ساتھ مرکزی کردار کی صداکاری بھی کی۔ بے شمار ڈرامے اور فیچرز لکھے۔ فلمی پروگرام بھی ترتیب دیئے۔)

۳) اسٹنٹ اسٹیشن ڈائرکٹر۔ گیان وانی۔ اورنگ آباد۔ چار برس تک۔ کنٹریکٹ کی بنیادوں پر کام کیا۔ (یہ ایک ایجوکیشنل چینل ہے۔ اس کے لیے بھی اسی مناسبت سے پروگرام تیار کیے)

۴) ڈاکٹر باباصاحب امبیڈکر مراٹھواڑہ یونیورسٹی میں پانچ سال تک ''بورڈ آف اسٹڈیز کا ممبر، اور اس دوران نصاب کو جدید ادب اور مابعد جدید ادب سے آراستہ کرنے میں بھرپور معاونت کی۔

درسی نصاب میں شمولیت

۱) ڈاکٹر باباصاحب امبیڈکر مراٹھواڑہ یونیورسٹی کے گذشتہ ایم۔اے۔اردو کے نصاب میں افسانہ گڑھی میں اُترتی شام

۲) مہاراشٹر سکینڈری بورڈ کے گیارہویں جماعت کی گذشتہ اردو کی کتاب میں

افسانہ ''بارش''

۳) بمبئی یونیورسٹی کے بی۔اے کے سال دوم کے نصاب میں ڈرامہ حضور کا اقبال بلند رہے

۴) مہاراشٹر پرائمری بورڈ کی جماعت دوم اردو کی نصابی کتاب میں کہانی ''آم کا درخت''

۵) مہاراشٹر سکنڈری بورڈ کی جماعت نہم میں افسانہ '۱۹/ مارچ ۲۳۵۰ء''
۶) ناول ''چاند ہم سے باتیں کرتا ہے۔ایم۔اے۔اُردو، ڈھاکہ یونیورسٹی۔بنگلہ دیش
۷) افسانہ۔ایک دن کی بات۔عابدہ انعامدار سینئر کالج پونا (مہاراشٹر) کے سال اول کے نصاب میں شامل کیا گیا۔

صحافت

۱) روز نامہ' آج' اور روز نامہ اورنگ آباد ٹائمز میں تقریباً پانچ برس تک مزاحیہ کالم لکھا۔
۲) مدیر۔سہ ماہی کتابی سلسلہ۔دل رس
۳) کتابی سلسلہ' عالمگیر ادب'' کی مجلس مشاورت کا فعال رکن۔

سیمیناروں میں شرکت

۱) دہلی ۲) علی گڑھ ۳) ممبئی۔ ۴) میرٹھ ۵) حیدرآباد
۶) بھیونڈی ۷) پونا ۸) شولا پور ۹) جلگاؤں۔ ۱۰) پربھنی۔
۱۱) جالنہ ۱۲) ناندیڑ وغیرہ میں متعدد مرتبہ

رسائل و جرائد

ہند و پاک کے تمام اہم ادبی رسائل کے علاوہ مختلف ممالک سے نکلنے والے رسائل میں بھی افسانے اور مضامین شائع ہو چکے ہیں۔

ایم فل اور پی ایچ ڈی

۱) سینٹرل یونیورسٹی حیدرآباد میں شیخ مہتاب نامی طالبہ نے میرے پہلے ناول'' اہنکار'' پر ایم فل کی ڈگری حاصل کی۔
۲) ڈاکٹر باباصاحب امبیڈکر مراٹھواڑہ یونیورسٹی اورنگ آباد کی طالبہ حنا کوثر نے میرے افسانوں پر ایم۔فل کی ڈگری حاصل کی۔
۳) سینٹرل یونیورسٹی حیدرآباد میں طالبہ عائشہ بی بی نے میرے ناول'' ایوانوں کے خوابیدہ چراغ'' پر ایم فل کیا۔

۴) علی گڑھ مسلم یونیورسٹی میں طالبہ شمع پروین تاریخی ناولوں پر پی ایچ ڈی کر رہی ہے۔ جس میں میری دونوں ناولیں ''ایوانوں کے خوابیدہ چراغ'' اور ''چاند ہم سے باتیں کرتا ہے'' شامل ہیں

۵) گلبرگہ یونیورسٹی میں شمیم ریحانہ بیگم نے میری ادبی خدمات پر پی۔ ایچ ڈی کی ڈگری حاصل کی۔

۶) چودھری چرن سنگھ یونیورسٹی۔ میرٹھ میں سہارن پور کی ایک طالبہ نصرت انصاری میرے ناولوں میں کردارنگاری پر یم۔ فل کی ڈگری حاصل کی ہے

۷) تروپتی یونیورسٹی مدراس میں ایک طالبہ سی۔ فوزیہ ''نورالحسنین فن اور شخصیت پر پی۔ ایچ ڈی کی ڈگری حاصل کی۔

۸) سوامی رام تیرتھ یونیورسٹی ناندیڑ میں محمد واجد نامی طالب علم نے میرے افسانوں کے تقابلی مطالعے پر پی۔ ایچ ڈی کی سند حاصل کی ہے۔

۹) سوامی رام تیرتھ یونیورسٹی ناندیڑ میں طالب علم حسیب الحسن نے میری افسانہ نگاری پر ایم فل کیا ہے۔

۱۰) جامعہ اسلامیہ دہلی میں نورالحسنین کے افسانوں پر ابوزر نامی طالب علم ایم۔ فل کر رہا ہے۔

۱۱) تبسم حسن نامی طالبہ نے کشمیر یونیورسٹی سے میری حیات اور فن پر پی۔ ایچ ڈی کا مقالہ داخل کیا۔

۱۲) آسیہ اختر، جموں یونیورسٹی سے میری ناول نگاری پر پی۔ ایچ ڈی کر رہی ہیں۔

۱۳) شاہین انصاری طالبہ میرے افسانوں پر مولانا آزاد اُردو یونیورسٹی سے پی۔ ایچ ڈی کر رہی ہے۔

رہائش : 31- 12 -1، پرگتی کالونی۔ گھاٹی۔ اورنگ آباد 431001 (مہاراشٹر)

فون نمبر : 9284606318- 9890849736